名家论出版

主编 李频　副主编 唐颖

中国传媒大学出版社
·北京·

名家出品

目 录

出版史研究方法论的范式建构与理论创新　周蔚华 / 1

数字史学"视角下中国出版史研究创新　范　军　秦雅婕 / 19

《黄河大合唱》在新民主主义革命时期的社会传播考释
　　——文本扩散的出版节点与文化领导权　陈卫星　段磊磊 / 31

民国时期出版从业者的收入、地位与择业：以大型出版企业职工为中心的考察
　　　　　　　　　　　　　　张志强　任　同　王　莉 / 49

出版对象论　耿相新 / 70

编辑属性论　耿相新 / 95

论读者数字化　耿相新 / 123

作为商品的图书的道德性　于殿利 / 148

媒体融合的新特征与出版经济的新属性　于殿利 / 162

论三大认知革命与出版学科建设　于殿利 / 174

关于出版功能的再思考　方　卿 / 190

中国特色出版学理论体系建设论纲　周蔚华 / 201

我国著作权法第三次修订需关注的几个问题　阎晓宏 / 220

我国数字出版海外传播体系建设的意义及路径　孙寿山 / 229

论作为国家战略的全民阅读　聂震宁 / 233

从智慧阅读看智慧出版转型　聂震宁 / 241

关于出版新业态的回顾与思考　魏玉山 / 249

从文化强国的远景目标看"十四五"时期出版业的发展指向　郝振省　宋嘉庚 / 255

出版专业硕士培养：问题与进路　吴平　高兆强 / 264

新时代大学出版的实践逻辑与转型思路　宗俊峰 / 274

新时代大学出版社高校教材出版的思考与展望　宗俊峰　刘志彬 / 284

中国式现代化视域下大学社高质量发展的内在要求与实现路径　宗俊峰 / 294

中国式现代化与中国学术出版高质量发展　谢寿光 / 305

党的十八大以来的学术出版：回顾与展望　周蔚华　熊小明 / 311

出版史研究方法论的范式建构与理论创新*

◎ 周蔚华**

摘要： 本文结合近年来出版史研究的一些重要研究成果，对出版史研究方法中诸如事实、价值和判断，作为出版活动的政治、经济和文化，出版活动中的物、人及其环境等重大理论问题，进行了较为深入系统的分析探讨，构建了一个出版史研究的基本分析框架或范式。本文认为，在出版史研究中要根据出版史发展的自身特点和规律，充分借鉴新史学、文化史学、年鉴学派、知识考古学、知识社会学等相关理论及研究方法，扩展出版史研究的新视野，实现方法论上的理论创新，使中国出版史的研究上升到一个新的台阶。

关键词： 出版史；研究方法；范式建构；理论创新

17世纪末英国经验主义哲学家培根和欧洲大陆理性主义哲学家笛卡尔这两位近代哲学的开山祖不约而同地谈到了"方法"的重要性。培根认为，过去的科学所能做到的发现邻于流俗概念，很少钻过表面。而为了钻入自然的内部和深处，必须替智力的动作引进一个更好和更准确的方法。① 笛卡尔认为，人们的良知和理性是天然均等的，导致人们产生差别的原因是方法，方法对于探索真理是绝对必要的，如果寻求真理而没有方法，还不如根本别想去探讨任何真理。从此后，方法的重要性越来越受到理论界的关注。长期以来，在出版史研究中，人们对方法的重视是很不够的。这种对方法的忽视导致出版史研究难以深入，从而制约了该领域的发展和进步。因此，有必要在充分借鉴国内外出版史研究以及其他相关学科研究成果的基础上，对出版史研究方法论研究的基本范式和基本理论问题进行深入探讨。

---

* 本文原载于《现代出版》2020年第1期，收入本书时有改动。
** 周蔚华，北京印刷学院特聘教授、博士生导师，中国人民大学新闻与社会发展研究中心研究员。
① 培根. 新工具［M］. 许宝骙，译. 北京：商务印书馆，1984：12.

一、事实、价值与关系

(一) 事实与叙事

出版史首先必须寻找、挖掘和揭示历史上发生的出版史实,这是毫无疑问的。中国传统史学的一个重大贡献就是对中国历史上的史实进行了记录,以《史记》为发端的"二十四史"详细地记录了中国历史上清代之前的主要历史事件和历史人物。出版史研究也是如此。一部严肃的出版史研究,首先要厘清历史上出版发展的真实情况(即所谓"史实"或"事实"),搞清楚出版物出版在什么时间、作者是谁、由谁出版(雕刻或印刷)、采用什么样的出版形式、出版后的影响如何,如此等等。这是出版史研究的最基本要求。叶再生先生在《中国近代现代出版通史》中指出:"一部出版史著作必须根植于大量真实的历史资料上。历史资料的搜集、鉴别、考证,既是出版史学研究的基础,又是出版史学研究的前提,只有掌握尽可能多的第一手资料,并在此基础上导出符合实际、符合历史的史论,才可能使出版史著作,成为经得起历史检验的信史。"①

叶再生先生这里提的原则当然很好。但问题在于,新中国成立之前中国历史上出版的著作多达几十万种,加上新中国成立后的800多万种,真可谓浩如烟海,搜集哪些不搜集哪些、如何鉴别、用什么方法考证,这些不是用"事实"二字可以表述的。就史料而言,也和事实二字不可混为一谈。正如有的学者所指出的:史料可分两种,一种是过去事实所留遗的实物遗迹,比如碑碣等所谓文物,但更为常见的则是所谓"心理的程式",即对事实的叙述或描写,这些叙述或描写是经过加工的,但通过文字记载或口口相传,似乎变成了"事实"。② 这些叙述或描写真的是"事实"吗?拿家喻户晓的"霸王别姬"来说,霸王项羽本人及其十八勇士战死在垓下,那么如何知道他们生死别离的场景呢?还有我们过去所习以为"经典"并被反复作为依据引用的很多作品,到底是不是这些经典作家写的,或者哪些是他们本人写的,哪些是别人假其名而写的,很多到目前也没闹明白。比如,对于塑造汉民族文化起到基础性作用的经典著作《论语》,到底哪些是孔子的原话,哪些是后来整理者附加上去的,至今争论不休。《论语》如此,《道德经》《庄子》等也有类似的情况。由于历史久远,很多"事实""真相"无法复原,何况中国历史上有大量的"伪书",很多"历史事实"不过是"历史叙事"。由于看问题的角度不同或者掌握

---

① 叶再生. 中国近代现代出版通史:第1卷 [M]. 北京:华文出版社,2002:10.
② 朗格诺瓦,瑟诺博司. 历史研究导论 [M]. 李思纯,译. 北京:中国人民大学出版社,2011:26.

材料的局限,即使同一个"事实"也有不同的解读,所谓"有一千个观众就有一千个哈姆雷特"。因此,历史常常无法"还原",只能"逼近"。历史的真实比新闻的真实更加难以把握。所以,过去我们所坚持的所谓"真实"、客观性等,需要重新加以认识。在这方面,正如我下面要论述的,福柯的"知识考古学"给我们以有益的启示。

(二)价值与判断

既然事实需要选择,那么如何选择就有个价值判断问题。马克思在《1844年经济学哲学手稿》中第一次提出了人类劳动的"两个尺度"的思想,指出人的活动既要遵循"对象的尺度",同时也要遵循"人的内在尺度",把"内在的尺度运用于对象",① 前者是一种纯客观的事实,后者则体现了人的主体性,表明了对象对于人的"意义"或价值。因此,价值"代表着客体主体化过程的性质和程度,即客体的存在、属性和合乎规律的变化与主体尺度相一致、相符合或相接近的性质和程度"②。一般而言,人们只对那些认为具有价值的"事实"、"史实"、材料等加以选择,而对于认为没有价值的或者视而不见,或者加以摒弃。我一直认为,社会科学研究从来就不是"价值中立"的,③ 出版物作为意识形态的一个重要组成部分,更不可能价值中立。历代统治者都把出版物作为确立正统话语体系的工具,而历代文人也把"立言"作为显示和实现自身价值的重要标志。秦始皇焚书坑儒事件本身就有力地说明了作为当时最重要出版物的图书,其价值不是中立的。

出版物的价值不是中立的,那就需要进行价值判断,需要进行选择。所以,不同的主体站在不同角度各自按照自己的判断标准(即所谓"人的尺度")进行着自己的选择。同样一个出版物,在不同的人那里有着截然不同的判断标准。《共产党宣言》在无产阶级那里是"圣经",而在资产阶级那里则是洪水猛兽。同样一个出版物,在不同时期也有着截然不同的判断标准。有的作品刚刚出版时红极一时,被给予很高的评价,但随着时间推移,可能像过往云烟,毫无价值;有的作品刚刚出版时没人关注,或者社会评价不高,随着时间的推移,这些作品所具有的惊人超前性和预见性被发现,越来越受到人们的关注。人们所处的社会阶层不同,世界观、价值观不同,其研究视角、方法、判断的标准以及建构的理论等无一不打上时代和所处社会状况的烙印,那种纯客观的"价值中立"是不存在的。对于这一点,马克

---

① 马克思恩格斯全集:第3卷[M]. 2版. 北京:人民出版社,1995:274.
② 李德顺. 价值论[M]. 2版. 北京:中国人民大学出版社,2007:79.
③ 周蔚华. 价值中立论批判[J]. 中国人民大学学报,1991,5(3):80-87.

思主义经典作家一针见血地指出："客观主义不能揭示社会历史真理。"① 需要指出的是，马克思主义虽然认为客观主义不能揭示历史真理，但并不否认价值及价值标准的客观性。马克思主义认为，价值的评价尺度体现的是客体对主体的满足关系，这种关系并不以人的主观意志为转移。一定的客体对一定的主体有无价值、有什么价值、价值大小等既由个人的生理、心理等条件决定，更由他所处的社会环境、社会地位等决定。因此，对于出版史的研究来说，不仅要分析当时的社会环境、社会条件等，也要分析出版人个体的精神状态、知识结构、社会结构等，更重要的是研究者要确立什么样的价值判断标准，用什么样的研究范式进行研究，把什么样的出版史料纳入研究视野，用什么样的理论、立场、观点和方法加以判断或评价，这些都是需要在出版史研究中高度关注的。

（三）关系与互动

通常认为，社会科学的任务就是要揭示社会发展的规律。所谓规律就是各种事物和现象之间必然的、普遍的和本质的联系。就连古典经济学家们都认为，"哲学家尽量抽象地、脱离一切时间和地点的偶然性去寻求概念或判断的体系；历史家则尽量忠实地描绘现实生活，寻求人类的发展及其关系的记述"②。现实社会中有各种各样的联系或关系，从哲学的角度看，普遍与特殊、必然与偶然、可能与现实、原因与结果等关系是应该关注的核心问题，尤其是出版历史事件的因果关系是出版史研究者需要高度关注的问题。从休谟开始，哲学家们开始了对因果关系复杂性的探索。所谓的"休谟问题"实际就是因果关系，他认为，在此之后不等于因此之故，因果观念是建立在观察和经验的基础上的。人们凭借自己的感官发现：一个现象经常跟着另一现象出现，这样重复多次后，就习惯性地将一个对象称为原因，另一个对象称为结果，因此，因果关系不过是观念的恒常集合或联系。休谟否认因果联系的客观性和必然性，这一观点受到了后来的哲学家们的批判，但他关于事物的前后关系并不等同于必然的因果关系的论断也给后人以方法论上的启示。在过去的出版史研究中，我们常常把出版业外在的政治、经济、文化等作为产生某种出版现象的原因去分析，用机械的历史决定论的观点分析出版史的历史背景，单向地以前者为因、后者为果。这恰恰忽视了社会关系的多样性、复杂性。在很多情况下，出版现象与它所存在其中的政治、经济、文化等并不是单向关系，而是一个复杂的系统，彼此之间存在着互动关系，常常是互为因果关系。比如，在出版史研究中，我们通常认为出版中心一定集中在政治、经济、文化比较发达的城市或地区，或者至少与

---

① 黎澍，蒋大椿. 马克思恩格斯论历史科学 [M]. 北京：人民出版社，1988：22.
② 罗雪尔. 历史方法的国民经济学讲义大纲 [M]. 朱绍文，译. 北京：商务印书馆，1981：11.

当地的政治、经济、文化是否发达有某种正向关联。可是，按照这种观点我们无论如何无法理解地处闽西汀州府下的四堡会成为一个出版中心，正如包筠雅在《文化生意——清代至民国时期四堡的书籍交易》（中译文书名为《文化贸易》，我赞同何朝晖先生的看法，认为译为《文化生意》更准确，以下除非在注释中用《文化贸易》，在正文叙述中一律译为《文化生意》）一书中所描述的"清代，四堡所在的汀州府位于福建九府两州极西之处，属于这个全省最贫穷的地区，远离沿海主要都市中心"，"这就是四堡图书出版—销售业兴起的环境—处于边缘中的边缘，是福建省最偏僻、最贫穷地区中最偏僻、最贫穷之地"。①《文化生意》的最大贡献，就是眼光向下，"从阁楼到地窖"，从社会史、经济史的角度将过去长期为我们所忽视的出版史挖掘出来，开辟出了一片新天地。同样，如果按照过往单向决定论的研究思路，将来在研究当代中国出版史中无论如何也无法理解山东聊城如何成为当代中国重要的教辅出版重镇。因此，出版史的研究必须跳出过去单向的因果关系的分析模式，将社会史、文化史、民众生活史、地理环境等纳入出版研究范畴，将系统论、概率论、选择论等纳入出版史研究的方法论视野，扩展分析问题的视角，展现更为宽广的研究空间。

二、政治、经济与文化

长期以来，国内出版史研究都把当时的政治、经济、文化等作为既定的背景，然后分析这种背景下出版的发展历程。这使得研究空间被人为地极度压缩，变成了作者、编者、出版者、印刷者、读者的自我循环，极大地降低了出版在社会发展中的历史价值和重大社会意义，窄化了出版的功能。这种状况在近些年有所改观，出现了一些多角度、有分量的出版史研究著作，这些著作的研究方法值得借鉴。

（一）作为政治活动的出版

出版史过去常常关注那些重大政治事件，这有其原因，也有其独特价值。不仅仅出版史如此，整个历史学界都有这种倾向。新世纪以来兴起的"新史学"，借鉴了法国年鉴学派的史学方法，出现了史学方法的重大转向，它将历史学研究的重心从政治、经济、军事、人物、事件转向边缘的、生活的、社会的东西，它从宏大叙事转向微观的、社会的、民众的日常生活。正如葛兆光先生所说："年鉴学派所做的就是，尽可能把历史从政治史狭窄的描述中恢复过来，恢复到当时可能是什么样

---

① 包筠雅. 文化贸易：清代至民国时期四堡的书籍交易［M］. 刘永华，饶佳荣，等译. 北京：北京大学出版社，2015：27-56.

子,所以不再将社会变动的原因仅围绕着政治、经济、军事这些在历史上被记载的非常突出的情况,而是考虑到各种各样的因素,这些因素被集合起来,成为全景的、整体的历史。"①

由于出版所固有的意识形态属性,出版的政治属性是毋庸置疑的。问题是,从什么角度去分析出版的政治属性,如何从全景的、整体的历史中分析作为政治活动的出版行为?在这方面,法国历史学家罗杰·夏蒂埃关于法国启蒙运动、法国大革命与近代法国出版业之间关系的研究,对出版史的研究也具有很强的启发意义。

在《法国大革命的文化起源》一书中,罗杰·夏蒂埃考察了从1933年丹尼埃尔·莫内《法国大革命的思想起源:1715—1787》这本经典著作出版以来,学术界对启蒙与革命关系的各种观点。夏蒂埃通过对公共领域、公共舆论与私人空间的关系,印刷方式对人们政治、宗教和思想枷锁的解放,书籍与革命的关系等问题的分析考察,有力地说明:虽然不能证明法国大革命直接源于新兴的出版业及其所传播的新观念,但法国大革命与启蒙运动之间具有互相促进的作用。夏蒂埃指出:"思想或文化模式的传播是一个充满动能和创造性的过程",正是出版(印刷术)打通了私人领域和公共领域,印刷术使得公开性的构建,在人们彼此并不接近的情况下成为可能:"印刷术所形成的公共舆论,因分享它的人数众多而强大,因决定其内容的主旨同时涉及所有人的头脑——哪怕他们之间距离很远——而充满活力。"②因此,人们看到,书籍这种独立于所有人间势力、有利于理性和正义的法庭兴起了,读者是其中的法官,作者是其中的党派,这个法庭是一种普世的表征,它使得在任何地点讨论的每一个问题,都会引起讲同一种语言的人的关注。夏蒂埃还引述了托克维尔在《旧制度与大革命》一书中的有关论述,托克维尔在谈到法国启蒙思想家对革命的影响时指出:"伟大人民的政治教育完全由作家来进行,这真是一件新鲜事,这种情况也许最有力地决定了法国革命本身的特性,并使法国在革命后呈现出我们今天所见到的容貌。作家们不仅向进行这场革命的人民提供了思想,还把自己的情绪气质赋予人民。"③可以说,出版业对新知识、新观念的广泛传播为革命提供了舆论先导,并有力地推动了法国大革命的到来,成为革命的先声。

在《法国大革命的文化起源》以及《书籍的秩序:14至18世纪的书写文化与社会》这两本书中,夏蒂埃还分析了出版秩序与出版制度问题,并在语言文字—印刷技术(出版)—社会秩序和变革—社会革命之间建立了内在的关联。夏蒂埃用三个文本来对这个问题进行分析。

---

① 葛兆光. 思想史研究课堂讲录:初编[M]. 北京:生活·读书·新知三联书店,2019:32.
② 夏蒂埃. 法国大革命的文化起源[M]. 洪庆明,译. 南京:译林出版社,2015:29.
③ 托克维尔. 旧制度与大革命[M]. 冯棠,译. 北京:商务印书馆,1992:181-182.

第一个是维科的《新科学》。在《新科学》一书中，维科将人类史划分为三个时代，分别是神的时代、英雄的时代和人的时代。这三个时代有各自的语言和文字，在神的时代，诉诸心灵的语言，对应于古埃及的象形文字，它是一种语音含糊的无声符号，是一种神圣文字，没有抽象能力；英雄时代的语言是一种象征符号，是一种英雄徽章式的文字，无声语言和有声语言在其中等量齐观，这是走向抽象的第一步；而这种抽象化语言进程在第三种语言即"通俗文字"中完成，它是一种音节清晰的语言，其书写形式是字母。维科进一步揭示了这种划分的政治学意义：神权统治用神圣文字，贵族统治用英雄徽章式的文字，自由的民众用通俗文字。拼音文字（通俗文字）的发明代表了一个根本性的转变，它确立了平等和法制，并把知识从全能的神的意志或专制的国家意志中解放出来。

第二个文本是孔多塞的《人类精神进步史表纲要》。孔多塞继承和发展了维科的思想，其中一个重要的方面就是他在维科时代划分的内部，插入了一个与印刷术有关的划分。他认为印刷术让我们有可能"用低廉的费用无限地增加一部作品的印数"，有了印刷术，人们就可以从书本中获取知识，交流感想；有了印刷术，人们就可以用理性抵抗滥情，用明慧抵抗诱惑，用理性推理之确然无疑来取代修辞技巧所导致的坚信；有了印刷术，所有人都有幸得到那些经过确证的真理；有了印刷术，人们就获得了"公众意见"，"于是乎，人间竖立起一座为理性为公正的法庭，它独立于一切强权，有事瞒它很难，想避之亦无可能"。但印刷术所预示的知识普及是有局限和不完整的，它取决于两个条件：全民教育和通用语言。因此，文字的表现形式与传播形式同样具有决定意义。而通用语言若要发挥作用必须求助于技术手段，因此，"唯有技术创新有可能让拼音文字所开启的可能性化为最鲜美的果实"①。

第三个文本是马尔泽尔布的《关于税捐的谏书》。这是夏蒂埃极为重视的一个文本分析，他在《法国大革命的文化起源》关于出版的第三章"印刷的方式"中，分别讨论了对出版业的管理与公正、监管与贸易，出版业的规章，法律与需要，出版特权和文学产权，文学领域的自主性，出版自由等问题。其最后的结论是"出版行业饱受束缚，必须要从限制它的枷锁中解放出来"②。在《书籍的秩序：14 至 18 世纪的书写文化与社会》一书中，夏蒂埃从时代划分对马尔泽尔布的这个文本做了进一步讨论和阐发，他指出，马尔泽尔布将时代划分为口头约定时代、书写文字时代和印刷时代，前两个时代与专制、腐败紧密相关，只有印刷时代才是公共政治的基础，公众裁判获得了至高无上的地位，"印刷之路与口语时代相对立，它以一个

---

① 夏蒂埃. 书籍的秩序 [M]. 吴泓缈，张璐，译. 北京：商务印书馆，2013：59.
② 夏蒂埃. 法国大革命的文化起源 [M]. 洪庆明，译. 南京：译林出版社，2015：59.

崭新的方式定义了权力实践、社会角色和人类的精神活动"①。

在对上述三个文本进行分析之后，夏蒂埃得出结论说，根据书写、传播话语之形式的演变，划分出宏大的历史分期，维科、孔多塞以及马尔泽尔布在18世纪辟出一条新的思路。"他们特别注意那些颠覆了文字记录、保存和传播的重大变革，因为这些变革同时也改变了人与人的关系，改变了行使权力的方式，改变了培养智力的技术。他们的提议直到今天仍然有其现实意义。"②夏蒂埃对出版的政治功能或者作为政治活动的出版史的分析，对今天的出版史研究又何尝不具有很强的现实意义呢？

（二）作为经济活动的出版

对出版经济活动的研究和分析历来是我国出版史研究的薄弱环节。我国的出版史研究通常以出版物为核心，对于出版的经济功能以及出版作为商业活动是不屑于研究的。翻遍我国学者编写的出版史著作或教材，基本没有出版经济活动方面的内容，仿佛出版与经济、经营、商业等无缘。这种状况近年来得到改观并产生了一批研究成果，比如张献忠《从经营文化到大众传播——明代商业出版研究》、秦宗财《明清文化传播与商业互动研究：以徽州出版与徽商为中心》、王志毅《文化生意——印刷与出版史札记》等。与此同时，国内也翻译出版了美国学者贾晋珠《谋利而印——11至17世纪福建建阳的商业出版者》、美国学者包筠雅《文化生意——清代至民国时期四堡的图书交易》、美国学者芮哲非《谷腾堡在上海：中国印刷资本业的发展（1876—1937）》以及美国著名历史学家达恩顿《启蒙运动的生意：〈百科全书〉出版史（1775—1800）》等国外研究者的出版史研究著作。这些著作将出版作为经济活动进行考察，分析了作为经济或商业活动的出版，如何将出版作为一种生意，它所产生的社会背景、地理与文化环境、它的发展历程、同行竞争状况、商业模式、市场与渠道开拓、管理方式、文化影响等，从而把作为经济活动的出版全面深刻地反映出来。此外，法国年鉴学派创始人费弗尔等人的著作《书籍的历史——从手抄本到印刷书》也用了近1/3的篇幅从经济活动的角度分析探讨了近代出版的发展历史。

在对出版经济活动的研究中，达恩顿的《启蒙运动的生意：〈百科全书〉出版史（1775—1800）》独树一帜、堪称典范。以往对《百科全书》的研究主要是从其在整个法国近代思想启蒙运动的代表作角度去考察分析的，研究的主要人物也是百科全书派领袖狄德罗、达朗贝尔等启蒙思想家或作家群体，而对该书的出版商、销

---

① 夏蒂埃. 书籍的秩序[M]. 吴泓缈，张璐，译. 北京：商务印书馆，2013：16-17.
② 夏蒂埃. 书籍的秩序[M]. 吴泓缈，张璐，译. 北京：商务印书馆，2013：17.

售者等基本没有涉及。达恩顿另辟蹊径，他在该书中试图从过去的"文化精英"转向"商业精英"甚至转向民间——那些不为人知的编辑、印刷商、书商、推销员等，他在该书中关注的焦点人物不再是狄德罗等，而是把当时的出版商庞库克、杜普兰作为关注点，同时以出版商为中心，延伸到印刷商、销售商、撰稿人等出版产业链中的其他环节，甚至延伸到政府文化管理官员。在该书"导言"中，达恩顿说："这是关于一部书的书。"它涉及"启蒙运动这样伟大的思想运动是如何在社会中传播的？贤哲的思想在物质化到书中时，采取了何种形式？印刷品的物质基础和生产技术与它的主旨和传播有很大的关系吗？图书市场如何确定其功能？出版商、书商、推销员和文化传播中的其他媒介扮演什么角色？出版如何像生意那样运作？"等广泛的问题。在达恩顿的这本书中，人们看到了出版商如何为了使《百科全书》顺利出版而擅自修改图书内容，为了让图书能够获得出版许可而向行政官员们行贿，为了扩大销售而采取了很多为文人所不齿的手段等，出版商们在获得高额投资回报的同时，也促成了《百科全书》的顺利出版并扩大了其发行量，极大增强了其社会影响。因此，达恩顿在书中特别强调，在历史进程中有着巨大而深远意义的《百科全书》及启蒙运动，"它首先存在于哲学家的沉思中，其次则存在于出版商的投机中——他们为超越了法国法律边界的思想市场投资"①。在对《百科全书》作为经济活动或者"生意"的研究中，达恩顿向读者雄辩地证明，恰恰是因为把《百科全书》作为"投资"和"生意"，出版商们那种勇于冒险、善于投机、精于管理、长于推广的优势充分发挥出来，从而使《百科全书》的智慧和思想超出了思想家的狭小圈子，流向社会，启迪大众，达到了那些启蒙思想家无法企及的效果。这部著作所展现的主要不是出版物的思想历史，而是通过出版商的活动展现了真正的"出版史"，同时它为后人找到观察18世纪的法国社会打开了一个新的窗口，即以书籍的生产、传播、消费，出版商的经营管理以及政府的出版规制等为中心来考察一个时代的观念的社会史。② 正因为如此，该书从问世起一直受到学界的广泛关注和高度评价，成为出版史研究的经典之作。

如果说《启蒙运动的生意：〈百科全书〉出版史（1775—1800）》是以单独一本书为对象考察作为经济活动的出版过程的，那么包筠雅的《文化生意——清代至民国时期四堡的书籍交易》和贾晋珠的《谋利而印——11至17世纪福建建阳的商业出版者》两部著作则是从一个地区的出版经济活动考察出版史，尤其是包筠雅穷

---

① 达恩顿. 启蒙运动的生意：《百科全书》出版史（1775—1800）[M]. 叶桐，顾杭，译. 北京：生活·读书·新知三联书店，2005：3.
② 沈世婧. 从新文化史观看中国出版史研究变化的可能：评述《启蒙运动的生意：〈百科全书〉出版史（1775—1800）》[J]. 中国出版史研究，2017，4（2）：77-83.

十五年之功完成的《文化生意——清代至民国时期四堡的书籍交易》，对福建四堡这么一个偏僻的闽西地区在近代成为出版中心之一，从经济角度进行了系统、精细而深入的考察，其中所体现的研究方法值得我们重视和借鉴。该书通过大量深入细致的田野调查和资料查询，从地理环境入手，考察分析了闽西四堡这个偏僻的村落群是如何延续三百多年成为出版重镇的。该论著除了详细分析了四堡地区的出版物产品类型（教育类书籍、礼仪、医药和占卜指南，小说和纯文学等三大类出版物为主）外，用大部分篇幅从经营角度分析了四堡出版物的读者类型、材料和价格、销售收入结构及其用途、图书市场及销售网络、流动销售以及书店分号等图书经营行为；对出版的内部管理结构、外部竞争与合作的管理与控制等也进行了深入细致的阐述和分析；对四堡出版人的"儒商"特性以及宗族式管理等进行分析。特别需要指出的是，包筠雅并没有刻意拔高四堡作为出版中心的文化意义，而是认为他们作为出版—贩书商所起的作用是复杂的，他们刻印的一些教育类书籍、礼仪手册和医书等，大部分只是增加了同类书的数量，而对形成和创造以文本为基础的大众文化贡献不大，但在对这种文化的传播方面却居功至伟，他们是"文本文化整合强有力的代理人"[①]。通过以上几个方面的系统研究，包筠雅在本书中全景式地展现了四堡这个出版中心的经济史、文化史和社会史，拓宽了出版史研究的深度和广度。

上述著作主要侧重于将出版作为"生意"进行研究，而芮哲非的《谷腾堡在上海：中国印刷资本业的发展（1876—1937）》一书则"将印刷文化与书籍史、社会史、技术史与商业史相结合"，把出版经济活动（商业化）、技术进步（出版业的机械化）与印刷资本主义进行勾连，研究了晚清与民国时期上海作为中国出版中心的商业、技术与文化等方面的内在原因和影响因素。芮哲非指出，由于上海出版企业的多面性，他们往往持有与传统"济世"观念不同的价值观，并且认为智力劳动应该得到相应的报酬。"机械化与采用西方印刷机的高昂成本使出版商必须从智力商品中获得利润。"[②] 这种高昂的成本也催生了知识产权意识、版权制度和行业组织的建立。同时，符合中国国情的股份有限责任公司这种新型公司治理结构的采用，也为出版业在产业、商业和文化方面的发展奠定了基础。芮哲非指出，1912年至1937年上海的出版业不仅在产权制度、组织结构等方面与中国传统出版业相比具有革命性变革，出版商的理念也发生了巨大变化——虽然他们自身还是学者，但他们在设法主宰市场、利用市场、满足市场需求，并在全国图书市场上找到了忠实的读者群，

[①] 包筠雅. 文化贸易：清代至民国时期四堡的书籍交易 [M]. 刘永华，饶佳荣，等译. 北京：北京大学出版社，2015：374.
[②] 芮哲非. 谷腾堡在上海：中国印刷资本业的发展（1876—1937）[M]. 张志强，潘文年，鄒毅，等译. 北京：商务印书馆，2014：29.

而为了满足这样的图书市场，他们就需要调动包括资金、技术、人脉以及政治等方面的资源，参与激烈的市场竞争。这种商业上的竞争及对利润的追求，也导致很多出版商利令智昏，牺牲文化教育，出版内容质量低劣，忽视了对国家的责任，受到了文化精英们的尖锐批判。本书作者把这些内容纳入它所分析的"印刷资本主义"分析架构中，认为中国的印刷资本主义是在士大夫印刷文化以及逐利的产业化机械印刷业相互影响下产生的一种社会、经济和政治体系，这一独特系统重塑了现代中国人的生活。①

在我看来，从经济活动的角度研究出版还有很多其他有待挖掘的领域。比如对盗版书和盗印书的研究，我国过去的研究是很不够的。从今天的观点看，盗版盗印是犯罪行为，为出版业所不齿，但盗版盗印的经济动因更加显著，它在某种意义上是出版的晴雨表，在有些时期是出版传播的有益补充。盗版盗印固然侵犯了原出版者和作者的权益，但在特定情况下，它降低了销售的价格，扩大了图书的销售量和销售范围，应该把这个问题放在一定历史条件下进行分析。

所有的出版家们都强调了出版不能仅仅作为赚钱的生意，它还应该有强烈的文化意识和服务精神。然而，从古到今，出版从来都不是单纯的文化行为，而具有强烈的经济功能。作为经济活动的出版，表面上看追求的是利润，把出版作为谋利的手段，但正是在这些追求利润的过程中，出版商一方面通过精准的市场定位满足了读者对出版物的需求，另一方面也在扩大销售中更加广泛地传播了知识，这正印证了亚当·斯密的那段名言：个人"通常既不打算促进公共的利益，也不知道他自己是在什么程度上促进那种利益……他只是盘算他自己的安全；由于他管理产业的方式目的在于使其生产物的价值能达到最大程度，他所盘算的也只是他自己的利益。在这场合，像在其他许多场合一样，他受着一只看不见的手的指导，去尽力达到一个并非他本意想要达到的目的。也并不因为是非出于本意，就对社会有害。他追求自己的利益，往往使他能比在真正出于本意的情况下更有效地促进社会的利益"②。研究出版史上的经济活动或者作为经济活动的出版的意义就在于此。

（三）作为文化活动的出版

出版活动具有鲜明的政治意义和显著的经济意义，但究其本质来说，它毕竟是一种文化活动。因此，历来的出版史研究都把作为文化活动的出版作为最核心的研究内容，探究出版的文化意义和价值，这一好的传统我们应该坚持下去。应该指出

---

① 芮哲非. 谷腾堡在上海：中国印刷资本业的发展（1876—1937）[M]. 张志强，潘文年，郄毅，等译. 北京：商务印书馆，2014：288.
② 斯密. 国民财富的性质和原因的研究：下卷 [M]. 郭大力，王亚南，译. 北京：商务印书馆，1988：27.

的是，过去对出版的文化价值更多地体现在探索它对知识传播的意义，而对很多其他方面的文化价值有所忽视，或者研究不够。

出版的文化价值突出表现在几个方面：知识传播和文化普及，文化的传承与积累，促进学术进步和文化创新，新观念、新思潮的传播与对社会心理的影响，等等。在我们的出版史研究中，对前几个方面给予了较多的关注和探讨。比如在出版史的研究中，对于教育出版、教科书、启蒙读物等有大量的研究成果，对于"四书五经"、《四库全书》等历史文化经典作品的出版过程及其社会影响的研究也较为充分，对于学术著作、学术前沿等也有很多研究成果。但是对于出版活动之于社会观念、社会心理、社会思潮等方面的影响重视得不够，即使有这方面的研究成果，也主要从作品本身的文本出发进行分析，很少从出版者以及出版活动的角度去分析考察。近年来，达恩顿的一些出版史研究著作陆续被翻译出版，除了上面介绍的《百科全书的生意》从经济活动的角度研究出版史外，他从文化史的视角对出版史的研究也引人注目，值得借鉴。

在《屠猫狂欢：法国文化史钩沉》《旧制度时期的地下文学》《拉莫莱特之吻：有关文化史的思考》等著作中，达恩顿以其娴熟的手法、优美的文笔和娓娓道来的故事叙述方式，对出版、新闻等进行文化史、"心态史"的研究。《拉莫莱特之吻：有关文化史的思考》是一部关于文化史方法和理论研究的文集，达恩顿谈到该书有四个目的：第一，要显示过去如何作为暗流存在于当下；第二，通过个案分析媒体的作用；第三，借该书的写作过程来昭示媒体研究中的历史向度；第四，在这些讨论的基础上探讨宏观历史以及与历史相关的其他人文领域。① 他说，该书不是要告诉读者在研究过去时该怎么感古人之所感，想古人之所想，它不是讨论叙述与事实之间的哲学关系。达恩顿认为，新闻不等于发生过的事情，而是记者根据发生过的事情写出来的故事。但大部分人却没有认识到这个浅显的道理，把它当作事实而不是故事。但是，故事不是随意讲的，而是要根据科学精神挖掘历史的事实，"我坚信，要理解发生在过去的那些生死往事，我们必须慎重其事"②。《旧制度时期的地下文学》和《屠猫狂欢：法国文化史钩沉》是对上述理论的运用。《旧制度时期的地下文学》一书通过大量的过去未经阅读的档案呈现，力图揭示一些典型的历史学难题，比如，启蒙运动究竟有多深入地渗透进法国社会？激进思想究竟在多大程度上造成了旧制度的毁灭？启蒙运动与法国大革命之间究竟有什么联系？达恩顿认为，在从出版者的角度审视这些档案时，这些问题就不再那么抽象，而是更切实了。这些研究说明，书籍对法国大革命的酝酿作用是巨大的，但其贡献并不能仅仅通过研

---

① 达恩顿. 拉莫莱特之吻：有关文化史的思考 [M]. 萧知纬，译. 上海：华东师范大学出版社，2011：导论 6.
② 达恩顿. 拉莫莱特之吻：有关文化史的思考 [M]. 萧知纬，译. 上海：华东师范大学出版社，2011：导论 8.

读文本来理解，需要更多地了解这些书籍背后的社会，看看这些书籍如何成形并不断通过印刷所和走私渠道进入一个巨大的地下文学世界和黑市贩卖。因此，该书试图论证一个扩大了的精神史以及观念的社会史，从而有助于提供关于启蒙运动的新颖评价，为我们开启和检视一个已经消失在历史中的生活。①《屠猫狂欢：法国文化史钩沉》探讨的是18世纪法国的思考方式，书中试图阐明的不只是人们想些什么，而且包括他们怎么思考，他们如何阐明这个世界并赋予其意义，注入感情。作者认为，通过"在不见天日的角落翻检文件，我们有可能解开闻所未闻的意义系统。这样的线索甚至可能引出令人啧啧称奇的世界观"。该书通过讲述18世纪法国农民、印刷技工、城市资产阶级、警察、知识分子以及普通读者等各个阶层人士的社会生活，经过循序渐进的方式，"自下而上"书写了法国的文化史，从而揭示了社会各个阶层的价值取向和生活态度。对于出版史研究来说，该书的第五章为《百科全书》知识体系的探讨贡献了更多的方法论启迪。作者认为，《百科全书》里资讯与意识形态的关系所引发的议题，全面涉及知识与权力的相对关系，对知识的分类无异于行使权力，"一切社会行动的流向无不受制于分类体系所划定的疆界"②，百科全书派所构建的新的知识体系"绝不是没有色彩的资讯汇编，而是一手打造知识的新面貌，把知识的主导权从教士转移到献身于启蒙运动的知识分子手中。这一番战略运用，随着19世纪期间教育的世俗化与现代学术的出现，终于获得全面胜利"③。达恩顿在该书中的研究思路和运用的方法是令人称奇的，他依据这些方法所得出的研究结论也是令人信服的。

反观我们过去的研究，在文化史研究中很少重视对出版史及出版在文化史中的作用的研究分析，而在出版史研究中则较少涉及广义的文化，没有将社会观念、社会思潮和社会心理（社会心态）等心灵史纳入研究视野。比如，在对20世纪80年代的文化和社会思潮的研究中，大多关注于文本以及作者的思想，很少涉及对出版史的研究，反过来在对出版史的研究中，却忽视了出版物背后的作家群体以及读者的社会心态，如何在出版史研究中吸收、借鉴和发展文化史的研究方法是亟待我们挖掘的一个重要课题。

从上面的分析可以看出，出版并不是外在于政治、经济、文化的附属物，出版活动以及出版事件所处的时代的政治、经济、文化不能仅仅作为分析的"历史背景"，不能仅仅作为历史剧院的"舞台"，出版活动本身就是历史大剧的有机组成部分，它既是剧作者，又是剧中人，出版活动和当时的政治、经济、文化共同形成历

---

① 达恩顿. 旧制度时期的地下文学 [M]. 刘军, 译. 北京：中国人民大学出版社, 2012：前言3-4.
② 达恩顿. 屠猫狂欢：法国文化史钩沉 [M]. 吕健忠, 译. 北京：商务印书馆, 2014：236-237.
③ 达恩顿. 屠猫狂欢：法国文化史钩沉 [M]. 吕健忠, 译. 北京：商务印书馆, 2014：256.

史的交响乐。

三、人、物与环境

一般而言，出版活动是出版者将信息或知识进行加工、复制并通过一定载体加以传播的过程。在出版过程中，涉及出版什么、谁来出版、为谁出版、出版的效果如何、出版的环境保障及其外部条件如何等问题。具体而言，出版史研究涉及出版活动中的人、物及环境。如何看待出版史中的人、物及其相互关系，以及它们与所赖以存在的内外部环境的关系等，就成为出版史研究中的核心问题。

（一）出版活动中的物

出版活动中的物，首先是出版物。长期以来，出版史研究基本上是以出版物为核心而展开的。翻开各式各样的出版史研究著作或教材，看到的主要内容就是什么时候出版了什么样的出版物，它的主要内容及其社会影响等。对此，固然不能过多地指责，它的确构成了出版行为极其重要的部分，显示了出版活动的成果，但在对出版活动中物的研究中，研究视野必须扩展。

出版史研究中，必须首先加强出版技术变革史的研究。应该明确出版活动中的物，不仅仅是出版物，还有一个重要的方面，即出版技术。从某种意义上说，出版革命主要不体现在出版物内容上的革命，而体现在其印刷技术及其载体上的革命。我们不是技术决定论者，但出版技术所引起的社会变革是我们必须高度重视的，正如阿什克罗夫特所指出的，在印刷术发明之前，欧洲已经在使用文字，但仅限于富裕精英和教会学者，在罗马帝国衰落后的一千年的日常生活中，读书写字在欧洲几乎荡然无存，在印刷术发明前的几百年里，一般欧洲人的生活酷似无文字民族的生活。正是印刷术的发明使信息复制变得容易，推动了文化的普及。印刷术同时导致另外两个后果，即对个人隐私权利的重视，由此而使得个人主义和自由主义观念兴起、神权崇拜瓦解，由此导致民主观念的诞生，从此以后民主成为人们管理自己的手段。[①] 20世纪末兴起的互联网等传播技术已经并将继续对社会各个方面产生不可估量的影响，这种技术所产生的影响甚至超过了出版内容的影响，颠覆了人类的社会生活。

当然，出版史研究不能忽视出版物内容研究，这是毫无疑问的。但是，对出版物的内容研究要借鉴一些新的方法，比如内容分析法、大数据分析法、知识考古

---

① 林文刚. 媒介环境学：思想沿革与多维视野［M］. 何道宽，译. 2版. 北京：中国大百科全书出版社，2019：540-545.

学等。

　　内容分析法是对记载下来的出版媒介的研究，它主要回答传播媒介的一个经典问题："谁说了什么、对谁说、为什么说、如何说以及产生了什么影响"①，可以看到，这些正是我在上面所谈的出版史研究的一个极其重要的方面。在出版史研究中，要对所研究的一些重要对象通过抽样、编码，区分出显性内容和隐性内容，并对其进行分析，通过概念化和编码表的制作，对记录进行计算，最后对材料进行定性分析，得出科学的、信度较高的结论。另外，出版史的资料浩如烟海，让人眼花缭乱，靠人工分析统计是无法进行的。近年来兴起的大数据技术给研究者提供了有力的辅助工具。有了大数据分析技术，我们就可以对海量的、长时间段的出版史料进行跨时空、多角度、综合性的分析，极大地提升出版史研究的科学性。

　　知识考古学是法国著名思想家、历史学家福柯关于历史研究的核心思想之一。福柯认为，过去的历史学家们总是把起源、连续性、总体化等概念作为思想史的重要主题，也正是由于这些主题，它才同某种现在看来是传统的历史分析形式重新连接起来。不过福柯认为，这样的研究是有问题的，因为历史上处处呈现出断裂和非连续性，所谓的连续性，不过是一种理性的后设，因此，"考古学的描述却恰恰是对思想史的摈弃，对它的假设和程序的有系统的拒绝，它试图创造一种已说出东西的历史"②。知识考古学不承认有统一性、连续性、因果性的历史。在福柯看来，历史是杂乱无序的话语与实际权力之间错综复杂关系发生变化的历史，所有的思想、知识、信仰等都是和权力有关的，通过权力而建构起来的。而知识考古学就是要用考古学及系谱学的方法，揭示人们现在习惯接受了的知识、历史、思想、常识、信仰等的合法性和合理性，并找到其内在的根据。在福柯看来，话语利用符号，为的是建立秩序、可言说之物的界限，创造知识的客体和"知识型"的事物。同时，话语是一种社会实践，在这个实践中，主体同时构建着自己的世界，正如主体受到话语规则的引导、限定和解中心化一样。人们"需要做的只是在一定的秩序或形象框架中描述话语要素的序列，确定它们的起源、界限及其时间性终点，而无须话语分析者揭示更为深刻的理由，说明为什么一种话语出现后又转而消失"③。因此，福柯反对将文本当作"档案"来处理的观念。在福柯看来，过去的历史学家们把文献或资料作为前提，让人通过它们来瞻望往昔的"现实"，形成关于往昔的"现实性"即真实性陈述，这是不能成立的。因为，文献不是透明玻璃，而是特定的、具有文献资料的产物，即储存知识的特定形式的产物，要依靠各自的逻辑和材料性才能得

---

① 巴比. 社会研究方法 [M]. 邱泽奇, 译. 11 版. 北京：华夏出版社, 2018：318.
② 福柯. 知识考古学 [M]. 谢强, 马月, 译. 北京：生活·读书·新知三联书店, 1998：176.
③ 萨拉森. 福柯 [M]. 李红艳, 译. 北京：中国人民大学出版社, 2010：125.

以描述和理解,这就要人们"把文献转变为文物"。福柯认为,所有的资料背后,都存在一种地层关系,将文献转为文物后就可以按照地层关系重新安置,使其成为一个知识的谱系。在这里,历史资料不再是真伪在先,而是要看它处在哪一个地层,知道了它处在哪一个地层,也就确定了它在系谱中的位置及其重要程度。福柯喜欢从具体而细微的历史事件叙述起,似乎在别人不曾注意的"下脚料"中寻找需要的材料。他甚至认为,即使那些所谓的"伪书",也有独特价值,如果把它当作史料,考察其作伪背后的心理动机和思想观念,这本身就是思想史和学术史所要关注的对象。知识考古学的意义在于,它"把过去历史及人物、事件、思想的分析,转化为对权力和知识关系的分析,这使历史研究尤其是思想史研究,出现了另一种思路"①。但是,知识考古学方法对历史连续性、因果性的否定是武断的,它的更大缺陷在于,"对文本分析和话语分析来说,删除的作为出发点的作者,无疑是考古学的核心特征"②。

(二)出版活动中的人

如果说福柯还只是忽视文本的作者,忽视表达的主体,那么当下流行的出版史研究走得更远,可以说甚至已经没有了主体,只有出版客体,即出版物,出版史研究中充斥着"见物不见人"的现象。

在大多数出版史研究中,读者通篇看到的是出版物,即使对其中的人有介绍,基本上介绍的也是作者,很少研究和介绍出版主体即出版人(出版商及印刷商、发行商及售卖推广者),出版物的对象即消费者基本上也处于缺位状态。而在我看来,出版学以及出版史不能变成一般的社会科学,而应是人文科学,它是关于人的科学,它是研究写作人创作、出版人集成、优化与传播,读者群体消费及其相互之间关系的科学,是研究出版如何在持续的历史发展进程中影响人、塑造人的科学。

出版活动中的人的研究,包括很多方面:首先是对出版人的研究,这才是出版史研究的核心主体,它包括出版者(编辑、经营者等)、印刷者和发行者(销售与推广者),我们要在出版史的叙事中把他们的贡献充分挖掘出来。美国出版家贝利在《图书出版的艺术和科学》中专门分析了出版人对出版的影响,他说:"出版社不是一部生产图书的机器,也不是把各种具有不同功能的零部件装配起来的生产线;它是具有各自的理性的和非理性的特点的人组织起来的集体,带着他们的全部理性和非理性,带着他们的热情、困惑、愿望、爱好、习惯和目的,从事一种影响和反

---

① 葛兆光. 思想史研究课堂讲录:初编[M]. 北京:生活·读书·新知三联书店,2019:71.
② 萨拉森. 福柯[M]. 李红艳,译. 北京:中国人民大学出版社,2010:135.

映社会的活动。"① 其次，要研究出版作品的创作者即作家群体，他们是作品的源泉，没有作者，出版就成了无源之水。最后，我们要加强对读者或者阅读人的研究，他们是出版的用户，是出版物社会效果如何的最终体现者和检验者。国内外近年来越来越重视阅读史的研究，这是一个可喜的现象，应该将阅读史与出版史综合起来加以研究，使之成为出版史的一个重要内容。除此之外，研究出版史的人还应该加强对出版关系人的研究，比如政府的管理者、出版圈与作者圈的互动等，近些年范军教授等学者将出版史的关注点放在出版的生活史上，这是很有意义的。没有这样的研究，我们就很难充分评价胡适在商务印书馆发展中所起到的重要作用；没有这样的研究，我们也无法理解当初"走向未来丛书"编委会为什么挂靠在中国社会科学院青年研究所；没有这样的研究，我们就无法解释中国文化书院在20世纪八九十年代所形成的书院—培训—出版的一体化结构，正是这样的结构，使学者、出版者、图书推广者、学员及消费者形成了一个文化共同体。

（三）出版活动中的环境

前面在分析作为政治、经济和文化的出版活动时，对出版环境已经有所论述。但出版环境要比上述论述的范围宽得多，也复杂得多，有必要再进行深入论述。

贝利在《图书出版的艺术和科学》一书中对出版环境进行了较为详细的分析。他认为，广义的出版环境包括整个世界，因为图书能够涉及任何主题，接触知识的一切方面。但他认为这个包罗万象的概念不是很有用。对于出版比较有用的观点是，出版社一边联系着作者，一边联系着读者，出版社是作者和读者之间的协调装置，在这个协调过程中，出版者为社会服务，为文化服务。复杂的出版工作可以用综合的办法和专业化的分工，服务各类出版读者和专门化的市场。出版者要考虑出版文化意义和商业利益的平衡，作为社会的和文化的出版活动也是复杂的企业经营活动。在这个过程中，出版要适应当时的社会环境，反过来，社会环境也可能受出版的影响。机灵的出版商观察着外部环境的发展变化，与各种力量保持联系，"通过与社会、文化、经济环境的自由交往，出版商影响周围的环境，同时也受周围环境的影响"②。

贝利所谈的出版环境包括出版商与作者、读者、其他出版商、出版业的其他部分以及与整个社会的关系，但他并没有就这个问题深入展开。我们今天再研究出版环境，需要借鉴媒介环境学派的有关理论成果，把媒介传播技术、文化理论、语言与符号、时间与空间理论、公共空间与私人生活、教育、法律、观念和社会心态理

---

① 贝利. 图书出版的艺术和科学 [M]. 王益, 译. 北京：中国书籍出版社，1995：17.
② 贝利. 图书出版的艺术和科学 [M]. 王益, 译. 北京：中国书籍出版社，1995：33.

论等纳入环境分析视野，使环境分析更加立体化、综合化，从而极大地丰富环境分析的内涵和外延。

在对出版进行环境分析时，法国著名社会学者皮埃尔·布迪厄的"场域理论"值得重视。布迪厄认为，当代社会的社会结构呈现为一种非常活跃的网络关系，其中的任何一个部分或成员，都牵连整个社会的结构及其活动；反过来，整个社会及其各个部分，又时刻影响着社会中的每个成员，以致社会整体、部分、个人都处在活生生的力量较量和制衡之中。而场域则是具有独特运作法则的社会空间，是多面向的社会关系网络。① 整个社会关系网络或场域又分为"元场"（或称"元场域"）和"子场"（或称"子场域"），元场由众多子场构成，在"子场"中还可包含若干"次场"（或称"次场域"）。整个社会是个"元场域"，而作为"社会小世界"的艺术场域、文学场域、科学场域等子场域，布迪厄将它们统称为"文化生产场"。布迪厄认为，文化生产场是包含具有多个差异性小场的整体社会场，在这之下又包括"媒介场"这样次一级的场域。出版业是媒介场的一个再次级场域，在这个场域中又包括复杂的、非线性的网络系统，出版场域作为"文化生产场域"这个子场域下"次场域"中的"小场域"，通过生产文化产品、凝聚社会文化思潮等方式，对整个社会世界这一"元场域"施加影响。我们的出版史环境分析就是要对"社会—文化—媒介—出版"这几层场域及其关系网络进行多维度的分析，从而揭示出版在整个社会场域中的地位和作用。比如随着传播技术的不断进步，出版业（我把它称为"小场域"）正和其他传媒形式融合，成为传媒业（次场域）的一个有机组成部分，传媒业又是文化业（子场域）的重要方面，文化业（子场域）是整个社会（元场域）的五大子场域之一（按照党的十九大提出的"五位一体"理论）。不同场域之间又相互影响、相互作用，构成了一个极其复杂的社会网络。元场域、子场域、次场域共同构成了出版这个场域的"环境"。

习近平总书记多次强调，社会科学要"不忘本来，吸收外来，面向未来"。对于出版史来说，我个人的理解是这样的：不忘本来，就是要继承中国传统出版史研究的优良传统，不忘出版的本质，不忘出版史研究的初心；吸收外来，就是充分吸收国外的先进理念和方法，包括充分借鉴和吸收其他学科的研究范式和研究方法，为我所用；面向未来，就是要通过出版史研究理论上的创新创造，对出版史进行创造性转化、创新性发展，使出版史研究在未来放出异彩，更好地为建设出版强国提供思想借鉴和理论支撑。

---

① 高宣扬. 布迪厄的社会理论 [M]. 上海：同济大学出版社，2004：136.

"数字史学"视角下中国出版史研究创新*

范 军 秦雅婕**

摘要："数字史学"是历史学科运用计算机技术开展研究、教学与出版的新型学术组织模式，其创新性、跨学科、合作性的特征符合当下出版史深化发展的内在需求。"数字史学"现阶段的实践可从材料、技术及方法论上为出版史研究提供新的发展路径：开拓数字时代的出版史料整理方式，依据纸本史料的编排逻辑开发检索型和专题型出版史料数据库。同时，结合历史地理信息学和群体传记学的相关理论，运用GIS、关联数据、可视化等技术工具开展空间研究和社会网络研究，挖掘潜藏于出版史料中的时空信息和社会关系，发现长时段、综合性的现象及规律，在出版人物、出版群体及出版环境等研究方向上有所创新。在新技术和新理论的推动下，学界有望在"数字史学"领域建构"数字出版史学"，为出版史的学术实践创设更具创造力和生产力的数字研究空间，开拓中国出版史研究的新境界。

关键词：数字史学；出版史；史料数据库；空间分析；社会网络分析

数字技术与人文学科的深度融合塑造了"数字人文"这一新型学术组织模式和跨学科合作形式，它改变了知识生产和知识分享的规则，也为人文学科带来了新的思想活力和方法灵感。从历史学科的视角对"数字人文"进行界定，我们可将其视作数据科学在历史研究中的应用，[①] 由此，其可进一步衍生出"数字史学"这一分支。目前，"数字史学"在国内吸引了一批历史学者围绕其展开理论探讨和实践探索，它已不仅是一种供学者查询和检索的技术手段，更象征着一种传统治学方式与

---

* 本文原载于《现代出版》2024年第5期，收入本书时有改动。
** 范军，华中师范大学文学院教授、博士生导师；秦雅婕，华中师范大学文学院2023级博士研究生。
① 包弼德，高旭东，尹倩，等. 包弼德：数字人文要配合学术思考[J]. 数字人文，2020（4）：9.

数字技术关联融通的开放态度。①

开放外向的学科结构可以激发出版史研究的内在活力。② 在"数字史学"引发的学术热潮和学科变革中，出版史研究如何择善而从，提取、吸收可供参照的方法和理论，为深化出版史学科发展注入技术动力，是一个值得深思的问题。因此，本文立足于国内"数字史学"和出版史研究的发展现状，借鉴相邻学科的实践经验，从史料整理、技术工具和研究方法论三个层面论证出版史研究借重"数字史学"的合理路径。

一、"数字史学"：技术催生史学变革

20世纪60年代，计量史学的兴起被视为"数字史学"的先声。1997年，美国弗吉尼亚大学（University of Virginia）成立"弗吉尼亚数字史学中心"（Virginia Center for DigitalHistory），正式提出"Digital History"。2013年，周兵在国内引入"数字史学"概念，指代运用数字媒体和工具展开的历史学实践、演示、分析和研究。③

整体而言，"数字史学"为历史文献的存储和历史问题的分析搭建起不同于以往的数字环境，在史学领域带来3个层面的革新。一是建成多种综合型和专题型历史文献数据库，为学者整理与检索史料提供便捷的数字化服务。二是提供综合分析的数字平台，支持学者运用算法模型、计算系统对海量史料进行数据化处理和可视化呈现，开拓史料解读的多维视角。如今，"数字史学"紧随环境史、新文化史等新兴史学的发展趋势，不断推进变革的深度，逐渐走向第3层面的革新——尝试建构解释框架，迎来范式转换，展现现代技术对传统历史学科的深刻影响力和塑造力。王涛指出，"数字史学"作为"解释框架"的一种可能性在于：其通过发现和分析事物之间的链接来解释历史的演进，④ 尤其是挖掘那些隐藏在海量史料中，通过传统查阅手段难以发掘的潜在因果关系。这种"链接"的思维在中国历代人物传记资料库（以下简称"CBDB"）的建设和使用过程中已渐有体现。该数据库是结合关联数据技术，开展群体传记学研究的平台典范，能够帮助学者探寻研究对象的职业走向、亲属关系和社会交往网络。以北宋时期的欧阳修和庞籍为例，二人的关系在史料中鲜有提及，但是当与二人有关的墓志铭、传记等资料被录入CBDB后，CBDB

---

① 邓小南. 数字人文与中国历史研究［J］. 中国文化，2021（1）：13.
② 范继忠. 核心概念与方法：知识社会学对出版史学科构建的启示［J］. 现代出版，2020（3）：61.
③ 周兵. 历史学与新媒体：数字史学刍议［J］. 甘肃社会科学，2013（5）：63.
④ 王涛. 数字史学：现状、问题与展望［M］//蒋杰. 数字人文与史学研究. 上海：上海三联书店，2023：13.

利用系统的数据编排技术便能快速发现二人的亲属关系以及欧阳修的其他数百个血亲姻亲。① 近年来，史学界运用这个数据库开展了多项学术实践，例如探讨唐宋政治精英的联姻网络、宋元地方家族的学术交往、中国佛教史上的关键人物、近代中国官僚体制内部的权力分配等，② 研究涉及政治史、社会史、宗教史等多个领域。

随着不同历史子学科尝试迈入"数字轨道"，出版史自身的学科属性和研究取径是否也应吸收"数字史学"激起的学术思潮，进入"数字史学"的观照空间之中？答案应该是肯定的。目前已有学者从学理层面探讨过出版史与数字技术的结合。周蔚华在论述出版史研究的方法论时提及大数据分析技术可以为出版史研究提供十分有用的辅助工具："有了大数据分析技术，我们就可以对海量的、长时间段的出版史料进行跨时空、多角度、综合性分析，极大地提升出版史研究的科学性。"③ 姜有为则论证过利用大数据技术开展清末科学翻译出版史研究的优势，认为大数据的运用将有助于创新科学出版史的研究方法，提高科学出版史的人文关怀价值。④

出版史研究虽以过去的出版活动为研究对象，但也不能因此忽视现代数字技术重塑研究范式的可能性。马克·布洛赫（Marc Bloch）曾言："古今之间的关系是双向的，对现实一无所知的人，要了解历史也必定徒劳无功。"⑤ 同时，"数字史学"作为一种新型史学研究形态，依托于信息技术，鼓励历史学者打破学科界限和话语垄断，在历史研究中实现开放性、去中心化和跨学科合作，这正好吻合了当下出版史学科寻求研究创新、完善学科结构、实现文理相融的发展需求。那么，"数字史学"能为中国出版史的研究创新带来哪些可能性？对此，笔者将基于数字技术推动史学变革的三个层面，进一步探讨能与中国出版史研究相互契合的技术轨道和方法论路径。

二、基于史料存储的数字化建设

中国史学界自古有为书籍编目、制作索引和工具书、整理和汇编地方著述的学术传统，史学研究衍生出艺文志、类书、志书这一类文献，形成了以"辨章学术，考镜源流"为学问的目录学。20 世纪初期，胡适、傅斯年、陈垣等学者呼吁开展史

---

① 包弼德，王宏苏，傅君劢，等. "中国历代人物传记资料库"（CBDB）的历史、方法与未来 [J]. 数字人文研究，2021，1（1）：24.
② 包弼德，王宏苏，傅君劢，等. "中国历代人物传记资料库"（CBDB）的历史、方法与未来 [J]. 数字人文研究，2021，1（1）：21-32.
③ 周蔚华. 出版史研究方法论的范式建构与理论创新 [J]. 现代出版，2020（1）：13.
④ 姜有为. 大数据背景下的清末科学翻译出版史研究 [J]. 上海翻译，2022（1）：65-69.
⑤ 布洛赫. 历史学家的技艺 [M]. 张和声，程郁，译. 上海：上海社会科学院出版社，2019：24.

料的搜寻与整理工作。1929年,陈垣在燕京大学作题为"中国史料亟待整理"的演讲,提及近代西方印书、打字机械的发达,指出唯有替代读书的机器还没有发明出来。陈垣认为:"我们虽然不能以机器代替我们读书,我们尽可以改良读书的方法,整理研究的材料,使以最经济的时间得最高的效能,正如我们中国现在虽然不能全筑起铁路来,尽可以先修成公路马路一样。"① 这番言论表明了一位历史学家在国家陷于技术窘境之时对机械技术的憧憬,其希望通过整理史料来改良读书方法,提升治学能效。陈垣将当时的史料整理工作比喻成"修建公路马路"。如今百年将过,随着数字技术的飞速发展,我们能够在整理研究材料的范畴中实现陈垣曾经设想过的"铁路愿景"——建设历史数据库(堪称"数字高铁")。

可见,历史文献的数字化存储其实与传统的史学观念和治学思路一脉相承,只是在方法上有进一步的改良,人工编排进化为人机合作。申斌和杨培娜指出,典藏检索型数据库便是依照实证史学的传统和纸本史料的整理习惯设计开发的,② 例如以中华书局点校本"二十四史"为文献来源建设的中华经典古籍库,还有收录了中国历代总志、通志、府州志和县志的中国数字方志库,等等。

出版史的研究工作者对于利用数据库检索文献定然不会陌生。吴永贵在编著《民国图书出版史编年:1912—1949》时便是采取了传统查阅与数字检索相结合的方式开展文献辑录工作。"本成果史料之所以会做到比前人更加丰富、精确,实大大得益于现代网络检索手段提供的强大技术支持。"③ 范军在编纂《中国出版文化史研究书录》时,也充分利用了数字技术与网络资源。从学者的亲身实践中,我们可以看到现代技术在出版史料整理工作中发挥的具体功能:一是提升史料检索的效率;二是扩大史料的查阅范围,挖掘新史料和稀缺史料;三是实现多种史料文本的比对,提升史料的精确性,辅助史实的考据。

但是,出版史学界目前尚未形成服务于自身的独立数据库,学者开展研究往往需要借助其他大型综合数据库或者相邻学科的数据库,在这个过程中难免会出现检索字段的不匹配或者史料的遗漏。因此,随着"数字史学"不断推进和完善历史数据库的建设,出版史学界应当进一步设计符合自身研究取径、切合出版史料整理逻辑的数据库,如此既能为学者提供更多精准的、专业的知识服务,亦能呼应出版史料学的发展,这是完善出版史学科结构的必然要求。具体的建设路径可以参鉴两种类型数据库的设计思路,一种是依托纸本史料编排逻辑而打造的检索型数据库,另

---

① 陈垣. 中国史料的整理 [M] //陈垣. 陈垣史学论著选. 上海:上海人民出版社,1981:245.
② 申斌,杨培娜. 数字技术与史学观念:中国历史数据库与史学理念方法关系探析 [J]. 史学理论研究,2017(2):87-90.
③ 吴永贵. 民国图书出版史编年:1912—1949 [M]. 北京:社会科学文献出版社,2018:6.

一种则是根据具体研究主题而设计的专题型数据库。

（一）建设检索型出版史料数据库

保管、分析、编辑和建模是数字人文的核心基础活动。[①] 保管即资料的存储，范围可涵盖档案、馆藏纸本、资源库等文字资料。历史数据库在研发初期以存储史料、索引文献为目标，研发者结合文献类型及学科领域对史料进行数字化编排，进而建成基础的检索型数据库。例如为文献学研究提供服务的大成古籍库，主要收录南宋至民国时期正式出版过的书籍文献；上海图书馆依靠丰富的文献馆藏打造的"全国报刊索引"线上平台，既涵盖了《晚清期刊全文数据库（1833—1911）》《民国时期期刊全文数据库（1911—1949）》等全文库，也设有《晚清期刊篇名数据库（1833—1911）》《现刊索引数据库（1833年至今）》等索引库。

检索型数据库的开发流程相对简单，设计逻辑一般是直接收录版本质量较高的纸本文献，将其影印和进行数字化呈现，并按照一定的学科分类方法进行编排和整合。于出版史学科而言，传统的纸质史料整理工作已经取得一批成果。张静庐于20世纪50年代整理和辑注了《中国近现代出版史料》（全7编8册）；21世纪初，宋原放主编，汪家熔、方厚枢、陈江等辑注了《中国出版史料》（全10册，后有补编多册）；2008年，北京图书馆出版社出版《民国出版发行史料汇编》（全20册，另有补编20余册）；2013年，吴永贵主编了《民国时期出版史料汇编》（全22册）；等等。下一步，结合"数字史学"的史料整理方法，出版史学界可尝试将已汇编成形的出版史料丛刊进行数字化处理，搭建高质量、检索型的出版史料数据库，依照纸本史料的整理体裁和分类方式进一步细分出文本型数据库、图文型数据库和图像型数据库，将出版史料的纸质出版和数字出版相结合，形成线上线下一体化的知识服务体系。

（二）建设专题型出版史料数据库

专题型数据库依据一定的研究旨趣和选题需求重新整合史料，其搜集形式体现出更为明确的主题性，能够提升检索的精准度，其编排逻辑也能在一定程度上延展研究思路。在社会经济史领域，王业键带领的团队自20世纪90年代开始建设清代粮价数据库，该数据库现已成为经济史研究的基础数字设施；前文提及的CBDB收录了52万多位中国古代人物的历史文献，为群体传记学及相关人物研究提供了数据支持和分析平台；另有中国社会科学院近代史研究所主持建设的"抗日战争与近代

[①] 伯迪克，德鲁克，伦恩费尔德，等. 数字人文：改变知识创新与分享的游戏规则［M］. 马林青，韩若画，译. 北京：中国人民大学出版社，2018：18.

中日关系文献数据平台",以抗日战争的相关文献为搜集主题,服务于抗日战争史、近代中日关系史的研究。①

出版史学界可借鉴这种专题型数据库的设计思路,在建设检索型数据库的基础上,进一步编排和整合出版家的传记、书信集、作品集、年谱等类型史料,依据人物研究的史料需求优化数据库建设,创建以人物为主题的出版家数据库;或联合一些历史悠久的大型出版企业,开发以出版机构为主题的民国出版企业数据库。

在推进出版史料数字化的过程中,还需注意三个问题:

第一,增强"设计"的自觉意识。设计是一种利用文化、社会、经济和技术约束而进行的创造性实践。② 在从事数据库的开发时,设计不仅是一项技术工作,同样也是一种思维方式。出版史研究者应尝试从数据库的使用者转变为设计者,积极参与数字研究空间的研发:一方面,要结合研究选题提出明确的研发思路;另一方面,要掌握相关领域的共同术语,成为主导数据库"工程图"的思维设计师,与技术设计师达成高效合作。

第二,培养专业的史料学理论素养。参与开发史料数据库的工作者对于史料的理解和掌握,会直接影响到数据库的呈现形态和实际质量。因此有学者认为,数据库建设的第一步并非数字技术的介入,而是对史料的文献学研究,以及对相关研究问题的总体把握。③ 而在做好出版史料发掘、整理和刊刻的基础上,重视出版史料学的建设也是深化中国出版史研究的一个重要着力点。④

第三,认清史料形式对研究思维的影响。罗杰·夏蒂埃(Roger Chartier)在看待书籍的技术变革时采用了一种辩证的观点。他认为,人类历史上的思维形象和智力活动与传统的纸本形式紧密相连,而文本的数字化则意味着这种形象与活动的疏离。"每一种形式,每一种载体,每一种传播和接受文字的结构都会深深影响其用法和阐释。"⑤ 而史料的不同形式亦会影响学者对具体问题的分析思路和阐释角度。因此,既要推进史料的数字化进程,也不可舍弃对纸质史料的传统整理工作,只有将两种路径相结合,才能最大程度发挥史料的应用价值。

---

① 罗敏,姜涛."数据"与史学研究:抗日战争与近代中日关系文献数据平台介绍[J].数字人文,2020,(2):116-126.
② 伯迪克,德鲁克,伦恩费尔德,等.数字人文:改变知识创新与分享的游戏规则[M].马林青,韩若画,译.北京:中国人民大学出版社,2018:12.
③ 赵思渊,潘芸淇."利用自然科学供给我们的一切工具":明清社会经济史研究中的议题、史料、数字工具[M]//蒋杰.数字人文与史学研究.上海:上海三联书店,2023:46.
④ 范军.深化中国出版史研究之浅见[J].出版参考,2019(3):26.
⑤ 夏蒂埃.书籍的秩序[M].吴泓缈,张璐,译.北京:商务印书馆,2013:25.

三、基于海量文献的可视化分析

在史料存储实现数字化后，只有运用技术工具对史料进行综合分析，寻找新的研究问题与解读视角，才能迎来"数字史学"的第二层革新。计算分析的过程通常会结合可视化呈现，这使分析结果更为形象易读。如今，知识图谱、关联数据、GIS（地理信息系统）等信息技术正不断深入"数字史学"领域，为出版史研究提供了一些可供参考的技术工具和分析平台。空间分析和社会网络分析理论能进一步延展出版史研究的思路与视角，从方法论的角度促成出版史研究的"去熟悉化"①。

（一）空间分析：挖掘出版史研究中隐藏的时空信息

GIS 技术具备采集、存储、管理、运算和分析地理信息的强大功能，常被用于历史问题中涉及时空信息的挖掘，历史地理信息学也因此成为跨学科合作的范例。历史地理信息化的理论支点来源于沃尔多·R. 托布勒（Waldo R. Tobler）提出的"地理学第一定律"：任何事物都是相互联系的，相邻事物之间的联系更为紧密。② 地理空间的相互影响说明了历史研究中时空信息的特殊意义。学者在引入地理信息科学、统计学的研究方法后，再运用 GIS 技术将原来分散在文本中的时空信息进行整合和可视化。例如李明杰和杨璐嘉以明代雕版印刷的古籍版本资源为目标对象，运用 GIS 技术和相关的组件对象平台设计了明代古籍版刻信息数据库，呈现了明代古籍版刻的空间分布情况及时空变迁的信息。③

在书籍史领域，历史地理信息化和空间分析具有广阔的研究前景。历史上书籍的生产、刻印、传播与收藏常会涉及地理空间的转移和变迁。包筠雅（Cynthia Joanne Brokaw）在考察清末民初福建四堡的书籍贸易史时，发现出版商人会雇用一些流动的刻印工匠。戴思哲（Joseph Dennis）在探究明代地方志的刊印时亦发现了同样的现象。北京、邯郸、江西、南京、建阳及一些江南地区的刻工经常活跃于本省及外地的方志出版业中，他们的工作区域是动态的，连接着不同的城市，涉及不同的地理位置，人们若对这些信息进行统计和分析，就有可能辨认出一些从前鲜为

---

① 黄林. 中国近代出版史研究的去熟悉化问题 [J]. 现代出版，2019（5）：68-71.
② TOBLER W R. A computer movie simulating urban growth in the Detroit region [J]. Economic geography，1970，46（2）：234-240.
③ 李明杰，杨璐嘉. 基于 GIS 的明代古籍版刻地理信息系统的设计与实现 [J]. 信息资源管理学报，2020，10（3）：125-133.

人知的区域性刊印中心。① 罗宝川使用地方志数字研究工具 LoGaRT 生成了清代官学藏书楼地理信息的可视化图景，探究其空间分布的特征及成因。② 杨璐嘉运用文化地理学的相关理论，借助 GIS 可视化技术分析古代私家藏书楼的地理空间数据，从宏观层面对藏书史的时空分布特征予以总结和补充。③

中国出版史研究亦可尝试运用数字技术对涉及地理信息和空间演变的出版机构、出版事件进行史实的考证和可视化呈现。例如在研究亚东图书馆时，朱莉等结合文献记载使用无人机等现代技术考证了亚东图书馆编辑所与发行所的旧址。陈思航也使用搜索引擎、AI 人脸识别等技术手段进行史料搜集和史实考据。④

（二）网络分析：探寻出版史研究中潜在的因果关系

纸本文献通过计算机数据化处理后，便具备了"原子化"的特性。不同于纸本文献一旦编排出版就无法调整，数位化后的资料能将文献中的原始脉络进行重组，进而产生多重脉络。⑤ 这时，关联数据技术便有了用武之地。关联数据技术的优势在于将零散的、异构的数据进行关联组织，展示数据之间的关联关系，为进一步面向内容和知识的挖掘奠定基础。⑥ 研究者通过关联数据技术重组史料脉络，便有可能编织出在传统纸本中难以寻觅到的某一事件或人物关系网络，进而发现新的历史现象。

关联数据技术与社会网络分析法的结合是"数字史学"开展的又一项学术实践。社会网络分析结合了心理学和社会人类学的学科特点，在研究中重视人际关系和社会结构的探讨，为群体研究提供了理论支持，从而延伸出"群体传记学"（Prosopography）这一研究领域。群体传记学一般采取归纳法，传记学家在明确有待研究的目标群体后，收集关于这个群体的统一观测数据，例如生卒年、家庭背景、教育背景、职业情况等，再通过数据分析对目标群体的相关特征进行概括。李中清（James Lee）—康文林（Cameron Campbell）研究团队依托民国时期大学的学籍档案和学生名册搭建了民国大学生量化数据库，帮助学者探究民国时期大学生群体的社

---

① 戴思哲. 中华帝国方志的书写、出版与阅读：1100—1700 年 [M]. 向静，译. 上海：上海人民出版社，2021：198-220.
② 罗宝川. 清代地方官学藏书楼的地理分布与成因探析：以 LoGaRT 为工具的观察 [J]. 图书馆论坛，2021，41（5）：40-47.
③ 杨璐嘉. 中国私家藏书楼时空分布特征及其成因 [J]. 图书馆论坛，2023，43（2）：67-76.
④ 吴永贵，褚欣桐. 学术表达、现实关怀与历史敬意：亚东图书馆创立 110 周年暨《中国出版家·汪孟邹》出版学术研讨会议述论 [J]. 中国出版史研究，2023（4）：20.
⑤ 项洁，翁稷安. 数位人文与历史研究 [M] //项洁. 数位人文在历史学研究的应用. 台北：台湾大学出版中心，2011：18-19.
⑥ 陈涛，刘炜，单蓉蓉，等. 知识图谱在数字人文中的应用研究 [J]. 中国图书馆学报，2019，45（6）：34-49.

会阶层、宗教信仰、专业选择、就业去向等相关信息；沈立力等运用上海图书馆"人名规范库"等数据库和"历史人文大数据平台"，从人物、地点、事件、共同体等维度搭建了近代报人群体的关系图谱，可视化呈现其先赋性关系网络、业缘网络和自获性关系网络，挖掘隐藏在近代报人群体内部的信息特征和规律；[1] 另有李惠等基于历史人物的书信档案，从时间维度建立了古代书信网络模型，设计了信联活跃度和节点刷新率等网络度量概念，以便动态考察历史人物的社会交际行为，充分挖掘书信的史料价值。[2]

民国出版业的地缘网络和人情网络涉及出版业与政界、文化界的多重互动，出版企业的经营管理和制度建设，企业内部管理者的权力博弈，出版从业者之间的人情往来等多方面的问题。随着出版史研究日趋向微观史、生活史的领域延展和深化，研究者若能借助关联数据技术对历史上出版从业者的亲属关系和社会关系进行深度挖掘，就有可能激活和形塑更为多元复杂的人物网络和出版业态，发现新的观察视角和研究命题。对出版家的日记、书信、传记和年谱进行数据化处理，亦能形成不同线索的群体传记网络，其既可用来开展以人际交往为中心的人物研究，也可支持有共同背景特征的群体研究。

以出版家张元济为例，关于张元济的史料十分丰富，除了其本人的日记、书信集、诗文集，还有许多关于他本人的零散史料，它们可能散布在商务印书馆的档案中，或其他相关人物的书信、日记、回忆录里，研究者若通过关联数据技术对张元济的零散史料进行重新编排和整合，便能对其地缘网络、人际网络有一个更为清晰全面的认知，可能会有新的发现。目前，已有学者开始尝试对《张元济全集》《张元济书札》中涉及人情交往、书信往来的史料信息进行数据提取，运用超图搭建"收信人—寄信人"网络、"共同寄件人"网络及"联合寄件人"网络，以此了解张元济更为潜在的公共交往情况。[3]

关于"数字史学"技术工具的详细介绍见表1。

---

[1] 沈立力，张宏玲，俞晓婷. 近代报人群体关系图谱构建与应用 [J]. 数字人文研究，2021，1（2）：63-74，117-118.
[2] 李惠，侯君明，陈涛，等. 含珠与萤光：古代书信网络的衍化研究 [J]. 数字人文，2020（1）：109-117.
[3] 隗静秋，严佳馨，王琦然. 犹向书林努力来：基于张元济书信网的公共交往研究 [J]. 未来传播，2023，30（3）：68-80.

表1 "数字史学"技术工具案例小结

数字时代的史料存储工具				
史料存储工具	研发团队	技术类型	收录来源	数据库特点
中国基本古籍库	北京爱如生数字化技术研究中心	检索型数据库	收录先秦至民国时期历代重要典籍,总计收书一万部	利用古籍数字再造技术精确还原纸质版页面;支持全文精确检索、校勘编辑、下载等
晚清民国大报库	北京爱如生数字化技术研究中心	检索型数据库	收录晚清和民国时期影响范围广、史料价值高的大型报纸20种	还原度高,收录完整;分为全文检索版和主题检索版两种类型
中国历代人物传记资料库	哈佛大学、台湾"中研院"、北京大学等机构	专题型数据库	收录传记、墓志铭、地方志等综合性资料,也有涉及个人生平与关系往来的文学作品、书信等人物资料	设置有年代、人物、人群、地域、官职等不同检索条件;支持联合其他统计系统开展社会网络分析和空间分析
盛宣怀档案知识库	上海图书馆	专题型数据库	收录盛宣怀家族1850年至1936年间十五万多件日记、信札、电报、账册、电文等档案资料	以盛宣怀家族档案为主题,内容涉及政治、经济、社会、外交等多方面;设计了时间轴、地图、人物关系等可视化图表
数字时代的文献可视化平台				
可视化分析平台	研发团队	技术类型	功能简介	可协助推进的研究工作
中国历史地理信息平台	复旦大学	中国地理信息可视化	包含CHGIS系统,涵盖古旧地图及多种文本型数据库;支持时态展示、空间查询和在线制图	对涉及长时段、大范围时空信息的历史问题进行可视化呈现和综合分析
智慧古籍平台	浙江大学	知识图谱	运用聚类查询、关联数据、机器标引等技术将古籍文献图谱化	使用图谱导览功能查询历史人物的世系图;依据人物生卒年的排序搜集、编纂某时期的文学作品集
LoGaRT	德国马克斯·普朗克研究所	中国地方志研究平台	结合远距、近距阅读的方式,支持跨方志、跨时空的材料搜集和统计	探寻古代书籍、藏书楼的地理分布情况和可视化结果
DocuSky	台湾"中研院"	文本标记分析平台	支持与CBDB、GIS等平台开展跨系统协作分析	使用词条统计工具对目标文本进行词频分析和趋势归纳

四、理论与方法:建构"数字出版史学"

20世纪30年代,陈寅恪在谈及"古今学术史之通义"时有言:"一代之学术,必有其新材料与新问题。取用此材料，以研究问题，则为此时代学术新潮流。"[①] 该时期甲骨文、敦煌写卷、汉晋木简等古代史料相继出土，学者从中发现新的研究课题，提出相应的研究方法，推动了近代史学思潮的发展。在数字时代，史料从存储形式和可视化分析的角度也能被视为一种"新材料"，有望促成新问题的发现和新潮流的出现。

建议研究者基于现有的研究成果，在"数字史学"的方法论指导下，参考文献学、经济史、社会史、历史地理学等领域的研究工具和方法路径，推动出版史研究迈入"技术轨道"，这项工作可从材料整理、分析手段和理论引介3个层面分别发力：第一，建设检索型和专题型出版史料数据库，创新数字时代出版史料的整理方法；第二，借助GIS、关联数据、可视化等技术对出版史料进行脉络重组和综合分析；第三，引入社会网络分析、历史地理信息化的相关理论和研究方法，深入挖掘出版史研究中潜藏的时空信息以及出版家、出版群体的潜在关系网络。

不可否认的是，当下出版史研究与数字技术的结合仍处于初步探索的阶段，学者开展研究大多停留在"数字史学"的第一个层面——运用基础的检索工具查阅史料。同时笔者也注意到，有研究者对西南联大多部人物日记进行数字化的文本联合挖掘，虽有一定新意，但又明显存在关键性的学理问题，其为数据所碾压而显得异常扁平化，带给人们的新见与启示并不是太多。这样似新而实旧的问题也同样可能出现在出版人物社会网络分析的数字化中。

数字人文的收益无法仅从数字技术或传统方法的单一途径中获得。[②] 因此，我们对数字技术既要有敢为人先的尝试，亦要坚守人文学科的本质。我们仍主张以出版学理论为指导，在数字研究环境中继续吸纳书籍史、新文化史、知识社会史等其他学科的研究理论与方法，设计适合出版史学科逻辑的技术工具，在实际研究中坚持问题的学理性和论证的科学性。经过长期的积累与探索，我们或许可以在"数字史学"领域建构"数字出版史学"——在材料、方法及理论层面创设出版史的数字研究空间，鼓励学者积极运用计算机技术开展出版史的学术实践，开拓出中国出版史研究的新境界。

"数字出版史学"的研究空间至少要由3个要素构成：出版史料数据库、综合分析平台、支撑研究的方法论。数据库建设能够帮助收录和整合海量的出版史料，是推动"数字出版史学"研究进程的基础环节。在开拓出版史料的数字化整理途径后，要根据研究诉求进一步联合相关的统计分析系统开展数据挖掘，将经过数字化

---

① 陈寅恪. 文录：陈垣敦煌劫余录序[J]. 学衡, 1931 (74): 139.
② 伯迪克, 德鲁克, 伦恩费尔德, 等. 数字人文：改变知识创新与分享的游戏规则[M]. 马林青, 韩若画, 译. 北京：中国人民大学出版社, 2018: 47.

编排的史料导入综合分析平台,利用统计和定量的分析方法对目标文献分别进行近距阅读和远距阅读。近距阅读源自人文学研究的语言学传统,要求学者理解文本的内涵、版本及历史,并能对内容作出深度解读。远距阅读则是数字时代的一种新型研究方式,研究者运用计算机的自然语言处理能力从海量文本中抽取要旨、归纳总结,有可能发现一些大范围、长时段的模式、关系与规律。同时,结合两种阅读方式解读史料有利于在研究中联结起"目光向上"的宏观视角与"眼光向下"的微观史。特别是在过去的研究中,政治史、革命史视角下的宏大叙事与社会史、文化史视角下的微观分析常被用来对立讨论,但在"数字史学"提供的论证轨道中,计算机强大的数据处理能力既可以处理长时段的宏观叙事分析,同时也可以支持微观数据的深度挖掘,能够支持学者在同一研究问题中灵活切换不同的考察视角。在出版史研究引入新技术和新方法后,我们可以展望"数字出版史学"实现"数字史学"的第三层革新——整合出版史研究的原有理论,创建一种关于"链接"的阐释策略和论证框架,在考察书籍生产、知识传播、出版人的生活交往时对事件的整体趋势及内外部关系进行更深层次、综合性的理解与分析。最后,出版史的学科基体在注入"数字思维"后将更为注重跨学科合作,在科学研究与知识分享上将更具生产性和创造力,切实遵循文理融合的新文科发展目标,向具有共有价值和共有范例的学科共同体进一步迈进。

《黄河大合唱》在新民主主义革命时期的社会传播考释*
——文本扩散的出版节点与文化领导权

◎ 陈卫星　段磊磊**

摘要： 诞生于1939年的《黄河大合唱》是中国共产党领导的文艺工作者在抗日战争期间创作的一部具有标志性意义的文艺作品。这部作品的乐谱如何制造大众传播的社会轨迹？新民主主义革命时期的《黄河大合唱》乐谱的平面再现主要有公开发行、刻版油印和手工抄录三种方式。多样化的编辑出版的形式结构，让旋律的时间性和地域的空间性相结合，再现中华民族全民抗战的精神和意志。这三种信息的复制方式及其社会组合，把大众传播的社会组织和文化领导权的符号建构结合起来，推动形成中国共产党主导的新民主主义革命时期的统一战线的政治共识和舆论氛围。

关键词：《黄河大合唱》；社会传播；文化领导权；出版；组织

一、文献回顾与问题的提出

音乐是一个有组织的声音过程，并伴随着特定的情感或情绪，这个声音过程的大众传播同时是一个事件的社会记忆或一种心理的社会写真。音乐现象的节奏和结构与具体的历史背景和社会氛围是分不开的。据不完全统计，在抗日战争（1931—1945）的14年中，创作并传唱于全国各地的抗战歌曲，已被收录的有3 621首，署名的词曲作者有1 800多人。① 无论是词的内涵，还是曲式的表现力以及两者的结合上，冼星海（曲）、光未然（词）的《黄河大合唱》都被誉为抗战音乐的巅峰

---

* 本文原载于《现代出版》2020年第1期，收入本书时有改动。
** 陈卫星，中国传媒大学传播研究院教授、博士生导师；段磊磊，中国传媒大学传播研究院2018级传播学博士研究生。
① 王续添. 音乐与政治：音乐中的民族主义——以抗战歌曲为中心的考察［J］. 抗日战争研究，2008（3）：126.

之作。

《黄河大合唱》原名《黄河吟》，缘起抗战初期任国民政府军事委员会政治部第三厅①（以下简称"第三厅"）抗敌演剧第三队②（以下简称"演剧三队"）书记的光未然（即张光年）率队两次渡过晋陕大峡谷的黄河时，有感于其汹涌澎湃的气势和黄河船夫奋勇搏击的精神而作的朗诵诗。1938年10月，从法国留学归来并创作电影《夜半歌声》主题曲和大量抗日救亡歌曲的音乐家冼星海，赴位于延安的鲁迅艺术学院（以下简称"鲁艺"）音乐系任教，随后创作出四部合唱作品，《黄河大合唱》便是其中的标志性作品。1939年5月11日，在鲁艺成立一周年的纪念晚会上，毛泽东等中共领导人出席冼星海亲自指挥的《黄河大合唱》音乐会。冼星海在当天的日记中写道："今天是个空前的音乐会，毛主席还叫三声好。"③ 此后，"凡是有人到延安参观、学习，合唱团必唱《黄河大合唱》"④。

抗战期间，《黄河大合唱》的影响是全国性的。它不仅在陕甘宁边区和晋察冀⑤、晋冀鲁豫⑥、华中⑦等敌后根据地被教唱，也在国民政府战时首都重庆⑧以及国统区的昆明⑨、桂林⑩、长沙⑪、洛阳⑫等地被传唱。即便远在西北边疆的乌鲁木齐，也于"1942年冬正式公演，人们为有声有色的《黄河大合唱》所感染，点燃了同仇敌忾、奋起杀敌的怒火"⑬。随着中国远征军的宣传，《黄河大合唱》甚至还远

---

① 政治部第三厅主要由中国共产党领导下的进步人士组成，负责抗日宣传工作，下属十个抗敌演剧队、四个抗敌宣传队、三个电影放映队、一个孩子剧团和一个新安旅行社。参见：中国第二历史档案馆《中国抗日战争大辞典》编写组. 中国抗日战争大辞典 [M]. 武汉：湖北教育出版社，1995：298.
② 抗敌演剧队于1938年8月在武汉成立，是中国共产党领导的以演剧方式进行抗日宣传的文艺团体，全称为国民政府军事委员会政治部抗敌演剧队。皖南事变前后，政治部第三厅的十个抗敌演剧队先后被迫解散或改组，改组后的队伍配给各战区服务并按照战区序号更改队名，比如抗敌演剧第三队就原地配给给阎锡山的第二战区，更名为抗敌演剧宣传队第二队（简称"剧宣二队"）。演剧队（剧宣队）是抗战期间中国共产党在国统区的重要宣传力量，他们为《黄河大合唱》在国统区的传播做出了重要贡献。
③ 中共中央文献研究室. 毛泽东年谱（1893—1949）（修订本）：中 [M]. 北京：中央文献出版社，2013：126.
④ 李小莹. 严良堃与《黄河大合唱》[J]. 新文化史料，2005（4）：131.
⑤ 周巍峙. 解放区人民热爱星海同志 [A] //中央音乐学院中国音乐研究所. 中国近现代音乐史资料丛刊·冼星海专辑（二）. 内部资料，1962：255.
⑥ 吴因. 忆《黄河大合唱》在敌后的演出 [A] //中国人民解放军文艺史料编辑部. 中国人民解放军文艺史料选编·抗日战争时期：第三册. 北京：解放军出版社，1988：143-149.
⑦ 李丹阳. 抗战时期的中国文艺口述实录 [M]. 北京：中国社会科学出版社，2015：343.
⑧ 李滨荪，胡婉玲，李方元. 抗日战争时期音乐资料汇集·重庆《新华日报》专辑 [M]. 重庆：西南师范大学出版社，1985：40.
⑨ 黎章民. 忆西南联大高声唱歌咏队 [J]. 新文化史料，1998（1）：66.
⑩ 唐守荣，杨定抒. 国统区抗战音乐史略 [M]. 重庆：西南师范大学出版社，1996：72.
⑪ 李超. 硝烟剧魂：抗敌演剧一队回忆录 [M]. 北京：中国广播电视出版社，1995：93.
⑫ 晏甬. 抗敌演剧第十队简史 [A] //文化部党史资料征集工作委员会，河南省文化厅文化志编辑室. 黄河入海流：抗敌演剧第十队史料集. 出版社不详，1992：9.
⑬ 杨彬. 抗战音乐活动鼎盛时期纪略 [J]. 新文化史料，1992（1）：53.

播缅甸①等东南亚国家。

中华人民共和国成立后，伴随着纪念性质的演出，《黄河大合唱》成为重构中华民族国家叙事的重要文本，以此彰显民族理念、政治认同和文化自信。2015年9月3日，在天安门广场举行的抗日战争暨世界反法西斯战争胜利70周年的大阅兵中，由中国人民解放军合唱团演唱《黄河大合唱》第七乐章《保卫黄河》，再现了抗战年代的历史旋律和民族国家的成长标记。

（一）文献回顾

目前学界关于《黄河大合唱》的研究主要集中在以下几个方面：一是从音乐创作和表演的角度把握《黄河大合唱》的艺术特色，其中苏夏②、严良堃③的研究较为经典。二是从音乐史学的角度探究《黄河大合唱》的创作过程与首演情况，以李焕之④、邬析零⑤、张安东⑥等人为代表，其他学者的叙述基本上以这些历史亲历者及其后人的回忆与研究为蓝本；或是研究《黄河大合唱》的版本流变，其中具有代表性的学者有苏夏⑦和严镝⑧和查太元⑨。三是从文艺美学角度展开的研究，比如王杰、王真从现代性审美出发，探究《黄河大合唱》中"乡愁乌托邦"和"红色乌托邦"的历史情感结构⑩；张晴滟从"康塔塔"的艺术形式出发，认为延安版《黄河大合唱》存在声辞不协和配器缺陷的问题，并以此为基础分析了中西混编的观演在新旧更迭的时势中形成的经验和教训⑪。

---

① 程季华. 天使城的巧遇：纪念抗敌演剧队建队50周年［A］//中国共产党广东省委党史研究室. 国门内外写春秋，1995：174.
② 苏夏.《黄河大合唱》的艺术分析［J］. 人民音乐，1998（8）：3-5；苏夏.《黄河大合唱》的艺术分析（下）［J］. 人民音乐，1998（10）：3-5.
③ 严良堃. 黄河入海流：《黄河大合唱》的指挥与处理［J］. 音乐研究，2000（2）：3-15；严良堃. 黄河入海流：《黄河大合唱》的指挥与处理（下）［J］. 音乐研究，2000（3）：13-26.
④ 李焕之. 我与"黄河"的不解之缘（上）：缅怀恩师冼星海暨《黄河大合唱》辉煌的六十年［J］. 人民音乐，1999（3）：2-7；李焕之. 我与"黄河"的不解之缘（下）：缅怀恩师冼星海暨《黄河大合唱》辉煌的六十年［J］. 人民音乐，1999（4）：3-5.
⑤ 邬析零.《黄河大合唱》的孕育诞生及首演（上）［J］. 人民音乐，2005（7）：7-10，23；邬析零.《黄河大合唱》的孕育、诞生及首演（下）［J］. 人民音乐，2005（8）：14-20.
⑥ 张安东.《黄河大合唱》传奇［J］. 人民音乐，2019（4）：44-51.
⑦ 苏夏. 再谈《黄河大合唱》的各种版本［J］. 人民音乐，1999（11）：3-5.
⑧ 严镝.《黄河大合唱》各版本的产生和流传［J］. 中国音乐学，2005（4）：68-74.
⑨ 查太元.《黄河大合唱》乐谱版本考探［M］//黄炜. 永远的"黄河大合唱"：《〈黄河大合唱〉纵横谈》续编. 武汉：华中师范大学出版社，2020：92-154.
⑩ 王杰，王真. 中国悲剧人文主义的核心观念及其当代意义：为纪念冼星海《黄河大合唱》创作80周年而作［J］. 湖北大学学报（哲学社会科学版），2019，46（3）：36-45.
⑪ 张晴滟. 新旧更迭中的声辞关系：以《黄河大合唱》为例［J］. 中国现代文学研究丛刊，2017（8）：115-125.

《黄河大合唱》之所以如此引人注目，是因为它在漫长的历史岁月中已经被定格为一个重要的传播文本，承载巨大的历史记忆和社会情感，把人文地理、社会意识和政治理想浓缩在一部大型声乐作品的韵律中。关于它如何成为一个被传播的文本，这方面的研究主要聚焦在传播的地理范围和意义结构两个方面。

从传播范围而言，杨定抒按照时间顺序介绍了《黄河大合唱》在国统区的桂林、重庆、成都、柳州等地的演出情况。① 徐冬对严良堃的访谈展示了《黄河大合唱》在多伦多、纽约、旧金山、新加坡，以及香港、台湾等地的演出情况和演出效果。② 陆铿荣、左超英在桂林的《黄河大合唱》的演唱和首次铅印的基础之上讨论了其在"抗战文化城"桂林的传播意义。③ 俄籍华裔作曲家左贞观详细论述了冼星海在苏联的活动和《黄河大合唱》在苏联的演奏情况。④ 向延生展示了20世纪80年代《黄河大合唱》在台湾被解禁的详细经过。⑤

就传播意义来说，需要继续深化的是能否从《黄河大合唱》的传播效应中提炼出有理论高度的阐释框架。明言从艺术作品的内部需求和外部需求出发，认为《黄河大合唱》的经典化是艺术性、政治性、社会性等因素综合作用的结果。⑥ 傅宗洪认为，《黄河大合唱》的经典化过程与政治权力或者意识形态的介入分不开，中国共产党高层领导的肯定和意识形态的植入表明它的经典建构是一种社会性过程，是艺术制度最终运作的结果。⑦

（二）问题的提出

作为传唱至今的革命名曲，《黄河大合唱》具有丰富的内涵。在现有的传播研究中，学者们基本上是站在可听的声音层面来理解《黄河大合唱》的，将更多的注意力集中于这首民族史诗的演唱和说唱的扩散方面，而忽略了其完成社会传播的另一个重要物质因素——可见的物质层面的曲谱出版。曲谱出版在信息扩散过程中构成必不可少的"感觉的介质和社交性的模具"⑧。

感觉的社会性构成时代的氛围。1938年1月，经过冼星海、张曙等人的筹组，武汉成立了音乐界的抗日民族统一战线组织——中华全国抗敌歌咏协会，并选举全

---

① 杨定抒.《黄河大合唱》在国统区的演出［J］. 人民音乐，1992（12）：38-39.
② 徐冬.《黄河大合唱》在海外：访严良堃［J］. 人民音乐，1995（6）：15-17.
③ 陆铿荣，左超英. 抗战音乐史上珍贵的一页：《黄河大合唱》在国统区桂林的传播［J］. 音乐研究，2001（2）：20-26.
④ 左贞观.《黄河大合唱》在苏联［J］. 人民音乐，2019（4）：52-57.
⑤ 向延生. 冲破了牢笼的怒吼：《黄河大合唱》在台湾解禁追记［J］. 星海音乐学院学报，2000（4）：22-24.
⑥ 明言. 从《黄河》的经典化再看音乐与政治的关系问题［J］. 人民音乐，2000（1）：31-34.
⑦ 傅宗洪.《黄河大合唱》：从经典到"经典化"的过程［J］. 文艺争鸣，2010（2）：90-92.
⑧ 德布雷. 普通媒介学教程［M］. 陈卫星，王杨，译. 北京：清华大学出版社，2014：4.

国 35 名音乐家为执行委员，同时积极开办歌咏训练班，"为抗战发出怒吼，为大众谱出新声！"

毋庸置疑，《黄河大合唱》原本以黄河作为主要审美对象，从一个跨阶级超党派的叙事文本出发，以文化地理学的旋律敲响中华民族的历史节拍。国民党败逃台湾之后曾严禁演唱《黄河大合唱》，直到 20 世纪 80 年代后期才逐渐解禁。这恰恰证明《黄河大合唱》的象征意义在于它是中国共产党在新民主主义革命时期建构的文化领导权的重要标志。

一个信息是否能够产生社会功能，取决于它能否成为社会传播的一个对象，用控制论的语言来说，"社会传播是社会这个建筑物得以黏合在一起的混凝土"[1]。而在更早的芝加哥学派时期，人们就已经发现，大众传播之所以能成为社会组织的机制，需要两个要素：一个是信息传播的物理流程和物质载体，一个是保存和传递的符号的社会心理效果。由此确认社会传播的性能指标：表现性、持续地记载、迅速性和扩散性。[2]

无论是民族共同体意识的唤醒和培育，还是文化政治学的传播效能，都离不开实实在在、可听可感的声音艺术带来的情绪共振和情感共鸣。在 80 多年前的前工业化时期的中国，如何让一种听觉的传播媒介跨越广袤的地理空间？如何把一个物质化的传播文本从陕甘宁边区的窑洞传递到各个敌后抗日根据地和国统区大后方？要实现这些，就要面对战争年代的物质匮乏和交通阻塞所带来的现实困难甚至是生命危险。此外，即便依靠有组织的人员和团体流动，比如从鲁艺、抗大、陕公等机构派遣到全国各地的抗战干部的口耳相传，包含八个乐章，在配器、和声和对位上都有严格讲究的大型声乐套曲《黄河大合唱》能够被完整、准确地在各种正式场合演唱，也离不开将稍纵即逝的声音固定下来的物质性曲谱的大规模复制。

一个文本所构成的媒介要产生真实可靠的传播效果，需要考释这个文本"是怎样传递、散播、流通、蔓延、繁殖的？在什么载体上？这在传递者和接收者身上改变和重新形成了什么？通过什么介质？什么路线、网络、连接、汇合、出口等？"[3] 作为一部在历史长河中被经典化的作品，《黄河大合唱》的作品文本是怎样被复制和传播的？其中有哪些政治、经济和技术等外因的干预或介入？作品文本的扩散方式究竟是以什么印刷形式出版发行的？从出版史的角度探索印刷形式传播的历史轨迹，这种问题导向的研究是本文的出发点，也是立意所在。

从编辑出版学的角度来说，"每一种形式，每一种载体，每一种收发文字（传

---

[1] 维纳. 人有人的用处［M］. 陈步，译. 北京：商务印书馆，1978：17.
[2] 陈卫星. 传播的观念［M］. 北京：人民出版社，2004：73-74.
[3] 德布雷. 普通媒介学教程［M］. 陈卫星，王杨，译. 北京：清华大学出版社，2014：31.

播和接收文字）的结构都会深深影响其用法和阐释"①。考虑到当时的战时条件和技术限制,《黄河大合唱》有没有大规模地出版过曲谱？如果有，它是一种怎么样的形态？包括哪些种类？各个种类之间的关系是什么？形成了怎样的传播生态？这些物质性的社会传播与演唱、教唱等声音层面的社会传播之间的关系，即其在《黄河大合唱》社会传播链条中的地位和意义如何？同时，在1939年之后的新民主主义革命时期，鉴于国共之间逐渐恶化的两党关系和日益加剧的政治斗争，这些物质性的出版工作与整体社会传播背后事关整个中国历史走向的文化领导权之争是一种怎样的关系？或者说这些出版工作能否成为解释文化领导权的现实抓手？探索和思考这些问题，确定了本文的媒介史和社会史交叉重叠的研究视角和学术逻辑。

二、史料爬梳：公开发行、刻版油印与手工抄录

（一）公开发行

通过爬梳史料发现，抗战时期《黄河大合唱》的公开出版分为两种。第一种是以期刊的形式出版的。其有刊登全篇的，也有刊载个别乐章的，比如林路主办的《每月新歌选》在1940年第4—7期中完整刊登了《黄河大合唱》的八个乐章②，而李凌和林路在1940年合办的《新音乐月刊》③中则分别刊登过《黄水谣》④《保卫黄河》⑤。《每月新歌选》是1939年10月在桂林创刊的进步刊物，李凌从延安出发，于1939年10月初抵达重庆之后，即与林路商量成立了新音乐社，并在1940年1月创办了《新音乐月刊》。这两份刊物的创办都是为了配合国统区的新音乐运动，宣传中国共产党的文艺政策，其中"内容比其他音乐刊物进步些"⑥的《新音乐月刊》在国统区的影响很大。除《每月新歌选》和《新音乐月刊》之外，据冼星海自述，"《音乐季刊》最近在上海印出五线谱的《黄河大合唱》，上海非常欢迎"⑦。作为当时中国的物质文化高地，"孤岛时期"的上海也回荡着从黄土高原传来的抗战旋律。

---

① 夏蒂埃. 书籍的秩序[M]吴泓缈，张璐，译. 北京：商务印书馆，2013：25.
② 李文如. 二十世纪中国音乐期刊篇目汇编（上）[M]. 北京：文化艺术出版社，2005：83-84.
③ 陆铿荣、左超英在《抗战音乐史上珍贵的一页：〈黄河大合唱〉在国统区桂林的传播》中指出，《新音乐月刊》在1940年2卷3期至3卷2期连载了《黄河大合唱》的全部乐谱。笔者查阅当时文献，并未见。详见"晚清、民国期刊全文数据库（1833~1949）"中《新音乐月刊》部分。
④ 冼星海. 黄水谣[J]. 新音乐月刊，1940（3）：24-31.
⑤ 冼星海. 保卫黄河[J]. 新音乐月刊，1940（5）：35-36.
⑥ 《冼星海全集》编辑委员会. 冼星海全集（第一卷）[M]. 广州：广东高等教育出版社，1989：341.
⑦ 《冼星海全集》编辑委员会. 冼星海全集（第一卷）[M]. 广州：广东高等教育出版社，1989：331.

第二种是以歌集或者单行本的形式出版的。可以推测，印刷当时的流行歌曲——《黄河大合唱》的歌集或者单行本应当很多，但因为战争并没有被完整地统计或记录。就笔者所见，主要有《反攻》歌曲集和《黄河》单行本，它们多和生活书店有关。比如冼星海在《〈反攻〉歌曲集自序》中写道："最近社会认为起了全国歌咏最大作用和记录的三个作品：（一）歌剧《军民进行曲》，（二）《生产运动大合唱》，（三）《黄河大合唱》，有独立性的歌曲，也选入这集里面。"① 这部"收录了包括《反攻》《保卫黄河》《到敌人后方去》《在太行山上》《保卫祖国》《中国空军歌》等冼星海创作的38首抗战歌曲"② 的《反攻》歌曲集，最后"交艾思奇同志到生活书店出版"③。生活书店不仅出版了《反攻》歌曲集，还出版了《黄河》的单行本并多次印刷，目前可见的有1940年9月第2版（图1）和1941年2月第3版。④

图1 《黄河》生活书店1940年9月版
资料来源：http://book.kongfz.com/232485/2119623817。

《新音乐月刊》等期刊和生活书店在战时的公开出版无疑对国统区尤其是西南地区《黄河大合唱》的传播产生了巨大的推动作用。然而，既然是在国统区公开出版，就必然会受官方的检查或监控，甚至涉及相关人员的人身安全。《黄河大合唱》在桂林等地出版的1939年到1941年，抗战逐渐进入更加艰苦的相持阶段。尤其是国民党五届五中全会以后，国民党加大反共动作（如1939年12月的晋西事变），以宣传马列进步思想著称的生活书店必然会受到政治大环境的影响。1939年2月26

---

① 《冼星海全集》编辑委员会. 冼星海全集（第一卷）[M]. 广州：广东高等教育出版社，1989：122.
② 汤斯惟. 战时首都重庆出版音乐书籍探析 [J]. 图书馆杂志，2019（1）：94.
③ 《冼星海全集》编辑委员会. 冼星海全集（第一卷）[M]. 广州：广东高等教育出版社，1989：287.
④ 汤斯惟. 战时首都重庆出版音乐书籍探析 [J]. 图书馆杂志，2019（1）：91-102.

日,国民党秘密制定了《禁止或减少共产党书籍邮运办法和取缔生活、新知、互助等书店办法》,除了"允许各地军、警、宪、特,随意查禁扣留图书、期刊外,还允许他们对分散在各地的分店(社)采取封门、抓人等手段,加以摧残和迫害"①。"到1940年6月,生活书店在全国各地所建立的56个分支店,除5处因战局关系而自动收歇者外,其他45处都先后被封闭或勒令停业。"②皖南事变之后的1941年2月,剩下的成都、贵阳、桂林、昆明等分店又遭查封③,留下来的重庆总店也被严密监视。显然,在抗日根据地和边区之外,从延安传唱出来的《黄河大合唱》的信息扩散还面临着物质条件之外的艰难和风险。

目前我们还无法确定《黄河大合唱》是否在敌后根据地公开发行过,估计有两个技术限制:一是公开发行需要大型的机器设备、熟练掌握复杂工艺的印刷工人和基本的发行网络十分缺乏,二是敌后根据地的物料如油墨、纸张等的供给十分困难。现在能够知晓的在解放区发行的《黄河大合唱》的最早群众性歌本是1946年7月由东北文艺工作团选编、群众歌曲社发行的歌本。

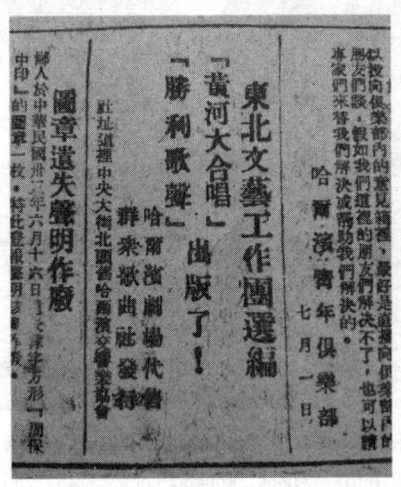

图2 《黄河大合唱》由群众歌曲社1946年7月发行

资料来源:《东北日报》1946年7月2日第4版。

(二) 刻版油印

从文献引证角度来讲,没有经过出版社编辑和审核过的油印文本是不足以作为参考文献的,但这并不妨碍这种半机械技术在20世纪上半叶成为《黄河大合唱》

---

① 刘大明. 生活书店、读书出版社、新知书店的历史道路:纪念生活·读书·新知三联书店成立六十周年[J]. 出版史料, 2008 (3): 7-21.
② 《生活书店史稿》编辑委员会. 生活书店史稿[M]. 北京:生活·读书·新知三联书店, 2013: 172.
③ 罗建周. 生活书店(1932—1945)与战时中国文学传播[D]. 西安:陕西师范大学, 2015.

乐谱在大规模复制中极其重要的手段。

　　油印技术是清末从日本引进的，与铅印相比，油印具有便捷和经济的特点。红军时期，中国共产党的机关报《红色中华》就采用了油印技术。延安时期，虽然中共中央的机关报刊改用铅印技术，但油印技术仍然很普遍，当时延安的编辑出版的技术条件十分艰苦。一方面，中国共产党是一个学习型政党，各种政治学习、信息交流和业务培训需要大量的文字材料和印刷读物；另一方面，印刷设备及其耗材又极为匮乏，甚至中央印刷厂不得不自己研究生产土油墨。即便如此，也还是到"1942年做到了自给，且可以支援外厂"①。作为当时最高层级的文秘机构，中共中央秘书处的各种文件制作方式也是复写、刻写和油印，直到七大召开前夕，才有一台小型脚踏铅印机。②

　　油印需要在钢板上铺上蜡纸，再用铁笔刻蜡版，最后铺上油墨用滚筒进行印刷。冼星海在1939年4月29日记载《黄河大合唱》"油印好后取走的10份"③，是由当时在鲁艺美术系就读的钟灵所刻蜡版印刷的。钟灵后来回忆道："在鲁艺，冼星海同志创作的《生产大合唱》和《黄河大合唱》完成后，我便自告奋勇去帮忙刻蜡版并油印，因为我懂简谱，也会用仿宋字刻蜡版。我们刻蜡版的同志是在晚上加班（白天要上课或去山上开荒种地），因此有资格点蜡烛，蜡烛比起平时用的小麻油灯碗要亮多了。"④ 这证明在作品诞生地的作品呈现方式是油印版。

　　实际上，《黄河大合唱》乐谱在全国范围内的传播就是以延安的油印本为起始的。词作者光未然次子张安东考证，重庆生活书店1939年8月首版的《黄河大合唱》是"诗人惜别战友由队友胡志涛陪同转往成都治伤，并带走《黄河大合唱》的简谱本，托胡志涛专程送到重庆"⑤ 的。光未然1939年5月离开延安，作为词作者的他自然会存有已经在4月29日刻印出来的油印本。冼星海还将油印本邮寄给其时为政治部第三厅演剧十队队员的马可，并被马可同样以油印的方式翻印过。马可在1939年8月17日的日记中写道："可是忙着写《救亡新歌》第五集（这次我想'临别纪念'，来个特大号，把《黄河大合唱》和《黄花曲》也附入）。"⑥ 8月24日写道："为了《救亡新歌》第五集的印出，这几天日夜忙透了，前天起就日夜加工（夜里天凉，能够印的份数多些）。这次写了有十八张蜡纸之多，临别纪念，订

---

① 曹国辉. 延安时期的印刷事业［J］. 新文化史料，1998（6）：3-5.
② 丁农. 在延安和陕北的十年［J］. 中共党史资料，2009（4）：87-105.
③ 《冼星海全集》编辑委员会. 冼星海全集（第一卷）［M］. 广州：广东高等教育出版社，1989：272.
④ 钟灵. 延安鲁艺的校园生活［A］//曾刚. 山高水长：延安音乐回忆录. 西安：太白文艺出版社，2001：171.
⑤ 张安东.《黄河大合唱》传奇［J］. 人民音乐，2019（4）：44-51.
⑥ 《马可选集》编辑委员会. 马可选集七日记卷（上）［M］. 北京：人民音乐出版社，2017：324.

起来必大有可观也。"① 相对于公开发行，油印具有成本低、便捷性高的优势，无疑是当时最主要的复制方式。

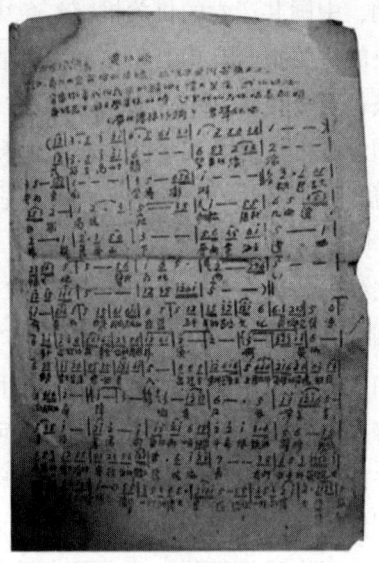

图3 《黄河大合唱》1948年9月独立七师宣传队油印版
资料来源：http：//book. kongfz. com/154/2751168685。

（三）手工抄录

相比于铅印或油印这种机械化、半机械化手段所象征的传播权力和传播流程，手工抄录显然意味着传播能力的离散性效应，但同时也因为其操作流程的个体性而更易于通过筛查，从而制造出一种传播文本的民间性流通。在战争年代，《黄河大合唱》的物质化传播离不开公开出版发行，也离不开油印机的关键一环，但之所以能在全国范围内掀起"风在吼，马在叫，黄河在咆哮！"的救亡旋律，达到"农村里连老太太、小孩子都能唱"②的程度，仅仅依靠数量有限、空间覆盖范围也相对有限的出版和油印显然是不够的。比如出版发行网络一般都集中在城镇地区，而抗战的重心已经转移到农村。至于油印，刻一个蜡版一般最多能印1 000份，再多字迹就会模糊不清。100元的油印机③与出版机构的大型机器相比虽然非常便宜，但足以作为有传播效率的组织化生态的基础条件，可以激发个体审美意识和政治觉悟的传播。文本本身是可以驱动个体成为传播载体的，这就是战争年代的《黄河大合

---

① 《马可选集》编辑委员会. 马可选集七日记卷（上）［M］. 北京：人民音乐出版社，2017：328.
② 马少波. 鼓角连营十二秋（上）：记胶东文化协会［J］. 新文化史料，2000（1）：25-29.
③ 西北战地服务团1939年4月3日从军分区司令部获得100元，作为购买油印机的款项。参见：西战团团史编写组，朱星南. 西北战地服务团大事记［J］. 新文化史料（内部资料），2008（1）：5-38.

唱》可以以手工抄录本方式流通的传播原理。

手工抄录这种行为太过于平常,很少像出版或油印那样被当事人特意记录。即便如此,根据冼星海日记的记载,在《黄河大合唱》首演之后的1939年4月16日下午,仍然"有几位工人学校的代表来抄歌"①。此外,1940年5月3日,抗大总校文工团和晋东南鲁迅艺术学校联合排演出《黄河大合唱》并引起巨大轰动,"看过演出后一段相当长的日子里,大家都在谈论着《黄河》这部作品,争相传抄《黄河》的歌篇"②。实际上,抄录在当时是较为普遍的传播行为。据延安"民歌大王"安波回忆,"星海同志听说我记录了一些陕北民歌,就向我借去抄录"③。而在大后方"收到一个新歌,就高兴得不得了,同伴唱着,自己的学生唱着,还抄几份寄给其他的朋友,三天两天还演唱给乡民听或教他们唱"④。至于在敌后,艺术水平较高的西北战地服务团以及八路军、新四军的师部艺术剧团和延安派往根据地各学校的文工团,当他们下到基层连队里去演唱和教唱《黄河大合唱》时,难免会有具有简谱识读能力的官兵去传抄这部唱得人"不知已经涌出多少眼泪"⑤的新型救亡歌曲。

纸质乐谱在新民主主义革命时期主要有公开发行、刻版油印以及手工抄录三种物质化方式。这三种方式以文字的形式将转瞬即逝的声音固定下来,把观念、工具和社会行为联结起来,让《黄河大合唱》成为一个流动的、有生命力的传播文本。具体而言,油印是走向物质化的第一步也是最关键的一环。从延安流传出来的油印本演化为重庆、桂林等地的公开出版物,也演化为敌后抗日根据地的油印文本,被铅印和被刻印的文本又成为不断蔓延的手工抄录本的信息源。后者以较低的成本走向更多的社会大众,亦不排除有出版机构或者个人依靠手工抄录本开展公开发行和刻版油印的工作。从信息传递的技术形成到信息扩散的现实条件,三种文本形式相互交织、互相依赖,形成战时传播的中国特色和中国语境。

---

① 《冼星海全集》编辑委员会. 冼星海全集(第一卷)[M]. 广州:广东高等教育出版社,1989:269.
② 吴因. 忆《黄河大合唱》在敌后的演出[A]//中国人民解放军文艺史料编辑部. 中国人民解放军文艺史料选编·抗日战争时期(第三册). 北京:解放军出版社,1988:143-149.
③ 安波. 星海同志永远在指导与鼓舞着我们[A]//中央音乐学院中国音乐研究所. 中国近现代音乐史资料丛刊·冼星海专辑(二). 内部资料,1962:316.
④ 星海,吴凤. 歌曲创作讲话[A]//中央音乐学院中国音乐研究所. 中国近现代音乐史资料丛刊·冼星海专辑(四). 内部资料,1983:9.
⑤ 安波. 星海同志永远在指导与鼓舞着我们[A]//中央音乐学院中国音乐研究所. 中国近现代音乐史资料丛刊·冼星海专辑(二). 内部资料,1962:319.

三、从出版节点到文化领导权

(一) 出版：作为社会传播的节点

如果说演唱以及由此展开的范围更广的教唱是《黄河大合唱》社会传播的重要组成部分，那么，以演唱和教唱为代表的声音文本与以乐谱复制出版为代表的物质文本之间是什么样的关系？实际上，在《黄河大合唱》整体的社会传播中，物质性的复制出版扮演着节点的角色。如此认为主要出于两方面原因。

首先，从音乐体裁角度讲，《黄河大合唱》属于大型声乐套曲。这就是说，除了人声的演唱，还包括起烘托、转折、修饰、加强等作用的器乐演奏。如果说"风在吼，马在叫"这样的歌词及曲调可以依托于人的记忆能力和感受能力通过教唱习得，那么配器的曲调则只能依靠纸质乐谱通过不断排练以达到登台演出的标准；一场完整而正式的演出需要若干份乐谱，除总谱外，还需要不同乐器的分谱来达到和声的效果。音乐是时间的艺术，它在和声、配器、曲体和对位方面有着极为严苛的要求。正是有了物质性乐谱，演出团队才能准确把握演唱节奏，在紧密协作中传达《黄河大合唱》的艺术魅力。虽然因为战争年代的物质限制而不得不简化演出的和声和配器，但作品本身的艺术规格和仪式功能一再凸显《黄河大合唱》的政治地位和专业品质。

自 1939 年 4 月 13 日和 5 月 11 日的演出之后，《黄河大合唱》成为中国共产党招待中外贵宾的文艺大餐。在欢迎著名美国记者斯诺[①]、史沫特莱[②]，美军延安观察组长包瑞德上校[③]、英国统一援华基金委员会会长克利浦斯夫人[④]、美国总统私人代表赫尔利少将[⑤]、美国驻华特使马歇尔上将[⑥]、国民政府军委会政治部长张治中上将[⑦]、南侨总会主席陈嘉庚[⑧]、民主战士李公朴[⑨]、著名作家茅盾[⑩]、著名电影艺术

[①] 石雅娟，王永平，吴京波. 中国抗战文艺活动纪事 [J]. 新文化史料，2005 (2/3)：42.
[②] 石雅娟，吴京波. 中国抗战文艺活动纪事 [连载④][J]. 新文化史料，1996 (1)：60-65.
[③] 许翰如. 培育文艺人才的摇篮：忆周巍峙与鲁艺戏剧音乐系干部学习班 [J]. 新文化史料，1998 (4)：17-21.
[④] 许翰如. 山沟里的火凤凰：忆延安中央管弦乐团 [J]. 新文化史料，1999 (2)：44-49.
[⑤] 陈紫，李丹阳. 抗战时期的中国文艺口述实录 [M] 北京：中国社会科学出版社，2015：78.
[⑥] 李建彤. 足迹：记鲁迅艺术文学院 [A] //曾刚. 山高水长：延安音乐回忆录. 西安：太白文艺出版社，2001：196.
[⑦] 艾克恩. 延安中央管弦乐团纪实 [J]. 新文化史料，1992 (2)：54-56.
[⑧]《马可选集》编辑委员会. 马可选集七日记卷 (上) [M]. 北京：人民音乐出版社，2017：523.
[⑨] 王元方. 鲁艺的大低胡 [M] //曾刚. 山高水长：延安音乐回忆录. 西安：太白文艺出版社，2001：200.
[⑩] 茅盾. 延安行：回忆录 [二十六] [J]. 新文学史料，1985 (1)：4-25.

家应云①等人的晚会上,均上演过《黄河大合唱》。恰是这些演出使得《黄河大合唱》名扬海内外,为后续的教唱工作打下了社会基础。除此之外,演剧队在国统区的正式演出,就有1941年3月演剧一、二、八、九以及铁血剧团100多人在长沙的联合公演②,1939年11月西战团在晋察冀根据地的首演③,1940年5月3日晚晋东南鲁迅艺术学校(也称前方鲁艺)和抗大总校文工团在晋冀鲁豫根据地武乡县蟠龙村河滩上的联合公演④,抗战胜利后的1946年3月东北文工团在大连的轰动性首演⑤,等等。这些正式演出对《黄河大合唱》的社会传播无疑具有标志性意义,而这都离不开物质乐谱所发挥的重要作用。

其次,《黄河大合唱》的社会传播具有强烈的层级扩散结构。不仅是遵从延安—敌后抗日根据地和国统区的空间层级,在演唱主体上也大致遵从延安学校学生—军师级总部文工团—部队基层、学校和普通老百姓的人群层次。在20世纪的中国走向民族国家的近代化过程中,青年学生群体因为受益于文化启蒙后所赋权的文化自信,具有极大的社会热情和传播动力,会不由自主地讴歌"我站在高山之巅,望黄河滚滚……"以彰显一种情感、思想和身份的自我与社会的同一性。演剧队在国统区演出后,在青年学生中举办歌咏培训班、开展音乐星期学校活动以培养文艺团体,这些青年学生往往会从演剧队那里刻版或者抄录乐谱,为演剧队离开后独自开展更大规模的群众文艺运动做技术准备。

在延安和敌后根据地,当鲁艺、抗大、陕公的学员被派往敌后,在基层的党、政、军以及各种社团机构中进行文艺活动、组建文艺团体等根据地文化建设时,纸质乐谱也会成为他们开展工作的重要依托。比如在华中,新四军指挥部政治部抗敌剧团的前身——安徽省青年抗敌协会青年剧团成立后,"延安来的同志带来了《黄河大合唱》底本,青年剧团尽管人员不多,却把这部振奋民族精神的抗战名曲搬上了舞台"⑥。这些或公开发行或刻版油印或手工抄录的纸质乐谱甚至还会被基层连队油印或者抄去,成为他们珍藏的宝贵精神食粮。恰恰是通过这些不怎么具备标志意义的"日常化"演出,纸质乐谱与演唱群体的层层扩散同步,"所有事物的'象征

---

① 《冼星海全集》编辑委员会. 冼星海全集(第一卷)[M]. 广州:广东高等教育出版社,1989:296.
② 演剧九队队史编辑委员会. 演剧九队(原抗剧二队)大事记(1937~1949)[A]//中共上海市文化局党史资料征集领导小组. 八千里路云和月:演剧九队回忆录. 出版单位不详,出版时间不详,399.
③ 西战团团史编写组,朱星南. 西北战地服务团大事记[J]. 新文化史料(内部资料),2008(1):5-38.
④ 吴因. 忆《黄河大合唱》在敌后的演出[A]//中国人民解放军文艺史料编辑部. 中国人民解放军文艺史料选编·抗日战争时期(第三册). 北京:解放军出版社,1988:143-149.
⑤ 颜一烟. 走遍白山黑水:东北文工团的历史足迹[J]. 新文化史料,1991(6):52-59.
⑥ 抗敌剧团历史编写联络组. 活跃在淮南敌后的文艺战斗队:新四军江北指挥部[A]//中国人民解放军文艺史料编辑部. 中国人民解放军文艺史料选编·抗日战争时期(第四册). 北京:解放军出版社,1988:257.

性'都起着联结的作用,用来连接:(1)一个个体同另一个个体(或者另一些个体);(2)一个可视的事实和一个隐形的事实(过去的或将来的)"①。从这个意义上说,社会有机体的基层结构的可交流性是一种社会建构的组织资源,蕴藏着巨大的历史能动性的潜力。

(二)从出版节点到文化领导权:组织起来

编辑出版的形式不仅仅是个形式问题或技术问题,需要看到的是,"纯粹的'版面变化'('版面'乃广义)是如何深深改变了'同一个'文本的用法、传播和理解的"②。由此引发出通过信息传播的操作来建构文化领导权的可能。

出身新闻记者的意大利共产党创始人和领导者葛兰西认为,现代国家的上层建筑有两个职能,一个是通过国家机器为主的行政机构来实现政治领导权,一个是通过市民社会的文化体系和意识形态来确认文化领导权(亦被译为"文化霸权")。"我们目前可以确定两个上层建筑与'阶层':一个可称作'市民社会',即通常称作'私人'的组织的总和,另一个是'政治社会'或'国家'。"③

文化领导权的核心和本质在于使某一阶级的价值观念、道德准则、生活方式、风俗习惯等对大众产生吸引力、感召力、同化力,从而使它们内化为自身的观念思想和行为标准,进而形成结构性的、不以个人意志为转移的对事物的认识和社会共识以及由此展开的行动。

如何从资产阶级手中夺取文化领导权?葛兰西认为,首先需要无产阶级政党的统一领导。"现代的新君主主人公不会是作为个人的英雄,而只能是政党。"④ 那么,怎么保证由现代政党所代表的国家"政治意识"和来自人民内部的"集体意志"的统一?为此,葛兰西创造性地提出了"有机知识分子"的概念。有机知识分子是指明确地表达所属阶级在政治、社会和经济领域的集体意识且投身革命实践的群体。"只有在知识分子和普通人之间存在着与应当存在于理论和实践之间的统一同样的统一的时候,人们才能获得文化上的稳定性和思想上的有机性质。也就是说,只有在知识分子有机地成为那些群众的有机知识分子,只有在知识分子把群众在其实践活动中提出的问题研究和整理成融贯一致的原则的时候,他们才能和群众组成一个文化的社会的集团。"⑤ 因此,在无产阶级内部教育培养自己的有机知识分子队伍,或者将传统知识分子改造成有机知识分子,对意识形态的转向和文化领导权的最终

---

① 德布雷. 普通媒介学教程 [M]. 陈卫星,王杨,译. 北京:清华大学出版社,2014:29.
② 夏蒂埃. 书籍的秩序 [M] 吴泓缈,张璐,译. 北京:商务印书馆,2013:25.
③ 葛兰西. 狱中札记 [M]. 曹雷雨,姜丽,张跣,译. 北京:中国社会科学出版社,2000:7.
④ 葛兰西. 现代君主论 [M]. 陈越,译. 上海:上海人民出版社,2006:23.
⑤ 葛兰西. 狱中札记 [M]. 曹雷雨,姜丽,张跣,译. 北京:中国社会科学出版社,2000:240.

夺取起着决定性的作用。

从国家是政治社会和市民社会的有机整合的论断出发，葛兰西认为，无产阶级政党及其有机知识分子夺取文化领导权的实施场所就是市民社会。这就是说，一方面，在党领导下的知识分子要深入社团、学校、媒体等社会有机体的组织载体中去扩散和传播革命政党的价值体系；另一方面，也要把从社会大众中产生出来的文化热情、政治见识和个体能力纳入革命政党的价值体系的传播系统，在这一过程中建构和把握文化领导权。

在新民主主义革命时期，中国共产党作为一个参政的革命党，与当时主政的国民党存在着政治竞争关系。如果从文化领导权理论来分析，可以看出当时的中国共产党虽然并不具有更多的政治、经济、文化等各方面的优势资源，但可以基于抗日民族统一战线的基本方针来建构并获取走向现代民族国家的文化领导权。

进入抗战相持阶段尤其是1939年1月国民党五届五中全会召开以后，国民党奉行"消极抗日，积极反共"的政治方针，从根本上违背了正在日寇铁蹄下痛苦挣扎的广大民众要求国共两党合作抗战的"集体意志"，国民党在意识形态上的领导权开始漂移。与此同时，积极参与第二次国共合作的中国共产党此时已经完成民族高于阶级的政治战略的转换从而顺应了民心，同时大量吸收知识分子尤其是青年学生参与共产党领导的抗日救国运动，无数知识青年甚至许多像冼星海这样的知名文化人士也来到延安和各个抗日敌后根据地，为中国共产党影响并领导知识阶层和社会各界提供了重要的现实基础。在1939年前后，从"国家意识"到知识分子再到"集体意识"都出现了十分有利于中国共产党的抗日民族统一战线的历史转变，而1939年5月11日《黄河大合唱》在延安取得的轰动性效应终于为中国共产党带来了夺取文化领导权的一个切口。

那么，前文讨论的出版节点在夺取文化领导权的斗争中，究竟扮演了什么样的角色，起到了什么样的作用？

"葛兰西的领导权是一种政治支配和意识形态的象征形式，这涉及生产一种象征形式来引导政治行动，产生一种政治决定论意义的象征诉求"[①]。一个现代革命政党在历史转折时期所建构的文化领导权，其基础就在于通过信息板块的内容设计和流通方式，形成广泛的传播效应和舆论氛围。就《黄河大合唱》的传播过程而言，通过组织的和分散的知识青年群体的传唱、油印和抄录，《黄河大合唱》不仅成为一种同时具备仪式化功能和流动性特征的政治意识载体，而且是革命政党组织社会大众（如边救会、青救会、妇救会等救亡团体）的传播纽带。中国共产党所领导的

---

① 陈卫星. 传播的观念 [M]. 北京：人民出版社，2004：370.

抗战文化建设,恰恰是建构革命政党自身的有机知识分子的生成方式之一。

从公开发行、刻版油印到手工抄录,《黄河大合唱》的三种文本复制方式本身的媒介化技术特性源于战争环境的特殊性。在公开发行方面,有期刊和书店这类高度组织化的机构及其发行网络,比如桂林生活书店出版的《黄河》,"也有重庆生活书店 1940 年版、广西生活书店 1940 年版、广西生活书店 1941 年版等多个版本"[①]。这种组织化的行为摆脱了战时信息传播在广度、深度和便利性方面的诸多现实困难,组织广泛出版的集体行为强化了《黄河大合唱》传播的规模性和普遍性。而对刻版油印来说,便携性是其最突出的特征。油印机重量轻、体积小,遇到敌人,"把油印机用毡子一卷,自己背起来就走"[②]的便携性使它几乎成为战时的移动印刷所。轻巧灵便的固有特性也意味着它具有较好的隐蔽性和私密性,从而保障了印刷的可持续性和机动性,这在抗战胜利后的第二条战线的斗争中体现得尤其明显。比如 1946 年北平几个大学在北大沙滩民主广场演唱的《黄河大合唱》,其曲谱就是由"麦一和蔡倜一笔一画刻写,麦一躲在东城小雅宝胡同他亲戚的四合院小黑屋中一张张印出,房后是国民党的兵工被服厂"[③]。如此具有戏剧性的行为是对油印技术灵活性的最佳诠释。而手工抄录更是一种可以让无数人进入信息传播流程的个体实践,并在载体形式、表现风格等方面百花齐放,比如做饭产生的锅底灰也可以成为墨水的原料。新民主主义革命时期的特殊历史环境,使一部作品的印刷形式可以同时以机械、半机械和手工的方式出现,乃至成为编辑出版范式迭代的一个历史标本。

"一个历史环境的生产和再生产,往往是通过它的象征产品,象征起到了组织作用,构成了历史情境。"[④]而恰恰就是这个情境构成政治博弈的基本面。抗战胜利后,《黄河大合唱》的传唱延续着文化领导权博弈的新使命。当时周恩来指示长期活跃在国统区的各个演剧队到长江以南的大中城市去,"占领文化阵地,配合国统区的民主运动"[⑤]。当国民党反动派在 1946 年春挑起全面内战时,"剧宣七队从粤北来到了广州,配合当地民主运动,七队演出了《黄河大合唱》《你这个坏东西》《茶馆小调》等歌唱祖国、歌唱民主的歌曲等"[⑥]。1946 年 9 月,剧宣四队和六队抵达武

---

① 王兆辉,肖军,闫峰. 出版媒介场域对抗战歌谣的传播研究[J]. 重庆邮电大学学报(社会科学版),2015(3):133-137.
② 王志甫. 忆于克恭同志[A]//烟台地区行政公署出版办公室. 山东革命斗争回忆录丛书·胶东风云录. 济南:山东人民出版社,1981:211.
③ 史会. 北平星海合唱团和那个时代[J]. 新文化史料(内部资料),2013(1/2):88-91.
④ 陈卫星. 传播的观念[M]. 北京:人民出版社,2004:368.
⑤ 叶向云. 演剧队:我们艺术的摇篮[A]//湖南省政协文史资料研究委员会,演剧六队史料征集编辑小组. 壮绝神舟戏剧兵(演剧六队回忆录). 长沙:湖南文史杂志社,1990:65.
⑥ 丁波. 忆 40 年代"中艺"在南洋的一些往事:兼忆我们的"公关经理"陈守枚[J]. 新文化史料,1993(5):30-31.

汉后,在武昌和汉口两地举办大规模的音乐舞蹈晚会,演出了《黄河大合唱》《民主大合唱》等反内战、争民主的一些歌曲。① 1947年1月到7月,在无锡的剧宣九队"为了进一步配合民主运动,队领导决定以新颖的'星期音乐会'的形式演唱抗战时期的优秀歌曲和反映现实斗争生活的新歌。第二次音乐会于2月23日举行,节目中有《保卫黄河》"②。

除了执行中国共产党文宣任务的演剧队,为《黄河大合唱》在大后方的传播做出重要贡献的新音乐社,也在解放战争期间配合民主运动演唱了《黄河大合唱》。1946年9月,新音乐社在上海创办了由李凌担任校长的"中华星期音乐院",这所业余学校的师生们在学习之余,积极参加校内外反对内战的斗争,以歌咏活动配合当时的民主运动。1947年11月5—6日,中华星期音乐院在八仙桥青年会两次演唱《黄河大合唱》,影响很大,后被迫停演。③ 在第二条战线上的学工群体活动方面,党的地下组织通过地下学联,组织引导学生会、工会等借助一定的时机开展文艺活动,在"反饥饿、反内战"的口号中高唱《黄河大合唱》,把民主斗争的社会实践和政治传播结合起来。此时《黄河大合唱》中所唱的"黄帝的子孙"已经剔除了一意孤行、反对民主的国民党反动派并将其置于广大民众的敌对面,标志着国民党在大城市谋求文化领导权遭遇挫败。

四、结语

作为一首已经传唱80多年的历史名曲,《黄河大合唱》在中国近代史上意义重大,是中国共产党所领导的一次非常有意义的文化实践和建构文化领导权的典范。从一首诗、一支歌到一种氛围和一种精神,信息的产生、创制和流动不仅仅是一种形式的表象,更是一种组织化的载体。通过对传播政治理念的信息载体的有效组织,让物质现实和话语界面相结合,革命政党的革命理想才会产生真正的活力和生命力,完成历史赋予的宏大叙事。正是在这种意义上,我们可以说,无论何种技术制式,文字信息的编辑出版都不仅仅是信息传播的组织和传播对象的确认。技术流程和社会主体的关系结构通过新传播界面的开拓,开创了历史演进的新局面。

从印刷媒介的编辑出版的传播学原理来说,各种媒介材质(纸张类型、印刷版式)的组合不完全是一个纯技术的机械模式。因为社会化的传播不可避免地涉及介

---

① 李超. 硝烟剧魂:抗敌演剧一队回忆录 [M]. 北京:中国广播电视出版社,1995:93.
② 汤扬. 为人民而歌 为人民而舞:演剧九队(原抗剧二队)的音乐舞蹈 [A] //中共上海市文化局党史资料征集领导小组. 八千里路云和月:演剧九队回忆录. 出版单位不详,出版时间不详:60.
③ 向延生. 解放战争时期国统区的革命音乐 [J]. 新文化史料(内部资料),2012(2/3):121-132.

入其中的社会主体自身的传播能力和传播能动性,即是否并能够在物质的局限性中追求精神的超越。"一个社会的深层结构不是严密的逻辑结构,一种传播形式的意义是由采用这种形式的主体来界定的。"① 对社会主体的动员和组织是中国共产党领导抗战的重要内容,要完成这一重要内容离不开文化建设。正是在这个意义上,我们才可以充分理解《黄河大合唱》的传播语境和中国共产党的文化领导权战略相互交织的意义结构。

---

① 陈卫星. 传播的观念 [M]. 北京: 人民出版社, 2004: 368.

民国时期出版从业者的收入、地位与择业：以大型出版企业职工为中心的考察*

◎ 张志强　任　同　王　莉**

摘要：职业收入是推动职业发展的关键因素。民国时期，供职于大型出版企业的从业者普遍具有良好的发展前景和社会地位。编辑类从业者的收入处于出版行业上游，出版行业技术工人的收入普遍高于其他低级职员，整体体现出社会对脑力劳动、技术劳动价值的认同。从业者收入普遍高于、部分远超城市职工平均收入。对比民国时期其他行业的收入分配，出版行业从业者的财富较为分散，而其职业地位相对集中于社会中上层，这使得从业者更容易实现社会阶层的上升流动。出版从业者的收入、人数和生活水平偏向于"纺锤形"分布，他们大致可以体面生活或糊口。民国出版业利用收入调节求职者的分布与流向，强化从业者的职业认同，笼络劳动力市场中的通用型人才，形成了空前的职业吸引力和影响力。

关键词　出版从业者；职业收入；社会地位；职业选择；职业心态

职业是劳动分工的产物，也是劳动者在社会活动中获得生活来源、实现自身价值的依托。[1] 职业参与的直接目的就是获得职业收入。收入是影响个人工作满意度的主要因素，与职业认同、职业忠诚等密切相关；[2] 其部分折射出社会对职业的认可程度，反映一段时期职业的社会地位，驱动着求职者权衡职业利弊与劳动力市场运作。[3] 因此，对职业收入的讨论，是解释职业发展程度的重要维度。

---

* 本文原载于《现代出版》2020年第1期，收入本书时有改动。
** 张志强，南京大学信息管理学院教授、博士生导师，出版研究院常务副院长；任同，南京大学信息管理学院、出版研究院2022级博士研究生；王莉，南京大学信息管理学院、出版研究院2023级硕士研究生。
[1] 国家职业分类大典修订工作委员会. 中华人民共和国职业分类大典（2015年版）[M]. 北京：中国劳动社会保障出版社，2015：序.
[2] CLARK A E. What really matters in a job? Hedonic measurement using quit data [J]. Labour economics, 2001, 8（2）：223-242.
[3] MILLERSON G. The qualifying associations：a study in professionalization [M]. London：Routledge, 2003：12-13.

在中国出版史上，文人在叙述自己从事出版工作的动机时，往往强调献身文化教育事业的理想信念，而将收入等经济要素置于次要或隐晦的位置，这是因为他们面临着文化抱负和金钱需求之间的现实张力。① 这种叙述倾向导致客观经济环境在讨论中被略过或较少提及。职业意识增长确实是促成近代出版业发展的内在动力，但是民国时期出版业能够凝聚庞大的编辑人、书店店员和印刷工人群体，诸多政学界名流均有出版从业经历，这样空前的职业吸引力和影响力仅凭内在动力难以解释，研究者需要将目光投向职业发展的客观条件，收入就是一个重要的切入点。

目前已有研究关注到中国古代写刻工群体的工价和生活②，讨论了近代出版从业者中编辑的收入情况。③ 近年来职业收入也开始被作为出版人职业心态发生变化的微观动因加以讨论。本文聚焦于1937年以前民国时期供职于上海大型出版企业的出版从业者，有如下考虑：其一，上海是民国出版业中心，上海的大型出版机构如商务印书馆、中华书局等具有细致的劳动分工和清晰的人员分层，其职工收入在出版从业人群中具有较强代表性；其二，抗战爆发后上海出版业严重紧缩，抗战以前的社会和物价则相对稳定，能较好反映出版业正常发展时期从业人员的经济地位。

本文在既有研究基础上进行扩展和追问，尝试解决如下问题：①民国时期出版从业者的整体收入水平和内部收入差异如何？②他们的收入在民国社会中处在何种层次？③收入如何影响了他们的择业心态？

一、概观：民国时期出版从业者职业收入的分群体讨论

民国时期出版从业者的构成与出版劳动分工呼应，陆费逵曾以"编辑者为士，印刷者为工，发行者为商"概括之。④ 从民国大型出版企业的组织结构来看，常见的组织有股东会、董事会，负责编译、印刷、发行业务的生产管理部门，以及分馆/分局、分厂。从业者既有包括经理、编辑、店员等在内的从事非体力劳动的职员群体，也有数量庞大的印刷工人群体。因此，全面认识民国时期出版从业者职业收入，需要对不同职能群体区别讨论，建构对从业者整体收入水平的立体认知。综合考虑分工、地位、数量等要素，笔者将民国时期出版从业者分为编辑类、印刷类、发行类和管理类。职业收入主要由基本工资和其他收入（分红、津贴等）构成。

---

① 周启荣.中国前近代的出版、文化与权力：16—17世纪［M］.张志强，傅良瑜，郝彬彬，等译.北京：商务印书馆，2023：153-157，212.
② 张秀民.中国印刷史［M］.上海：上海人民出版社，1989：744-752.
③ 王建辉.上海商务印书馆编辑薪水和作者稿酬问题［J］.出版发行研究，2002（8）：65-72；陈明远.文化人的经济生活［M］.上海：文汇出版社，2005：74-113.
④ 许瘦鹤.演讲笔记：记伯鸿先生的"书业商之修养"［J］.中华书局月报，1923（7）：1-3.

（一）编辑类从业者：按资格起薪

编辑部门聚集着大量知识分子和智识资源，编辑人才是民国时期出版企业争相笼络的核心竞争力，因此出版企业给编辑类从业者的待遇基本为同业中最高。当时普遍存在"按资格起薪"的情况，不同学历和经历的编辑类从业者薪资差异巨大，综合来看，从业者可分为特聘和普通两类。特聘类从业者或有留学背景，或有名望。其中薪资最高者是留学欧美的毕业生，起薪高达200—250元/月，留美人才邝富灼一度享有435.5元月薪。[①] 稍次是留学日本者，起薪100—180元/月，商务印书馆曾出150—180元月薪访求日本理科大学或专门学校毕业生，[②] 中华书局以月薪100元聘请有留日背景的田汉。[③] 在政学界颇有名望者，如蔡元培、陈独秀、梁启超等均以月薪不低于300元被商务印书馆聘为馆外编辑。[④]

但是有着特殊资历的超高薪编辑只是少数，一般编辑、绘画员、缮写员、校对员等普通从业者的收入更具代表性。商务印书馆编译所1921年的统计显示，月薪100元以下的编辑占八成以上，30元以下者约占总人数的四成。[⑤] 1912年商务印书馆编辑试用期月薪通常为24元，转正后月薪30元起；20世纪二三十年代国内大学毕业生入职商务印书馆的起薪涨至60—80元/月。[⑥] 有特殊技能者，如善书画者，起薪偏高。聘请书画家诸宗元、工笔人物画家俞涤凡时，商务印书馆均给出80元月薪。[⑦] 若没有特别资历，普通编校人员随工作年限加薪，最终止于50—100元。如黄访书、谢冠生1916年月薪均为40元左右[⑧]，黄访书在1918年加至70元。[⑨] 孙毓修为商务印书馆辛劳工作10年，月薪止于百元。[⑩] 编辑以外，缮写员、校对员以及其他在编辑部门办事的低级职员月薪在十几元至50元不等，涨薪幅度也较小。1912年商务印书馆一位王姓缮写员月薪为24元，[⑪] 中学学历、富有社会经验的胡雄才

[①] 商务印书馆发行所职工会. 职工年刊：十七年度[M]. 上海：商务印书馆发行所职工会，1930：141.
[②] 张元济. 张元济全集：第6卷[M]. 北京：商务印书馆，2008：173.
[③] 陈明远. 文化人的经济生活[M]. 上海：文汇出版社，2005：92.
[④] 王建辉. 上海商务印书馆编辑薪水和作者稿酬问题[J]. 出版发行研究，2002（8）：65-72.
[⑤] 胡适. 胡适全集：第29卷[M]. 合肥：安徽教育出版社，2019：375.
[⑥] 陈明远. 文化人的经济生活[M]. 上海：文汇出版社，2005：81-82.
[⑦] 张元济. 张元济全集：第6卷[M]. 北京：商务印书馆，2008：13.
[⑧] 蔡元培，蒋维乔，庄俞，等. 商务印书馆九十年：我和商务印书馆（1897—1987）[M]. 北京：商务印书馆，1987：145-146.
[⑨] 张元济. 张元济全集：第6卷[M]. 北京：商务印书馆，2008：378.
[⑩] 蔡元培，蒋维乔，庄俞，等. 商务印书馆九十年：我和商务印书馆（1897—1987）[M]. 北京：商务印书馆，1987：153-154.
[⑪] 蔡元培，蒋维乔，庄俞，等. 商务印书馆九十年：我和商务印书馆（1897—1987）[M]. 北京：商务印书馆，1987：110.

1916年月薪为18元，① 1918年才加至20元，当时商务印书馆编译所英文部职员们的月薪普遍在16—50元间。② 中华书局1912—1936年招录的缮校员月薪普遍为25—40元，③ 像1930年考入该局的吴铁生起薪为25元/月，抗战前月薪不过55元。④

不过，以上讨论的是有完备薪资体系的大型出版企业，中小型书局编辑的月薪偏低或不定，如北新书局给柔石的月薪只有40元，⑤ 泰东图书局、黎明书局的编辑并无固定月薪，每月最多领30元。⑥ 作家曾今可"虽则在M书店当编辑，因为书店不景气，所以薪水也拿不到"的文学描述映射着当时小书店困窘的事实。⑦

编辑类从业者还能享受分红、津贴等额外收入。民国时期大型出版企业的分红基本惠泽全体同人，一定程度上起到调剂薪资的作用，如编辑所职员月薪较其他部门职员为高，所得花红就相对较少。津贴也在一定程度上起到调整薪资的作用，商务印书馆与慎昌洋行争夺李骏惠时，曾考虑通过调整年终津贴达到和慎昌同等的薪资条件。⑧ 此外，大型出版企业会给予具体的编译工作相应报酬，商务印书馆1931年针对著作、翻译、选辑、校改以及审查等编译工作制定了详细的报酬标准，根据个人资质和工作质量付酬千字0.5元到6元不等；⑨ 中华书局对同人编写的稿件都尽量收购，舒新城整理西湖三书获酬达千元之多。⑩ 以上证明稿费也是编辑类从业者的重要额外收入之一。

（二）印刷类从业者：以技能给薪

编辑部门是民国出版业的智识核心，印刷部门则凝聚了最多的人力资源。从业者分布在事务、营业、工务、工厂车间等不同部门，这些部门主要有月工、包工两种工资制。月工按月发放固定工资，包工一般计件发放工资。从业者本身的技术能力是决定收入高低的关键因素。

---

① 蔡元培，蒋维乔，庄俞，等.商务印书馆九十年：我和商务印书馆（1897—1987）[M].北京：商务印书馆，1987：144-145.
② 张元济.张元济全集：第6卷[M].北京：商务印书馆，2008：446.
③ 俞筱尧，刘彦捷.陆费逵与中华书局[M].北京：中华书局，2002：332.
④ 中华书局编辑部.回忆中华书局：上编[M].北京：中华书局，1987：81.
⑤ 柔石.柔石日记[M].太原：山西教育出版社，1998：110.
⑥ 张静庐.我在出版界的二十年[M].上海：上海杂志公司，1938：114-115；冯尔法.回忆黎明书局[M]//宋原放.中国出版史料：现代部分第一卷（下）.济南：山东教育出版社；武汉：湖北教育出版社，2001：209.
⑦ 金凯荷.未寄的信（一）[J].新时代，1931，1（2）：1-11.
⑧ 张元济.张元济全集：第7卷[M].北京：商务印书馆，2008：77.
⑨ 张静庐.中国近现代出版史料：现代丁编（下）[M].上海：上海书店出版社，2003：414-423.
⑩ 舒新城.舒新城日记：第3册[M].上海：上海辞书出版社，2013：70.

少量高级职员拥有较为可观的收入，月薪在大几十元乃至百余元。如鲍庆甲、鲍庆林入商务印书馆印刷所办事时月薪均在百元，营业部职员王巧生 1919 年月薪涨至 80 元且花红有 300 元。① 稀缺的技术也能回馈从业者以高薪，如商务印书馆曾以月薪 160 元的待遇聘任从美国学习工业技术回国的周厚堃监造打字机。② 上海本地的技术型工人收入能与普通编辑持平。商务印书馆工人朱培根外派至财政部装胶版机，月薪 60 元，另有交通补贴共 100 元；顾水澄精于治印，除月薪 40 元外每月又补贴餐费 5 元；洪季棠能造打印墨水、洋糊，月薪 24 元，每年递加 2 元至 30 元封顶。③

1931 年上海书业同业公会的调查显示，商务印书馆印刷所的铅印、铸字、制锌铜版、彩印、黑色石印、黑色落石等 6 个印刷部门的工人最高月收入在 66 元到 105.8 元不等，其中最高为制锌铜版部，该部门工人最低月收入也有 24.6 元。④ 20 世纪 30 年代中华书局印刷所的中文排字、铅印车间的技术高超的件工月薪能有百元。⑤《上海劳工统计（1930—1937）》中的数据显示，印刷业中的照相制版、电镀铜版、西文排字工人月收入在 37.5—42.499 元，制铅版、绘色工人月收入在 42.5—47.499 元，居各行业、各工种工人上游。⑥

但是，印刷类从业者中的大部分人还是在为二三十元乃至几元月薪劳碌。1930 年，印刷业工厂各部门男性工人的日平均工资为 0.55—1.8 元，据此推测其月薪基本在 15—50 元；其中平均工资最高的绘石部工人"须学习三四年"掌握相当的技术，易上手的工种则收入偏低；以最低工资计算，月薪几元者亦大有人在，女性工人月薪很难超过 10 元。⑦ 出版企业的普通印刷工人月薪基本与该调查相符，具体收入随企业的体量和经营情况浮动。1931 年商务印书馆印刷所铅印部等 6 部门的最低月工资为 18.6—24.6 元，学徒为 10—19 元，"升工"（对在工作时间按时上班、不曾请假的工人的工资奖励⑧）每月 2 天（多给 2 天工资）、全年 24 天（多给 24 天工

---

① 张元济. 张元济全集：第 6 卷［M］. 北京：商务印书馆，2008：446-447.
② 张元济. 张元济全集：第 6 卷［M］. 北京：商务印书馆，2008：97.
③ 张元济. 张元济全集：第 6 卷［M］. 北京：商务印书馆，2008：461；张元济. 张元济全集：第 7 卷［M］. 北京：商务印书馆，2008：80.
④ 上海商务印书馆职工运动史编写组. 上海商务印书馆职工运动史［M］. 北京：中共党史出版社，1991：11-12.
⑤ 中华书局编辑部. 回忆中华书局：上编［M］. 北京：中华书局，1987：200-201.
⑥ 国际劳工局中国分局. 上海的工资统计［M］//上海劳工统计（1930—1937）. 上海：国际劳工局中国分局，1938：8.
⑦ 上海特别市各业工厂工人工资统计表（完）（据上海特别市社会调查）［J］. 统计月报，1930，2（2）：171.
⑧ 陈达. 上海工人的工资与实在收入（1930—1946 年）［J］. 教学与研究，1957（4）：34-43.

资），还有临时奖金。① 中华书局学徒 20 世纪 20 年代月薪只有 4—6 元，甚至不够每月吃"包饭"（指按日供给伙食，按月收取费用的供餐方式），之后每年增加 2 元，满师后一般为 10—30 元。② 这样困窘的薪资状况，在出版企业职工抗争后有了些许改善，李湘波 1934 年进入中华书局印刷所工务部本版课做学徒时起薪为 12 元，两次加薪后达到 21 元，从学徒升级为办事员。当时中华书局月工享有 20—40 元月薪已较为普遍，每月请假不满两天者外加升工 2 天，包工周日享受津贴，月工和包工还有年终考勤奖金 15 天（多发 15 天工资）。③ 世界书局 1931 年后最低月薪为 20 元，多数为 20—40 元，学徒每月津贴从 8—14 元上调为 12—16 元。④ 大东书局印刷工人月薪普遍在 15 元左右。⑤

（三）发行类从业者：于花红上伸缩

民国时期从事发行的出版者常被研究者忽视，然而这类群体数量实际是相当庞大的：1916 年中华书局职员中编辑只有百余人，办事员却有 800 余人；⑥ 1925—1926 年商务印书馆总公司同人录中，职员有近 1/3 隶属发行所。⑦ 发行类职员数量如此之多，可见其对维护书刊流通、现代公司正常运转的重要性，而职业收入是了解他们整体面貌的重要切口。

整体来看，这类从业者的收入尽管存在差距，但是没有编辑类、印刷类从业者那样显著。少部分从业者是被聘任或经人推荐被录用，从商务印书馆聘用情况来看，如果被荐者有欧美背景或富于商业声望，有可能获每月百元乃至两百元以上收入。如薛敏洛"于华侨极能联络"，月薪有二三百元；有澳洲背景且擅长做外国生意的陈某月薪达百数十元；善于经商的黄秉修如能"俯就"商务印书馆，即得月薪 150 元加花红五六百元。⑧ 如果被荐者年轻有为且富有潜力，则有可能获得 50 元以上、百元以内的月薪，如商务印书馆在 20 世纪 30 年代函告国内大学征求练习员，试习

---

① 上海商务印书馆职工运动史编写组. 上海商务印书馆职工运动史［M］. 北京：中共党史出版社，1991：11-12.
② 中华书局总厂职工运动史编写组. 中华书局总厂职工运动史［M］. 北京：中共党史出版社，1991：14-15.
③ 中华书局职工待遇条件正式签字［N］. 申报，1927-08-19（14）；中华书局编辑部. 回忆中华书局：上编［M］. 北京：中华书局，1987：200-201.
④ 世界书局待遇条件解决［N］. 申报，1931-08-27（14）.
⑤ 铮铮. 关于大东工潮的几句公道话［J］. 热潮，1931（1）：11.
⑥ 钱炳寰. 中华书局大事纪要：1912—1954［M］. 北京：中华书局，2002：26.
⑦ 本馆总公司同人录（十四年八月调查）［J］. 励志，1925（3）：98-109；本馆总公司同人录（十五年三月调查）［J］. 励志，1926（1）：120-132.
⑧ 张元济. 张元济全集：第 6 卷［M］. 北京：商务印书馆，2008：445；张元济. 张元济全集：第 7 卷［M］. 北京：商务印书馆，2008：84.

期月津贴 50 元，转正后起薪每月 80 元。①

普通人进入发行所谋事，月薪很难超过百元。1928 年商务印书馆发行所职工月薪为 20—60 元的占八成以上，20 元以下者少见；② 规模较次的如大东书局，办事员和店员月薪为 20—40 元，课主任和柜长为 40—80 元。③ 入职的第一大途径是参加公开招考，被录取者能够获得较为稳定的收入。商务印书馆初期设立商业补习学校招考补习生，补习生补习期间月津贴 4—20 元，④ 正式入职后月薪 20—35 元⑤；后涨至每月津贴 20 元，正式录用后月薪 30—50 元。⑥ 1932 年起，中华书局历年招进的人员，按照原有文化程度划分等级，转正后最低月薪 16—20 元，⑦ 表现优异者薪资更优，如 1936 年中华书局职员训练所出身的高善进局后每月工资 22—28 元，学生出身的中华书局总店书记兼西书柜主任徐增奎，8 年间月薪从 3 元加至 50 元。⑧ 第二大途径是被荐或自荐，能够获得的职业收入因岗位、个人资质有所差异，如在商务印书馆，管理西书柜者月薪 30 元左右，有文教事业工作经验者月薪稍高，年纪较大者月薪不高等。⑨

与编辑、技术工人相比，发行类从业者总体工资较为微薄，但是勤于工作、表现良好者能通过花红增加收入。1918 年商务印书馆发行所分得花红 4 748 元，发行所同人的加薪也以花红形式发放，又分得 7 765 元；⑩ 1924 年中华书局总店同人所得分红为两三个月月薪。⑪ 商务印书馆总馆职员如果被外派至绩效平庸的分馆工作，管理层会通过涨薪来弥补总馆和分馆间的收入差距，一般是加原薪水的 1/3，另有津贴、奖励，如外派分馆的华勉之、邓厚生月薪均从 20 余元涨至 30 余元。⑫ 此外，与外界生意往来能增加获取回佣的机会，1919 年商务印书馆广告公司分配办法中，

---

① 商务印书馆　函各大学征求练习员订定服务及待遇规则 [N]. 中央日报，1934-04-28（3）.
② 商务印书馆发行所职工会. 职工年刊：十七年度 [M]. 上海：商务印书馆发行所职工会，1930：241.
③ 大东书局职员薪给章程 [A] // 大东书局总务处人事科规章. 上海：大东书局，1933：1-2.
④ 上海商务印书馆招考补习学生广告 [N]. 申报，1913-2-23（1）.
⑤ 张元济. 张元济全集：第 7 卷 [M]. 北京：商务印书馆，2008：82.
⑥ 上海商务印书馆招考补习学生广告 [N]. 申报，1928-3-15（4）.
⑦ 俞筱尧，刘彦捷. 陆费逵与中华书局 [M]. 北京：中华书局，2002：332-334.
⑧ 中华书局编辑部. 回忆中华书局：上编 [M]. 北京：中华书局，1987：215；俞筱尧，刘彦捷. 陆费逵与中华书局 [M]. 北京：中华书局，2002：329.
⑨ 张元济. 张元济全集：第 6 卷 [M]. 北京：商务印书馆，2008：19-20；张元济. 张元济全集：第 7 卷 [M]. 北京：商务印书馆，2008：259.
⑩ 张元济. 张元济全集：第 7 卷 [M]. 北京：商务印书馆，2008：122.
⑪ 俞筱尧，刘彦捷. 陆费逵与中华书局 [M]. 北京：中华书局，2002：337.
⑫ 张元济. 张元济全集：第 6 卷 [M]. 北京：商务印书馆，2008：172；张元济. 张元济全集：第 7 卷 [M]. 北京：商务印书馆，2008：116.

广告收入满3万元后公司同人可提回佣1/10，普通职员每月薪水加回佣可得三四十元。① 以上收益的具体数额或与企业当年经营状况直接相关，或据同人待遇条例不时调整，具有较高不确定性。

（四）管理类从业者：收入差距悬殊

民国时期从事管理工作的出版者，不仅有经理、所长、部门负责人等中高层管理者，也有总务处从事行政管理的普通职员，收入差距悬殊。这种悬殊不仅体现在管理者与办事员之间，也体现在中高管理层内部。

从事管理工作的普通职员与发行所职员类似，根据资历划定不同薪金。以商务印书馆为例，学历和背景超凡者起薪自然不俗。如卒业于美国、有会计从业经历的黄明道月薪约有200元，② 毕业于金陵大学、在圣约翰任教员且将出国游学的吴东初以120元月薪受聘。③ 熟人举荐且工作经历良好者能有50—80元起薪，如孙伯恒幼弟毕业于薄记传习所，略谙英文，曾在汉口中国银行及浙江省官产清理处办事，以50元月薪入馆；④ 从沪江大学离开的董景安以月薪75元受聘，且有住宿。⑤ 部分从业者通过公开招考入职，商务印书馆补习生转正后月薪由20—35元不等涨至30—50元不等，练习员转正后起薪80元，⑥ 薪资待遇属当时出版企业之最。其中会计类职位由于专业性强和企业资金管理岗位具有重要性等原因，单独招聘且起薪相对较高，如20世纪30年代商务印书馆面向大学毕业生或同等学力者招考练习会计员，试习月津贴40元，练习期起薪每月50—60元。⑦

被管理者跃升为中高层管理人员后，收入会相当可观。大部分人月薪在200—500元间，也有个别月薪超高者。以大型出版企业创始人为例，商务印书馆创始人夏瑞芳早期月薪为200元，1909年后月薪加至300元，还有全年应酬费2000元。⑧ 中华书局创始人陆费逵的月薪最初为200元，20世纪30年代逐渐涨至400元。经理的月薪与之相似，1920年商务印书馆经理月薪约250元，1929年李拔可、王云五月

---

① 张元济. 张元济全集：第7卷 [M]. 北京：商务印书馆，2008：188；张元济. 张元济全集：第6卷 [M]. 北京：商务印书馆，2008：250.
② 张元济. 张元济全集：第6卷 [M]. 北京：商务印书馆，2008：393.
③ 张元济. 张元济全集：第7卷 [M]. 北京：商务印书馆，2008：213.
④ 张元济. 张元济全集：第6卷 [M]. 北京：商务印书馆，2008：202.
⑤ 张元济. 张元济全集：第6卷 [M]. 北京：商务印书馆，2008：345.
⑥ 张元济. 张元济全集：第7卷 [M]. 北京：商务印书馆，2008：81；上海商务印书馆招考补习学生广告 [N]. 申报，1928-3-15（4）；商务印书馆 函各大学征求练习员订定服务及待遇规则 [N]. 中央日报，1934-04-28（3）.
⑦ 商务印书馆规则汇编 [M]. 上海：商务印书馆，1935：193.
⑧ 张元济. 张元济全集：第3卷 [M]. 北京：商务印书馆，2008：571.

薪由 300 元涨至 500 元，夏筱芳、盛同孙、鲍庆林由 250 元涨至 400 元。① 其中王云五的月薪 1930 年年初涨到 700 元，同年 9 月涨到 1 000 元，在民国出版业众高层中遥遥领先。② 经理以下，各所所长和部门负责人的月薪为 100—400 元不等，如 1932 年 8 月以后商务印书馆科长级职员每月 300—400 元，中层股长级职员每月 100—150 元。③ 其中，出版企业编译所员工的待遇显著优于其他部门。张元济被聘入商务印书馆任编译所所长时月薪达到 350 元，王云五任编译所所长时月薪为 300 元，下属部门负责人如史地部部长朱经农、哲学教育组组长唐钺月薪均为 250 元。舒新城 1930 年被中华书局聘为编译所所长时月薪 300 元。其他部门管理者的待遇明显偏低。如 1922 年商务印书馆发行所副所长盛同孙、总务处稽查科科长王亨统月薪才加至 200 元；④ 1925 年中华书局总店店长月薪 140 元，副店长月薪 100 元，总办事处理事月薪 120 元，分局正副经理月薪 40—100 元。⑤

对于高层管理者来说，分红是全年收入中相当重要的部分，直接造成了其与其他出版从业者的收入鸿沟。如商务印书馆每年纯利先提 1/10 公积，余分为 18 成，股东得 12 成，余下再分给同人，⑥ 分馆的花红限度则根据经营状况占盈余额 10%—18% 不等。在效益良好的出版企业，高层管理者的分红数额是相当惊人的，如商务印书馆主要股东 1919 年全年分红从 1 600 元至 2 800 元不等，⑦ 1921—1924 年则上涨至 4 000—9 000 元。⑧ 中低层管理者的分红则与若干月薪水相当，如 1924 年中华书局总店店长分红约 700 元，副店长三四百元。⑨

总体来看，民国时期出版从业者收入有如下特点：高层管理者和知名编辑收入最高，二者的月薪相差无几，企业高层管理者的收入主要依靠高额分红。编辑类从业者收入整体高于印刷类、发行类从业者。学历高者的收入高于学历低者。职员收入整体高于工人收入，技术工人收入又高于低技能的下级职员。这一方面符合现代社会按社会地位、社会贡献占有不同比例社会财富的分配原则，另一方面也体现了民国出版业对脑力、技术劳动价值的认同。

---

① 俞筱尧，刘彦捷. 陆费逵与中华书局 [M]. 北京：中华书局，2002：329.
② 张元济. 张元济全集：第 4 卷 [M]. 北京：商务印书馆，2008：357-358，403，407.
③ 上海商务印书馆职工运动史编写组. 上海商务印书馆职工运动史 [M]. 北京：中共党史出版社，1991：12.
④ 张元济. 张元济全集：第 7 卷 [M]. 北京：商务印书馆，2008：30.
⑤ 俞筱尧，刘彦捷. 陆费逵与中华书局 [M]. 北京：中华书局，2002：332.
⑥ 商务印书馆发行所职工会. 职工年刊：十七年度 [M]. 上海：商务印书馆发行所职工会，1930：124.
⑦ 张元济. 张元济全集：第 6 卷 [M]. 北京：商务印书馆，2008：39.
⑧ 张静庐. 中国现代出版史料·甲编 [M]. 上海：上海书店出版社，2011：456.
⑨ 俞筱尧，刘彦捷. 陆费逵与中华书局 [M]. 北京：中华书局，2002：329.

二、旁观：比较视野下出版从业者的社会地位和生活水平

民国时期出版从业者收入的分群体讨论，使我们对收入的数值分布有了整体把握。而要判断出版从业者的社会地位，需要对其相对社会地位和消费能力作进一步分析。首先，与职工平均收入、其他职业群体收入相比，出版从业者的收入处于什么层次？其次，根据当时的物价水平，出版从业者的收入能带来怎样的生活？

（一）出版从业者整体享有较高的社会地位

1. 与职工平均收入相比，出版从业者收入普遍高于社会均值

要全面客观地了解民国时期出版从业者的社会地位，首先需要对当时城市职工的平均收入有整体认知。本文的研究对象主要是1937年以前的上海出版从业者，因此需要考察同时期上海职工的平均收入。据《上海劳动志》统计，1928—1936年上海16个工业行业（机器、造船、火柴、搪瓷、缫丝、棉纺、丝织、棉织、毛织、内衣、织袜、面粉、榨油、烟草、造纸、印刷）工人月平均工资在12.99—16.18元之间波动。① 当时各类社会调查中的统计数字基本在此区间内或者接近此区间。1927—1928年上海纱厂200余户家庭的成员（包括文职人员、小商人、工人、伙友等）的收入统计显示，男性平均月收入12.62元，女性10.07元。② 上海市政府社会局《上海市工人生活程度》（1934）对上海305个家庭进行了收入统计，职业人口涵盖各类工业工人、伙友、商贩等，每家的职业人口数量平均为2.06人，平均每家全年工资（指劳力所得工资，即职业收入）总数为363.53元，有职业者的人均月收入约14.7元。③ 总的来说，在抗战全面爆发以前，20世纪二三十年代上海职工的月平均收入大致在15元左右，波动范围在1—2元之间。

通过比较，我们可以发现，出版从业者收入普遍高于、部分远超社会均值。编辑类从业者的起薪在每月25元左右，超过社会平均收入。印刷类从业者中，非技术类工人中的低收入者月收入在15元左右，和社会平均收入持平，技术类工人收入则远高于社会平均水平。发行类从业者中正式员工的月收入基本在20元以上，练习生的收入基本能达到乃至超过社会平均水平。普通的管理类从业者月收入基本高于15元，中高层管理人员更不必说。

---

① 《上海劳动志》编纂委员会. 上海劳动志 [M]. 上海：上海社会科学院出版社，1998：222.
② 杨西孟. 上海工人生活程度的一个研究 [M]. 上海：社会调查所，1930：58.
③ 上海市政府社会局. 上海市工人生活程度 [M]. 上海：中华书局，1934：13—16.

2. 与其他行业相比，出版从业者的收入差异较小，社会地位更为多元

民国时期出版从业者人员构成复杂，仅对比社会平均收入，得出的结论过于片面，因此需要基于相同社会分层深入比对。相较于明清时期依据教育、法权和经济地位的阶层划分，① 近代中国社会结构分化更加剧烈。知识分子被边缘化，城市中产、产业工人、都市贫民等新型群体出现。关于民国时期上海社会结构分层的研究表明，出版从业者广泛分布于社会各阶层。② 出版企业高层管理者属于社会上层；编辑类从业者、发行类从业者，以及印刷、管理类从业者中的普通职员属于社会中层；印刷类从业者中的印刷工人群体属于社会下层。将出版从业者的收入与同一社会阶层的其他职业群体的收入进行对比，我们可以对出版从业者的社会地位产生初步认知。

出版企业高层管理者：社会上层中的普通人。

民国时期的社会上层主要由官僚、绅士和资产阶级构成。据1912年《中央行政官官俸法》，国务总理及各部总长月薪在1 000元以上，简任官400—600元，荐任官200—360元，委任官50—150元，③ 此后变动不大。由此可见，出版业高层管理者的月薪和当时的中高级官员类似，加上优渥的分红，其收入相比从政者不落下风，如王云五月薪1 000元且有高额分红，可居政界上流。不过，相较于外籍商人、买办和其他民族工业企业家的收入，出版业中收入的"顶流"似乎又成为社会上层之"末流"：上海英美烟公司高管多为英美人，月薪约3 000元，董事五六千元，总经理则达到万余元；1921年，英美烟公司买办郑伯昭将永泰和烟行改组为与英商合资的永泰和烟草股份有限公司，此后他每年从中获得佣金近50万元。④ 与其他民族工业企业家相比，出版企业高层管理者的分红也不算惊人，如上海福新面粉一、三厂总经理股本红利1914年为9 000余元，1918年涨至69 000余元，全年收入达到87 500余元；⑤ 南洋兄弟烟草公司总经理年薪在18 000—24 000元之间。⑥ 由此可见，民国出版企业中的总经理、董事凭借职业收入可以跻身上层社会，但与顶级收

---

① JOHNSON D. Communication, class and consciousness in late imperial China [M] // JOHNSON D, NATHAN A J, RAWSKI E S, eds. Popular culture in late imperial China. Berkeley: University of California Press, 1985: 56.
② 忻平. 从上海发现历史：现代化进程中的上海人及其社会生活（1927—1937）（修订版）[M]. 上海：上海大学出版社, 2009: 83-130.
③ 中央行政官官俸法（附表）[J]. 政府公报, 1912 (169): 12-15.
④ 中国人民政治协商会议上海市委员会文史资料工作委员会. 上海文史资料选辑（第56辑）旧上海的外商与买办 [M]. 上海：上海人民出版社, 1987: 161.
⑤ 中国科学院经济研究所, 中央工商行政管理局资本主义经济改造研究室. 旧中国机制面粉工业统计资料 [M]. 北京：中华书局, 1966: 168.
⑥ 中国科学院上海经济研究所, 上海社会科学院经济研究所. 南洋兄弟烟草公司史料 [M]. 上海：上海人民出版社, 1958: 320.

人者还相去甚远。

编辑和一般职员：广泛分布于社会中层。

社会中层中的人一般拥有自由职业者或职员、专业人员身份。民国时期知识分子除了投身出版业成为编辑外，还多以律师、工程师、医师、会计师、建筑师、教师等为业，其职业收入与专业程度和准入门槛成正比。20世纪二三十年代上海知名律师的月收入在300—2 000元之间，普通律师的月收入为100—200元。医生的月收入普遍在几百元，个别能够达到1 000—2 000元，女医生的月收入也有数十元至200元。① 总工程师月收入可达600元左右，工程师有200—300元，低等技术员也有百元。② 初级会计员的月薪多在30—60元之间，会计主任可达60元以上，还有兼职、稿酬等额外收入。③ 建筑师月收入在60—500元之间。④ 教师群体的收入跨度则较大：高等学校教职员月薪从50—400元涨至100—600元；⑤ 1930年，上海市立中小学教员月薪为5—180元，多在30—100元间，中学教员较小学教员更高。⑥ 由此可见，知名编辑的收入与大学教师，以及律师、医师、工程师中的一般收入者接近；普通编辑的收入则与会计师、中学教员以及前述政府部门中的低级官员接近；缮写、校对人员的收入则与初级会计、普通小学教员接近。

在出版业中，还有大量分散于印刷、发行、管理部门，从事非编辑工作的职员，包括经理、办事员、店员以及练习生、学徒等。可以将他们与其他行业中非体力劳动服务人员的收入进行比较，从而一窥其社会地位。首先，欧美外籍职员的收入是国人职员难以企及的，如英美烟公司一般欧洲人的月薪为500—1 000元，⑦ 即使是出版企业的经理也难以达到这个数值。其次，这些人员收入也明显低于捧"金饭碗"的银行行员，1937年上海商业储蓄银行全行收入统计显示，经理月收入均值为253.25元、会计80.36元、出纳75.42元、仓库管理员41.27元、营业员62.08元，⑧ 这是出版业相应岗位员工工作多年也未必能达到的收入水平。

---

① 徐小群. 民国时期的国家与社会：自由职业团体在上海的兴起（1912—1937）[M]. 北京：新星出版社，2007：52-56；菊人. 通讯：上海职业妇女生活概况（上）[J]. 女声，1935，3（12）：6-8.
② 凌耀伦，李天元. 民生公司史[M]. 北京：人民交通出版社，1990：157.
③ 魏文享. "自由职业者"的社会生存：近代会计师的职业、收入与生活[J]. 中国社会经济史研究，2016，(2)：51-71.
④ 路中康. 民国时期建筑师群体研究[D]. 武汉：华中师范大学，2009.
⑤ 国立大学职员任用及薪俸规程[Z]//教育法令选. 上海：商务印书馆，1925：90-91；大学教员薪俸表（十六年九月修正公布）[J]. 国民快览，1929（18）：122.
⑥ 上海市教育统计：中华民国十九年度[M]. 上海：上海市教育局，1932：43.
⑦ 中国人民政治协商会议上海市委员会文史资料工作委员会. 上海文史资料选辑（第56辑）旧上海的外商与买办[M]. 上海：上海人民出版社，1987：171.
⑧ 李耀华，李凯琪. 近代中国员工社会资本与工资差异：基于上海商业储蓄银行行员档案的分析[J]. 中国经济史研究，2022（4）：87-108.

除去以上有显著优势的群体，民国出版业中的职员与外资企业中的华籍职员、知名民族企业职员的收入和地位是差不多的。以1912—1936年涵盖药房、煤矿、百货公司、纱厂、轮船、文具、电器等行当中的20余个高级管理人员和高级技术人员为参照，其月收入基本在100—500元之间，[1] 前述出版业中经理、有学历或社会背景的高级职员、高级技术印刷工人的收入也基本在这一区间。而低级职员的月收入与其他企业员工相差不大，但较外资企业员工稍低一点，如英商电车公司各类岗位员工最低月工资为16—60元，法商电车电灯公司外勤职员月工资30元起，内勤20元起；民族企业如华商电气车务科职员月薪为28—92元，民生公司低级行政人员月薪为20—70元，申新九厂低级职员月薪在20—60元之间。[2] 1929年《上海商业习惯调查》覆盖南北货业等约30种商业的收入情况，其中经理月收入普遍为20—100元，各类账房为10—50元，各种伙友从4元到30余元不等，跑街从10余元至60元不等，学徒少则1元，至多10元。[3] 由此可见，与上海普通商行商店的职员、店员、伙友相比，在出版业尤其是商务印书馆等效益良好的企业工作的职工，在经济地位上是颇有优势的。

印刷工人：社会下层中的"高收入者"。

工人阶级是社会下层的重要组成部分，印刷工人的收入在民国时期工人群体中始终名列前茅。上海特别市社会局曾对纺织工业、化学工业、机器建筑、食品工业、水电印刷5大门类的30种具体行业1928年7—12月的工人平均月收入进行统计，其中印刷工人收入在各行业工人中最高，正常月薪在39.5元左右，比第2位造船业工人多20%左右；12个月收入加上加送薪水、津贴、奖励金后12月的月收入可达71元。[4]《上海劳工统计（1930—1937）》显示，1930—1937年印刷工人每月实际收入有34.038元，排名第2，比第3名机器业工人多30%左右。与之形成对比的是，1930年、1931年，上海所有产业工人的月平均收入仅为13.34元、13.42元。[5]

除了在产业工人中具有较高地位，放眼整个社会中下层群体，印刷工人的收入都具有相当的竞争力：30余元的平均工资已使许多低级职员、店员、伙友望尘莫及；技术性较强的工种普遍月收入在40元上下，而当时上海小学教员收入中位数是42.7元，中学教员是44.6元，[6] 前者收入并不逊色于一个普通中小学教员。印刷工

---

[1] 关永强. 近代中国的收入分配：一个定量的研究 [M]. 北京：人民出版社，2012：132-139.
[2] 朱邦兴，胡林阁，徐声. 上海产业与上海职工 [M]. 上海：上海人民出版社，1984：245-246，279，371，65；凌耀伦，李天元. 民生公司史 [M]. 北京：人民交通出版社，1990：157.
[3] 上海商业习惯调查：绪论 [J]. 社会月刊，1929，1（7）：1-94.
[4] 上海特别市社会局. 上海特别市各业工厂工人平均月入表 [J]. 社会月刊，1929（5）：2-5.
[5] 国际劳工局中国分局. 上海的工资统计 [M]//上海劳工统计（1930—1937）. 上海：国际劳工局中国分局，1938：12.
[6] 上海市教育统计：中华民国十九年度 [M]. 上海：上海市教育局，1932：64.

人具有明显的收入优势，这是因为印刷工人有较高的劳动力素质和技能。这种收入优势从侧面反映了当时出版市场的高景气与民族出版企业相当不俗的竞争力。一些低收入产业如缫丝业的工人收入与之形成鲜明对比，缫丝工作技术含量极低，产品市场竞争极其激烈，这些因素共同导致工人收入低的状况。

社会学家彼特·M. 布劳（Peter M. Blau）将收入作为社会等级参数之一，"根据某种地位级序来区分人群"，收入是社会地位易于测量的一个方面。① 出版从业者在民国的社会地位有几个明显特点。首先，出版从业者的整体收入高出社会平均收入不少，说明作为一个整体，出版从业者处在民国社会偏上层的位置。其次，出版从业者内部收入的不平等决定了从业者地位的不平等，印刷工人所在的社会下层与高层管理者所在的社会上层有云泥之别，从业者内部收入与地位有明显差别。但是，相较于民国社会最富裕群体的收入和产业工人平均收入，出版从业者的财富是相对分散的，与之形成鲜明对比的是烟草业，烟草公司高层聚拢海量财富，但是烟草业工人的平均月收入仅有 20 余元，不及同期印刷工人的一半。最后，收入的客观不平等与岗位的异质性导致出版从业者地位的多样性，从业者广泛分布在社会各阶层。同时，相邻层级没有彻底割裂，从业者容易达成从低层向高层的跃迁，如知名编辑月薪可以超过总经理，手握技术的印刷工人与知识分子职员有着相似的收入。在民国的社会地位图谱上，出版从业者呈现出相对紧凑、连续的阶梯分布态势。

（二）从糊口到富足的多元生活

不同的收入能给出版从业者带来怎样的生活？职工的购买能力与物价水平息息相关。民国物价史研究一般将 1937 年作为物价分期的重要节点，1912—1927 年为民国物价最稳定的时期，1927—1937 年的物价虽然在波动中趋于上涨，但是波动不大，② 从具体数据来看这种上涨也尚可接受。③ 因此，在 1937 年以前，劳动者购买力也是相对稳定的，虽不乏"食物踊贵""赁价日增"的抱怨，但是相较于抗战爆发以后的状况，物价尚处在合理区间内，可以进行一般性讨论。

从 1926—1937 年上海主要零售品物价来看，价格有所波动但整体相对稳定，除了盐、糖等特殊商品，一般零售品的价格高点出现在 1930—1931 年。食品中，粳米（二号）每石 7.567—14.770 元，猪肉每斤 0.244—0.383 元，豆油每斤 0.126—0.241 元，盐、糖等精制品价格则持续上涨，分别从每斤 0.047 元、0.082 元涨至

---

① 布劳. 不平等和异质性［M］. 王春光，谢圣赞，译. 北京：中国社会科学出版社，1991：14.
② 贾秀岩，陆满平. 民国价格史［M］. 北京：中国物价出版社，1992：5-6，53.
③ 中国科学院上海经济研究所，上海社会科学院经济研究所. 上海解放前后物价资料汇编（1921 年—1957 年）［M］. 上海：上海人民出版社，1958：10-15.

1937年的0.128元、0.227元；燃料中，煤每斤0.13—0.17元，煤油每斤0.061—0.154元；日用品中，普通肥皂每块0.49—0.65元，普通香烟每盒0.35—0.56元；衣料中，细布每尺0.088—0.122元，线呢每尺0.137—0.197元。① 总体而言，尽管当时的职工平均工资约为15元，但考虑到购买力，这笔收入仍然相当可观。在分析出版从业者的生活水平时，首先应关注那些收入较低的普通工人和初级职员，在此基础上进一步探讨收入较高群体的境况。

1. 50元以下者：维持生活，勉力养家

1931年国民党工商部对全国一般工人家庭必需生活费的统计显示，一个五口之家的生活费（基本为饮食、衣服、房租、燃料、杂项等），每月需27.2元。② 上海消费较全国偏高，1927年调查显示，上海粗工（非技术型工人，如人力车夫、码头工人等）中单身者基本生活费为11.85元，抚养五口家庭需要21.34元，精工（技术型工人，如纺织工人、印刷工人等）中单身者生活费为19.26元，抚养五口家庭需35.85元。③ 上海市社会局1929—1930年对305户上海工人家庭的调查显示，每家每月平均生活费支出为37.86元。而上海工人家庭的收入平均有87%来自工资，越贫困的家庭对工资依赖程度越高，④ 结合各部门印刷工人15—50元的平均月薪可以推测：上海印刷工人如为单身，维持个人生活基本不成问题；如有家庭，照相制版、制铅版等月薪35元以上的工种尚可一人养活一家，而排字、铸字部工人家庭则需要更多劳动力，否则生活难以为继，这也部分解释了后者在罢工斗争中强烈的先锋意识。低级职员的处境与之相似，如吴铁生月薪25元，房租5元，寄家中10元，自用10元，可以维持个人生活；⑤ 而美的书店女店员月薪至多20元，则"恐难持久"。⑥

2. 百元左右者：努力体面，居大不易

收入更高者，如收入在大几十元至百余元的编辑、高级职员，可以过上相对体面的生活，但是由于社会交际和休闲娱乐支出的增加，也不免感慨"上海居大不易"。如胡也频笔下在黎明书店做编辑的"子敏先生"，每月房租30元、饭钱12元、客饭10元、车钱15元、应酬费20元、邮费4元、理发洗澡洗衣费5元、杂费

---

① 中国科学院上海经济研究所，上海社会科学院经济研究所. 上海解放前后物价资料汇编（1921年—1957年）[M]. 上海：上海人民出版社，1958：343-346.
② 张铁君. 中国的工资政策问题（未完）（附表）[J]. 劳工月刊，1932，1（4）：43-74.
③ 黄君略. 中国工钱制度（附表）[J]. 东方杂志，1927，24（18）：37-45.
④ 上海市政府社会局. 上海市工人生活程度[M]. 上海：中华书局，1934：15-17.
⑤ 中华书局编辑部. 回忆中华书局：上编[M]. 北京：中华书局，1987：81.
⑥ 美的书店明日开幕[N]. 金刚报，1927-6-7（2）.

4元，月薪百元仍不足用。① 胡也频的文学书写源自现实。1928年他和丁玲在上海与沈从文共租萨坡赛路204号楼房，每月各自支付房租20元、水电费10元，加上衣、食，每月开支约100元。② 据1933年《上海市指南》统计，四口之家每月开支70—80元，可覆盖月租20元楼房一层（两间）、10元次号米一石、日常伙食以及普通应酬。③ 但是如果家庭只有一个劳动力，维持这种体面的生活还是比较勉强的。通过当时的文学描写可知，做个薪水每月70元的编辑员"也算不恶"，但供给家用以后"没有一块钱能够储蓄起"④；书肆编辑是"表面上难得的差强人意的职业"，实际不过百元左右薪水，"在都会生活中要养活一家很是拮据"，夏丏尊由此将编辑归为"贫穷"。⑤ 然而，对比前文可知，百元收入者的"拮据"与印刷工人、低级职员为了糊口的"拮据"大相径庭，前者可以出入精品餐馆满足口腹之欲，如先后就职商务印书馆和开明书店的编辑王伯祥，常与出版同人小酌，乃至"五天中至少须日饮一回"⑥；旅游、闲逛、看戏剧、看电影等是前者的日常生活内容，朱生豪3个月内在电影和书籍方面支出近50元，⑦ 几乎等于单身工人一季所需全部生活费用。

3. 几百元以上者：身心富足，投资文化

出版从业者如能月入200元及以上，则可以享受身心充裕的生活。青年编辑茅盾曾在1917年携母亲、弟弟共3人在沪、宁游玩两周，手上不过200多元，就能进出高级餐厅，乘坐豪华客轮，还购置若干译著、大部头史书。⑧《字林西报》1930年的报道展示了沪地月入600元的上流家庭的优雅生活：衣食住行精细异常，还以近百元的薪资雇佣厨役和佣人。如此奢靡之风，"区区"六百元收入尚不敷支配。⑨ 而从事出版的高收入群体，除一般社会上流人士的物质消费外，还可以将相当一部分收入转化为知识分子歆羡的精神投资：买书、藏书。

中华书局编辑蒋伯震认为当时"中流阶级的痛苦和忧虑"之一就是买书难的问题。⑩ 虽然民国出版业已经有了相当的发展，但是昂贵的书价仍使清贫的知识分子

---

① 胡也频. 子敏先生的功课 [J]. 红黑，1929（1）：39-45.
② 陈明远. 文化人与钱 [M]. 天津：百花文艺出版社，2001：72.
③ 沈伯经，陈怀圃. 上海市指南 [M]. 上海：中华书局，1934：113.
④ 顾明道. 沉闷的人 [J]. 小说世界，1924，5（3）：1-6.
⑤ 夏丏尊. 知识阶级的运命 [J]. 一般，1928，5（1）：100-110.
⑥ 张廷银，刘应梅. 王伯祥日记：第1册 [M]. 北京：中华书局，2020：2.
⑦ 朱生豪. 朱生豪情书 [M]. 上海：上海社会科学院出版社，2003：138.
⑧ 蔡元培，蒋维乔，庄俞，等. 商务印书馆九十年：我和商务印书馆（1897—1987）[M]. 北京：商务印书馆，1987：159-160.
⑨ The high cost of living. Effect of rising prices on those with purses of moderate size. Growing expenses of small families [N]. The North-China Daily News, 1930-6-5（13, 19）.
⑩ 蒋伯震. 现在中流阶级的痛苦和忧虑 [J]. 进德季刊，1923，2（1）：29-32.

望而却步。当出版从业者拥有可观收入，又身处连通着丰富的人脉和购书途径的书业中心，其作为藏书家的第二重身份便呼之欲出。张元济自20世纪初就开始藏书，仅《张元济日记》中记载的购书支出就高达27 000余元。舒新城爱读、好买、好藏书，自述买书超过两万余册，藏书之多、杂不亚于小型图书馆。① 二人的藏书此后分别成为东方图书馆、中华书局图书馆的重要馆藏，服务于编译所。区别于传统藏书家的善"藏"，出版从业者善于将藏书这一文化资本再次投入知识生产，催生出新的出版物和图书馆等物质资料。

综上，在1937年以前物价相对平稳的情况下，出版从业者的生活显示出如下特点：首先，相对于典型的金字塔格局，民国出版从业者的收入、人数和生活水平略偏向于"纺锤形"，在底层艰难生存的人较其他产业为少，大部分人在可以糊口和体面生活间徘徊，高层人数最少、收入最高、生活优渥。其次，从业者整体文化水平偏高，又处于文化生产的中心，拥有比一般人更丰富的精神文化生活。高收入者积累的文化资本可以转化为声誉和权力；低层工友有读书学习的渴望，较其他行业工人更易接触常识读物和进步刊物，更容易成为工人群体中的先锋。

三、自观：民国出版从业者眼中的收入与择业

以上概观、旁观，是笔者根据收入数据作出的客观描述。收入是否真的影响潜在或实际出版从业者的心态？这需要回归从业者本身寻找答案，其中存在着多样的权衡与抉择。

（一）文化生意：理想与现实间的更优解

1921年，胡适因不愿做"完全为人的事"，婉拒了月薪300元的商务印书馆的邀约。② 然而这种献身学术的理想是需要有相当经济底气的：胡适作为北大教授月俸高达280元，还有讲演费和高额稿酬版税，经济状况可谓阔绰。事实上，囿于现实生计脱离原职，前往出版业，在当时社会特别是教育界十分常见。中华书局总店店长李廷翰在入职中华书局以前服务教育界15年，1912年筹建民国上海第一所市立小学——万竹小学，担任校长一职，其教育思想集中体现于《教育丛稿》（中华书局1927年版），但他还是"因种种关系"于1920年35岁时辞别万竹，抱着"学习做文化生意"的心态进入出版界，成为中华书局职员。③ 虽然其没有对"种种关

---

① 舒新城. 读书·买书·教书·写书·编书 [J]. 出版月刊, 1937 (1)：4-5.
② 胡适. 胡适全集：第29卷 [M]. 合肥：安徽教育出版社, 2019：416-417.
③ 陈寅, 舒新城, 李廷翰, 等. 中华书局一份子谈话 [J]. 中华书局图书月刊, 1931 (1)：3-6.

系"作具体解释，但是收入的影响是不容忽视的：改业当年，李廷翰曾集中表达了对小学教员投入与收入不成比例的忧虑，"职务既繁且难"，"所入不足以供其赡养"。① 1915年他作为校长月薪仅40元，② 1917年《小学教员俸给规程》颁布后才增至80元，而担任中华书局总店店长月薪有140元，加上年终5个多月的分红，年收入近2 400元，可以达到中上等生活水平。李廷翰所面临的经济窘境和职业选择绝非个例：钱歌川入中华书局做编辑前就职于浦东中学，月薪不过20元③；王景曾担任高小教员时月薪仅34元，"生计艰难，欲别谋，愿进馆"④。由此可见，对大多数清贫的知识分子来说，在达成"国享其利而己享其名"的理想以前，先要解决冻馁困死之忧，出版业是难得的收入尚可又不乏文化格调的行业。

（二）笼络人才：高薪是博弈与排他的手段

1916年，徐维荣以月薪300元、另给住宅为条件，约在商务印书馆编译所工作的周锡三前往主营煤矿的中原公司。此后两年多的时间里，外界对周的邀约不断，甚至有人资助其开西书店。围绕挽留周锡三一事，商务印书馆高层开始了博弈。周为人"恃才傲物且不受羁"，但是英文良好头脑灵活，先后做过编译所函授事、发行所广告公司事、西书部事，担得"有才"二字。周锡三的核心诉求，一是高薪，二是话事权，后者受到商务印书馆各派高层的钳制，因此涨薪成为这场博弈的焦点：先是年花红包定600元，周尚不满意；后商务印书馆又给10%—20%的广告津贴，周仍不满足，要求月薪涨到300元，商务印书馆回绝，但将花红涨至1 200元，然而双方在合同年限上又产生分歧。在双方的猜疑中，周暂留了一段时间，1918年年末离职。⑤ 周锡三的案例表明，对于没有显著投身文化事业倾向、在多个职位间摇摆不定的待业者，收入是他们与资方博弈的重要条件，给予高薪则是民国出版业争夺人才的有效手段。博弈结果可能是提升收入和留下人才的双赢，如就职商务印书馆仪器文具股、月薪60元的凌文之，声称有月薪80元的教习邀约，得到商务印书馆"允俟明年加增"的加薪回应。⑥ 但是由于收入对职业选择的影响并不具有唯一性，因此提升薪资对人才择业并不绝对有效。如商务印书馆在和中华书局争夺英语教学人才张木一，挽留日籍技师小平元、木本毅时，也尝试送高薪、加分红，但是

---

① 李廷翰. 教育丛稿（下册）[M]. 上海：中华书局，1927：136，139.
② 上海县知事公署. 上海县教育状况 [M]. 1915：7.
③ 中华书局编辑部. 回忆中华书局：上编 [M]. 北京：中华书局，1987：102.
④ 张元济. 张元济全集：第7卷 [M]. 北京：商务印书馆，2008：38.
⑤ 张元济. 张元济全集：第6卷 [M]. 北京：商务印书馆，2008：445.
⑥ 张元济. 张元济全集：第6卷 [M]. 北京：商务印书馆，2008：232.

均告失败。张元济由此感慨:"谓平常人辞馆,酌加薪水便可留","彼等非此意"。①

(三) 另谋高就:探索获取名利的其他可能

因对收入不满意而拒绝出版业邀约或从出版转业者,也并不罕见。

首先,客观来说,民国出版业中的所谓高薪,对比烟草等暴利行业又相去甚远。商务印书馆曾试图聘用《实业月刊》的美国人加克鲁,然而晤谈以后此君认为"华人薪水太薄",因为英美烟公司开出的月薪有 900 元之巨。② 英美烟公司中,华人买办们的薪金也令人咋舌,他们进入公司后每月底薪 500—600 元起,加薪幅度惊人,加薪后每月底薪最高的能达到 3 000 元之巨。如此优渥的待遇强势笼络了郑伯昭、沈成式、邬挺生等一批民国时期著名买办。

其次,虽然在出版业这样以知识为核心的产业中,高层们热衷于标榜自己"量才使用",但是资格、人情、帮派影响穿插其中,德位匹配很难实现。如教会派二代的鲍庆甲、鲍庆林初入商务印书馆时均有百元月薪,与工作 10 年的孙毓修同薪,也就无怪月薪只 40 元的谢冠生辞职求学去了。谢冠生的离职,一是当时收入确实不高,二是他背景单薄导致涨薪空间有限。而谢冠生留学归来后驰骋政坛的履历证明了他选择的明智。

最后,出版业核心岗位的收入是具有相当竞争力的,但是很多次要岗位的收入并不能打动求职者。如商务印书馆王亨统、顾晓舟都反映过账房人才短缺的问题,症结就在于薪水太薄,对高级会计人才来说,出版业显然没有银行业吸引力大。有的求职者是因为仰慕出版业与文化教育的天然亲近而来,但是低收入的生活打破了他们"一面做工,一面读书"的幻想,如从四川辗转上海求学的刘华,做中华书局印刷所学徒月入仅 6—8 元,只能勉强过活,在获得免费上学的机会后果断离职。③

综合以上案例,我们可以对收入是否影响民国时期的出版择业作出肯定的回答。对收入如何影响潜在或实际从业者的心态,我们可以抽象出一般描述:第一,有志于文教事业的知识分子,一般匹配的是出版业中凝聚智识的核心职位,一份不菲收入能够强化职业认同,使其更加踊跃投身出版,这是民国大量政学界知名人物都有过出版从业经历的经济动因。第二,对于没有特定择业倾向的通用型人才,如果出版企业可以许诺比其他企业更有竞争力的收入,其被笼络的概率将大幅提高。第三,抛开出版业的文化光环,对比就业市场中的同质化职位,如果出版业相应岗位没有收入优势,其吸引力就会下降,市场的调节作用将致使人才流出。

---

① 张元济. 张元济全集:第 6 卷 [M]. 北京:商务印书馆,2008:393.
② 张元济. 张元济全集:第 7 卷 [M]. 北京:商务印书馆,2008:92.
③ 刘剑华. 一个好学的青年 [J]. 进德季刊,1923,2 (2):1-2.

四、结论

民国时期社会分工越发细致和专门化,独立的出版职业形成。综合概观、旁观、自观下的民国出版从业者的收入、地位与择业,我们可以了解民国时期出版职业发展状况。首先,行业发展较为成熟,有细致的劳动分工和较为清晰的科层制度,还按智识、技能设置不同薪资标准;其次,个人的职业发展前景较为明晰。综合上述研究,可以得出以下结论:

(一)较高的收入水平是民国时期出版业广纳人才的重要因素

所谓"较高的收入水平",主要表现在两个方面:

其一,民国时期,与相同社会阶层的人相比,出版从业者的收入水平位居前列。例如,当时上海印刷业大小厂家为数众多,然而商务印书馆印刷工人薪资比其他印刷厂的工人的薪资高,甚至以一己之力拉高了上海社会局调查的印刷工人平均月收入。整体高薪意味着出版从业者整体具有较高的社会地位和良好的发展前景,对职业收入与工作满意度的既有研究证明,自身薪酬和比较薪酬在决定整体工作满意度方面都起着重要作用,[①] 这推动着外界对出版职业社会地位的感知的正向提升,出版业成为许多人优先考虑的职业。如前文提到的李廷翰、钱歌川、王景曾等辞别教育界,前往商务印书馆、中华书局等大型出版企业谋事,便是出版职业吸引力的生动写照。

其二,编辑、技术人员等享有高薪待遇,这是持续、高效、高质量知识生产与传播的重要保障。民国时期编辑类从业者是除企业高层外所有出版从业者中收入最高的,知名编辑的月薪甚至超过总经理,掌握稀缺印刷技术的高级人才月薪能达到百元以上,均切实表现出民国出版业对于人才的尊重。

民国出版从业者的高收入反映出当时出版业所具有的强大营收实力。民国出版业在全面抗战爆发前空前繁荣。商务印书馆年营业额从民国初期的约 182 万增长到最高时的 1 200 多万元,[②] 中华书局年营业额从 22 万增长到 471 万,[③] 世界书局年营业额从 13 万增长到 200 多万元。[④] 知名民族企业南通大生第一纺织公司 1912—1929

---

① KIFLE T. Do comparison wages play a major role in determining overall job satisfaction? Evidence from Australia [J]. Journal of happiness studies, 2014 (15):613 – 638.
② 庄俞.三十五年之商务印书馆 [M]//庄俞,贺圣鼐.最近三十五年之中国教育.上海:商务印书馆,1931:47.
③ 俞筱尧,刘彦捷.陆费逵与中华书局 [M].北京:中华书局,2002:229-230.
④ 十年来的世界书局 [J].世界杂志,1931(增刊):1-16.

年的年均收入在百余万元,最高时达到400多万元。① 相比之下,1937年以前大型出版企业的营收是相当可观的,这为其高薪吸引优秀从业者提供了资金保障。

(二) 对出版行业的热爱是出版人才可持续发展的根本保障

对于没有特定就业倾向的通用型人才来说,假使出版企业的薪资比其他企业更有竞争力,其吸引力确实会大幅提高。而对于志向明确的人来说,提升薪资对他们的择业心态影响甚微。如商务印书馆通过加薪争夺张木一、小平元、木本毅等人才资源,均以失败告终。

因此,要通过职业教育、文化引导,培养一批将出版视为自我价值、社会价值实现途径的、真正热爱出版业的人才。在使人才热爱出版的基础上,提高出版从业者整体收入,赋予出版职业更多尊严,是提升出版业吸引力的重要进路。

---

① 顾纪瑞. 大生纺织集团档案经济分析(1899—1947)[M]. 天津:天津古籍出版社,2015:92.

出版对象论*

◎ 耿相新**

摘要：本文试图从出版符号、被传递物内容、被传递物介质三个层面回答什么是出版对象的问题，认为出版对象由符号、内容和介质形式共同构成。出版对象受制于出版技术的进步和进化，因此具有时代特征。

关键词：出版对象；出版符号；符号内容类型；介质形式

在出版学教科书中，我们找不到有关"出版对象"的章节。但在具体的出版活动中，作为出版人，我们却每天都在和出版对象打各种各样的交道。这是一个司空见惯的现象，也许还是一个不值得一问的问题。然而，出版对象到底是什么？难道它就是我们桌子上或者计算机屏幕上的文本稿件？抑或是等待校对的书稿清样？或许，我们还可以根据出版社的不同类型将出版对象区分为图书馆分类法中的各类图书，甚至还可以将其划分为音像电子出版物和纸质出版物等。不过，以上归类依然没有解决问题。出版对象到底是由什么构成的？通过对现实出版世界的理解，尤其是对世界出版 50 强的对比性观察，我认为，在数字时代，出版对象已经发生重大位移。无疑，重新界定和讨论出版对象的问题，具有重要的现实意义。本文拟从出版符号、出版符号被传递物内容类型和出版符号传递物介质形式三个方面，试图厘清出版对象的问题，并试图唤起学界和业界对此问题的重视。

一、出版符号的界定

出版活动实质上就是人类符号的一个传递过程。德国哲学家恩斯特·卡西尔

---

* 本文原载于《现代出版》2022 年第 5 期，收入本书时有改动。
** 耿相新，中原出版传媒集团总编辑、编审。

(Ernst Cassirer)说:"人是符号的动物。"① 为了说明"符号",卡西尔区分了信号和符号,他认为"信号是物理的存在世界之一部分,符号则是人类的意义世界之一部分",人之外的动物可以感知信号,"动物具有实践的想象力和智慧,而只有人才发展了一种新的形式:符号化的想象力和智慧","符号化的思维和符号化的行为是人类生活中最富于代表性的特征,并且人类文化的全部发展都依赖于这些条件"。② 他进一步认为,人自觉地创造并运用符号,由此创造了文化,创造了一个"符号的宇宙",人、符号、文化三位一体,因此"人是符号的动物"。符号是中介和媒介,它架起了人与文化之间的桥梁。而出版作为一种人类文化活动,它使用的工具和作用的对象就是人所创造的各种各样的符号。

既然符号构成了人的意义世界,那么符号究竟是由什么构成的?或者,我们应当直接提问:什么是符号?简单地说,符号是携带意义的记号。英文中symbol(符号)这个词"来自希腊文里代表token(象征)或token of identity(身份的象征)之义的词,它结合了两个词根:sum(一起)和动词ballo(丢掷),对'符号'一词较宽松的诠释是'放在一起'"③。放在一起的可以是人也可以是物,其本源的意指是某人证明某人的关系。美国《韦氏大词典》对符号的定义是"由于关系、联想、习俗成规或偶然而非有意的类似,来代表或使之联想到其他事物的某种事物"④。这个定义强调了"某种事物"能够代指另一种事物,与罗曼·雅各布森(Roman Jakobson)的观点十分一致。雅各布森认为符号具有两个方面:"一个是可以直接感觉到的指符(signals),另一个是可以推知和理解的被指(signature)。"⑤ 这个观点与费迪南·德·索绪尔(Ferdinand de Saussure)关于符号是能指与所指之间的关系异曲同工。美国哲学家查尔斯·桑德斯·皮尔斯(Charles Sanders Peirce)对以上的符号概念进行了大大的拓展。皮尔斯认为,整个宇宙充满了符号。他给符号的定义是:"符号,或代表项,是对于某人在某一侧面或能力方面代表了某物的东西。它对某人说话,也就是说,它在此人的思维中创造了一个相对应的符号,或者一个更加发展了的符号。那个被创造出来的符号我称之为第一个符号的解释项。"⑥ 这个定义突破了符号的能指和所指二元结构而成为"符号、符号的对象与符号的解释项"三元结构,符号活动就是一个三元过程,也即"符号首先是一种解释项,是一种响应,

---

① 卡西尔.符号形式的哲学[M].赵海萍,译.长春:吉林出版集团股份有限公司,2018:216.
② 卡西尔.人论[M].甘阳,译.上海:上海译文出版社,1985:41,42,35.
③ 马祖尔.人类符号简史[M].洪万生,洪赞天,英家铭,等译.南宁:接力出版社,2018:2.
④ 见https://www.MerriamWebster.com/dictionary/symbol,查询时间为2022年8月22日。
⑤ 霍克斯.结构主义和符号学[M].瞿铁鹏,译.上海:上海译文出版社,1987:129.
⑥ 彼得里利,蓬齐奥.打开边界的符号学:穿越符号开放网络的解释路径[M].王永祥,彭佳,余红兵,译.南京:译林出版社,2015:28.

通过这种响应的解释,另外某种东西才能被看作符号,从而成为被解释项,而且,还能够生产一个开放的、由其他符号组成的符号链"①。沿着由符号的解释与被解释并产生新的符号这一逻辑,任何事物,凡是能够联系在一起的,就是符号。皮尔斯在《关于意义的论文》中列举了大量的符号例子,如:画像、图片、图表、手指、眨眼、手帕结、回忆、幻想、概念、指示、标志、数字、信件、词、短语、句子、篇章、书籍、图书馆、信号、命令、显微镜、立法代表、音符、音乐会、表演、自然哭喊,等等。②同时,皮尔斯还将数学、化学、心理学等17门学科也归入符号学的研究范畴。基于以上认识,我们可以将符号理解为一个能够解释的标记或者记号,这个解释就是意义,符号就是表达意义的载体和表达意义的条件,而"意义就是一个符号可以被另外的符号解释的潜力"③。换句话说,人的世界就是符号的世界,也是意义的世界。而出版活动的目的正是表达和传播意义,自然而然,符号必然也必须成为出版的表达和传播工具。因此,出版的对象就是人所创造的符号和对符号的解释。

毫无疑问,人是符号的制造者,也是符号的接受者。人的嗅觉、味觉、触觉、听觉、视觉五种感官的任何活动都具有作为符号或者成为符号的潜能。雅各布森尤其重视视觉和听觉,他说:"人类社会中最社会化、最丰富和最贴切的符号系统显然以视觉和听觉为基础。"④ 作为符号系统的听觉,其最明显的表征是口头语言和音乐艺术,声音成为符号意义的载体。而视觉符号系统则更倾向于身体姿势、书面语言、文本作品、图像、造型艺术等。当语言被文字符号记录而成为文本性的书籍,或者综合运用了空间场景的表演艺术,如演讲、课程、戏剧、歌剧、电影、电视等视频式艺术,则是整合了听觉符号和视觉符号。随着数字计算机图形软件技术的发展,虚拟现实和增强现实的虚拟影像也一同成为符号意义的载体。基于以上认识,我们将出版符号归类为五个系统:文字符号系统、图像符号系统、声音符号系统、视频符号系统和虚拟符号系统,此五类符号系统构成了总体的出版符号。

出版是一种符号生产和消费。文字符号的出版自出版诞生以来即为出版的主流。文字符号系统是人类的重要发明之一。在人类古文明时期,不同的文明发明了不同的文字符号系统。人类的语言有7 000种左右,但进化到记录语言的文字系统却只有几百种。文字是人类使用声音、语言的代号或符号进行视觉交际和传递信息的系

---

① 彼得里利,蓬齐奥. 打开边界的符号学:穿越符号开放网络的解释路径[M]. 王永祥,彭佳,余红兵,译. 南京:译林出版社,2015:5.
② 彼得里利,蓬齐奥. 打开边界的符号学:穿越符号开放网络的解释路径[M]. 王永祥,彭佳,余红兵,译. 南京:译林出版社,2015:28.
③ 冯月季. 传播符号学教程[M]. 重庆:重庆大学出版社,2017:3.
④ 霍克斯. 结构主义和符号学[M]. 瞿铁鹏,译. 上海:上海译文出版社,1987:129,139.

统，这些符号或代号与声音或语言单位的意义约定性地相对应。最早的文字符号系统起源于图形符号，也可称之为象形符号，它是一种象征性代号，这些代号或符号可以提炼一个人或一件事情的特征、特点、特性，并以形象的图画形式进行表示，这些符号也对应于口语中的人或事物，约定俗成并形成惯例后便成为文字符号。迄今，人类所发明的成熟的文字系统主要有三种类型：词符与音节符并用的文字、音节文字和字母文字。如果一个符号代表一个词，使用大量的符号即可形成词符文字系统，但此势必造成词符数量巨大，而且抽象词也难以表达。苏美尔人、古埃及人、中国人把一部分词符改成不表意、只表音，并将其置于词符之间，用来表示其他与此读音相同或相似的词。苏美尔楔形文字、古埃及象形文字、赫梯文字、中国甲骨文字是发明最早也是最典型的词符和音符并用的文字系统，从甲骨文字流变而来的汉字目前依然是中国日常使用的书写文字和出版符号。音符也即音节符号、语音符号，相对于词符数量较少并相对稳定，如果舍弃数量巨大的词符而全部使用音节符号，那就成为"音节文字"，音节文字以楔形音节文字，西部闪米特音节文字（腓尼基文字、希伯来文字、阿拉米文字）、爱琴海音节文字，日本音节文字（假名），埃塞俄比亚文字（阿姆哈拉文字）为代表。其中，日文是词符和音节符并用的文字，但其假名是音节符号。文字符号可概分为表形、表意和表音三种类型。古埃及象形文字中开始使用表音的限定符号，大量和重复使用的 26 个单辅音符号（每个符号代表一个辅音）成为世界上最早的字母表。早期的辅音符号几乎全部与词符、音符和限定符号一起使用，公元前 2000 年前时埃及人开始只用辅音字母书写，这一符号书写原则很快传入西奈半岛和黎凡特地区的闪米特族人中。[①] 从古埃及的辅音字母表，演化为闪米特语的原始字母表，最后演变为西方今天广泛使用的拉丁字母表。公元前 1000 年左右，闪语字母演变为南闪语字母系统、迦南语字母系统、亚兰语字母系统和希腊语字母系统四大支系。迦南语系又再分化为早期希伯来文和腓尼基文。亚兰语系中的闪语字母系统包括方体希伯来文（现代希伯来文原型）、新西奈阿拉伯文、帕尔米拉字母、古叙利亚景教文、摩尼文等，非闪语分支中从亚兰字母衍生出的文字主要有印度婆罗米文、佉卢文、波斯文、粟特文、青帐突厥文、维吾尔文、蒙古文等。希腊人在西闪米特辅音字母表中，加入元音而创造出人类历史上第一个完整的字母文字体系，古希腊文又演化为伊特拉斯坎字母、斯拉夫语系的西瑞尔字母，拉丁字母（罗马字母）是伊特拉斯坎字母的支系。拉丁字母成为基督教官方文字后，被应用到许多不同的语言上，如日耳曼语系的英文、德文、瑞典文、丹麦文、挪威文、荷兰文；拉丁语系的意大利文、法文、西班牙文、葡萄牙文、罗

---

① 费希尔. 书写的历史 [M]. 李华田，李国玉，杨玉婉，译. 北京：中央编译出版社，2012：30.

马尼亚文；斯拉夫语系的波兰文、捷克文、克罗地亚文、斯洛文尼亚文；芬兰语系的芬兰-乌戈尔文、匈牙利文等。① 从词符-音符文字、音节文字和字母文字的溯源可以看到，音节文字很早就被字母文字替代了，现在流传下来并仍在使用的文字系统只剩下中国的汉字系统（日文源于汉字）和源于埃及辅音字母的字母文字及其各种变种。人类历史上的书籍均是由不同的文字系统书写的。印刷术发明之后，汉字书籍（包括日本、朝鲜、越南的汉籍）主要使用雕版印刷和铜活字印刷，字母文字书籍使用古登堡铅活字印刷机印刷。19世纪以来的工业印刷机和20世纪中叶以来的计算机数字技术逐步淘汰和挑战纸质出版，但这只是出版技术的演替而已，书籍出版的符号系统依然是词符-音符的汉字系统和字母文字系统。通过对文字符号的探究，我们不得不说，不同书籍使用不同文字符号而呈现内容，这是出版活动的根基，实际上，某一语言文字的边界也就是某一出版活动的疆界。同理，突破原有出版符号版图的翻译活动，始终是推动文化交流的一种动力。在此，文字符号不仅是出版对象，在一定程度上它也是对出版的一种限制。

出版的本质是为了促进文化和语言交流。广义上的文化语言交流，有学者将其分为三大类型：科技指示符码——科学语言（数学语言、音乐、化学、物理、逻辑语、曼瑟尔表色系统、音标系统）与机器语言（C语言、Java、二进制、二维码）；文化规约符码——自然语言（图像、自然语言、网络生成符号、艺术创作语言）；混合理据符码——传播语言（公共标识系统、手语、旗语、各种指示符号、图像混合语言、图像化音乐记谱语言）。② 从这个相对系统和完整的语言符码角度出发，我们可以看到计算机时代传播和出版符号的广度。除文字符号外，包括计算机图形符号在内的图像符号越来越凸显其重要性。图像不再单纯是传统意义上的图画、绘画、照片、雕塑，现在也应包括计算机条件下的设计、图形和镜像等。

图像进入书籍内部的时间十分久远。从时间性上说，图画早于文字诞生。书籍诞生之后，插图也紧随其后进入书籍内部结构。早在战国时期，中国的竹简书籍中就已出现插图，出土于长沙的战国楚帛书也可以被视为一本图文结合的书籍。出土于马王堆汉墓中的帛书，制作于汉代初年，其中的《天文气象杂占》等书籍是图文并茂的。《山海经》在汉代是图文相间的。雕版印刷术发明不久，雕版图像就已成为雕印书籍的一部分，如雕印于唐咸通九年（868）的《金刚经》，在书首就置有一幅精美绝伦的题为"祇树给孤独园"的图画。明清时期，雕版绣像插图更成为书籍美学呈现方式的普遍现象。世界上最早的书籍插图可追溯到古埃及的《死者书》（Book of the Dead）中的图画。在西方，现今存世最早的附有插图的手抄本是荷马

---

① 光复书局大美百科全书编辑部. 大美百科全书 [M]. 台北：光复书局企业股份有限公司，1990：380.
② 胡易容. 图像符号学：传媒景观世界的图式把握 [M]. 成都：四川大学出版社，2014：82.

史诗《伊利亚特》和古罗马诗人维吉尔的《埃涅阿斯纪》，是公元4世纪或5世纪时制作的。① 中世纪的手抄本中大多手绘有极其精美的"装饰画"。古登堡发明铅活字印刷术之后，西方的印刷版画开始兴起。出版于1493年的《纽伦堡编年史》一书中附有插图1 809幅，堪称插图书杰作。文艺复兴时期，阿尔勃莱希特·丢勒（Albrecht Dürer）是最著名的书籍插图家。与木版版画相比，后起的蚀刻凹版印刷技术铜版版画线条更加纤细优美，18世纪后凹版插图逐步替代了凸版插图。1843年，英国人安娜·阿特金斯（Anna Atkins）出版了世界上第一本使用摄影照片的书籍《英国藻类图片集：氰版照相法印制》。② 从此，摄影照片开始大量涌入书籍内部，在工业印刷最鼎盛的20世纪，专业的摄影书籍甚至成为一个重要的出版门类。在数码摄影技术崛起后的21世纪，照片的生产量达到令人吃惊的程度，仅社交网站Facebook上一天上传的图片就有数亿张，数字照片开始成为重要的出版对象。图像作为一种出版符号将有可能超越文字符号而成为最重要的出版存在。

声音作为一种人类交流和传播媒介，其起源与人类语言的诞生同步。声音的易逝性特点决定了其作为一种出版符号的困难，但人类努力记录声音的探索却一直未曾停止。依据记录声音的技术，我们将声音符号分为间接记录声音符号和直接记录声音符号，前者主要指需要用文字或其他符号记录的声音，后者指模拟信号的录音、无线电广播和数字化数据音频。以书籍形式记录的声音符号在录音技术发明之前，主要类型有音乐乐谱，戏剧剧本和说唱、讲唱、弹唱文学底本。中国最早记录曲谱的书籍出现于汉代，《汉书·艺文志》中记载的《河南周歌声曲折》7篇、《周谣歌诗声曲折》75篇就是最早的乐谱，声曲折是一种古代的歌诗演唱时对曲调的记录方法，是依据曲调高低上下而绘制的一种乐谱，具体形态已不可知。中国古代最初是用文字记谱，现存的唐代手抄本《碣石调·幽兰》是目前仅见的一首用文字记述弹奏手法的琴曲，此文字谱用了4 954个汉字。③ 唐代曹柔创新古琴记谱法为减字谱（指法谱），沿用至今。同样起源于唐代的还有"燕乐半字谱"（工尺谱），在敦煌遗书中发现有数种四弦四相琵琶曲子谱，即燕乐半字谱。南宋词人姜夔的词曲谱集《白石道人歌曲》（6卷）中有17首词姜夔自注工尺谱，是"至今传世的唯一词调曲谱"④。明清时期，民间雕印了大量琴曲小册子，而雕版印刷的戏剧剧本和民间唱本，更多达数千种，这些都可以被归类为间接记录声音符号的出版物。录音技术被发明后，尤其是广播技术和数字音频技术被广泛应用后，声音符号迅速发展成为人

---

① 余凤高. 插图的历史［M］. 北京：中国文史出版社，2020：8.
② 凯夫，阿亚德. 极简图书史［M］. 戚昕，潘肖蔷，译. 北京：电子工业出版社，2016：184.
③ 夏野. 中国古代音乐史简编［M］. 上海：上海音乐出版社，2010：75.
④ 姜夔. 姜白石词笺注［M］. 北京：中华书局，2013：4-5.

类最重要的大众媒介之一。录音技术和录音机（留声机）是美国发明家 T. A. 爱迪生（Thomas Edison）于 1877 年发明的，其后，录音和放音介质发展为力学介质（留声机唱片）、磁性介质（录音带）和光学介质（电影的声道与数字式小型光盘），与书籍出版关联度较高的是磁带，磁带录音主要分为开盘式和盒式两种，以学习语言为主的教学带主要使用盒式磁带，在数字技术和互联网兴起之前，盒式磁带曾是音像出版业的主要产品。广播是利用电子技术向公众播送无线电或电视信号，它实现了远距离、实时、一对多的单向传播，无线电广播只传播音频，电视则同时传播视频和音频，二者向广大听众和观众传播的内容主要是教育、新闻和娱乐等节目。广播系统、电视系统是与出版系统并行的大众传媒，广播系统兴起于 20 世纪 20 年代，电视系统大约兴起于 20 世纪 50 年代，它们与图书出版的关联部分主要在教育方面，远程的广播和电视大学所使用的教材和教学辅助材料通常以纸质图书的形式出版。中国自宋代开始流行的口头讲说表演艺术，如说书、讲书、评书、讲古、评话、评词等不同称呼的说话艺术，在广播、电视兴起后，也开始成为广播和电视的节目，但表演艺术家们的底本（话本），通常还会以纸质介质的形式出版和传播。1983 年建成的国际互联网，于 90 年代崛起为一个具有覆盖媒介功能的超级大众媒介，以数字化、电子化的文字、图像、音频、视频形式覆盖了以往的图书、杂志、报纸、摄影、录音录像、电影、广播、电视等媒介，以往的媒体内容逐步迁徙到互联网和移动互联网上，数字音频成为互联网和移动互联网上必不可少的一个角色。声音符号直接转换为数字形式之后，听书成为一种开始崛起的出版产品。1997 年中国的网络广播诞生，2004 年基于移动互联网的博客、网络听书网站兴起，2012 年规模化的音频聚合网络平台出现，基于声音符号的音频介质开始朝垂直化、社群化、产业化的方向发展。① 数字音频越来越成为一种商业化的出版对象。

视觉符号影像或视频成为出版对象的时间相对较晚。视觉是人类最原初的感知感官之一，也是人类初始信息交流的媒介之一。在口语时代，面对面的视觉交流是最有效的信息传递方式。即便是在通过网络进行远距离即时视频交流十分便捷和发达的今天，面对面的视觉交流依然不可替代。将人体的姿势、手势和表情记录下来成为视频符号，起源于 1888 年 T. A. 爱迪生和他的助手发明的第一个实用的活动图片摄像机，之后他们还发明了活动电影放映机。1903 年之后，随着技术的不断进步，电影成为一个大众媒体并形成了巨大的产业。紧随电影之后，以影像为媒介的电视媒体崛起于 20 世纪 50 年代。英文单词"Television"（电视）1900 年被法国人康斯坦丁·伯斯基创造，本意是"远距离观看""用电来看"。② 与电影不同，电视

---

① 孟伟. 音频媒体研究［M］. 北京：光明日报出版社，2020：2.
② 熊澄宇. 媒介史纲［M］. 北京：清华大学出版社，2011：153.

与无线电广播和有线电话是近亲，属于电子媒体。电视是活动图像和其声音的电子信号传输。电视摄像机将图像和声音转换为电脉冲信号，这些高频无线电载波信号由发射天线发出，被接收天线拾取并再转化为光的亮度变化，在接收机的荧幕上显示出来。1936年11月2日，英国广播公司正式播出电视节目，被视为电视正式诞生日。20世纪七八十年代，有线电视、卫星电视分别加入电视网，直到21世纪初以计算机网络为技术基础的移动互联网的崛起，兼顾了视频和音频优势的电视媒体才开始衰落。电视视频和图书出版相结合的部位主要体现在教育出版领域的教学课堂和课程上，视频课与纸质书互相支持对方。但在电视视频和数字图书分别迁徙到移动互联网上时，它们双方都重新找到了新营地。图书出版将原有的纸质图书内容转化成了视频形式的教学课程、软件和学习材料，文字作者开始直面镜头而转化为演讲时的影像，视频符号开始大规模地进入出版领域。视频符号成长为出版对象，并开始朝专业化、垂直化、知识化、课程化、产业化的方向发展。

　　虚拟符号是由计算机创建和产生的。随着计算机技术的发展，虚拟符号携带意义的场景应用越来越多并越来越具有商业性。计算机虚拟符号已经开始成为重要的出版符号，其商业价值越来越凸显。从我们熟悉的虚拟现实（VR）中追寻一下它的技术基础，可以得知虚拟现实的技术支撑是计算机图形和图像。虚拟现实（VR）是"计算机创造并以计算机为媒介的对真实或想象的环境的模拟"，它是一种虚拟环境，通过三维（宽度、高度和深度）图像的体验来提供对现实的幻觉感受。[①] 三维图像是关键技术，三维图像的显示可以通过头戴式显示器、立体眼镜、耳机、运动平台、数据服装（数据手套）和其他互动装置呈现。计算机的硬件和软件构成一种交流媒介，通过人机互动装置像交流文字符号和声音符号一样交流图像、声音和动态模型以形成仿真模拟。三维图像的底层技术是计算机图形和图像，计算机图形是由计算机绘制的直线、圆、矩形、曲线、图表等外部线条构成的矢量图，计算机图像是由像素点阵构成的位图，计算机可以将一件现实存在的或想象的视觉信息以数字化的图形和图像形式表达为仿真的形象，运用透视线条、隐藏表面消除等技术使二维的计算机屏幕能够有效地模拟三维世界，从而形成虚拟现实式的计算机模拟世界。虚拟现实（VR）已被广泛应用于艺术、工程设计、娱乐游戏、工业仿真、培训实训、课堂教育、医学、军事、航空航天、能源交通、生物、水文地质、事故还原、工业制造等领域。和传统出版关联度较高的是教育领域，虚拟现实技术能够为学生提供一个生动、逼真的学习环境，可以为学生提供诸如物理、化学、生物等虚拟实验，也可以为职业学校的学生提供各种虚拟演练和动作操作。数字技术发展的现实，

[①] 琼斯. 新媒体百科全书 [M]. 熊澄宇，范红，译. 北京：清华大学出版社，2007：474.

让我们不得不重新审视计算机所创造的虚拟图形和图像，它们也同样起到了携带意义的中介符号的作用，已经演变成一种出版符号。

二、出版符号被传递物内容类型

如果我们将出版符号理解为出版活动中的外在表现形式，那么，我们随之要进一步思考的是，作为中介的出版活动在时间和空间上要传递的内在形式是什么？符号学中将符号的传递分为遗传和传统两种类型。遗传属于生物学中基因代码的范畴，而传统则被视为"一种文化可被看作是一个有机体群体，其行为方式受制于一特殊传统，即经由学习获得之，并在创造性的修正之后将其传至下一代"①。关于遗传和传统，《符号学手册》的作者认为："两种传递类型（遗传和传统）都是记号过程，而且被传递物（知识、态度、生产技能和制造物的使用），在很大程度上也是以记号为基础的。"② 符号的创造过程也就是记号的过程，由记号（符号）的生物性所决定，符号传递既具有一代一代的时间性，也具有地理概念下的空间性。无论是传递的生命力，还是传递的广度，出版活动中的核心要素是首先要界定清楚传递什么，换句话说，被传递物是什么。我们认为，出版活动中的被传递物是数据、信息、知识和智慧。

狭义的数据指数字或数值，是人类通过观察、实验、检验、统计或计算，通过对客观事物的逻辑归纳而得出的结果，也指用于进行各种数学统计、计算、查证、决策、科学研究、技术设计等的数值。英文单词 data（数据）是指"一个有意义的事实和数值总体"，中文的"数据"定义是"指对客观事物进行记录并可以鉴别的符号，是对客观事物的性质、状态以及相互关系等进行记载的物理符号或这些物理符号的组合"③。从数据的表现形式上可将其分为离散数值和连续数值，即数字数据和模拟数据，数字数据主要为各种统计或量测数据，模拟数据指在一定的区间内连续变化的物理量，包括图形数据、符号数据、文字数据、图像数据等。如果依数据的物理性质，还可以将其分为定位的坐标数据、定性事物属性的定性数据、反映事物数量的定量数据和反映事物时间特征的定时数据。在计算机数据库时代，数据被定义为"描述事物的符号记录"，"描述事物的符号可以是数字、文字、图形、图像、声音、流数据、HTML（hypertext markup language）、XML（extensible markup

---

① 李幼蒸. 历史符号学 [M]. 桂林：广西师范大学出版社，2003：283.
② 李幼蒸. 历史符号学 [M]. 桂林：广西师范大学出版社，2003：283.
③ 百度"数据"词条，由"科普中国"科学百科词条编写与应用工作项目审核。

language），即数据有多种表现形式，数据可以是结构化的、半结构化的和无结构化的"①。结构化数据是指可以被计算机识别的数据，是"具有一定结构性、可以划分为固定的基本组成要素、能够通过一个或多个二维表来表示的数据"②。结构化数据主要是应用于关系型数据库和面向对象数据库中的数据。半结构化数据主要应用于XML（可扩展标记语言）和计算机网络网页。非结构化数据是指不是以一种预先定义好的方式进行组织的数据，在表现形态上主要包括文本、图片、音频、视频等，"世界上大约80%的数据是以文本、照片和图像等非结构化数据的形式存在"③。通过对"数据"概念的理解，我们可以非常清晰地认识到，数据已经不再是单纯的数学概念下的数字或数值，它实际上已经演化为记录和描述一切事物的符号。自20世纪60年代以来，数据库技术得到迅猛发展，数据库出版迅速成为一种新的出版形式，数据随之成为最富有前景的出版对象。

数据本身并不能完全表达事物的内容，需要解释才能表达出完整的意义，对数据含义的说明既是一种数据解释，同时也是对数据的一种加工。在计算机系统中，数据是所有能以二进制信息单元0、1的形式输入计算机并被计算机程序处理的符号的介质的总称。数据的价值在数据库技术发明之后得到了充分体现。数据经过组织和加工产生价值和意义。对各种数据进行收集、存储、加工、传播、应用是一种数据处理活动，对数据进行分类、组织、表示、编码、存储、存取、控制、维护是形成数据库的关键。数据库就是用数据模型对现实世界的数据特征进行抽象、描述、组织和控制，是一种持久存储在计算机内的有组织、可共享的数据集合。依数据库管理模式，数据库分为层次数据库系统、网状数据库系统、关系数据库系统、面向对象数据库系统、演绎数据库系统、分布式数据库系统、并行数据库系统、工程数据库系统、Web数据库系统、混合型数据库系统等形式。按照应用领域、市场用户需求和商业价值实现，已经进入市场并实现经济效益的特定的、专业的、特种的数据库大体有：与计算机并行和分布式技术结合的并行数据库、分布式数据库；与人工智能和计算智能结合的主动数据库、演绎数据库、模糊数据库、知识库等；与多媒体技术结合的图像数据库、图形数据库、文本数据库、情报数据库、多媒体数据库等；与计算机硬件结合的内存数据库等；满足特殊需求的实时数据库、空间数据库、工程数据库、生物信息数据库等。④ 作为出版行为的数据库出版，已经成为数字出版的基石，不仅仅是在底层技术上，在数字出版产品上它的盈利规模也远远超

---

① 《数据库百科全书》编委会. 数据库百科全书[M]. 上海：上海交通大学出版社，2009：11.
② 大数据战略重点实验室. 块数据2.0[M]. 北京：中信出版社，2016：39.
③ 霍尔姆斯. 大数据[M]. 李德俊，洪艳青，译. 南京：译林出版社，2020：7.
④ 《数据库百科全书》编委会. 数据库百科全书[M]. 上海：上海交通大学出版社，2009：662，848.

过了纸质出版。

数据通常被理解为未经过加工和组织的数字、文字、图像、图片、声音、视频等原始符号记录，而信息则被视为通过人脑或计算机对原始数据进行筛选、加工和创造后产生的有意义的数据。在数据和信息的关系上，可以说，数据是信息的表现形式和载体，它们可以是符号、数字、文字、图像、图形、声音、视频等。而信息则是数据的内涵，是对数据有意义的表示，是对数据做出的具有含义的解释，"信息是结构化的数据"。如此解释数据和信息，是计算机时代的一个视角解读，但究竟如何定义信息，或者说如何定义出版活动中的信息概念，其实还存在诸多难度。

在出版活动中，我们可以将信息视为用于传递、交流、传播和反馈的关于客观事物或意识、思维、思想的符号与内容。现代意义上的"信息"概念，最经典的定义是1948年克劳德·香农（Claude E. Shannon）在《通信的数学理论》一文中所表述的："信息是用来消除随机不确定的东西。"[1] 香农的这篇论文从通信技术的发展角度开创了信息论，但他的这个定义却是缺乏意义和语境的纯粹数学概念，他将信息视为发送者传递给接受者的讯息，可以用0和1的符号串形式来编码，信息是一个抽象的科学概念，可以用数学方法加以定量表征，"信息量等于不定性的负量"。香农的信息定义并不和意义产生关系，他认为："通信的基本问题是在某一点上准确或大概复制在另一点上选择的讯息。讯息常常是有意义的。换言之，它们根据某一系统指涉某些物理实体或观念实体，或与之有关联。通信的语义方面和工程问题没有关联。语义的方面是，实际的讯息选自于一套可能的讯息。"[2] 对香农的信息概念进行阐释和拓展贡献最大的是沃伦·韦弗（Warren Weaver）和诺伯特·维纳（Norbert Wiener）。韦弗从技术、语义和效用三个水平方面解读了香农信息和通信研究的方向："水平A. 通信的符号如何能精确地传送？（技术问题）水平B. 所传送的符号如何准确地传达所希望的意义？（语义问题）水平C. 所接收到的意义如何有效地以所希望的方式影响行为？（效用问题）。"[3] 我们可以看到韦弗已经将信息理论拓展到了传播学领域，他关注到了符号的发送者和接受者，关注到了信息产生方式、信息载体和信息内容，关注到了符号意义的传送与反馈，为出版产业应用信息理论奠定了理论基础。维纳是控制论的创始人，他一再强调，他是用信息论工具来研究控制系统和建立控制论的，是用统计学的方法来研究信息论的，控制系统中的过程是通信，控制系统是由系统、信息、控制、反馈和通信组成的。维纳的信息定义是：

---

[1] SHANNON C E. A mathematical theory of communication [J]. The bell system technical journal, 1848, 27 (3): 379-423.
[2] 洛根. 什么是信息：生物域、符号域、技术域和经济域的组织繁衍 [M]. 何道宽, 译. 北京：中国大百科全书出版社, 2019: 23.
[3] 周昌忠. 西方科学方法论史 [M]. 上海：上海人民出版社, 1986: 438.

"信息是人们在适应客观世界,并使这种适应被客观世界感受的过程中与客观世界进行交换的内容的名称。"① 这个定义是对香农信息概念的发展,它强调了借助反馈维持稳态的作用,也就是说,信息是关于事物运动的知识,信息是内容,信息是人们在与客观世界之间建立联系的内容,这些内容具有意义,通过控制物质领域的意义以减少世界的不确定性。通过"交换"(反馈)赋予信息以意义,信息表达目的是维纳对香农信息概念的拓展。加拿大物理学家、传播学家罗伯特·K. 洛根(Robert K. Logan)更进一步认为"没有意义的符号并不是真正的信息",他与路易斯·斯托克司(Louis Stokes)提出的数据、信息、知识和智慧的定义,更成为知识经济时代的理论基础,这个基于信息的关于知识进化的理论模型,实际上也是数字出版理论探索的一个工具。洛根认为,"数据是纯粹和简单的事实,没有特殊的结构或组织,是基本的信息原子";"信息是有结构的数据,信息赋予数据意义,为数据提供语境和意义";"知识是战略上使用信息,以达成个人目标的能力";"智能是在符合个人价值并在大社会语境里选择目标的能力"。② 在洛根的理论框架里,数据是信息发送者和接受者之间传输的信号、消息、符号,数据语境化之后附有了意义而成为信息,信息得到应用而转化为知识和智慧。洛根的这个信息和知识模型是对香农、维纳信息论和控制论的发展,有效解释了数据、信息、知识和智慧(思想)之间的关系,它既是一个知识生成的模式,也是一个思考如何进行知识生产和传播的方法论。

洛根在《什么是信息:生物域、符号域、技术域和经济域的组织繁衍》一书中,还进一步将信息区分为微观信息和宏观信息,微观信息是字符串或符号串,宏观信息是生物有机体、语言和文化,并延伸到技术和经济领域。这个新视角,对指导我们的出版活动具有更直接的理论意义。在符号域中,心灵、语言和文化,一直是人类书写的主体和表达的主题,它们得以以书籍的物理形式出版和传承,而到达信息社会和信息时代,计算机数字技术和通信技术的结合为出版业的发展提供了前所未有的机遇,携带意义的数据和信息与知识和智慧一样成为重要的出版对象,其产品形态以数据和信息数据库为主要出版形式,这是迄今为止出版史上最大的一次出版对象的转移。自20世纪70年代以来,信息内容产业开始兴起,通信网络、互联网提供商、计算机硬件和软件提供商、信息内容提供商共同构建了一个庞大的信息产业,出版商也随之成为信息业的一个组成部分。现在,信息产业所创造的商业

---

① 中国大百科全书出版社编辑部. 中国大百科全书(简明版)[M]. 北京:中国大百科全书出版社,1996:5441.
② 洛根. 什么是信息:生物域、符号域、技术域和经济域的组织繁衍[M]. 何道宽,译. 北京:中国大百科全书出版社,2019:41.

价值已经远远超过传统的纸质出版业。

知识是人类历史上符号传递中最重要的传递内容。自文字发明以来，知识是最适合文字符号系统传递的传递内容。回顾一下出版历史，我们很容易得出知识是书籍内容基本构成的结论。在计算机进入出版业之前，我们甚至可以说，一部出版史实际上就是一部知识出版史。从洛根的知识论模型，我们也可以看到电子计算机的影响因子，对数据和信息的深度关注正体现了对计算机语言的高度重视。洛根之后，王维嘉在《暗知识：机器认知如何颠覆商业和社会》一书中将知识区分为明知识、默知识和暗知识三类，也可以推导为人类知识和机器知识两大类。所谓"明知识"，就是人类可以用语言表达或用数学公式描述的知识，也可以称之为"正式知识"，"它们被记载在书籍、杂志、文章、音频等各种媒体上"；"默知识"是只可意会、不可言传的知识，属于"默会知识"，绝大多数的知识无法用语言表达、无法记录、无法传播和积累，如大量的传统工艺和技能；"暗知识"是人类既无法感受也无法表达的知识，属于"机器知识"，是机器从视频、图片或其他场景中萃取的参数集之类的模仿人脑和模仿演化而产生的知识，是机器发掘出来的，人类无法理解和陈述，但机器可以记录并通过网络以光速传递给其他机器。[①] 如果从数量上来衡量，尽管人类积累了5 000年的明知识，但其数量却是有限的；而后是默知识；而由各类计算机所产生的暗知识则已经远远超过人类知识。2 000万册纸质书的总信息量相当于20TB，现在每年产生的文字大约为160TB，而每年仅上传到社交平台YouTube上视频的量就大约有157680TB，各种传感器和计算机监测下所产生的数据和信息量则可达到天文数字。[②] 以20世纪40年代末计算机诞生为分水岭，知识开始被区分为人类知识和机器知识，这是知识史上的革命性变革，以出版知识为使命的出版业也可以随之被区分为人工出版和人工智能出版、印刷机器工业出版与计算机数字网络出版、纸质出版和数字出版，这一重大分野应当成为我们重新思考出版符号和出版对象的逻辑起点。

在计算机语境下，知识总是和信息密不可分，知识的概念、定义和内涵与信息、数据也紧密地联结在一起。在计算机数据库和知识库的背景下，知识被定义为："知识指人们对自然现象的认识和从中总结出的经验，或指以各种方式把一个或多个信息关联在一起的信息结构。"[③] 可以说，知识是信息综合处理的结果，信息通过相互比较，结合成有意义的关联，信息是知识的内涵与实体，而数据符号则是信息的外延与形式，数据是表示事物、概念的一种符号，信息是数据所表达的事实，知

---

① 王维嘉. 暗知识：机器认知如何颠覆商业和社会［M］. 北京：中信出版社，2019：20-31.
② 王维嘉. 暗知识：机器认知如何颠覆商业和社会［M］. 北京：中信出版社，2019：25.
③ 何守才. 数据库综合大辞典［M］. 上海：上海科学技术文献出版社，1995：180.

识是信息经过加工、整理、改造而成的一般概念的信息,因此,"知识是经过消减、塑造、解释和转换的信息"[①]。其实,这个计算机时代的知识定义只是众多定义中的一种,但这个重视关联的定义内涵,我们却可以追溯到知识起源时期的希腊,数学家毕达哥拉斯说"始基和万物皆为数",柏拉图认为"科学知识来源于洞见理念世界,而这理念世界是由数和形的理念组成的,这就是说,科学认识就在于用数学概念的体系去把握自然"[②]。理念世界是"可知世界",物理世界是"可见世界",人类知识就区分为可见世界的意见和可知世界的科学,意见包括信念和猜想,科学包括推理知识和理智直觉,因此,柏拉图认为"知识是一种被证实为真的信念",而证实的途径靠数学、逻辑、演绎推理、经验和归纳。[③]用数学去把握世界和用数据、数值去建构世界知识,其逻辑思维是统一的,是一脉相承的。

  无论如何定义知识,知识作为人类文明的内容传递是确定的。我们从人类的知识传递史和知识的分类史中就可以看到知识传承和传播在人类文明发展中是何等重要。在西方,亚里士多德将知识分为纯粹理性(理论科学,形而上学、数学、物理学)、实践理性(实用科学,伦理学、政治学、经济学)和技艺(创制科学,音乐、诗学、建筑)三大类别。17世纪,弗兰西斯·培根(Francis Bacon)将人类科学知识分为记忆科学(历史学、语言学)、想象科学(文学、艺术)和理智科学(哲学、自然科学)三大类别。20世纪,罗素将人类知识划分为科学、神学和哲学。而在中国,孔子时代的知识分为六艺,即礼、乐、射(射箭)、御(驾车)、书(文字)、数(技术、技巧、数学)。汉代的知识分为六艺、诸子、诗赋、兵书、数术和方技。隋唐时期,中国的书籍知识分为经、史、子、集、道藏和佛藏。20世纪初,中国的学科知识分为七大类,即"七科之学"(文科、理科、法科、商科、医科、农科、工科)。20世纪70年代,以计算机技术为基础的数据库、知识库兴起后,人类知识被分为叙述性知识、过程性知识、控制性知识、元知识,也被分为对象知识、元知识、进程知识、常识,就知识内容而言分为原理性知识和方法性知识,就知识形式而言分为显性知识和隐性知识,就知识性质而言分为理论性知识和经验性知识,就知识的确定性程度而言分为确定性知识和模糊性知识。2012年,Google推出面向互联网搜索的大规模知识图谱,知识图谱通常将知识分为事实知识、概念知识、词汇知识和常识知识。无论东方、西方,也无论古代、当代,知识一直是书籍最重要的内容。而书籍,正是出版的主要呈现方式。

  出版是传递人类符号的中介,在数据、信息和知识之外,人类智慧也是出版传

---

① 《数据库百科全书》编委会. 数据库百科全书[M]. 上海:上海交通大学出版社,2009:848.
② 周昌忠. 西方科学方法论史[M]. 上海:上海人民出版社,1986:13.
③ 肖仰华. 知识图谱:概念与技术[M]. 北京:电子工业出版社,2020:15.

递的重要内容类型。1988年，运筹学家罗素·艾可夫（Russell Ackoff）画出数据、信息、知识、智慧的金字塔知识模型，在此之前，提出类似观点的还有工程师迈克尔·库利（Michael Cooley）和教育家哈兰·克利夫兰（Harlan Cleveland）。艾可夫之后，管理学家维娜·艾莉（Verna Allee）、传播学家洛根又强化了此观点。艾莉在《知识的进化》中又丰富为数据、信息、知识、含义、原理、联合智慧体的学习和管理模型。这个模型中的智慧，毫无疑问成为出版传播中重要组成部分。但什么是智慧？出版活动中的智慧包括什么类型？这正是需要我们厘清的关键。

概括而言，在出版内容的类型中，某种程度上可以说，在数据、信息、知识之外的都应属于智慧的范畴。但这样的判断过于宽泛而流于空洞。在进一步界定之前，让我们首先明晰一下智慧的概念。汉语中的"智慧"一词，指"辨析判断、发明创造的能力"，也指才智、智谋，最早见于《墨子》："夫无故富贵、面目佼好则使之，岂必智且有慧哉！若使之治国家，则此使不智慧者治国家也，国家之乱既可得而知已。"[①] 此之智慧，既指才智，也指能力。南北朝时期，"智慧"一词也用于梵语"般若"和梵文"阇那"（Mati）的意译，"泛指一切有分析和有决断性的认识能力"，即"具有观察对象和思维分析、断除疑惑的认识能力"。[②] 梵文的智慧，指向破除迷惑证实真理的辨识力和逻辑推理的能力。在古希腊，"Sophia"（汉译智慧）一词的原意指拥有"专业知识"或"技能"，"哲学"（Philosophia）一词由"爱"（philein）和"智慧"（Sophia）构成，本意为"爱智慧"。[③] 苏格拉底说："我假定，智慧使人们变得聪明"，"说人聪明不就是说他们对事物拥有知识吗？"，"那么，知识与智慧是一回事吗？"[④] 被称为希腊"最智慧的人"的苏格拉底并没有解答清楚这个令人疑惑的问题。柏拉图区分了"智慧"和"哲学"，他认为"哲学就是拥有真知"。亚里士多德进一步指出："智慧是关于某些本原和原因的科学。"[⑤] 他还认为："智慧既是理智也是科学，在高尚的科学中它居于首位。"[⑥] 哲学不等于智慧，但它却可以是通向智慧的"真实的智慧"；智慧不等于知识，但它却可以是至高的知识；智慧不等于技能，但它却可以是理念的能力。20世纪末，艾莉给智慧的定义是"智慧就是获得和运用知识的能力"，"智慧是看穿事物核心或实质的才能，它是处理知识以抽象出本质的规则和事实的一种高创造力的连接方式"。[⑦]

---

① 方勇. 墨子 [M]. 北京：中华书局，2015：63.
② 任继愈. 佛教大辞典 [M]. 南京：江苏古籍出版社，2002：1182.
③ 先刚. 柏拉图与"智慧" [J]. 学术月刊. 2014（2）：49.
④ 柏拉图. 柏拉图全集 [M]. 王晓朝，译. 北京：人民出版社，2003：(2)：656.
⑤ 亚里士多德. 亚里士多德全集（7）形而上学 [M]. 苗力田，译. 北京：中国人民大学出版社，2016：29.
⑥ 亚里士多德. 亚里士多德全集（8）尼各马科伦理学 [M]. 苗力田，译. 北京：中国人民大学出版社，2016：127.
⑦ 艾莉. 知识的进化 [M]. 刘民慧，等译. 珠海：珠海出版社，1998：83-85.

基于以上对智慧的理解，结合出版的历史与当下数字出版的现状，我们首先可以将默会知识和技艺性知识列入智慧内容的范畴，其次是哲学和文学艺术类内容，最后将自然科学、社会科学、人文科学中不能用数据、信息和知识表达的内容全部纳入智慧内容。也许这不是一个科学的分类，但它表示了智慧出版内容的丰富性和广泛的适用性。我们应当看到，纸质出版一定程度上限制了默会知识和技艺知识的表达方式，但数字化的声音、视频和虚拟技术，却为今后的智慧出版提供了无限想象空间。

三、出版符号被传递物介质形式

出版活动具有物质性和精神性。作为物质活动，它受时代技术的限制，作为精神活动，它受人的思维能力的限制。如果我们将出版理解为是将一定的符号及内容经过编辑加工复制于一定的载体形成产品并进行广泛传播的行为的话，那么，由符号、内容和载体构成的出版物就是我们通常意义上的出版对象。出版物的物质性、物理状态、媒介形式由制作技术决定，出版物的精神呈现由符号、内容类型、意义价值决定。综合起来，我们认为，出版对象的呈现方式会随着出版技术的发展而出现多形态的特征。自20世纪下半叶以来，随着计算机技术的发明和发展，出版对象的介质和呈现方式发生了天翻地覆的变化。概括起来，自纸被广泛应用之后，其成为出版对象的主流介质，但当下电子介质却异军突起。因此，我们将重点讨论出版介质中的纸质介质和电子介质，纸质介质之前或与纸质介质并存的泥质介质、石头介质、莎草介质、贝叶介质、简帛介质、羊皮介质等略而不论。

具有一定物理状态的纸质书籍已经诞生1900年。迄今，封装型的纸质书籍依然是全世界读者最喜欢的出版物。纸质书籍之前，还存在其他物理形状的书籍。最早的书籍，是苏美尔人以楔形文字书写在泥板上的泥板书籍，之后有埃及、希腊、罗马人书写在莎草纸、羊皮纸上的莎草纸书、羊皮纸书，以及中国的书写在竹简、缣帛上的竹简书籍和帛书，在南亚还出现了书写在贝多罗树叶上的贝叶书籍。在中国雕版印刷术发明前，书籍的物理形状主要是卷子状，莎草纸书、羊皮纸书、竹简书籍、帛书和写本时期的纸质书籍都是卷子状，泥板书籍是块状，贝叶书籍是长条木夹状。卷子状书籍的规格受制于载体材料，如："用以书写一卷希腊文学作品的纸草，其单张的尺寸很少（甚至从来不曾）超过13×9英寸，而对于中等档次的书来说，更为常见的尺寸是10×7.1/2英寸。另一方面，袖珍本诗集的纸高可能要短得多。"① 自公元 2 世纪，罗马开始出现册子装帧的纸草书籍，主要流行于基督教人群，至公元 4 世纪，纸草卷子和纸草册子一并让位于皮纸册子。中国自东汉至唐代，纸质书籍的装帧形式一直是卷轴状，唐代末年出现雕版印刷册子装帧书籍，到北宋初中国完成由卷轴装帧书籍向册页装帧书籍的过渡，册页线装是中国书籍的主要形态，一直延续到晚清。15 世纪中叶，德国谷登堡发明铅活字印刷术后，西方书籍一直是册页精装。西方在 19 世纪开始普及纸皮精装书籍，20 世纪 30 年代开始广泛流行纸皮平装书籍，直到今天，精装书籍和平装书籍依然并行。中国自 19 世纪 70 年代开始引进西方印刷技术，尤其是石印技术的普及，加速了雕版印刷的衰落，书籍形态也引进了西方书籍的纸皮精装与平装形式，但由于经济等原因，中国的书籍形式一直以纸皮平装为主，进入 21 世纪，纸质精装书籍渐多。20 世纪 80 年代电子书籍兴起之后，尤其是 90 年代互联网普及之后，纸质书籍被替代的预言不绝于耳，但实际情况是，纸质书籍非但没有被取代，其出版品种还实现了几何级数的增长。我们可以用数据对比一下。1996 年日本出版的纸质新书是 63 054 种，而 2019 年是 71 903 种。② 1996 年美国出版的纸质新书是 68 175 种，2019 年是 203 757 种。③ 1996 年中国出版的纸质新书是 63 647 种，2020 年是 213 636 种。④ 尽管纸质书籍已经退缩为出版符号所呈现的一种内容载体形式，但我们坚信，延续了 1900 年的纸质书籍传统依然会继续发挥它的功能。

与纸质书籍对应的出版符号主要为文字和图像不同，电子书籍对应的出版符号还包括计算机图形、音频和视频符号，因此，电子书籍作为出版符号的一种呈现方式，具有跨符号的综合特征。所谓电子书籍（Electronic Book），就是指"通过计算机或类似设备，以数字代码方式将图、文、声、像等信息存储在磁、光、电介质上，并可复制发行的大众传播载体"⑤。电子书籍依赖的最底层技术是电子计算机技术，但电子书籍的诞生实际上是一系列新技术交互作用的结果，这些技术包括电子技术、计算机技术、软件技术、信息处理技术、通信技术、激光技术、自动化技术、材料技术、精密机械技术、印刷技术、互联网技术、数据库技术、多媒体技术等。用数字来表现模拟，用离散来表示连续，将现实世界的模拟变量用大量的连续的二进制 0、1 的数字化方式表示，用数字表示一切，从而再现现实世界，将此原理运用于表

---

① 凯尼恩. 古希腊罗马的图书与读者 [M]. 苏杰，译. 杭州：浙江大学出版社，2012：111.
② 罗紫初. 比较出版学 [M]. 武汉：武汉大学出版社，2006：60；魏玉山. 国际出版业发展报告：2021 版 [M]. 北京：中国书籍出版社，2021：370.
③ 罗紫初. 比较出版学 [M]. 武汉：武汉大学出版社，2006：60；魏玉山. 国际出版业发展报告：2021 版 [M]. 北京：中国书籍出版社，2021：17.
④ 中国出版年鉴社. 中国出版年鉴 1997 [M]. 北京：中国出版年鉴社，1997：8；中国出版年鉴社. 中国出版年鉴 2021 [M]. 北京：中国出版年鉴社，2021：836.
⑤ 张立. 数字出版学导论 [M]. 北京：中国书籍出版社，2015：24.

示文字符号、图像符号、声音符号、视频符号,由此而创制出电子书籍。电子书籍与纸质书籍最大的不同是符号信息载体截然不同,纸质书籍的符号信息载体是纸介质,电子书籍的符号信息载体是磁记录介质、光记录介质。磁介质包括软磁盘(FD,Floppy Disk)和硬磁盘,硬盘有移动硬盘和固定于计算机或服务器中的固定硬盘两种;光介质为光盘,包括只读光盘 CD-ROM、交互式光盘 CD-I、图文光盘 CD-G、照片光盘 Photo CD、高密度只读光盘 DVD-ROM 等。在实际的出版活动中,依据内容符号系统的特征,我们将电子书籍分为文本电子书籍、静态图像电子书籍、动态图像电子书籍、声音书籍和综合性的多媒体书籍等。电子书籍与纸质书籍的另一个显著不同是,电子书籍的内容符号载体与阅读终端是分离的,从物理形态上看,电子书籍由内容符号存储载体、传输载体和阅读终端载体三部分构成,存储载体是磁盘或光盘,传输载体是计算机或计算机网络或移动通信网络,阅读终端是计算机屏幕或类计算机屏幕,电子书籍需要三个载体的结合才能完成阅读或观看行为。因此,从阅读终端的角度分析,我们还可以将电子书籍分为离线载体阅读、在线载体阅读和无线移动载体阅读。离线载体主要是 FD 磁盘、CD-ROM 光盘,在线载体主要是在线计算机、在线笔记本电脑,无线移动载体主要是手机、平板电脑、手持阅读器。无论载体介质如何不同,也无论传输通道是计算机、计算机网络或通信网络,有一点是相同的,那就是阅读内容都要通过终端的屏幕,终端屏幕成为我们可视的物理形态。

与纸质书籍相比,电子书籍对内容符号的呈现方式更趋多样化。根据实际出版活动中的产品形式和市场行为,我们将电子书籍分为五个产品系统。一是单一符号系统型电子书籍。单一符号指纯文字符号或纯声音符号,如 1991 年 5 月中国出版的第一部电子书籍《国共两党关系通史》就是纯文字符号的,此书 150 万字,由武汉大学出版社出版,同时出版了纸质印刷版和电子版,电子版可全文检索,以软盘形式呈现。[①] 再如 1993 年 1 月出版的中国第一张数据光盘《中国企业、公司及产品数据库》也是纯文字符号的。中国 20 世纪 90 年代的电子书籍以纯文字符号呈现的方式为主,并且以软盘载体为主,后期大规模的尤其是以 PDF 格式呈现的电子书籍多转向以光盘为载体。二是多媒体型电子书籍。电子书籍往往综合性同时呈现多种符号系统,如在一个出版物产品中同时出现文字符号、图形设计、图像符号、音频、视频、动画等,构成多媒体、跨媒体或融媒体的产品,多媒体是电子书籍的重要特征。从概念上来说,"多媒体是将不同的媒体种类在个人电脑上融为一体呈现出来",从产品的角度而言,多媒体"是指基于个人电脑的集文本、声音、图像、动

---

① 陈光祚. 电子出版物及其制作技术 [M]. 武汉:武汉大学出版社,1994:129.

画和图表于一体的出版产品"。① 多媒体产品可以是离线的，也可以是网络在线的，离线的多以 CD-ROM 光盘的形式呈现，在线的主要是在互联网上传播。三是互联网型电子书籍。电子书籍的载体可以是软磁盘和光盘，也可以是计算机互联网络，书籍内容符号存储于计算机硬盘或服务器硬盘中。互联网分为计算机互联网和移动通信互联网两类，电子书籍的阅读通过 PC 端计算机屏幕和智能手机端屏幕实现。计算机互联网的商业应用始于 1991 年，1994 年中国接入全球互联网。电子书籍内容通过互联网传播在 2002 年被新闻出版总署列为互联网出版，并将互联网出版定义为："互联网出版，是指互联网信息服务提供者将自己创作或他人创作的作品经过选择和编辑加工，登载在互联网上或者通过互联网发送到用户端，供公众浏览、阅读、使用或者下载的在线传播行为。"② 互联网普及之后，迅速成为电子书籍的主要传播载体和渠道，由此也导致了软盘载体和光盘载体的衰落。2007 年，苹果公司推出通过移动通信网络来实现无线网络接入的智能手机，从此开启了移动互联网新时代，智能手机端电子书籍进入新的传播时代，手机成为电子书籍阅读最重要的工具，PC 端互联网的影响力开始下降。以无线通信技术为基础的手机网络平台，还被学界和业界视为一种新的出版平台，即手机出版平台，手机出版也相应成为一种新的出版业态。四是手持阅读器型电子书籍。电子书籍的阅读和使用必须依赖阅读专用软件和硬件。电子书籍阅读软件的提供商主要是 Adobe 公司和微软公司，Adobe 电子书籍阅读软件以 PDF 格式为基础，可以下载到各种 PC 计算机、笔记本计算机、掌上电脑（Personal Digital Assistance，PDA）和专用电子书阅读器上，比微软的阅读软件略胜一筹。③ 像纸质书籍一样可以便捷地拿在手里随时随地阅读，是电子书阅读器开发的动力。1986 年美国富兰克林电子出版公司（Franklin Electronic Publishers）研制成功的一种装载《富兰克林拼写词典》（Franklin Speller）的手持电子阅读装置，是世界上第一种手持电子阅读器。之后，SoftBook 出版公司推出了类似掌上电脑的第一代硬件 Softbook 阅读器，NuvoMedia 公司 1998 年推出了 Rocket Ebook Reader（火箭电子书阅读器），EveryBook 公司推出了 EB DedicatedReader 手持阅读器，电子书籍手持阅读器市场逐步成熟。日本的夏普公司、松下电器公司和索尼公司也分别研制并上市了自己的电子书阅读器，但市场效果不佳。2007 年亚马逊公司发售的 Kindle 专用手持电子书阅读器是"史上首次取得商业成功的电子书阅览设备"，2010 年苹果公司的平板电脑也成为非常成功的电子书阅读器。④ 目前，与电

---

① 卡斯多夫. 哥伦比亚数字出版导论［M］. 徐丽芳，刘萍，译. 苏州：苏州大学出版社，2007：352.
② 匡文波. 电子与网络出版教程［M］. 北京：中国人民大学出版社，2008：22.
③ 匡文波. 电子与网络出版教程［M］. 北京：中国人民大学出版社，2008：31.
④ 日本出版学会. 日本出版产业［M］. 王萍，曾美芳，薛炜，译. 南京：译林出版社，2015：128.

子书籍一道，电子书阅读器也成为一个产业。五是数字图书馆型电子书籍。传统的以纸质文献为主的图书馆是一个搜集、收藏、整理纸质图书和文献并提供查阅、咨询服务的知识传播实体机构，但自 20 世纪 80 年代以来，随着计算机技术、通信网络传输技术、互联网技术、多媒体技术和数字出版技术的发展，信息和知识的采集、处理和传播方式发生了革命性的巨变，传统图书馆开始转向信息资源数字化、信息检索计算机化、信息传输网络化、信息资源利用全时空化、信息服务个性化，数字图书馆开始成形并能提供全球性的平台化服务。所谓数字图书馆，就是"指搜集、存储、组织数字化形式的信息，通过计算机网络提供各种咨询、检索等服务以及传递信息的系统"[①]。数字图书馆自 1998 年起逐步成为一个技术系统，这个技术系统的解决方案 IBM 公司将其架构为资料加工生产与获取系统、存储与管理系统、搜索与取用系统、信息传递系统、知识产权管理系统，数字图书馆技术在资源建设和管理、用户信息管理和信息服务方面形成了有别于出版技术系统的新知识管理技术系统。而与此同步，数字图书馆在提供公共信息和知识服务的同时，其性质也开始发生质的变化，一部分数字图书馆依然保留了公共服务性，一部分数字图书馆转向了商业性。电子书籍、多媒体资源、数据库等数字资源成为数字图书馆的数字产品，商业性数字图书馆分为三种类型：一是数字图书馆扮演了出版中介的角色，成为一种出版行为，如将纸质书籍数字化并有偿提供用户服务；二是出版商开发售卖性质的数字图书馆；三是技术提供商或网络运营商聚集内容资源开发搜索或阅读有偿服务。由此，数字图书馆成了一个数字产品，同时它也成为数字出版活动的一个组成部分。

声音符号既是出版对象，也是一种出版呈现方式。作为产品的声音类书籍，其名称还没有获得业界和学界的共识，有的名为"有声读物""有声书""有声书籍"，也有人称之为"音频书""音频书籍"。英文 audiobook 现在通常被译为"有声书"，美国有声书协会对此词的定义是："包含不低于 51% 的文字内容，复制和包装成磁带、高密度光盘或单纯数字文件等形式进行销售的录音制品。"[②] 由此，有声书从载体上可以分为磁带型、光盘型和网络数字型三种，前两种是有形的，后一种是在线的，但它们都是电子技术的产物，属于可以用声音表达的电子书籍形式。而在此之前，有声书的源头是唱片。最早的有声书可以追溯到 1931 年美国盲人基金会和美国国会图书馆联合推出的"有声书计划"，主要是小说，录制为时长 20 分钟的唱片供盲人使用。1963 年，荷兰飞利浦公司研制成功全球首盘盒式磁带，1970 年第一盘 120 分钟的磁带诞生，1971 年 Advent 公司发售 201 型磁带机，录音和播放器成本和

---

① 谢新洲. 电子出版技术 [M]. 北京：北京大学出版社，2006：206.
② 张建凤. 欧美有声书发展现状、原因与服务类型 [J]. 科技与出版，2017（5）：89.

高保真质量大为提高。20世纪70年代，有声书开始流行。20世纪90年代，CD光盘型有声书开始流行。1997年，Audible.com推出世界上第一款面向大众市场的数字听书播放器，数字有声书开始走向市场。2010年后，有声书市场突然出现爆发式增长。2010年，美国有声书出版品种数为0.62万种，2015年达到了3.56万种。[①] 2017年，美国有声书出版数量达到4.6万种。[②] 世界出版50强的大众出版集团是美国有声书出版的主力，如企鹅兰登书屋、西蒙＆舒斯特公司、哈珀·柯林斯出版公司的有声书销售增幅都超过了20%。中国的有声书发展也超过了世界发展水平，"艾媒咨询《2018—2019中国有声书市场专题研究报告》数据显示，2018年中国有声书用户规模达到3.83亿，预计将在2020年达到5.59亿人"。2018年市场规模达到46.3亿元。[③] 目前，出版、生产和传播有声书的企业主要有三类：传统出版社或集团，如中国出版集团、中信出版集团等；数字阅读平台加入听书功能或新建听书平台，如掌阅听书、阅文听书、咪咕阅读、QQ阅读、微信阅读、百度阅读、网易云阅读等；新兴听书平台，如懒人听书、得到、十点课堂、樊登读书、喜马拉雅FM、蜻蜓FM、荔枝FM等。作为数字时代电子书籍的一个品类，有声书为纸质书籍和原创电子书籍内容转换为声音产品提供了可能并已经实现这一可能，有声书已经成为出版产业新的经济增长点。

以视频方式呈现纸质书籍内容，在计算机数字化时代已经成为现实。与有声书的书籍形态相对应，视频书的概念呼之欲出。所谓视频书，我们可以将其定义为：以二进制数字化方式记录、存储和编辑加工制作的具有一定长度和主题集中的、在计算机网络或通信网络传输、传播的动态影像内容。简言之，视频书是数字化的动态影像的书。一定长度是相对于短视频而言的，我们认为，无论什么形式的书籍，均需要主题和长度，如纸质书籍要求不低于49个页码，那么，视频书的时长应当不低于30分钟，也就是说长视频以上才可以称得上为书。关于视频长短的界定，一般将5分钟以下列为短视频，6—30分钟为中视频，30分钟以上为长视频。一种视频书，我们认为是长视频的形式，它可以由大量短视频和中视频构成，也可以由一定数量的长视频构成，与一部纸质书籍由若干章节构成同理。当前中国出版的视频书，均是由数量不等的长、中、短视频组成的，如2018年人民出版社出版的《不朽的马克思》，是纸质书和视频书同时出版的，纸质书为平装16开，视频以二维码的方式印于书尾，读者用手机扫描二维码即可观看视频，视频共有37集100分钟。[④] 换言

[①] 王睿. 浅述欧美有声书产业的发展情况[J]. 中国编辑，2017（7）：68-69.
[②] 张立. 2018—2019中国数字出版产业年度报告[M]. 北京：中国书籍出版社，2019：312.
[③] 张立. 2018—2019中国数字出版产业年度报告[M]. 北京：中国书籍出版社，2019：312-314.
[④] 中央党史和文献研究院，中央广播电视总台. 不朽的马克思[M]. 北京：人民出版社，2018.

之，我们也可以说短视频是视频书的重要组成元素。短视频的成熟是视频书的起点和基础。短视频应用最早出现在美国，2011 年第一款短视频制作应用软件 Viddy 问世，"用户可通过 Viddy 拍摄短片并添加音效和特效美化功能，最后剪辑成视频短片在社交平台分享"①。美国三大社交平台迅速跟进，Twitter 推出 Vine 短视频应用 App，Facebook 推出 Instagram 短视频分享软件，YouTube 推出 MixBit 视频分享软件，短视频随即爆火。中国的短视频用户和分享数量在很短的时间内即成为全球第一，2021 年短视频用户规模达 9.34 亿，爱奇艺、优酷、腾讯视频居于行业头部位置。②短视频的快速发展，为视频书的开发奠定了内容和素材基础，但从出版的实践活动看，视频书还不是一个成熟的出版门类。随着 5G、6G 时代的到来，长视频将成为主要的传播场景，视频书的时代才可能真正到来。视频书将会朝三个方向发展：一是纸质书籍的视频化，这是初级阶段；二是原创视频书兴起，出版者按照书籍的主题和逻辑制作视频书，同时也可以还原为纸质书籍，进入融合出版阶段；三是课程化视频书崛起，将各门类知识制作为长视频的课程，形成以视频形式存在的课程式的独立产品，课程将成为视频书的主流，这是视频书最重要的方向，进入场景化出版阶段。

  数据库作为数据、信息、知识和智慧的呈现方式，并且成为一个出版活动，完全依赖于计算机技术的发展。20 世纪 60 年代中期数据库技术产生，历经第一代层次和网状数据库系统、70 年代第二代关系数据库系统、80 年代面向对象数据库系统三个发展阶段。按照提供数据的性质，数据库分为文献数据库、数值数据库、事实数据库和多媒体数据库；按照数据库内容分为综合性数据库、专业性数据库和专题性数据库；按照数据库载体类型分为磁带数据库、磁盘数据库、光盘数据库和联机数据库。与出版最直接关联的是文献数据库，其主要分为两类："一类是收录了论文、稿件等的目录事项或摘要等，所谓二次信息的文献参考（reference）数据库；一类是收录了数值、图像、影像、声音、图书以及论文、稿件等文献全文（fulltext）的事实（信息源）数据库。"③ 1961 年 1 月，美国化学会《化学文摘》服务社创办的新杂志《化学题录》（双周刊，一年 24 期）同时出版纸质印刷版和磁带版，此磁带版被视为世界上第一种电子出版物，此题隶属于二次文献性质，具有数据库雏形。1964 年，美国医学图书馆利用计算机对《医学索引》（Index medicos）进行排版并将数据转换到磁带上形成机读数据，此数据库通常被视为最早的计算机数据库。此后，美国的《化学文摘》《生物学文摘》《工程文摘》《科学引文索引》等计算机数

---

① 陈矩弘. 美国图书出版业短视频营销探析 [J]. 出版发行研究，2019（2）：47.
② 胡正荣，黄楚新. 中国新媒体发展报告 No. 13（2022）[M]. 北京：社会科学文献出版社，2022：245.
③ 日本出版学会. 日本出版产业 [M]. 王萍，曾美芳，薛炜，译. 南京：译林出版社，2015：137.

据库建立。① 二次文献型数据库自此进入出版领域。全文数据库出现稍晚，1973年"美国米德公司建成世界上第一个面向公众查询的大型全文数据库Lexis"②，自此，全文数据库成为全球文献数据库的发展方向，并成为数字出版的重要门类。中国的数据库开发稍晚于美国，1980年，中国化工信息研究所开始研究和建设第一批中文数据库，至1991年，"全国共建成800多个数据库"③。1992年，北京大学发行英文版《中国对外经济贸易法律全文数据库》光盘，这是我国第一个CD-ROM全文数据库。1993年，中国第一家数据库专业公司"万方数据公司"成立。2000年，原万方数据（集团）公司由中国科学技术信息研究所联合中国科技出版传媒有限公司、科技文献出版社等组建成立北京万方数据股份有限公司，推出万方数据知识服务平台、万方医学信息服务平台、万方数据中小学数字图书馆、万方视频知识服务系统等数据库产品，万方公司成为中国最重要的数据库出版公司之一。作为一种出版形式，数据库出版已经覆盖到出版物的各个门类，也已经覆盖到社会科学、人文科学和自然科学的各个学科，甚至延伸到了人类生活的各个方面。

在出版符号和内容呈现上，数据库不仅仅是一种呈现方式或出版形式，更重要的是它还是技术和工具。数据库可以作为独立的电子产品被销售给机构和客户，同时，它还为计算机互联网（PC端互联网）和通信互联网（移动端互联网）上的应用平台（App）提供后台技术支持，如后台数字内容管理系统（Content Management System，CMS）、数字资产管理系统（Digital Assets Management，DAM）、数字权利管理系统（Digital Rights Management，DRM）等均属于数据库技术的范畴。平台是一个用户界面，各种应用程序（App）是一个个不同程度的用户界面（平台），这些平台只有通过后台的数据库技术管理才可以实现应用。应用层面的搜索引擎、信息检索、决策工具、咨询服务、一对一解决方案、个性化服务等均依赖数据库技术，数据库实际上是数字出版的核心基础和底层技术。在出版活动的实践层面，三大领域的出版商，其数字内容、平台、服务和应用无一不通过后台数据库技术来实现。专业出版领域，出版商一方面直接提供书目、索引数据库和全文数据库，一方面搭建在线数字平台提供检索工具、研究工具、决策工具和解决方案，如励讯集团的ScienceDirect数据库在线平台，"收录了自然科学、社会科学、医学类别下22个学科的2 500多种期刊以及数千种图书、1.2万多个视频、超过170万张图片等"④。此数据库既是全球最大的全文数据库，也是在线的一个信息查询和信息服务平台。

---

① 戴维民，葛敏，韩建新，等. 文献信息数据库建库技术［M］. 北京：北京图书馆出版社，2001：141.
② 徐丽芳. 数字科学信息交流研究［M］. 武汉：武汉大学出版社，2008：234.
③ 戴维民，葛敏，韩建新，等. 文献信息数据库建库技术［M］. 北京：北京图书馆出版社，2001：17.
④ 王莹. 国际出版集团数字化转型期商业模式剖析：以培生集团、励讯集团和企鹅兰登书屋为例［J］. 传播与版权，2019（4）：80.

在教育出版领域，出版商同样通过直接提供在线海量信息资源库和推出在线平台提供一系列教与学服务，尤其是在个性化学习和一对一学习解决方案方面，教育出版商更需要通过网站和教学平台来实现。如培生集团的 EQUELLA（数据库）是一个"专业的教育内容数字在线仓库"，MyLab 是基于互联网的在线学习和辅导工具，Pearson Learning Solutions 在线平台 "是为用户解决学习过程中各种需求和问题的个性化学习解决方案"[①]。在大众出版领域，出版商更偏重于建立自己的电子书资源库和有声书资源库，直接在自己的平台上分销，而原创网络文学平台则选择了直接搭建终端阅读平台，将作者创作的文学作品放在平台上供用户在 PC 端、手机端、平板电脑端直接阅读或听取，二者的后台都需要一个数据库来支撑。大众出版的这两种数字出版模式，前者以企鹅兰登书屋为典型，后者以阅文集团的起点中文网为代表。由上可知，数据库出版这种形式已经渗透到数字出版的各种形态之中。

总体而言，进入印刷时代，出版介质主要是纸介质；进入计算机时代，出版介质进入磁介质、光介质和纸介质并用时代，而出版物（书籍）则相应以纸质书、电子书、有声书、视频书、多媒体书、数据库形式呈现。

四、结语

综合以上论述，我们认为出版对象由出版符号系统、被传递物内容类型和内容载体介质三要素构成，反过来说，符号、内容和介质共同构成了出版对象。出版对象就是由一定的符号系统表达一定的内容并承载在一定的介质之上，呈现出不同形态的出版物。构成出版物的三个要素缺一不可。譬如，汉代司马迁的《史记》一书由作者书写在竹简上，他书写的符号系统是文字，被文字传递给后人的内容是历史知识，符号、知识和介质共同构成了《史记》这本书。纸被发明之后，其内容被重新书写在纸上。雕版印刷术被发明后，其内容又被雕版印刷在纸上。石印、铅印、数码印刷机被发明后，其内容又被机械印刷机印刷在不同的纸上。计算机被发明后，其内容又以二进制的数字方式被存储于计算机并被转换到不同屏幕上而成为电子书，其内容还被数字化为有声书、视频书，以及被制作为数据库以供检索和研究。无论《史记》这本书的形态如何变化，但构成它的符号、内容和介质要素必须是完整的。然而，在实际的出版活动中，我们看到的往往是变化，出版符号系统在变化，内容类型在变化，载体介质在变化，这些变化都不同程度地来自技术的发明、发展和应用在出版对象的演进中起到了关键性的作用，技术影响到了符号系统的变化、内容

---

① 刘锦宏. 数字出版案例研究 [M]. 北京：电子工业出版社，2013：161-162.

类型的变化和载体介质的变化，由此也决定了出版对象的物理形态和呈现方式的变化，进而，所有的变化都影响到出版活动的意义和利益获得。作为业界中人，我们必须随着出版对象的变化而变化，必须找出出版对象变化的规律，必须理性地动态定义自己的出版行为，厘清这些变化正是我研究出版对象的目的所在。也许，也是意义所在。

编辑属性论[*]

◎ 耿相新[**]

摘要：从编辑角色在出版活动中存在编辑身份、编辑对象和编辑成果三者合一的事实出发，试图揭示在编辑活动过程中，编辑角色兼具双重属性。编辑只有在兼具原创属性和规范属性、内部属性和社会属性、技术属性和艺术属性、物质属性和精神属性、意义属性和利益属性的情形下，才能更有效地履行自己的使命。

关键词：编辑属性；原创性与规范性；内部性与社会性；技术性与艺术性；物质性与精神性；意义性与利益性

"编辑"作为一个名词，指一种身份、一个岗位或一个自然人；作为一个动词，指一种活动、一种行为或一个过程。我们将"编辑"作为研究对象时，绝不能回避其活动对象或活动成果。现在，我们开始意识到，编辑作为名词和动词合一时，活动对象和活动成果也必须走向一体。自然人个体只有在完成了他的活动成果之后，才拥有了一个社会身份。作为一个编辑，我们身处编辑活动时，时常伴有一种分裂感，是面对文本还是朝向社会潮流涌动的市场？是强化出版物的实用性还是突出其艺术性？是将编辑自己的成果视为一个物质商品还是将其作为承载精神和思想的载体？编辑自己的活动意义和利益是离散的还是和合的？至此，我们不禁要追问，产生这些疑问或者疑虑的底层原因究竟是什么？作为编辑之一员，我试图从自身的经验和对其他编辑的观察中，回答一下关于编辑属性的问题，以此为编辑学研究增添一些感性认识。

---

[*] 本文原载于《现代出版》2023年第3期，收入本书时有改动。
[**] 耿相新，中原出版传媒集团总编辑、编审。

一、编辑的原创属性与规范属性

编辑、编辑行为和编辑成果是我们研究编辑活动的基点。事实上,编辑是编辑行为的主体,而出版物则是编辑行为的结果,厘清或者综合判断清楚三者的关系,是我们获得编辑整体观的基石。编辑的才、学、识是编辑主体的综合素养体现,编辑行为是编辑将才、学、识施予编辑对象的过程,编辑成果则是具体的活动结果。三者的统一,构成了整体编辑活动。基于以上认识,我们可以看到,编辑活动对编辑主体的基本要求是创新性,而对编辑行为的基本要求是规范性,出版物则是创新性与规范性的完美统一。

(一)编辑的创新性

严格说来,编辑活动是物化的精神活动。精神活动的本质是创意、创新和创造。长久以来,编辑的对象是由知识和思想构成的文本,知识和思想的不完整性、不完备性和不完全性,决定了文本来源具有先天的缺陷。因此,如何选择文本或者创造文本成为编辑不得不面对的首要问题。而决定文本是否采用的首要原则,我认为是原创和创新,对原创的判断由此成为衡量一个编辑是否优秀的一把标尺。编辑的创新意识某种程度上影响了出版的方向。那么,编辑的创新性具体体现在什么地方呢?我认为至少体现在:

第一,无中生有的创意。创意就是创新意识或创造新的意识,是指人在对现存事物感知和理解的基础上所产生的新的抽象思维和行动意识,是指重新建立事物与事物、知识与知识、信息与信息之间的关系。首创是创意最基本的特点。编辑创意的最高水平就是提出前所未有的选题。在知识和思想生产过程中,编辑提出前无古人的选题创意并将其实现为广泛传播的出版物,这一行为就是编辑的原创之举。编辑的选题创意是编辑原创属性和创新属性的核心所在。人类文明早期的经典,如印度的《奥义书》、犹太人的《旧约》、中国的《诗》《书》《礼》等都是当时编辑的创意所为。在从口语文化转向书面文化的进程中,编辑起到了重要作用。如孔子对"六经"的整理,实质上也可以被理解为一种转向书面记录之后的早期编辑活动。从某种程度上说,编辑的原创意识推动了知识和思想的发展,对推动原创思想、原创技术和科技发明起到了不可估量的作用。比如,北魏贾思勰以"采捃经传,爰及歌谣,询之老成,验之行事"为编辑原则,其所编撰的《齐民要术》是一部综合性的农业科学著作,对推动中国6世纪以后的农业发展起到了巨大的作用。又如,明代李时珍编撰《本草纲目》、晚清魏源编纂《海国图志》都具有编辑意义上的原创价值。

第二，亲自下场的著作创作。编辑创意的源泉是读者需求、社会需求、学科发展和知识发展，编辑创意实现的难点是找到合适的作者撰写内容。事实上，大多数情况下，出版社缺乏的不是创意，尤其是年轻编辑，往往有很多很振奋人心的奇思妙想，但苦于找不到合适的作者却是通病。编辑创意难以实现是每个编辑最苦恼的事情。同时，编辑的创意不被作者理解也是最普遍的现象。因此，编辑时常试图成为作者的冲动便变得容易让人理解了。从编辑史上看，我们也的确可以找到大量的作者型编辑，他们或以学术的、或以作家的、或以教育家的、或以知识作者的身份写出了各种类型的著作和作品。比如，王国维编辑和主编的《学术丛编》月刊每期有80页，"其中约50页编发未刊或稀见的古籍，另外30页大都要靠王国维自撰"①。又如，叶圣陶在1923年任商务印书馆编译所国文部编辑时，便与顾颉刚合编初级中学教科书《国语》第二至六册。再如，邹韬奋主编《生活》周刊时，往往用十来个笔名撰写稿件，在一期刊物中他既是作者也是编辑，同时又是出版者、发行者。在国外，比如，德尼·狄德罗（Denis Diderot）在担任《科学、艺术和工艺百科全书》总编辑时，既是编辑也是重要的撰稿人，他撰写了1 000多条哲学、史学等条目。又如，《牛津英语大词典》的编辑詹姆斯·A. H. 默里（James A. H. Murray），撰写或修改了一半的词条释义。可见，编辑的原创冲动往往由其职业的自然惯性所驱动。由编辑亲自下场的著作创作行为，尽管不是作者的主流，但其在知识社会史上的地位并不能被轻易忽视。

第三，编辑行为中的创造。尊重作者的文字和风格是编辑的基本职业规范和素养，但并不能说编辑只能充当书稿化妆师的角色。编辑的创造性往往隐于出版物之后，通常体现在编辑向作者提供的选题方案甚至是著作方案、编辑向作者提出的修改意见甚至是创作大纲、编辑对文稿的创造性修改甚至重写上。比如，《中华文脉——从中原到中国》丛书的一种《至味中国：饮食文化记忆》，策划编辑杨秦予列出了全书的编写纲目，与作者进行了反复沟通和讨论，最终作者认可了编辑的创意行为，编辑的创造性由此得到体现。以小说创作为例，如美国天才式的编辑麦克斯·珀金斯（Maxwell Evarts Perkins）接到F. 司各特·菲茨杰拉德（F. Scott Fitzgerald）的名为《浪漫的自由主义者》小说稿件后，提出了十分中肯而又有创意的修改意见，他建议作者将第一人称改为第三人称，退修两次后最终以《人间天堂》书名出版。珀金斯对菲茨杰拉德的第三本长篇小说《了不起的盖茨比》，提出了从书名到主人公人物性格、从语言风格到小说结构、从修辞技巧到叙事手法等方面大量的修

---

① 李明山. 中国近代编辑家评传［M］. 开封：河南大学出版社，1993：148.

改意见，而"作者创造性地响应了几乎所有珀金斯的建议"[①]。而珀金斯最传奇的编辑行为是对托马斯·沃尔夫（Thomas Wolfe）的自传体长篇小说《天使，望故乡》的删节，这部初名《啊，失去的》的小说稿被珀金斯删掉了一半之多。此书出版之后，珀金斯的天才编辑之名自此奠定。而更甚的是珀金斯对沃尔夫三大纸箱原稿《时间与河流》的编辑，甚至有评论家质疑"作品中有多少部分真的出自沃尔夫手笔"[②]。珀金斯的传记作家说："虽然珀金斯始终没有成为'创造性'作家，但是，他成了一位真正的'开创性'编辑，也就最大限度上接近了'创造性'作家。"[③]关于编辑的创造性工作，我们还可以举出龙世辉指导曲波创作《林海雪原》、顾仂九（仕鹏）修改二月河的《康熙大帝》等案例，可以说，如果没有编辑的创造性劳动，我们便不知道这些现代小说名著究竟会是什么样的命运结局。

（二）编辑的规范性

汉语中编辑的本义是指收集、序次和编连简牍，延伸地说就是对内容进行整理，整齐划一是对编辑的基本要求。文献学中，未经编辑加工的文本通常被称为档案、文献、资料、稿本或抄本，经过编辑加工并付之印刷和发行的文本才被称为书籍。出版学中，作者交来的文本通常被称为稿件或书稿，经过编辑加工等一系列程序而上市传播的成品被称为书籍或出版物。数字化时代，文本的范围扩大到图像、图形、声音和视频，但我们依然不将未经编辑加工的内容视为正式出版物，由此可见编辑加工在"书之为书"过程中的重要性。编辑作为动词，是成书流程中的核心环节，甚至还是书籍成为书的必要条件。编辑作为角色，在出版活动中也始终处于核心地位。但我们要进一步追问的是，编辑活动的核心是什么呢？通过自身的体验和观察，我认为编辑的核心是其规范性。至少有三个方面的规范性是必不可少的：

第一，出版流程的规范性。长久以来，出版被视为手工业，手工制造必然强调操作工序和流程。进入工业时代，随着机器生产尤其是生产线的普及应用，标准化、规范化、流程化成为生产的核心理念。进入数字时代，出版业被列为内容信息产业，数据化、流程化和智能化成为新的生产操作理念。由以上所见，出版流程以及出版流程中的编辑流程始终是书籍生产的核心环节。正确的、操作无误的、严格执行的出版流程和编辑流程是保证出版物质量的关键要素。具体说来，一个规范的图书出版流程包括选题工作规范、组稿工作规范、编辑流程规范、复制工作规范、营销推

[①] 伯格. 天才的编辑：麦克斯·珀金斯与一个文学时代［M］. 彭伦，译. 桂林：广西师范大学出版社，2015：92.
[②] 格罗斯. 编辑人的世界［M］. 齐若兰，译. 北京：中国工人出版社，2000：22.
[③] 伯格. 天才的编辑：麦克斯·珀金斯与一个文学时代［M］. 彭伦，译. 桂林：广西师范大学出版社，2015：177.

广工作规范、储运物流工作规范、管理考核工作规范。编辑流程一般包括信息采集、选题策划、组稿、来稿、审稿、编辑加工、发稿、校对、装帧设计、印前质检、宣传推广、读者反馈等规范性环节。如果要对出版和编辑流程进行深入了解，可以参考谢寿光主编的社会科学文献出版社内部使用的《编辑手册》、吴波等译的《芝加哥手册：写作、编辑和出版指南》（第16版）、吴培华和朱坤泉主编的《现代实用编辑学》等。出版流程的改变意味着一个行业的变革，数字化时代的出版流程规范正在探索中。

第二，出版内容的规范性。作者的稿件文本是个性化的存在，其目标是走向社会化。文本既然以社会化传播为目标，其内容也必然需要接受社会对其要求的规范和通用规则。而编辑正是扮演了将作者文本进行规范化的角色。对内容进行社会化的规范有三个层面是必不可少的：一是要遵守所在国家的法律法规，进一步还可以说是不能背离主流意识形态。不同国家、不同文化、不同宗教背景下的图书内容，即便是在没有法律要求的情形下，编辑衡量一个文本能否出版的首要标准依然是其内容的方向性和价值观的正确性。同时，保证作品的原创性和作品中不含侵害名誉、诽谤和其他非法内容也是编辑选择出版作品的前提。二是图书内容体系构件的完备性。通常，一本书由前辅文、正文、后辅文构成，前辅文主要由插图、前言、序、导论、目录等组成，后辅文主要由注释、附录、参考文献、索引、后记等组成，尤其是学术著作，书稿内容构件的完备是学术出版的基本要求。编辑审读书稿的一个重要方面就是要检查书稿的完备性和完整性。三是对书稿内容进行科学性、知识性、事实性把关。消除科学性错误、知识性错误和事实性错误是编辑的基本职责。保证向读者提供正确的知识是编辑和作者的共同责任。科学性问题的把关是编辑责任的重要方面，所谓科学性问题，"主要是概念、原理的论述是否正确，数据、公式是否无误，图、文、表是否一致，名词术语是否规范、统一，以及是否存在科学常识性错误"[1]。知识和事实的正确性是一本书赢得读者和时间考验的关键因素。

第三，形式性编辑的技术规范。如果我们将编辑对书稿影响的程度区分为形式上影响和实质性影响两类的话，实质性修改包括对书稿内容的方向性、结构性、科学性的建议，也包括对语义逻辑的规范、事实的改正、逻辑性的表述，甚至重新组织句子，而形式上的编辑行为主要偏重文字、格式、用法上的规范，其要义是对国际、国家标准的遵从。随着全球化和数字化的进程，学术语言的一致性越来越成为学术公器的对话基础，以全球读者能看得懂的规范语言和学术术语交流越来越成为共识，编辑的规范行为正在于此。文字编辑或称案头编辑工作的基本内容在国内外

---

[1] 中国出版协会科技出版工作委员会. 科技学术著作出版规范 [M]. 北京：化学工业出版社，2014：7.

都是高度一致的。比如，社会科学文献出版社的《编辑手册》中对文字编辑内容的基本界定是：杜绝政治性错误；纠正知识性、科学性错误；校订引文、事实材料、索引、数据；统一名词、术语、人名、地名、计量单位、数字用法；润饰文字改正病句，删繁就简，纠正前后矛盾；订正错字、别字、漏字、衍字、不规范的简化字和简称、异体字、外文字母以及不规范的标点符号；调整篇章结构；核对正文与目录；统一体例和排序；处理插图、表格以及相应文字；等等。《芝加哥手册：写作、编辑和出版指南》对文字编辑的内容要求主要是：语法和用法；标点符号；拼写、词汇的特殊处理与复合词；名称和术语；数字；缩写；外语；数学排版；引用和对话；文献资料注释；索引；等等。两部手册所规范的编辑内容大同小异。技术规范的基本原则是遵从国际和国家所颁布的最新标准和规范。此外，剑桥大学出版社出版的朱迪斯·布彻（Judith Butcher）编著的《编校、著作指南：编者、作者、出版者必读》也是一部经典的技术规范手册。

我们不能将编辑的创新属性与规范属性对立起来，其完美统一应该是一种理想的追求。但同时，我们应当也必须承认创新型编辑和文字规范型编辑的差异存在。事实上，将编辑区分为策划编辑（组稿编辑）和文字编辑（案头编辑），是大多数出版单位尊重差异、强化优势互补、发挥各自特长的一种平衡式管理行为。我们必须承认编辑内部也存在着分工。

二、编辑的内部属性与社会属性

我们知道，编辑角色与出版企业是息息相关的。出版企业的演变必然会波及编辑角色的设定。如果我们将出版企业史划分为家庭作坊式企业、公司制企业、集团化企业、国际化集团企业和数字化集团企业五个时期或五种模式的话，编辑的特点也相应地有所不同。早期的编辑往往呈现出后世主编或编纂者的特性，他们的编辑行为往往是对某一类知识或某个作者的作品进行二次加工，如汉代刘向、刘歆对当时经籍的编辑整理，南朝梁萧统主持编辑的《文选》，唐欧阳询主持编辑的《艺文类聚》等。雕版印刷术发明后，家庭作坊式的商业书坊集印刷、出版和发行为一体，规模一般较小，坊主往往自任编辑，如南宋陈起四十年间刻书一百多种，书多亲自手编，其所编辑的《江湖前集》《江湖后集》《江湖续集》《南宋群贤小集》等都名噪一时。明代毛晋汲古阁刻书总数为587种，其数量冠绝有明一代，其所刻书一部分是毛晋亲自编辑，如《津逮秘书》《六十家词》等；另一部分是毛晋雇佣专业编校人员进行编辑，据说有20多人。毛晋所聘之编辑，多从事校勘工作。中国古代的编辑，可以概分为两类，一类是类似毛晋的主编式编辑，另一类是以校对、校勘为主要内容的校勘式编辑，后者有点类似现代的校对，也含有文字编辑的部分工作内容。西方活字印刷术发明后，印刷和出版作坊的操作模式大体与明清时期的中国书坊相同。编辑作为一种职业，主要是伴随蒸汽和电力印刷机的普及，尤其是出版企业进入公司化之后，现代意义上的编辑才得以确立。如晚清时期创立的商务印书馆，其内设机构编译所内的雇佣编辑就是现代意义上的出版企业编辑。集团化、国际化和数字化的大型公司只不过是股份制出版公司的规模化和技术化而已，编辑在企业组织内部的地位并没有发生实质性的改变。因此，我们讨论的重点就是现代意义上的编辑概念，也就是说，是身在出版企业组织内的编辑角色。而编辑作为一种活动，因为组织的存在，出现了组织内外活动之分别。

（一）编辑的内部性

编辑是出版组织的一个角色。公司制的出版组织，从法律上要设置董事长（法人代表）、董事、监事和具体工作人员，管理层一般要设置总经理、总编辑等，而编辑（包括美术编辑和技术编辑）、校对、销售经理、生产经理、财务人员等则是出版公司的重要角色。出版组织越复杂，各个角色内部活动的耗能就越多。作为一个角色，编辑的内部活动是其本职工作的重要组成部分，是其内部属性的具体体现。总体来说，编辑的内部性主要体现在三个方面：

第一，选题获批的陈述者。刚入职的编辑一般需从助理编辑做起，具备策划选题能力并提出选题策划方案后，做编辑的苦恼才真正开始。无论何种性质的出版组织，其社会属性和经济属性决定了其开发的产品必须兼顾社会效益和经济效益，反过来说，每一种产品自其开发和立项时起便具有风险。因此，编辑所策划的选题获得出版组织通过是惯例，甚至是不可逾越的必然程序。不同时期、不同国家出版组织内部的选题论证会召开形式虽有所不同，但其目的却是相同的，都是为了确定是否出版某一书稿。比如，哈佛大学出版社规定，其出版的任何一本书，必须经出版社董事会讨论通过；麦克斯·珀金斯所在的查尔斯·斯克里伯纳出版社则是通过每个月召开一次的编委会讨论选题是否通过，编委会组成人员为出版社社长查尔斯·斯克里伯纳二世（Charles Scribner Ⅱ）、查尔斯的弟弟阿瑟（Arthur Hawley Scribner）、总编辑威廉·克拉里·布劳内尔（William Crary Brownell），参加投票的还有编辑部的编辑，当然，最终的决定权在出版社的拥有者手中。当下，英国的出版商大多通过"召开正式会议让高层来听取策划编辑的方案"以决定方案是否通过，"策划编辑需要准备一份出版提案计划，包括图书的内容、格式、市场定位、读者反馈、出版日期以及出版理由"①。策划编辑还需要提交成本核算，阐明预计的销售收入、图书的制作成本和作者的版税等内容，以供出版商高层决策。目前，中国出版社的出版流程和策划编辑的陈述，与世界基本上是接轨的。

　　第二，内部运行的协调者。西方的出版公司多以策划编辑为中心实施书稿成书运营，而中国的出版社则多以责任编辑为中心完成出版过程。无论策划编辑还是责任编辑，其工作职责大多是重叠的。在提出选题创意和方案后，编辑需要向出版社高层征求意见，需要和市场管理人员和营销人员讨论市场预测、定价和目标读者，需要和生产部门讨论印制成本，需要和财务人员讨论资金预算。拿到书稿之后，编辑需要和生产部门沟通安排排版，需要和文字编辑沟通进行一、二、三审和文字加工，需要安排校对，需要和社内或社外美术编辑或设计人员沟通进行装帧设计。完成文字加工和校对后，编辑还要签批付印，和生产部门沟通安排印厂，有一些书籍还要监督印制过程。印厂印出样品后，编辑和生产部门需要对样品印制质量进行检查和把关，签字后才可以批量印制。成书后，编辑还需要和营销宣传人员沟通推广计划，撰写或审核宣传文案，还要关注图书入库和销售，以及回款和利润等情况。从成书的内部流程来看，无论是策划编辑还是责任编辑，作为一个角色，几乎需要和出版组织内的各个角色进行沟通和协调。因此，编辑的内部协调能力，是衡量一个出版组织高效运转与否的关键因素。由此，提高和增强自身的内部协调能力是一位编辑的必修课。同时，我们也应当认识到，以策划编辑或责任编辑为中心的出版模式是由出版流程所决定的，现实中最应当避免的是以管理层为生产的中心，这是出版实务中应当切记的。

　　第三，宣传营销的参与者。在出版的商业活动中，实现意义和利益的统一是出版目的，由编辑在内部组织中的协调角色所决定。为了实现出版目的，编辑也必须参与到产品的营销活动中。市场营销通常是一个独立部门，宣传推广是营销部门的主责，但在实际工作中，市场营销往往需要得到策划编辑或责任编辑的紧密配合。编辑在营销推广活动中的工作主要包括：一是在提出选题策划方案时就需要向营销人员提供完整信息，以让营销人员对项目进行评估，并确定营销方案；二是提供和书籍内容相关的附加材料，如CD光盘、网络在线参考资料、音视频资料、图片资料、参考书、备课资料、作业等学习内容；三是撰写或提供图书广告文字，比如撰写图书腰封广告词，具有冲击力、吸引力、实用性强和简洁精练的广告词对一本书的销售十分重要；四是配合营销人员做好营销方案，从内容角度提供市场营销活动中有关产品、价格、渠道和促销四方面的编辑意见；五是提供线下营销和网络营销

---

① 克拉克，菲利普斯. 透视图书出版［M］. 4版. 李武，译. 北京：中国书籍出版社，2016：146.

活动中有关作者背景、本书内容提要、书目信息、图书评论等方面的文字、图像和音频、视频资料,以供营销人员制订最佳推广方案。在网络时代,配合营销人员做好宣传推广工作已经成为策划编辑或责任编辑越来越重要的工作内容。

(二) 编辑的外部性

早在 30 年前,一位作者兼出版经纪人就感慨道:"面临今天出版业的种种变革,编辑还剩下什么工作可做呢?答案是,几乎每一件事情都需要编辑。今天的编辑和老一辈编辑不同的是,他们必须十八般武艺样样俱全,既要精通书籍制作、行销、谈判、促销、广告、新闻发布、会计、销售、心理学、政治、外交,等等,还必须有绝佳的——编辑技巧。"[1]今天,出版业已经进入信息时代,尤其是进入移动互联网时代之后,和 20 世纪 90 年代的纸质出版时代相比,其种种变革更加具有颠覆性。相对而言,编辑的外部属性更加凸显。海量信息和种种数字技术直接冲击着出版业,除案头编辑的工作内容还保留了一些传统技艺外,策划编辑所面临的出版环境几乎是全新的。互联网让社会从熟人社会进入陌生人社会,社交行为越来越向线上转移,认识作者或者和作者建立密切联系不一定必须在线下。出版的各个环节借助平台,包括整个的编辑流程,如通常所说的"编辑六艺"(选题、组稿、审稿、编辑加工、发排和校样)均可以在线上实现。从编辑部走向外部各种平台,是时代的必然要求。外部属性是编辑社会性的一部分,是编辑社交行为的延伸,也是其履行职责的必备素养之一。编辑的外部性主要体现在三个方面:

第一,出版资源的调研者。确定选题方向和寻找一流作者是编辑的必备功课。每一家出版组织都一定会有一个主要的出版方向,将全部类型的书籍均列入出版计划的出版社几乎是不存在的。作为编辑,需要在出版组织既定的出版方向和出版风格的框架内进行选题策划,但大胆突破原有定位而创造一个新市场和新方向,从而确立一个新定位,恰恰是出版的魅力所在。确定选题方向、突破原有藩篱,必然需要对出版市场了然于心。我们认为,选题的最高境界是独一无二性、学术与思想前沿性和市场引领性,出版资源的关键点是选题资源和作者资源,选题关乎内容,作者关乎创造,首创和原创是出版资源的核心。因此,学会对出版资源调研是每一个编辑的基本功。编辑进行出版资源调查的方法主要有:通过目录掌握本专业或设定选题方向的所有已出版书目;利用书目数据库掌握已出版书目的所有作者;通过问卷调查的方法了解读者的需求;通过访谈的方法了解最有影响力的作者;通过专业的数据公司掌握同类型书籍的市场销售数量、地域分布和头部作者;通过类似

---

[1] 格罗斯. 编辑人的世界 [M]. 齐若兰, 译. 北京:中国工人出版社, 2000:35.

亚马逊电商平台了解同类书籍的购买者评价、留言数量和关注人次；通过社交平台了解作者的粉丝人数和被关注、被点赞人数，掌握头部作者的情况；通过社交平台或专门设定话题分门别类了解读者的需求；通过自建平台和读者回馈意见了解读者和作者的情况；通过专业的咨询公司了解市场方向和对重点作者进行画像；等等。

第二，诤友的社会化角色。资深编辑、维京出版社（Viking Press）的总编辑艾伦·D. 威廉斯（Alan D. Williams）描述出版社的编辑，"他们扮演双面人，在面对作者的时候，代表出版社；在面对出版社的时候，又代表作者"①。这句话道出了编辑内外部属性的实质，在决定一部书稿的命运时，编辑像一名说客合纵连横，极力保持内外部的利益平衡。与作者签订合同，通常是策划编辑或责任编辑的工作，成功签订合同是编辑维系出版社和作者利益平衡的具体体现。但编辑与作者的关系远远不是一纸合同的利益法律关系所能表征的。可以说，出版商、编辑和作者的关系是社会学意义上最复杂的关系之一，他们共同构成意义和利益共同体，互相赋能、制约、冲突与合作，编辑往往承担着调停者的角色。保持和作者的良好合作关系，是编辑和出版商的日常工作之一。编辑和作者的关系复杂而多维，在产品生产层面他们是相互尊重关系、能力互补关系和矛盾统一关系；在事业层面他们是合作关系、工作关系和共生关系；在法律层面他们是合约关系、合同关系和法律关系；在社会层面他们是师友关系、朋友关系和诤友关系；在文化层面他们是意义创造关系、利益创造关系和共同创新关系。师友、诤友关系是关系的表象，共同创造和创新是关系的本质。事实上，编辑的社会化活动主要是发现、挖掘和物色合适的作者，建立、密切和强化与作者的和谐关系，在作品社会化的过程中与作者共同完善、优化和推介作品，建设性地解决作品出版过程中的各种问题是编辑的基本职责，充当作者的诤友也是其职责所在。

第三，文化领域的社会活动家。我们知道，编辑的职责就是找到意义和利益紧密结合的作品，要达到这个目的就必须找到创作作品的作者，而找到作者最有效的途径就是自己首先成为社会活动家。西蒙与舒斯特出版社的创始人之一 M. 林肯·舒斯特（M. Lincoln Schuster）认为，"真正有创造力的编辑人必须成为了解专家的专家"，"编辑不应该只是一个能充实人生的行业，同时编辑本身也是一种人文教育，你因此有机会和当代最有创造力的一群人共事，结交作家、教育家以及各式各样的具影响力人物"。②结交当代各个行业最具影响力的人物是编辑完成出版使命的有效方式。从编辑史的角度看，20世纪中国著名的编辑家，如张元济、王云五、夏

---

① 格罗斯. 编辑人的世界 [M]. 齐若兰，译. 北京：中国工人出版社，2000：12.
② 格罗斯. 编辑人的世界 [M]. 齐若兰，译. 北京：中国工人出版社，2000：32, 33.

丐尊、陆费逵、舒新城、叶圣陶、邹韬奋、茅盾、胡愈之、汪原放、张静庐、郑振铎、徐调孚、王任叔、胡风、冯雪峰、楼适夷、赵家璧、黄洛峰、周振甫、陈翰伯、王子野、陈原、龙世辉等，无一不同时还是著名的文化和社会活动家。成为社会活动家的途径主要有：利用自然人的社会关系，如亲友、同学、同乡等；参加社会团体，如政党、社团（学会、协会）、学术组织等；参加各种学术会议或创作活动，如研讨会、座谈会、论坛等；自己组织举办各种创研活动，如笔会、推介会、新书发布会等；注册为互联网络社交平台的用户，参与各种活动，结交各类朋友，如微信、微博、抖音等；利用各种新媒体平台发现作者，挖掘作者价值，广泛联络作者；利用自建平台，将作者、读者置放在同一个网络空间内，加强沟通；与第三方专业平台合作，构建专业的基于内容和自身需求的社交平台，扩大自身影响力；等等。实际上，在互联网时代，编辑的社交活动越来越成为编辑工作的重要内容，甚至已经成为编辑走向成功的必备条件。

基于以上认识，我们认为，区分编辑的内部和外部属性，对于编辑角色设定、工作职责明晰、专业分工明确、推动出版活动高效运转，具有十分必要的认识意义。

三、编辑的技术属性与艺术属性

21世纪20年代的出版业已完全奠基于计算机技术之上。无论是出版流程还是出版经营和管理，出版产业链的各个环节已全部被计算机技术和相关数字技术所覆盖。编辑工作的各个方面，从信息调研、选题策划、组织稿件、审读稿件、编辑加工、发排稿件、清样校对，到产品存储、宣传推介、新媒体营销、平台直播、内容传输等环节，无一不与数字技术和网络技术息息相关。传统的剪刀加糨糊的编辑形象已经荡然无存。长期以来，出版技术主要集中于载体材料技术、复制技术和传播技术，编辑环节的技术含量并不高。然而，进入数字出版时代，不能应用基本数字技术的编辑则很难在出版机构立身。编辑与数字技术已紧紧地捆绑在一起。同时，随着出版符号的数字化，计算机图形、声音和视频也成为与文字、图像并驾齐驱的出版符号，编辑的审美对象随之发生巨变，编辑的艺术感知和艺术批评也不得不从平面设计转向立体设计、场景设计，编辑的艺术品位也渗透出数字化的味道。陡然间，编辑的技术性和艺术性都发生了转向。

（一）编辑的技术性

在数字出版已经深度介入出版行业的当下，出版流程再造被迫提上日程。目前，中国的出版社和出版集团的核心业务正处在纸质出版和数字出版并行的时期。而全球性规模化的西方出版集团大多已经完成数字化和数字出版流程再造，编辑作为出版流程中的一个环节和角色，也随之完成了数字化的转化。换言之，编辑数字化意味着编辑开始摆脱纸质编辑思维而转向数字编辑思维，其手中的工具也从笔换为鼠标或手指触摸。同时，编辑手段也随着编辑对象的去纸化而深度改变。如果我们将出版流程区分为传统纸质出版流程、数字出版流程和半数字出版流程三种类型的话，这三种类型出版流程对编辑的技术要求则不尽相同。但总体而言，我们可以将编辑的技术性划分为两大类：

第一，编辑应会的直接技术。一般情况下，大型出版集团会构建一个共享的ERP（Enterprise Resource Planning，企业资源计划）软件管理系统，ERP系统会将供应链管理、制造和生产管理、销售与市场管理、客户服务管理、库存管理、财务管理、人力资源管理等管理整合在一个平台上，而编辑环节则会成为该信息管理系统的一个功能模块。根据数字出版物的内容类型，我们依然可以将其区分为大众出版、专业出版和教育出版，编辑也可以相应地被划分为数字化的大众出版编辑、专业出版编辑和教育出版编辑。这三种编辑类型尽管面对的出版内容有所不同，但其在ERP系统中的工作性质是相同的，其中心工作是编辑和校对数字内容，确保产品质量。因此，熟练掌握智能化编辑软件和校对软件，是数字化条件下编辑的必备技能。目前，应用最为广泛的编校软件是北大方正公司开发的"书畅协同编纂智能编校排系统"。该系统由智能编审工具、智能排版工具、智能校对工具、生产管理平台、出版ERP、出版资源库、印制系统组成。使用该系统可以在线完成组稿、审稿、排版、校对、质检、付型，在付印纸质印刷的同时支持输出PDF、Word、XML和ePub数字成品文件。该编纂系统中的智能编辑工具支持在Word和WPS中进行稿件专业编辑加工，为编辑、排版和校对提供了一个统一的操作工具。智能编辑工具可以实现版式保留、批量处理、拆稿合稿、内容比较、图像管理修订和批注、字词符号检查、上下文查重、大纲逻辑检查、知识检查、格式检查、内容检索、公式识别、图表专项处理、自定义词库等编辑功能。智能校对工具利用版面理解技术、文本识别技术、语义分析技术、图像智能识别技术，支持对Word稿件、排版后的PDF文件进行内容检查、智能比对、电子批注等工作。再具体地讲，以"内容及知识检查"为例，使用该工具，可以在线完成易错词检查、政治性错误检查、名词术语译文检查、单位检查、不规范名词检查、标点符号检查、异体字检查、繁简误用检查、纪年检查、地名检查、引文检查、标准检查、法规检查、内容查重等编辑内容。不同的语种和不同的集团会开发或选用不同的"在线稿件处理系统"，北大方正的"书畅协同编纂智能编校排系统"比较适合中文语种使用。目前国际上使用最广泛的网络投稿和审稿系统是EditorialManager、Bench>Press。Bench>Press系统是美国斯坦福大学所属的高校出版社开发的期刊在线出版系统，包括作者模块、评议模块、追踪模块和个人信息模块，其工作流程是作者登录、在线投稿、同行评议、进度追踪和结果处理报告，包括后续的编辑工作均在线上完成。在数字出版时代，学会并熟练使用在线智能编辑校对工具，已迫在眉睫。

第二，编辑应知的间接技术。数字技术正在解构基于纸质印刷工业的出版流程。线性的纸质出版产业链实质是以产品复制为中心环节的，产品复制前为一个环节，产品复制后为一个环节。但全数字出版的出版基础是基于计算机网络和移动通信网络的服务平台，将内容复制为纸介质产品仅仅成为一个选项，而目前在PC端、移动终端、手持阅读器上阅读成为更多用户和读者的选择，以产品生产为中心的出版模式被消解。而以策划内容、组织内容和加工内容为中心工作的编辑，在全数字出版流程中的地位与作用也开始发生位移。随着以服务为中心的数字出版模式的确立，编辑的角色更趋分化，策划和组织内容的功能更强，而内容加工的工作更倾向于外包。以提供个性化解决方案为服务宗旨的数字出版模式，对策划编辑或责任编辑的技术技能提出了更高的要求。在全数字出版流程中，内容、工具、服务集中于平台之上，为顺应和适应数字出版流程，编辑除应熟练掌握数字技术外，还应当知道或能够应用的其他技术包括：一是熟悉平台系统所要求的格式的写作软件，如有的出版机构要求作者提供Word、PDF、PS、XML格式文件，图片为GIF、TIF、EPS、JPEG格式文件，对声音和视频文件格式也各有要求，编辑应当首先知道这些格式文件的应用。二是熟悉数字内容加工技术，如电子书制作技术、多媒体制作技术、自动化排版技术；熟悉纸质图书扫描和修图技术、光学字符识别技术（OCR）、数据标引技术、结构化加工技术、PDF制作技术、XML制作技术、ePub制作技术；熟悉自动化排版中的数据转换技术、方正飞腾排版软件和格式文件输出技术；了解多媒体制作中的文字处理软件、图像和影像处理软件、声音资料处理软件、动画资料处理软件等技术。三是熟悉数字印刷和按需印刷技术，按需印刷是数字出版和纸质出版的一座桥梁；熟悉印前版式设计和图文处理技术、远程传输技术、光栅图像处理器（Raster Image Processor，RIP）系统软件、印后自动化装订技术等。四是熟悉数字内容发布技术，一次制作、个性化、多渠道、跨媒体、跨平台发布是数字出版的优势，多元分发和按需重组分发给终端用户是数字出版的新商业模式，编辑应熟悉利用PDF、XML、ePub格式文件发布的网页（在线版）、光盘版、XML（电子书）、数字音频版、纸版（印刷版）、手持设备（阅读器、手机）等产品形态，以提高出版效能。五是熟悉新媒体传播技术，了解新媒体平台的特征和各自特点；熟悉新媒体内容制作和上传，掌握新媒体信息搜集和市场调研技巧，熟知新媒体的宣传营销推广规律。提高编辑的数字技术素养，已是当下出版不得不重视的时代课题。

（二）编辑的艺术性

审美需求是人精神需求中的高级需求。满足读者的审美需求是出版人和编辑追求的重要目标。具有外在表现形式的图书，无疑属于艺术品的范畴。从书籍史的角度看，书籍艺术是一门独立的综合性的艺术。从审美感知上我们可以将艺术分为语言艺术、造型艺术、表演艺术和综合艺术；从艺术形象存在方式上我们可以将艺术分为时间艺术（音乐、文学）、空间艺术（建筑、雕塑、绘画）、时空艺术（戏剧、影视、舞蹈）；从艺术形象审美方式上我们可以将艺术分为听觉艺术（音乐、广播）、视觉艺术（建筑、雕塑、绘画、书法）、视听艺术（戏剧、影视）；等等。无论将艺术如何分类，我们都能感知一个事实，书籍艺术尤其是数字书籍艺术可以萃取各门类艺术的精华而为自己所用，由此我们才将书籍艺术归类于综合艺术。因此，综合的艺术素养是编辑必备的素质。作为一名数字化编辑，在编辑活动中至少要在三个方面提高自身的审美能力：

第一，语言审美能力。语言构成书籍主体。每一门语言都具有独特的美。长久以来，书面语言在书籍构成中居于统治地位。无论语言多么千差万别，一旦成为书籍的内容表达形式，就必然要遵循书籍语言艺术的原则和规律。编辑在面对稿件内容时，在把握语言艺术的形象间接性、表达广阔性、情感感染性、思想丰富性和结构完整性的基础上，还需要强调书籍语言表述的准确清晰性、用法规范性和流畅优美性。首先，编辑对语言审美的基点应当是：无论什么语种，也无论表达什么内容，作者所要表达的知识和思想，其语言和所用词语必须是准确无误和清晰明了的。出版家陈原在《编辑的语言文字修养》一文中说："凡是要准确地、精确地、有效地传播信息、交换信息、处理信息，就必须首先熟练地运用或掌握语言文字这个工具，这个系统。"[①] 真实、确切、鲜明而生动地表达是编辑审美的第一信条。其次，编辑对语言审美的第二个信条是规范化。每一种语言都具有长期潜移默化形成的语法，也就是字词构成句子的规则，字、词、句的结构方式和用法的总体方向是惯用化、规范化和标准化。陈原说："语言文字规范化的程度，在很大程度上，反映了（或表现了）一个民族、一个国家、一个社会的文明程度。"[②] 作为一种语言使用者的集体习惯，字词用法的习惯和规范是编辑驾驭语言的重点，也是衡量一部书稿语言水平的审美标准。最后，衡量一部书稿语言艺术的第三个标准是作者的语言是否具有流畅优美性。作者语言简洁、明快、自然而不是冗长、拖沓、造作，文本语言清新、顺畅、流畅而不是陈旧、晦涩、迟滞，书稿语言通俗、生动、优美而不是难解、呆

---

① 陈原. 陈原出版文集 [M]. 北京：中国书籍出版社，1995：476.
② 陈原. 陈原出版文集 [M]. 北京：中国书籍出版社，1995：478.

板、无趣，追求语言的新奇美、和谐美、节奏美是编辑语言审美的基本要求。

第二，设计审美能力。引导读者实现欣赏、感受和领悟美的体验是编辑艺术审美的目的。传统的纸质书籍设计属于平面设计、静态设计。以市场为导向的书籍设计注重书籍艺术的商业引导价值，"优秀的设计有助于图书的销售，不管是能够吸引书店中冲动消费者的小说图书封面，还是在中小学教科书中合理搭配的排版格式和插图"[1]。中国现代书籍装帧设计家钱君匋则更重视设计与内容的结合，他说："书籍装帧不仅要求形式美观，而且要求能够烘托和表达作品的思想内容。"[2] 他形象地比喻，书籍装帧是给一部作品装上了"扩音喇叭"。既忠实反映书籍内容，又照顾市场定位的书籍设计，是编辑美学的理想状态。作为一种艺术门类，书籍设计艺术具有民族性、文化性、时代性，也具有企业和艺术家的个性。比如，日本的书籍装帧相较于西方更注重手的触感和细腻的视觉印象，追求"看起来舒服""在书店里抢眼""具有艺术美感"。杉浦康平认为，书衣必须瞬间"显现"书籍的内容。[3] 中国现代书籍装帧艺术的开拓者钱君匋的设计特点融合了音乐中的旋律、和声、节奏、音色，借鉴了诗歌中的比兴、含蓄、夸张、渲染，采用了书法与篆刻中的线条和图案设计元素，并将西方艺术与中华民族传统艺术相结合，形成了自己独特的设计风格。从编辑审美的角度而言，我更倾向于从艺术形式和书籍内容结合的层面去把握书籍设计艺术，关键点是关注五个结合：封面设计与文本内容的完美结合、字体设计与文本内容的完美结合、版面设计与文本内容的完美结合、插图设计与文本内容的完美结合、书腰设计与文本内容的完美结合。事实上，编辑设计审美的水平和能力，不同程度地影响到了一本书的艺术命运和市场命运。

第三，音视频审美能力。数字出版时代，编辑面对的是一个全新的出版环境、全新的出版生态系统和全新的出版场景。印刷术发明以来，文字符号、图像符号与纸的结合是书籍的基本呈现方式。计算机技术发明以来，声音数字化、影像数字化的技术迅速进入出版领域。随着多媒体技术的发展，音频和视频在20世纪90年代成为数字出版和网络传播的重要媒体类型和产品类型，多媒体光盘开始流行。编辑审美的对象也随之从文字和图像拓展到音频与视频。随着移动互联网的普及，智能手机终端、平板电脑终端和手持阅读器成为便捷的出版平台，文字、图像、虚拟图形、音频、视频符号融合为一体的出版产品越来越成为出版的主要类型，编辑审美开始更多地从静态审美转向动态审美，从平面审美转向立体审美，从单一审美转向

---

[1] 克拉克，菲利普斯. 透视图书出版 [M]. 李武，译. 4版. 北京：中国书籍出版社，2016：204.
[2] 宋应离，袁喜生，刘小敏. 20世纪中国著名编辑出版家研究资料汇辑（7）[M]. 开封：河南大学出版社，2005：144.
[3] 鹫尾贤也. 编辑力：从创意、策划到人际关系 [M]. 陈宝莲，译. 杭州：浙江人民出版社，2013：126-128.

场景审美。随着 5G 技术的普及和 6G 技术的前瞻,出版产品的天平更向有声和视频倾斜,音视频产品形态很有可能成为出版产品的主流。那么,编辑的对象和审美的对象也必然要转向音视频以及由音视频所构成的呈现场景。面对由短、中、长时段的音视频内容和场地构成的数字产品,我们认为,编辑的音频审美、视频审美和场景审美应当重视:一是音质音色(明亮、清脆、低沉、浑厚、圆润、柔和、甜美、华丽、沉稳、饱满、响亮、开阔)能够达到解释和揭示所传递内容内涵的音效,音色、音量(音频强度和幅度)、音调(音频频率)与内容和谐统一、准确保真、优美动听、愉悦感人。二是视频元素(主题、角色、姿势、动作、语言、节奏、情节、时长、构图)和视觉风格特色(平稳、流畅、自然、轻松、新奇、真实、实用、有趣)能够与所表达的内容完美统一,让用户(读者、观众、听众)沉浸于视觉知识、故事和情节中,达到学习知识和体验情感的目的。三是编辑面对的审美对象是由主题内容、音频、视频和场地构成的数字影像产品,如知识类课程、教育类课程,其审美的着力点应为悦知悦会、悦耳悦目、悦神悦志、悦形悦意、悦心悦智。

书籍的艺术性特点决定了编辑实现书籍的艺术化,必须依赖制作技术尤其是全新的数字技术,因此,编辑应竭尽所能提高自身的技术能力和审美能力。

四、编辑的物质属性与精神属性

编辑创造了一个实体,一个物理实体,一个实体存在。这个实体是一本物理状态的书籍。这个实体(事物)由形式和材料构成。书籍的材料多种多样,纸和磁、光介质是当代书籍载体的主要材料。物理形状是形式的一种,也是一种外观形式,书籍的外观形状也多种多样。书籍不是自然存在的物,而是人造物,是工匠所造的物,是经编辑之手和在编辑指导下所造的物。编辑的物质属性源于他所创造的物。然而,编辑所创造的物不同于一般的物,它具有知识的、思想的、智慧的属性,由此也具有认识论的属性和精神的属性。精神是一个哲学概念,历代哲学家对精神的理解和认识也各不相同。精神是不是一个实在,精神与实在的关系问题是哲学家争论的焦点。唯物主义认为,实在就是物质和能量,感觉和想象也可以还原为物质运动。唯心主义认为,实在是由巨大的无处不在的精神所构成的。二元论的哲学家认为,实体和精神同在。作为精神现象,它具有认识的、感受的和意愿的三个方面的内涵。认识层面,包括意念、感知、注意、记忆、理解、推理、怀疑等;感受层面,包括情绪反应、信心、感觉、喜忧等;意愿层面,包括意向、动机、欲望、目的、决定、尝试、行动等。由此,我们认为,精神是一系列的认识、感受、意愿、思考、想象、意识和思维的心理活动。精神和心理的关联,让我们找到了一座通往书籍的桥梁，这便是读者通过阅读书籍而获得精神的、心理的需求的满足。我认为，阅读是人通过不同感官以感知、接受、体验、存储、分析、判断、想象、思考、理解、阐释、解码外部符号系统而生成意义和情感的社会化、个体化、互动化的动态心理和思维过程，而书籍恰恰成为满足人们心理需求的中介和桥梁。编辑作为书籍的创造者，无疑也间接成为精神的创造者。尽管编辑并没有直接创造精神，但通过书籍和书籍阅读行为的传递，编辑也被赋予了精神属性。

(一) 编辑的物质属性

编辑的物质属性源于其所创造的书籍的物质属性。书籍由符号和符号载体材料构成。如果我们将符号理解为知识和智慧，那么载体材料就体现了实体的物质属性。亚里士多德认为，"独立存在的是个别事物"，个别事物是实体，"只有实体是实际存在的，属性和种只是相对存在，相对于它们存在于实体（个别事物）中或与实体相关"。亚里士多德还进一步认为，"每一个别事物（实体）都由形式和质料构成"，如一块土，"一块土有它特定的形式，土本身就是质料"。[①] 如果陶匠将这块土制作成陶罐，这块具有形式和质料的土就变成了新的个别事物，并具有了更精致的形式。当然，我们也可以将土块换成纸，将陶器换成书，将陶匠换成编辑。由此，我们可以将编辑的物质属性进一步地具化为形式和质料。

第一，书籍质料（材料）。我们在思考编辑的物质属性时，不要简单地将其视为匠人，也不要简单地将编辑活动类比为陶匠、陶土和陶器的制作关系，我认为应当将编辑放在哲学的视野下去思考其物质属性。也就是说，我们不能只关注眼前和手头的物理形状的书稿，以及如何将其制作成流通的书籍，更应该深度思考"使事物成其为事物的基本属性和基本原因"。亚里士多德将造成事物或所造作物的基本原因归纳为物因、本因、动因和极因"四因"或四条原则，更通俗地说就是质料因（质料原则）、形式因（形式原则）、动力因（因果原则）和目的因（目的原则）。以书籍为例，质料因是构成书籍的质料或材料，是书所由形成的原料和物料；形式因是书籍的模型、通常状态和外在，是书籍的基本定义以及定义书籍的属性；动力因是书籍在编辑创造中的驱动力，就是编辑之所以编辑的初始原因；目的因是编辑制造书籍的目的，就是"事物之所以成为事物的目的"[②]。站在哲学的高度去思考编辑活动，让我们将目光从书籍材料的实物转向更开阔的视野，思考我们为什么要去策划和制造这本书，制造这本书的目的是什么，用什么材料制造这本书，能够将这

[①] 希尔贝克, 吉列尔. 西方哲学史：从古希腊到当下（修订版）[M]. 童世骏, 郁振华, 刘进, 译. 上海：上海译文出版社, 2016: 81-84.
[②] 亚里士多德. 形而上学 [M]. 吴寿彭, 译. 北京：商务印书馆, 2009: 95.

本书制造成什么模样。这些追问实际上成为一种思维方式，一种基于书籍载体材料的思维方式，一种从物质条件出发的臻于至善至美的思维方式。当然，构成书籍的材料是出发点，是基本元素，是书籍之所以成为书籍的基本条件。从书籍史看，构成书籍的材料多种多样，以纸为分水岭，纸前时代有泥板、莎草纸、羊皮纸、竹简、缣帛、贝叶等，纸本身也出现了各种类型，与纸并行的磁介质、光介质目前越来越成为书籍载体的主流。从宏观上来看，不同的书籍材料导致书籍呈现出不同的外在特征，同一材料也可以制作出不同特征的书籍，每一种不同特征的书籍，实际上也影响到了它的传播方式、传播效果和接受效果。由此可见，书籍的物质属性已经是也必然是编辑物质性的外在体现、直观表达和感知特征。

第二，书籍形式（范畴）。书籍是一种物质，物质是什么？法国思想家伏尔泰说："我以为物质是延展的，有体积的、坚实的、有引力的、可分的、可动的。"①无疑，这个物质定义中的特征也符合书籍。书籍不仅仅是物质，还是手工艺品、艺术品和工业产品。也就是说，书籍是可感知的实体，对编辑和读者而言，它是一个客体。亚里士多德主张，一切可感知的客体都由物质和形式二者构成，"事物的物质由它包括的那些元素组成，当一个物件已经形成时，这些元素可以说已变成了物件，而形式就是这些元素的安排或组织"②。形式是客体的形状、外貌或轮廓。认识书籍形式是编辑的基本常识问题，我们依然主张，认识要站在哲学观的高度。亚里士多德在《形而上学》一书中将认识形式的范畴分为本体、质、处、作用或被作用、关系、量、位置、状态和时间10个维度，康德在亚里士多德的基础上确立了认识形式的12个基本范畴。康德将认识形式的范畴分为量、质、关系和模态四组，每一组各有三个范畴子项。③ 亚里士多德认为，形式决定了物料元素实际上变成的东西，形式的发展具有一个方向或一个目的。而康德则认为，"形式是心灵的属性，形式来自经验"，先天悟性能够理解直观的形式。对哲学概念的形式认识，可以拓宽我们认识书籍形式的视野。作为编辑，我们不能仅仅将目光聚焦于书籍的开本大小、纸张质地、纸张规格、轻重克数、颜色组合、油墨轻重、精装平装、字体字号、书脊书口、环衬扉页、胶装锁线、书签书腰、压槽压背、封面护封等外观形制，还应当认识到书籍形成的目的、书籍内容与形式的完美结合程度、书籍内容主题的结构和体裁、书籍的素质和品质、书籍本体的差异和变化、书籍的生成与变化、书籍的共处与分离、书籍之间的相互作用、书籍与书籍之间的关系、书籍的生命周期、

---

① 伏尔泰. 哲学辞典 [M]. 王燕生, 译. 北京: 商务印书馆, 2009: 637.
② 中国大百科全书出版社《不列颠百科全书》国际中文版编辑部. 不列颠百科全书: 国际中文版 6（修订版）[M]. 北京: 中国大百科全书出版社, 2007: 408.
③ 康德. 纯粹理性批判 [M]. 蓝公武, 译. 北京: 商务印书馆, 2009: 97.

书籍的流动和传播、书籍的空间位置、书籍的利用与使用,以及编辑对于书籍的悟性和经验总结等,以上种种均属于编辑应当思考的书籍形式问题。从哲学角度拓展对书籍形式的认识,在实际的编辑实务中往往被忽视或被遮蔽,我们必须从内容、材料和形式的整体关系出发,从多个维度去把握书籍本体的本质和变化。唯有如此,才有可能创造出具有长时段生命力和多空间传播的书籍。

(二) 编辑的精神属性

精神具有理性、人性和诗性三重属性。理性源于知识,是科学主义精神,对应真,是求知。人性源于意愿,是情感,是人道主义精神,对应善,是向好。诗性源于志和情,是审美,是理想主义精神,对应美,是爱美。概括说来,精神是理性思维、情感体验、道德实践。满足读者的精神需求,是编辑活动的目的和目标,也是编辑创造的动力源。因此,编辑的精神属性体现在满足读者的精神需求之上。我们认为,编辑的精神性通过书籍向读者提供了五个方面的价值:

第一,提供创新性知识和技能的内容。编辑的工作对象是书稿,而书籍则是装载内容的精神产品。内容有多种分类方法,书籍据此也被区分为不同的种类。作为阅读或接受书籍的主体,读者在不同年龄段和不同场景、同一年龄段内的不同场景的需求也各不相同,满足读者的不同需求是编辑首先需要明确的任务。知识和技能是书籍内容的两大门类,它们构成了历代大多数书籍的内容。知识和制作某种物件的技艺是不同的内容门类,希腊哲学家苏格拉底对此就做过区分。柏拉图将知识分为可见世界的知识和可知世界的知识,而亚里士多德则从科学的角度将其当时的全部科学分为理论科学(形而上学、数学、物理学)、实用科学(伦理学、政治学、经济学)、创制科学(音乐、诗学、建筑学)三类,创制科学还包括一切与技艺有关的艺术。20世纪英国哲学家罗素将知识划分为个人的知识和社会的知识,据此我们还可以将知识划分为间接知识和经验知识、书本知识和实践知识。因明学家法称认为:"凡一切成功的人类行动都必然以正确的知识为先导","正确知识的来源是无矛盾的经验",正确知识"是有效的知识","是对事物真相的认识,或对外部世界真实性或非真实性的认识"。[①] 因此,提供正确的、有效的、最新的知识和技能是编辑工作的出发点。就书籍而言,纸质书籍适合于表达知识,多媒体等数字书籍适合于以影像表达技艺。

第二,提供娱乐性和消遣性阅读的工具。媒介承载着前人和当代人的情感、感受、想象和经验,编辑所制作的书籍在印刷机的轮转下,与报纸、期刊、广播、电

---

① 舍尔巴茨基. 佛教逻辑 [M]. 宋立道, 舒晓炜, 译. 北京: 商务印书馆, 2009: 7175.

视一同成为大众媒介，娱乐精神的比重大大增加。尤其是到了互联网时代，以文字媒体为中心转向以图像和影像融合媒体为中心，书籍进一步深度走向娱乐化。媒介批评家尼尔·波兹曼（Neil Postman）认为工业时代的"一切公众话语都日渐以娱乐的方式出现，并成为一种文化精神"，其结果是作为读者或观众的我们"成了一个娱乐至死的物种"。[①] 与工业时代相比，互联网时代的文化娱乐性有增无减。反过来说，追求精神上的快乐、感官上的刺激、空虚时间上的填充是人的本性和天性，娱乐与消遣不过是向死而生过程中的一种生活方式而已。《娱乐何为》一书中有这样一段话来描述当下的用户："人类就是喜欢消遣——独自、和他人、消遣他人、消遣上帝和世界。他们十分醉心于惊险刺激的故事、五彩缤纷的图像、扣人心弦的音乐和各种形式的游戏——简单地说：他们醉心于交际的灯光，醉心于没有严苛的要求和规矩又无人强迫的参与。"[②] 实际上，不带任何目的的阅读，只是为了打发空余时间一直是阅读行为中的一种常态。同时，借助诗歌、散文、小说、戏剧、音乐、雕塑、绘画、摄影图像、工艺美术等文学艺术，愉悦身心、放松自我、享受美感也一直是书籍所提供的重要功能。

第三，提供社交平台和满足情感需求的途径。个体性阅读和群体性阅读是书籍阅读的两种基本形式。群体性阅读本质上也是一种社交活动。早期阅读和经典阅读以群体性阅读为主，学校、公共场所、宗教场所和家庭都是社交式阅读的中心。印刷术普及后，随着书籍的大众化和普及化，个体阅读行为越来越普遍，个体成为阅读中心，个体阅读中心的泛化实质是无中心。随着互联网，尤其是移动互联网的高度普及，基于网络的阅读平台构建起阅读社交的平台，每一个平台用户都成为个体阅读的节点，同时也是社交式阅读的节点，每一个用户都可以通过点赞、关注、留言、批注、笔记、评论、收藏、转发、分享等方式和其他用户或作者、编辑进行心得交流，社交式阅读空前发达。随着5G技术的广泛应用，线上的听书、讲书和各种读书会空前活跃。理论上讲，每一本经过编辑之手正式出版的书籍都有机会成为社交式阅读的对象。同线下物理世界的阅读交流一样，线上虚拟的交流，如熟人世界的朋友圈和陌生人世界的平台即时交流，其目的都是为了获得精神上的、观念上的、情感上的共识、认同和赞同，都是为了得到他人的情感支持、共情同情或理解赞许，都是为了博得他人的赞扬、羡慕和崇拜，从而得到他人的尊重和敬重，甚至爱戴。读者通过书籍获得情感满足是编辑制作精品书籍的动力因。

第四，提供增强读者修养和提升读者生活品质的精神动力。人的综合素质通常被概括为修养，其内涵包括智、德两个方面。德就是道德，就是人内心的准则；智

---

① 波兹曼. 娱乐至死 [M]. 章艳, 译. 桂林：广西师范大学出版社, 2004：4.
② 韩炳哲. 娱乐何为 [M]. 关玉红, 译. 北京：中信出版社, 2019：164.

就是智慧,就是人思考事物、分析事物、理解事物的能力。延伸来说,德指人所具有的高尚的品质、完美的品行、正确的待人处世的态度和完善的人格,智指人所具有的科学文化知识、思想、艺术水平和能力。智和德都具有时代性,但也具有人的普遍的人性和德性。无论智和德的具体内容如何变化,它们都通过书籍而流传、传播。中国古代将人的修养概括为"仁义礼智信、温良恭俭让、忠孝悌慎廉、勤正刚直勇",倡导修身、齐家、治国、平天下。亚里士多德将人的德性区分为理智德性和道德德性,也就是"智性之德"和"意愿或意志性之德","前者或称为'哲学智慧',包括技艺、科学、明智、直觉理性;后者又称为'实践智慧'或'道德德行'(如希腊民间流传的勇敢、自制、慎思、公正)"①。亚里士多德将道德德性归类为良善、勇敢、节制、慷慨、大方、大度、温和、友善、诚实、机智、羞耻、公正、自制、快乐、友爱、幸福等;将理智德性归类为科学、技艺、明智、智慧、理解、体谅等。日本近代思想家福泽谕吉将个人的道德区分为私德和公德,认为"凡属于内心活动的,如笃实、纯洁、谦逊、严肃等叫作私德","与外界接触而表现于社交行为的,如廉耻、公正、正直、勇敢等叫作公德"②。为读者提供理性的、正确的、至善的理念、观念和智慧,提供道德准则、主流意识形态和正确的世界观、价值观、人生观,提供高品质、高质量的科学、技艺和艺术知识是编辑职业的永恒主题。

第五,提供读者自我创造和审美需求的精神食粮。如前所述,编辑的核心能力是创造能力和审美能力,更为重要的是在知识和智慧、技能和艺术创造的进程中,编辑活动所进行的持续的持久的创新能力,创新是推动社会不断进步的动力。决定一个民族和国家物质与精神进步的力量是作者的知识发现力和技术发明力、艺术创造力和作品创作力。无论是知识、科学技术还是艺术的成果,都是民族精神、时代精神和社会环境综合因素影响下的产物。发掘作者的创新创造能力是编辑最核心的能力。新的发现、新的发明、新的创作共同构成了人类的精神文化,每一代人、每一个历史时期、每一个国家和民族都拥有属于自己的精神文化,具体体现在所有的学术学科,包括社会科学、人文学科和自然科学,不断地创新创造是精神文化进步的源泉和动力。从个体的、自我的、社会化的人的角度而言,完成有益于社会、有益于他人、有益于后人的创新成果,是一个人自我价值实现的最充盈、最愉悦的心理满足。

在追求实现自我创造能力或潜能、满足自我实现需求的同时,满足个人艺术审美需求、追求身心美感的统一、获得外在感性和内在精神的和合是人超越自我的最

---

① 亚里士多德. 尼各马可伦理学 [M]. 廖申白, 译注. 北京: 商务印书馆, 2009: 5.
② 福泽谕吉. 文明论概略 [M]. 北京编译社, 译. 北京: 商务印书馆, 2009: 77.

高境界。黑格尔在《美学》一书中说，艺术是"认识和表现神圣性、人类的最深刻的旨趣以及心灵的最深广的真理的一种方式和手段"，艺术与哲学和宗教"处在同一境界"。① 由此可见，艺术是人类精神面貌的重要组成部分。因此，提供建筑、雕塑、绘画、音乐、舞蹈、戏剧、诗歌等艺术作品，以满足艺术家、普通大众的审美需求，也是编辑活动努力的重要方向。我们认为，科学、艺术和智慧是时代精神的三大础石，只有通过不断创新和创造并不断添筑全社会的精神基石，我们身处的社会才能更稳定、和谐和朝气蓬勃。

受出版物的物质属性和精神属性所影响，作为出版物的创造者，编辑不仅是出版物生产的枢纽，他们本身也成为文化精神创造的直接劳动者，编辑的物质性和精神性得以在自己的劳动中实现。

五、编辑的意义属性与利益属性

事实上，作为编辑，我们在实际的工作中不时会自问，编辑活动的意义是什么？编辑活动的利益又是什么？编辑活动的意义和利益是统一的还是分离的？编辑活动意义和利益的主体是编辑本人还是其所在的企业，或者是代表更大范畴的民族或国家？我们并不是因为自己的职业而自恋，或者有意去夸张自己的作用，只是想探究和追问一下出版作为一个文化生产共同体在社会和国家文化进步中究竟起到了什么作用或者提供了什么价值。同时，我们还必须再次明确研究的对象是编辑，无论是意义还是利益，其出发点都是编辑。不过，我们还必须声明的是，将作者、出版商和编辑的价值和利益完全区分开是十分困难的。

（一）编辑的意义属性

意义是什么？路德维希·维特根斯坦（Ludwig Wittgenstein）认为："一个名称意谓（bedeutet）一个对象，这个对象就是它的意义。"② 而罗素认为，语词和句子是意义的源泉。逻辑实证主义者将有意义的句子分为在认识论上有意义和在情感上有意义两种情况，如属于伦理学、美学、政治学、宗教的承载价值的句子是在情感上有意义的句子，在认识论上有意义的句子由逻辑句子和经验句子构成，区分真、假事实的句子是经验句子。这是语言哲学家们认为的意义。符号学家认为，符号是携带意义的感知，"意义是意识的获义活动从对象中得到的符号，它需要意识用另

---

① 黑格尔. 美学［M］. 朱光潜, 译. 北京：商务印书馆，2009：10.
② 康菲德. 劳特利奇哲学史（十卷本）第十卷：20 世纪意义、知识和价值哲学［M］. 江怡，曾自卫，郭立东，等译. 北京：中国人民大学出版社，2016：13.

一个符号去解释",意义就是"使意识与对象各自得以形成的关联方式"①。因此,"意义必然是符号的意义,符号不仅是表达意义的工具或载体,符号也是解释出意义的条件"②。由此,有意义的句子只有转换成符号才可能得以传播,推而广之,句子符号形成一系列的组合从而形成文本,文本正是编辑的对象。编辑的意义由于文本而得以展开。

第一,编辑时间上的意义。从某种程度上说,编辑活动是限定在一定时间段内的实践活动。但其时间性并不局限于在某个时间段内完成某种任务,更能体现编辑活动价值的时间性是突破时间的限制。因此,我将编辑的时间意义区分为三个层次:一是具有任务意义的编辑时间性。作为商业和产业的出版活动具有时间性,文本作为商业活动的主体也必然遵从商业活动规律,而从事文本策划、加工和推广的编辑行为也必须适应时间节点的限制。一本需要在一个重要会议上学习的书籍,如果在会议之后出版,就会失去当时的使用价值;一本需要在春季使用的教科书或教辅材料,如果延至秋季出版,则对使用者就不再具有意义;一本为纪念某一重大事件或活动的书籍,如果在活动结束之后出版,则阅读价值将大大降低;一本以数值为核心的知识类书籍,如果知识发生变化,则将失去使用价值。具有时效性的书籍类型,不胜枚举。书籍具有时效性的特点,决定了编辑也必须顺应和适应、遵从和服从书籍时间性的价值规律。二是具有文化积累意义的编辑时间性。编辑的成果是书籍,而书籍是人类文化的共同遗产。书籍是一个国家和民族文化记忆的记录,它起到了记忆、记录和积累族群文化的作用。一个族群的基因和性格、精神和智慧、知识和技能、历史和文化都依赖书籍存储。累积地储存文化是书籍的重要功能。将当代人的知识和智慧以书籍的形式储存是编辑对社会最大的贡献。从中国正史中记录的书籍数量,我们可以看到编辑的意义。《汉书·艺文志》记录了西汉末年中国宫廷收藏了 596 家 13 269 卷书籍,《隋书·经籍志》收录了 14 466 部 89 666 卷书籍,《旧唐书·经籍志》收录了 3 062 部 51 852 卷经史子集四部书籍,《宋史·艺文志》收录了 9 819 部 119 972 卷经史子集四部书籍,《明史·艺文志》收录了明代人撰述的 4 633 部 105 969 卷经史子集四部书籍。从汉到明,经过编辑加工的书籍数量不断增长,而有清一代所撰写的书籍数量远远超过了历代累积的数量总和。三是具有文化传承意义的编辑时间性。如果当代文化的记录和存储更偏重于原创性,那么,经典性的书籍则具有更重要的文化传承意义。站在长时段的角度去观察历史,我们发现元典性、经典性的书籍是一个民族共同体、文化共同体和国家共同体形成和维系的重要因素。往往是,书籍所承载的知识、思想和智慧凝聚着族群和国家的共识,构

---

① 赵毅衡. 哲学符号学:意义世界的形成 [M]. 成都:四川大学出版社,2017:60.
② 赵毅衡. 哲学符号学:意义世界的形成 [M]. 成都:四川大学出版社,2017:71.

建于文化共识基础上的文明得以代代传承。如中国的文化元典"五经"《周易》《尚书》《诗经》《礼记》《春秋》，以及由此而拓展的《周礼》《仪礼》《公羊传》《穀梁传》《左传》《孝经》《论语》《尔雅》《孟子》"十三经"，在2 000年的长时间里影响了中国文化的进程，也形塑了中国文化的精神。在元典经典化的过程中，一代代的编辑也付出了长时间的艰辛的青灯黄卷下剞劂勘校式的劳动。

第二，编辑空间上的意义。编辑的目的是将所创造的出版物进行广泛传播。传播的概念具有空间性和时间性。一般来说，空间是与时间相对的物质客观存在，物体存在和运动的场所被称为空间，而物体位置移动和变化则用时间度量。空间包括物理空间、数学空间、天文空间、地理空间、思想空间、网络空间、文学空间，等等。编辑关注的空间是传播空间，传播不仅需要文本或出版物异地化的地理参与，也需要其位置移动或变化的时间参与。因此，出版学和编辑学视域下的传播空间意味着时空的完整。从出版活动的整体结构观察，出版传播空间正在发生结构性的剧变，数字出版兴起之后，出版传播正在从物理空间向数字空间转移，从地理空间向网络空间转移，从单语言空间向多语言空间转移。首先，我们已经直观地感受到文本正在从纸质的封装型的物理形状转化为数字化的载体和呈现分离的电子书籍，而且，更多数量的文本或出版物是直接以数字形式生产和占据数字空间的。过去，文本占据的是物理空间；现在，文本占据的是计算机数字空间。过去，文本符号承载于可见的物体材料上；现在，文本符号存储于不可见的服务器的磁体上。过去，文本呈现是直接的；现在，文本需要通过数字编码、存储、传输、解码才能呈现在不同的屏幕上。目前正在制造的每种出版物在数字空间内基本上都占据了一个位置。其次，书籍作为一种物理状态的物体传播现在越来越依赖网络平台，传统的网络书店如亚马逊、当当网、京东、博库、文轩网等，正在受到新兴平台如抖音、拼多多等直播带货传播的冲击，通过在网络平台上获取信息、下单支付并完成交易，所占书籍传播的总交易量已经超过80%。而对书籍传播空间最彻底的颠覆是电子书籍和数据库的传播，数字形式的出版物不再依赖物理形式的物流，而是完整转移到有线或无线的计算机网络和通信网络上，数字书籍以网络空间为传播通道，已经彻底摆脱地理空间传播的限制。最后，作为从事文本出版和传播的编辑，我们尤其要关注语言的空间转换。书籍的基本要素是语言文字，不同的语言文字系统构成了不同的语言文字文本，不同的语言文字文本构成了不同的文化传统和文化背景。因此，同一种语言文字文本往往是形成文化共同体的基础。自古以来，不同语种书籍的语言空间转换就是文明之间交流和传播的重要途径。将一种语言文字翻译为另一种语言文字，从传播学的角度看，是一种典型的跨时空传播行为。文本在不同语言之间的翻译传播，在数字时代日益成为重要的出版领域。对于任何一个书籍门类而言，翻译作品都是不可或缺的。由此，编辑也成为语言空间传播的桥梁，起到了文化交流的桥梁作用。

（二）编辑的利益属性

作为一个职业，编辑是出版组织中的一个角色。作为一个角色，编辑是一个族群、国家和社会的一个社会职业分工。作为一种社会化活动，编辑是社会化生产的一部分。我们已经知道，编辑生产的产品具有精神属性，也具有商品属性，因此，无论是属于企业组织的编辑，还是属于国家和社会的编辑，都必须遵循精神创造规律，也必须遵循商品生产规律。也就是说，编辑不仅要创造文化和意义，也要创造商品和利益。利益是一个社会学概念，由利益主体、客体和中介组成，影响利益的因素有主客体需要、社会、能力和时间。利益可以被定义为："利益是在一定的社会关系之下，人们能满足自身需要的现在和未来的物质财富和精神财富之和，以及来自社会的其他需要的满足。"[1] 以出版活动为观照对象，我们可以看到，编辑的利益主体是所在的出版组织，是利益的拥有者；利益客体包括物质利益客体和精神利益客体，物质利益客体包含出版物产品和经济利益，精神利益客体"主要是指以书本、磁带、磁盘、光盘、计算机储存系统等物质形式为载体，以文字、语言、图形、符号等形式表现的精神产品"[2]。而将出版主体（组织和角色）和出版客体（出版物和产业）联系起来的中介要素则是人的活动（编辑活动和出版活动过程）。总体上，我们将利益区分为物质利益、精神利益，但具体到出版产业，我们还要区分出经济利益，经济利益含有物质利益和精神利益，"作为经济利益的精神利益是通过物质利益或物质利益的生产过程满足的精神需要"[3]。站在利益主体的角度，我们还可以将利益划分为个体利益、群体利益和社会利益。在出版利益共同体内，我们可以将群体利益延伸到族群、民族和国家利益，将社会利益延伸到人类社会的整体利益，既包括物质层面的，也包括精神层面的。编辑在出版利益共同体内，起到了联结出版组织和出版物生产的作用。如果把实现出版利益视为一个经济活动和精神活动过程，此过程则包括出版物生产、流通、分配和消费四个环节，每个环节均创造、实现和分享了相应的利益。编辑活动是出版物生产环节的一部分，他们的价值体现于出版对象的生产。因此，编辑所创造的利益体现在物质利益、精神利益和经济利益三个方面。就书籍而言，它的产品形式既体现了物质性也体现了精神性。由此，我们在考察编辑的利益创造方面，应将重点放在出版物的经济利益和精神利益两个

---

[1] 余政，吕健，李笑野. 文化利益论［M］. 上海：复旦大学出版社，2012：21.
[2] 朱鸣雄. 整体利益论：关于国家为主体的利益关系研究［M］. 上海：复旦大学出版社，2006：62.
[3] 朱鸣雄. 整体利益论：关于国家为主体的利益关系研究［M］. 上海：复旦大学出版社，2006：63.

层面。

　　第一，编辑创造的经济利益。出版无论作为组织还是产业，都是一个利益共同体。出版产业链是价值链，是关系链，实际上也是利益链。编辑参与出版物生产和利益分配，在出版活动中往往居于生产组织的核心地位，尤其是策划编辑或组稿编辑，几乎参与出版的整个流程。在市场经济条件下，编辑被视为出版利润的主要创造者。国内很多出版单位也将编辑利益和其所创造的利润挂钩进行利益分配。的确，编辑所在的出版产业是国民经济的重要行业之一，出版产业创造了巨大的物质财富、经济财富和精神财富。无疑，编辑是财富的创造者。我们需要反思的内容主要包括：一是编辑满足了谁的经济利益？也就是说，编辑为谁创造了经济利益？是为个人还是为所在企业创造了经济利益？甚至，推而广之是为国家创造了经济利益？明确创造经济利益的目的，澄清个人、企业和国家间的利益关系，为激发编辑活力和创造力提供动力，从动力源上解决思想问题应是编辑学研究的立论之基。二是出版组织的经济利益是如何被量化和计算的？简言之，经济利益可以被简化为利润，就是在编辑出版活动中所投入的活劳动和物化劳动与劳动成果销售收入之比，有正负利润之分，衡量方法通常有成本费用净利润、销售净利润、销售毛利率、资产净利率等。在实操过程中，各出版社计算纯利润和毛利润的方法各不相同，但基本会计准则肯定是一致的。然而，问题是编辑个人、编辑团队和出版企业真能把创造利润所付出的劳动量化吗？三是编辑是如何参与经济利益分配的？在出版生产关系中，作为创意的源头和劳动成果产品的实现者，编辑居于中心地位的事实毋庸置疑。但是，由出版的文化创意特点所决定，出版物宣传、推广、营销和销售也是实现利润的关键因素。如何平衡产品生产者和销售者之间的利益分配始终是出版管理中的难题。同时，编辑个人也只是编辑团队的一分子，如何平衡个人和团队的利益分配也是现实中的难题。解决现实问题，不仅需要智慧，还需要从理论上突破，探索一个令人信服的出版分配理论也同样是现实问题。我认为，在出版利益共同体内，量化出版劳动量是必须的，但我们也必须认识到，量化并不是万能的。出版活动中的生产关系，是互相赋能和互相制约的关系，团队的作用往往大于个人的作用，换言之，个人能力的实现需要以团队为基础。因此，以团队为经济利益分配单元应是一个现实的有效选择。当然，团队内的再分配也是一个不得不面对的技术问题。

　　第二，编辑创造的精神利益。利益驱动、精神驱动和权力驱动是出版共同体健康、协调、可持续发展的基本手段，其目的是创造物质财富和精神财富，也就是经济利益和精神利益。编辑所创造的书籍是精神产品，精神产品是精神利益的载体。所谓精神产品，"是指通过人们的精神劳动生产出来的能够满足人们精神文化需要和人类精神文明发展的产品"①；所谓精神利益，"是一定社会形态下人们精神需要的满足"，是相对于物质利益而言的，"是社会可能赋予个人的除物质利益以外的荣誉、评价、称号、评议和认识的统称"。②精神利益具有持久性、延续性、叠加性、继承性、时代性、相对独立性等特点，与物质利益可以相互补充和转化。具体到编辑所创造的精神利益，我认为应重点研究和探索三个层面的问题：一是编辑个人权威影响力。权威是指"使人信服的力量和威望"，是指"在某种范围里最有威望、地位的人或事物"，成为不同学科、不同专业或不同出版门类中的编辑权威，是每一位编辑应当追求的人生目标之一。事实上，20世纪以来，每个出版领域都涌现出了著名的权威性编辑，如现代小说领域的叶圣陶、诗歌领域的臧克家、文史领域的周振甫等，他们的编辑识见、编辑思想、编辑技巧和编辑方法影响了一代又一代的后来者。二是出版企业品牌影响力。编辑创造的显性利益是经济利益，他们所创造的隐形利益则是精神利益或影响力。编辑通过创意策划、编辑出版具有市场竞争力、内容影响力、大众传播力和持久生命力的书籍，通过不断积累高质量、高水准、高品位的系列书籍，通过出版精品书籍和品牌书籍，从而构建起被广大读者广泛认同的出版企业品牌。如商务印书馆、中华书局、三联书店等品牌出版社，它们的品牌形象正是构建在一代代著名编辑和一大批著名书籍书系的基础之上的。三是国家文化软实力影响力。相对于经济、科技和军事硬实力，在信息文明时代，一个民族和一个国家的文化、思想、道德、价值观、社会制度的软实力越来越具有更广泛、更深入、更持久的影响力，而书籍是文化软实力的重要载体。编辑在缔造国家文化软实力的进程中，起到了不可或缺与不容忽视的作用。无论是书籍出版"走出去"，还是"引进来"，我们都不能忽略编辑的身影。书籍中所蕴含、所承载的意识形态、价值观念、制度模式、标准规范、道德道义和文化理念等，以其凝聚力、感染力、吸引力、亲和力的影响力为表征，达到影响和控制他人、他国思想和行为的目的。无疑，编辑通过书籍为国家创造了不可忽视的精神利益。

事实上，出版就是由意义共同体和利益共同体所构成的，编辑不仅是意义的创造者，也是利益的创造者。意义和利益不能完全由社会效益与经济效益所代替，出版的意义和利益具有更大范畴的解释空间。我们不能将意义和利益对立起来，正如不能将社会效益和经济效益对立起来一样，意义和利益共同构成了出版共同体。

---

① 杨云善，古杰一. 利益 精神 权力：三元协调驱动论［M］. 石家庄：河北人民出版社，2013：74.
② 杨云善，古杰一. 利益 精神 权力：三元协调驱动论［M］. 石家庄：河北人民出版社，2013：5-6.

结　语

　　通过对编辑属性的考察和研究，我们发现，编辑作为一个社会角色，编辑身份、编辑对象和编辑成果三者是一个合一的动态过程。在编辑活动过程中，我们不能抽走三者中的任何一项，否则，编辑活动便失去了意义。基于这个前提，编辑必须将手中的文本转化为出版物而走向市场或需要它的读者，编辑活动才拥有意义；为了满足读者的知识、技能和精神需求，出版物必须既是实用的知识和技能的载体，也是思想和智慧的精神载体；为了实现出版物意义和利益共同体功能，编辑必须具备与其相匹配的技术和艺术实操能力；在将文本转化为出版物的过程中，编辑必须既要有创新性，也要对文本进行规范化加工；为了实现出版效益的最大化，编辑必须在组织内部扮演协调者的角色，面向外部又必须成为一个社会活动家。因此，在出版活动中，事实上，编辑活动具有不可分割的双重属性，即编辑兼具原创属性和规范属性、内部属性和社会属性、技术属性和艺术属性、物质属性和精神属性、意义属性和利益属性。厘清编辑的属性问题，将有助于我们解除编辑角色分裂感或消弭角色分裂感，将有助于我们培育编辑职业存在感和自豪感，将有助于我们找到或拥有编辑岗位职责的意义和利益。

论读者数字化

◎ 耿相新

摘要：通过对读者、阅读、读者数字化概念的历史性梳理，揭示了数字化技术深度改变了读者的阅读行为和阅读生活。概括说来，读者数字化的表征主要有：读者阅读对象数字化、读者阅读终端屏幕化、读者阅读方式全时空化、读者阅读场景视听化、读者阅读身份用户化、读者阅读行为社交化。同时以调查数据为依据指出数字化的确给读者带来了一些负面影响。然而，读者数字化也重新构建了新的文化意义，主要是阅读规模大大拓展、读者本体地位上升、数字阅读开始形成新的意义共同体和利益共同体、读者数字化阅读能力持续增强。

关键词：阅读；读者；读者数字化

信息技术改变了人类的生活和社会面貌。数字化生存已经不再是一本书的作者的理念和观点，而是成为人们的现实生存状态和生活方式。数字化已经渗透到人类生活的"毛细血管"，阅读生活也毫不例外。作为阅读的主体——读者，我们甚至可以断言，作为一种身份，他和她已经被数字化覆盖；作为一种阅读行为，他和她还保留了纸质文本的尊严。但纸质文本，除了纸质材料本身，它的制作过程也几乎是数字化的天下。读者被数字化已经不再是一种趋势，而是一种现实存在。而数字化的读者，意味着读者主动寻求数字化。也就是说，我们可以将读者与数字化的关系，分为读者的数字化和数字化的读者两种。身为读者、作者、编辑和出版人，我们见证了阅读行为的数字化和被数字化的过程。然而，作为一个读者，我们的阅读行为是如何被数字化的？读者数字化的表征是什么？读者的数字化是不是意味着读者的被解构？后数字化的读者意义和困境何在？这一系列问题，因为我们身处其中，

---

* 本文原载于《现代出版》2022 年第 6 期，收入本书时有改动。
** 耿相新，中原出版传媒集团总编辑、编审。

实际上，作为出版人，我们并没有进行有意识的、理性的、深度的、适用的追问。本文提出"读者数字化"的问题，试图从概念、表征和意义三个方面进行梳理和回应，以此就教于同道。

一、读者数字化的提出

读者与阅读总是如影随形。读者源于阅读。反之，读者是阅读的主体。在界定"读者"的概念之前，我们必须首先明确"阅读"的内涵和外延。阅读是一个动态过程，阅读行为具有历史性。因此，阅读本身也随着时代的变化而变化，而当下的数字化阅读只是阅读历史场景中的一种。至少，我们可以将阅读场景区分为：口语时代、书面语时代、印本媒介时代、音像电子时代、数字媒介时代。这种区分立足于传播媒介，并不是一个线性的历史发展或替代过程，而是后一个时代往往包含前一个时代的阅读场景。实际上，数字化阅读时代的阅读场景中，同样也存在着前时代的所有阅读形式。

（一）阅读的定义

从语源学的视角去探讨"阅读"的演变，有助于我们理解阅读的本义。古文明时代，"阅读"一词或"阅"和"读"就已随着文字符号的诞生而出现。汉字中的"阅"和"读"是两个字。《说文解字》曰："阅，具数于门中也。"① 具数的意思是数数，含有计算的意义；门中可以理解为室内。据《辞源》，"阅"字的古义有查点，计算；检阅；考核，视察；积功；经历，阅历；搜集，汇集；看；校勘文书；容，容纳等。其中，"看"就是阅读、阅览的意思，如杜甫《八哀诗》中"阅书百纸尽，落笔四座惊"、《旧唐书·段成式传》中"秘阁书籍，披阅皆遍"的句子，其本意就是读书和阅读。②

阅的本意，源自人的视觉系统。"读"的古义主要有诵读；阅，看；说出，宣扬等。《说文解字》释为："读，诵书也。"③《诗经·鄘风·墙有茨》言："中冓之言，不可读也。"④ 此"读"，为说的意思。《孟子·万章》言："诵其诗，读其书，不知其人，可乎？"⑤ 此"读"，是"诵"的意思。读的本意，与听觉系统关系更为密切。"读书"一词在汉语中出现于春秋时期，如《国语·晋语》记载"文公学读

---

① 许慎. 说文解字 [M]. 北京：中华书局，1963：249.
② 商务印书馆编辑部. 辞源修订本（重排版）[M]. 北京：商务印书馆，2010：3524.
③ 许慎. 说文解字 [M]. 北京：中华书局，1963：249, 51.
④ 周振甫. 诗经译注 [M]. 北京：中华书局，2010：61.
⑤ 焦循. 孟子正义 [M]. 北京：中华书局，1987：726.

书于卫季",孔子说"诵诗读书,与古人居;读书诵诗,与古人谋",子路说"有民人焉,有社稷焉,何必读书"。由以上所载,我们可以看出阅书、诵书、读书的分野,但我们更应品读出它们的共性,阅、诵、读是一种人的行为,行为的主体是人、是读者、是诵者、是阅者,而客体则是书、文本和诗篇,他们共同构成了一个"与古人居"式的获取意义的过程。

在人类古文明时期,阅读的出现与文字符号系统的发明和应用相伴而生。迄今所知,人类最古老的文字是苏美尔人所使用的楔形文字,苏美尔语中的"阅读"一词,意思是"计数、计算、考虑、记忆、背诵、朗诵",它强调了文字与声音的关系,文字将声音书写了下来。如用12块泥板,以楔形文字记录下来的口头流传的史诗《吉尔伽美什》,在公元前1200年左右完成。这部史诗,以书写完成了声音记录,但其阅读又还原成为声音。古埃及语中表示阅读的词,也含有"朗读"的意思。如公元前1300年一位埃及书记员吟诵道:"是书卷让后人把他追忆,是读书人把他的故事传扬。"① 读书与传扬结合在一起,阅读与声音结合在一起。稍晚的语言,希伯来语中的"阅读",含义主要是"诵读书面文本""召唤、号召、背诵、宣告"等。古希腊语的"阅读"一词,含有"我读,我认识,我大声朗读"的意思。拉丁语中的"我读"一词,还包含"我收集、汇集;选择、挑选;熟读、研究;读出、朗读、背诵"等意义。中世纪的欧洲语言中,"阅读"一词大多含有"朗读、背诵、播送、宣告"的意思。② 从以上所引,我们也找到了一个共同点:朗读和背诵,听觉和视觉合一为朗读,听读合一、以听为读是其基本特点。朗读的主体是发出声音的用眼睛读数字、读文件、读文本、读书籍的人,也就是读者,而客体就是文字符号系统和听众。

综合东西方"阅读"的语源和语义,结合20世纪50年代以来学者对阅读史、阅读学和阅读理论的研究,尤其是基于计算机时代数字化技术覆盖性地进入文本和阅读领域,我将"阅读"定义为:阅读是人通过不同感官以感知、接受、体验、存储、分析、判断、想象、思考、理解、阐释、解码外部符号系统而生成意义和情感的社会化、个体化、互动化的动态心理和思维过程。简言之,阅读是阅读主体(读者)从符号系统中提取和生成意义或情感的过程。阅读的主体是读者,其客体则是符号系统,而二者相互作用的结果便是生成新的意义。

(二)读者的概念

读者是阅读行为的主体。作为一种身份,读者也可以被理解为阅读者。"读者"

---

① 费希尔. 阅读的历史[M]. 李瑞林,贺莺,杨晓华,译. 北京:商务印书馆,2009:11.
② 费希尔. 阅读的历史[M]. 李瑞林,贺莺,杨晓华,译. 北京:商务印书馆,2009:55.

一词,最早可追溯到公元前3世纪的庄子,他在书中说,桓公读书于堂上,轮扁问桓公:"'敢问,公之所读者,何言邪?'公曰:'圣人之言也。'曰:'圣人在乎?'公曰:'已死矣。'曰:'然则君之所读者,古人之糟粕已夫!'"① 显然,庄子口中的"读者",指的是阅读的对象,即所读的书。但从齐桓公读书行为的场景中,我们已经找到读者这个角色,齐桓公是阅读的主体,即读书的人,即读者。以此推之,"昔者周公旦朝读书百篇"、晋"文公学读书于白季"、"子夏读《书》"记载中,周公、晋文公、子夏就是阅读行为中的主体,也就是读者。"读"在汉字的构造中"从言",与声音相关,含有读音的意思。东汉班固在《汉书·艺文志》中说:"《仓颉》多古字,俗师失其读,宣帝时征齐人能正读者,张敞从受之。"② 南朝刘勰在《文心雕龙》中言:"扬、马之作,趣幽旨深,读者非师传不能析其辞,非博学不能综其理。"③ 扬指扬雄,其作指《训纂篇》,马指司马相如,其作指《凡将篇》,二者均为识字之书。刘勰书中的"读者"实际上应是"正读者",这里的读应理解为读音的意思。所谓"正读",也就是指辨正音义的行为。现代意义上的读者概念,在东汉时期稍晚于班固时就已经出现。比班固稍早的桓谭已经用到"读者"一词:"及相如之吊二世,全为赋体,桓谭以为其言恻怆,读者叹息。"④ 桓谭的评论本出自其《新论》一书,但此书已佚,我们不能遽论其一定说过此言。然而,比班固稍晚的王充,在《论衡》一书中所说的"读者"一词,却是确定无疑地属于现代意义上的读者概念。王充在《论衡·自纪篇》中说:"今所作新书,出万言,繁不省,则读者不能尽;篇非一,则传者不能领。"⑤ 除"读者"一词外,王充在其书中多次用到"观读之者""观读"和"观览",由此可见,王充眼中的读者,观、读是合一的,读书是其基本含义。《现代汉语词典》将"读者"解释为"阅读书刊文章的人",这一释义也许就选取了王充的部分语义。

人类最早的一批读者是美索不达米亚苏美尔人书写楔形文字的书记员,他们既是符号作者,也是自己符号的读者。楔形文字符号除作者自己阅读之外,其同伴也会朗读以让其他人明白其意义。换言之,最早的读者是听读者。苏美尔人在朗读之外,还出现了"研读",亚述帝国(Assyrian Empire,公元前935年—前612年)的国王巴尼拔(公元前668年—前627年在位)自诩能"读懂挪亚时期大洪水泛滥之前写下的书板",在他收藏的至少25 000块以上刻字的泥板中,他在其中一块医学书板上说,"我掌握最精湛的书写艺术,是之前所有君王所不及的";"我重视选择

---

① 郭庆藩. 庄子集释 [M]. 北京:中华书局,2012:493-494.
② 班固. 汉书 [M]. 北京:中华书局,1962:1721.
③ 刘勰. 文心雕龙注释 [M]. 周振甫,注. 北京:人民文学出版社,1981:420.
④ 刘勰. 文心雕龙注释 [M]. 周振甫,注. 北京:人民文学出版社,1981:139.
⑤ 黄晖. 论衡校释 [M]. 北京:中华书局,1990:1201-1202.

真传经典之外的东西和学习充满智慧的教诲"；只要与医术有关，"我都会写在泥板上，经检查核对，然后存放于宫殿之中，以备研读"。① 巴尼拔是书写者，是作者，也是阅读者和研读者。埃及人继承和发展了楔形文字的文化传统，其文字的书写者和读者在多数情况下也是合一的，都是由书记员担任的。古希腊时期，苏格拉底倾心于口语世界的抑扬顿挫，听作者背诵自己的作品是听众、听读的主要传播方式。苏格拉底说："我也敢肯定你斐德罗不止一次地听吕西亚斯背诵他的作品，一遍遍地要他重复，而吕西亚斯则非常乐意照办。但即便如此仍不能使你满足。到最后，你把手稿要到手，开始熟读其中最吸引人的部分。"② 随后，苏格拉底请求斐德罗："你可以选一种最适合朗诵的姿势，开始读给我听吧。"③ 作者背诵，一位读者朗诵给另一位听众听读，斐德罗既是读文本的人，也是朗诵文本的人，他是一位完整意义上的读者，而苏格拉底则是一位听读型的读者或者听众。这一读书场景被苏格拉底的学生柏拉图用书面语记录了下来，柏拉图口头上赞同口语传播，但他积极的书写行为却证明自己是书面语传播的拥护者。柏拉图既是苏格拉底对话和自己与人对话的记录者，同时也是书面语文本的阐释者和读者。柏拉图"有搜集各种书籍（诗歌、哲学、戏剧、数学，等等）的嗜好"④。柏拉图创办的学园（公元前387年）中，设立了一个专门图书馆，其中有一个"审读的住处"，供读者大声朗诵书籍用。亚里士多德是这里的朗读者，也是内容的审读者。"审读"成为一种读者行为，甚至，这一行为还成为一种传播控制程序。柏拉图说过，"在当着学园成员的面大声朗读之前，他不认为有什么著作是出版了的"⑤。古罗马发扬光大了希腊的朗读传统，并将其推到了前所未有的"大众朗读"和"公众朗读"的程度。罗马诗人贺拉斯说："在广场的正中央甚至公共浴池里朗读自己作品的人非常多。"⑥ 在公元1世纪末的罗马，"整个4月，可以说没有哪一天没有朗诵会"⑦。基督教兴起之后，朗读从公共场所转向了修道院和家庭。公元9世纪前后，读者的阅读行为开始转向默读，个体化与个性化的读者也随之兴起，听读逐渐退居次要地位。

通过对中西古代读者阅读行为的梳理，结合20世纪60年代兴起的"读者反应批评"理论，并对数字时代的读者角色进行观察和思考，我将读者的定义概括为：读者是具有一定阅读能力、阅读需求、阅读目的和阅读环境的，并在观看、收听或

---

① 费希尔. 阅读的历史 [M]. 李瑞林, 贺莺, 杨晓华, 译. 北京: 商务印书馆, 2009: 19-20.
② 柏拉图. 柏拉图全集（2）[M]. 王晓朝, 译. 北京: 人民出版社, 2003: 136-137.
③ 柏拉图. 柏拉图全集（2）[M]. 王晓朝, 译. 北京: 人民出版社, 2003: 140.
④ 斯塔伊克斯. 书籍与理念: 柏拉图的图书馆与学园 [M]. 王晓朝, 译. 北京: 人民出版社, 2015: 8.
⑤ 斯塔伊克斯. 书籍与理念: 柏拉图的图书馆与学园 [M]. 王晓朝, 译. 北京: 人民出版社, 2015: 8, 13-14.
⑥ 萨雷丝. 古罗马人的阅读 [M]. 张平, 韩梅, 译. 桂林: 广西师范大学出版社, 2005: 66.
⑦ 萨雷丝. 古罗马人的阅读 [M]. 张平, 韩梅, 译. 桂林: 广西师范大学出版社, 2005: 77.

触摸、感知符号系统的阅读过程中获得、阐释、扬弃和生成意义的，具有某种社会化身份特征及意识的个体或集体。在计算机技术被发明和广泛应用之前，文本长时间是读者接受、朗诵、阅读和阐释的对象，作者、文本和读者共同构成了古代乃至现代的阅读场景。但随着数字技术和网络技术的发展，阅读对象发生了革命性的变革，读者的阅读行为随之也不得不进入新的历史阶段。

（三）读者数字化的内涵界定

从阅读和读者的定义出发，我们需要进一步探讨读者阅读行为的历史变化及其影响因素，尤其是要厘清当下读者阅读行为之最重要的嬗变和最显著的特征。从读者的阅读行为起源看，读者与其阅读的对象是伴生的。读者最早的阅读对象是图画、数字和文字符号，从这个角度思考，我们还可以将最早的读者视为这些符号的造作者，在传播不发达的早期文明中，作者与读者是合一的。作者与读者之间是符号系统，是文本，是媒介。阅读是人对符号系统或媒介的感知过程，是人有意识、有目的的个人化或社会化的活动，也是由作者、符号系统、读者构成的社会交流活动，三者之间形成了互动关系。既然阅读是活动和过程，那么，这个活动必然具有时间性和时代性。也就是说，作者、读者和符号系统是处于变动之中的。从符号系统的演变来看，人类历史上出现过图画符号、数字符号、文字符号、图像符号、音频符号、视频符号和计算机图形符号等符号系统。这些符号被复制于载体材料上而形成媒介，因媒介的种类依据符号系统和载体介质的不同被区分为纸质图书、有声书、视频书、多媒体、动画、电子书、数据库等形式。载体介质以纸为分水岭，在纸之前有泥板、石头、莎草纸、竹简、缣帛、羊皮纸、贝叶等，在纸之后则有磁盘、磁带、磁鼓、光盘、电子等。1946年，能接收数据和信息、按照指令（程序）进行运算并提供运算结果的第一台通用的数字电子计算机（Electronic Numerical Integrator And Calculator，ENIAC）被发明出来，它所处理的所有数字、文字和其他符号都可以直接被表示为二进制码的两个数字0和1，它对信息源进行数字编码并输入主存储器，经过控制器和运算器，通过信道，最后由接收器解码输出。从此，人类文明进入数字化时代。所谓数字化，就是指将信息转换成数字（通常为二进制代码0和1）格式的过程，是将一个物体、文本、图像、声音或信号转换为一系列由数字表达的点或者样本的离散集合表现形式，形成数字文件、数字图像、数字声音等的过程。因此，任何把模拟源转换为任何类型的数字格式的过程都可以被称为数字化。数字化技术一经发明，旋即得到广泛应用，并迅速渗透到了人们生活的各个角落。毫不例外，读者阅读的所有媒介也迅速被数字化。纸质书籍被数字化为电子书籍，有声书籍、视频书籍、数据库、多媒体、动画等都得以以数字形式呈现。当下，读者阅读的对象或文本，除被数字化制作出来的纸质书籍外，几乎都以数字化的形式呈现。换句话说，我所提出的"读者数字化"，实际上也就是读者被数字化和读者主动数字化的一个过程，这一过程的起点是计算机数字技术和数字化媒介的应用，其行为是数字化阅读，终点是以数字化方式生成意义。

由以上分析所见，读者阅读行为史上最具颠覆性的嬗变是由纸前介质阅读转向纸质阅读，再由纸质阅读转向数字阅读。数字阅读最显著的特征是阅读对象的数字化。除此之外，读者阅读终端屏幕化、读者阅读方式全时空化、读者阅读场景视听化、读者阅读身份用户化和读者阅读行为社交化，也同样是读者数字化的重要组成部分。

二、读者数字化的表征

影响读者阅读行为的因素可以概分为外部因素和内部因素。外部因素主要指读者身处的阅读生态环境，包括政治环境、经济环境、文化环境、社会环境和技术环境等；内部因素主要指读者自身的能力、素质和条件，包括接受符号系统的阅读能力、经济条件、阅读需求、阅读时间、感知能力和创新能力等。外部环境和读者自身素养与能力相互作用，共同促进阅读效果的提升或者限制阅读行为的进展。我们认为，进入21世纪的读者数字化，正是读者外部环境和自身需求交互作用的结果。从外部阅读环境而言，我们认为中国的阅读生态已经进入数字化时代。中国互联网络信息中心（CNNIC）发布的第50次《中国互联网络发展状况统计报告》显示，截至2022年6月，中国网民规模为10.51亿，互联网普及率达74.4%。在信息基础设施建设方面，截至2022年6月，中国千兆光网具备覆盖超过4亿户家庭的能力。[①]通信网络和移动网络已基本覆盖整个国家的区域和国民。从读者自身的数字阅读状况来看，中国的读者正在迅速数字化并逐步缩小与纸质阅读的差距。中国新闻出版研究院发布的《第十九次全国国民阅读调查报告》显示，中国成年国民包括书报刊和数字出版物在内的各种媒介的综合阅读率为81.6%；图书阅读率为59.7%；数字化阅读方式（网络在线阅读、手机阅读、电子阅读器阅读、平板电脑阅读等）的接触率为79.6%；人均纸质图书阅读量为4.76本；人均电子书阅读量为3.30本，各项数据均比上年有不同程度的增长。[②] 具体到数字阅读，中国数字读者的数量规模已达5亿级。中国音像与数字出版协会发布的《2021年度中国数字阅读报告》显

[①] 李政葳. 第50次《中国互联网络发展状况统计报告》发布 [N]. 光明日报，2022-09-01（10）.
[②] 中国新闻出版研究院. 中国新闻出版研究院发布第十九次全国国民阅读调查结果 [EB/OL]. （2022-04-24）[2022-09-24]. http：//www.chuban.cc/yw/202204/t20220424_31774.html.

示，2021年中国数字阅读用户规模达到5.06亿，同比增长2.43%，人均电子阅读量为11.58本，有声阅读量为7.08本。其中，"有96.81%的用户（读者）偏好使用电子阅读，有29.5%的用户（读者）会选择有声阅读"①。以上数据表明，中国网民中有一半的用户是数字阅读的读者。从读者数字阅读的时长来看，阅读30分钟以下的用户阅读有声读物的比例达到37.76，但阅读2小时以上的用户阅读电子读物的比例达到57.97%，这个数字意味着近六成对数字书报刊阅读的读者已经进入深度阅读。从阅读种数来看，人均电子书的阅读量已经达到人均纸质图书阅读量的69.32%，由此，我们也可以说，数字化阅读已经成为一种与纸质阅读并驾齐驱的阅读方式。数字化阅读赶上并超越纸质阅读只是时间问题。

读者数字化首先是从数字化阅读开始的。有学者认为，"数字化阅读指利用数字设备读取信息的活动"②。作为一个概念，"数字化阅读"还有一些争议。但作为一种阅读活动，其语义是无可争议的。③ 结合《全国国民阅读调查报告》和《中国数字阅读报告》，我认为，数字化阅读是指读者或用户借助计算机或类计算机设备终端，获取、读取、浏览、搜索、阅读和理解以数字代码方式编码和解码的文字、图像、音频、视频、虚拟图形符号等内容的一种产生意义的活动。数字化阅读是相对于纸质阅读而言的，这种新的阅读方式所突破的不仅仅是纸质图书、报纸与期刊的内容与媒介形式，更重要的颠覆是，阅读者的身份和行为方式以及生活方式都会随着阅读工具、环境与场景的变化而发生根本性的变化。这些变化已经影响到阅读者的思维方式、行为方式和生存方式，进而已经引起社会思潮、社会结构和价值观念的变革。读者的数字化是立体的、多维度的、多层次的，甚至是全方位的。

（一）读者阅读对象数字化

阅读对象是指与读者发生关系和联系的内容和承载内容的不同符号形式，包括文字文本、音视频和虚拟图形等。我们不能简单地将阅读对象理解为纸质文本或者纸质出版物，事实上，纸质文本或纸质出版物仅仅是阅读对象在一个历史阶段的一种对应形式。在纸介质出现之前，还存在其他介质的文本和文献，与纸介质并存的还有电子介质、磁介质、光介质等文本、文献和出版物。目前，数字化的阅读内容正处于与纸质承载的内容并存的阶段。我们认为，凡是以数字代码编码、制作、存

---

① 温梦华，李佳宁.《2021年度中国数字阅读报告》发布：产业规模突破400亿 Z世代成为阅读主力［EB/OL］.（2022-04-23）［2022-09-24］. http://www.nbd.com.cn/articles/2022-04-23/2236640.html.
② 谭小军. 数字时代全民阅读立法研究［M］. 重庆：西南大学出版社，2022：8.
③ 张慧中. 数字化阅读的喜与忧［N］. 人民日报，2008-10-22；姜洪伟. 数字阅读概念辨析及其类型特征［J］. 图书馆理论与实践，2013（9）：9-11；朱咫渝，史雯. 新媒体时代数字化阅读的审视［J］. 现代情报，2011（2）：26-29.

储、传输、传播、解码、接受和呈现的供读者阅读使用的出版物都应被视为数字出版物，根据《中国数字出版产业年度报告》，涉及的种类包括电子图书、数字期刊、数字报纸、网络游戏、网络动漫、视频、音频、数据库等，在数字出版产业中还包括在线教育、在线音乐、博客类应用、移动出版等。这是一个出版产业角度的阅读对象界定，可能失之宽泛，但这些数字化的内容却都是经过市场检验的最有效的阅读和使用。我们已经知道，读者自其早期阅读活动时起，就可以根据其阅读内容被分类，据内容而划分读者的分类原则在数字时代依然可以通行。事实上，"全国国民阅读调查"课题组就将成年国民阅读行为依据媒介不同类分为图书阅读、报纸阅读、期刊阅读；依据介质类分为纸质内容阅读和数字化内容阅读，其下又细分为纸质图书阅读和电子书阅读、纸质报纸阅读和数字报纸阅读、纸质期刊阅读和数字期刊阅读，数字化阅读则又被细分为在手机上阅读、在电子阅读器上阅读、网络在线阅读、听书和视频讲书。相对应地，我们也可以将读者区分为纸质读者和数字化读者、纸质图书读者和电子书读者、纸质报纸读者和数字报纸读者等。其实，以20世纪40年代后期数字电子计算机发明，尤其是60年代初期电子书籍的出现为分水岭，我们可以将书籍分为电子书籍（数字书籍）和前电子书籍两个历史时期。而电子书籍，正是数字化的结果。与书籍相适应，读者也进入数字化阅读的历史阶段。

迄今，距原生电子书籍出现只有60年左右的时间，但数字技术被用于出版的速度却是惊人的。《2021年度中国数字阅读报告》显示，2021年数字阅读产业整体规模达到415.7亿元，其中，大众阅读市场302.5亿元，有声阅读市场85.5亿元，专业阅读市场27.7亿元。截至2021年年底，上架作品数量约3446.86万部，其中网络文学作品约3 204.62万部，电子书180.54万部，其他作品约61.7万部。[①] 据《中国古籍总目》统计，中国自先秦至1911年间的书籍数量约20万种，20世纪中国出版的图书不超过120万种，21世纪以来出版的纸质书籍不超过500万种，由此估计中国历史上出版的纸质图书不超过640万种。如果从书籍数量而言，数字书籍的数量已经远远超过纸质图书。以国际出版为例，2019年美国的纸质图书出版种数为20.37万，电子书出版种数为24.64万，有声书出版种数为6.03万，从出版品种数量上数字化产品已经超过纸质出版。[②] 其他国家，如英国、法国、德国、日本等电子出版物的销售数量和占比都保持了增长态势。在英国，"2019年，包括电子书、音频下载、在线订阅和学习管理系统在内的数字格式占国内图书销售总额的19%，

[①] 中国音像与数字协会. 2021年度中国数字阅读报告［EB/OL］.（2022-06-08）［2022-09-24］. http：//www.cadpa.org.cn/3277/202206/41513.html.
[②] 魏玉山. 国际出版业发展报告：2020版［M］. 北京：中国书籍出版社，2021：17，20.

高于2017年"①。日本的电子出版物主要集中于电子图书、电子漫画、电子期刊，电子出版物市场占比"从2016年的11.49%增加到了2019年的19.91%"②。2019年，法国电子图书营业额占总体营业额比例为8.7%，德国占比为5%。从数字出版物市场占比来看，数字化阅读还没有达到革命性的变革，但这一趋势已不可逆，读者阅读对象的数字化仅仅是一个开端而已。

（二）读者阅读终端屏幕化

如果我们将一本纸质的封装型书籍视为一个阅读终端，那么，在纸书之前的阅读终端有泥板书、莎草纸书、竹简书、帛书、羊皮纸书等，之后的阅读终端则是呈现电子书、有声书、视频书、虚拟图形书的阅读器。二者最大的不同是，纸书及其以前的书籍，其符号系统与载体介质是合二为一的直接呈现，而基于计算机的数字书籍，符号系统与承载介质和呈现方式是分离的，内容符号被编码为数字，存储并被程序处理，通过信道传输给接收器，解码并呈现在计算机或类计算机设备（手机、阅读器、平板电脑）的屏幕上，读者所观感到的是各种各样的屏幕。各种格式的类计算机设备屏幕就是所有书籍和类书籍内容呈现的外观终端形式。因此，读屏成为读书的代名词。读屏时代一度成为计算机兴起前期的一个生活热词。

通过数字设备读取信息是数字阅读的基本特征。读者手持一张磁盘或光盘，或者拿一个移动U盘，尽管数字内容都存储在里面，但读者看不到任何内容信息，只有借助计算机或类计算机设备才能读取其内容。数字设备是读者数字化阅读的基本条件。读取电子书的数字设备基本上包括四大类型，即PC（Personal Computer）端计算机、移动端智能手机、手持阅读器和平板电脑。电子图书的生产和阅读进展与计算机技术的进化基本同步。1971年，微型计算机开始进入个人化阶段，电子图书也开始以软磁盘载体与其相匹配进入家庭。20世纪90年代，以CD-ROM为主的光盘载体成为电子图书的主流产品形态，电子书的阅读主要集中于PC端。20世纪90年代中期兴起的互联网（Internet，因特网），以电子网页形式为原创电子书籍内容提供了出版和阅读平台，三千多万部网络小说在PC互联网上被不同国家和族群的读者阅读。2007年，属于通信领域和通信技术的移动互联网（Mobile Internet）开始被大规模应用，这是一项将移动通信和互联网结合为一体的最具影响力的技术应用，移动端智能手机开始成为新的阅读平台。2007年1月，苹果公司（Apple Inc.）发售iPhone智能手机，从此开启了手机阅读的新篇章，手机阅读成为数字阅读的新时尚。截至2021年12月底，中国移动电话用户达到16.43亿户，手机网民规模达到

---

① 魏玉山. 国际出版业发展报告：2020版［M］. 北京：中国书籍出版社，2021：20，23.
② 魏玉山. 国际出版业发展报告：2020版［M］. 北京：中国书籍出版社，2021：115，372.

10.29亿人,移动端成为读者数字化阅读新的主流基地。① 20世纪90年代起,日本、美国的公司就开始研发专业的电子书阅读器(e-book device, e-book reader),但直到2007年11月亚马逊公司(Amazon)推出电子书阅读器Kindle品牌,才掀起全球性电子书阅读热潮。此后,日本索尼公司、中国汉王科技、韩国三星公司等厂家纷纷推出手持电子书阅读器。截至2011年5月,亚马逊公司宣布全球最大的图书电子商务平台上电子书的销量已经超过纸质平装本和精装本的总量,读者的数字化阅读迎来拐点。2020年3月,中国科大讯飞和掌阅公司同期推出全球首款彩色墨水屏电子书阅读器,数字阅读体验进入新的阶段。与电子书阅读器争夺读者阅读的是平板电脑,平板电脑(Tablet PC)是一种以触摸屏为基本输入方法的小型、便携式的个人电脑。2010年1月,苹果公司发布iPad平板电脑,自此平板电脑迅速成为电子书的新阅读平台。以上四种不同规格的屏幕成为中国数字化读者阅读的主流触点,据《第十九次全国国民阅读调查报告》,2021年有77.4%的成年国民进行过移动端手机阅读;有71.6%的成年国民进行过网络在线阅读;27.3%的成年国民在电子阅读器上进行阅读;有21.7%的成年国民在iPad(平板电脑)上进行阅读。② 总体来看,读者通过屏幕获取内容信息已经成为数字化阅读的基本形态。

(三)读者阅读方式全时空化

移动互联网的普及推动了移动阅读,碎片化的阅读遂成为一种生活方式。"碎片化"源自20世纪80年代的"后现代研究",原意指将完整事物切割为各种碎片,而碎片化阅读即"指读者利用零碎的时间获取零碎信息的阅读方式"③。我们知道,互联网是注意力经济,获得关注尤其是获得持久的注意力是互联网企业成功的关键。反过来说,互联网超载的信息是破坏甚至摧毁受众注意力的关键,在海量信息中进行搜索的茫然往往导致受众注意力的破碎化、晕眩化和游离化。作为"受众"之一分子的读者,在移动互联网终端屏幕上被内容推和拉之间,也呈现出碎片化阅读的所有特征。当然,纸质书籍也可以满足读者在碎片化时间里进行阅读的需求,但相较于手中小尺寸的手机屏幕,随时随地的阅读显得更为便捷。而可以全时空地进行手机阅读,是通信技术进步的结果。换言之,移动互联网技术的发展为智能终端阅读提供了不可或缺的技术条件。

移动阅读是建立在移动互联网上的阅读。中国移动互联网发展史有三个重要的

---

① 罗知之.《中国移动互联网发展报告(2022)》正式发布[EB/OL].(2022-06-29)[2022-09-24].http://finance.people.com.cn/n1/2022/0629/c1004-32460664.html.
② 中国新闻出版研究院.中国新闻出版研究院发布第十九次全国国民阅读调查结果[EB/OL].(2022-04-24)[2022-09-24].http://www.chuban.cc/yw/202204/t20220424_31774.html.
③ 将多,杨乔.互联网时代的阅读产业[M].北京:知识产权出版社,2016:65.

时间节点：一个是 2009 年国家开始大规模部署 3G 网络，一个是 2014 年国家开始大规模部署 4G 网络，最近一个是 2019 年国家开始建设 5G 网络。每一次移动互联网的技术升级和普及应用，都给移动阅读提供了技术条件和保障，同时也提供了巨大的商机。中国的移动互联网起步于 2000 年 12 月 1 日，中国移动于此日推出移动互联网业务品牌"移动梦网 Monternet"，开始提供短信、彩信、手机上网（WAP）等业务。2009 年开始的 3G 时代，智能手机上市并大规模流行，手机应用商店 App 阅读得以广泛竞争，微信快速崛起，2013 年 10 月微信用户超过了 6 亿。2014 年开始的 4G 时代，通信技术能够快速传输数据、高质量音频、视频和图像，移动视频和网络直播开始快速发展。5G 时代的开启，我们预测将是长视频和即时课程、可视化场景共享的应用时代。移动互联网包含终端、软件和应用三个层面，终端主要为智能手机、平板电脑和电子书阅读器，应用主要是应用商店 App，软件包括操作系统、中间件、数据库和安全软件等，三个层面无一不与出版物息息相关。移动互联网为智能终端提供了 24 小时待机服务，又为读者提供了凡移动通信网络覆盖的地域均可以提供高质量传输的技术保证。因此，读者借助智能手机、平板电脑和电子阅读器等阅读终端，真正可以在任何时间和任何地点阅读，从而实现了全时空阅读的理想追求。建立在数字技术基础上的读者数字化，只有在技术发展完全满足读者可以随时随地阅读后，才可以说是真正实现。读者阅读方式的数字化，再次佐证技术条件对读者阅读方式的改变起到了约束或者促进的作用。

（四）读者阅读场景视听化

朗读、观读、听读、听书、以听为读、听读合一是原初读者的基本特征，随着 3G 通信技术的发展，读者的阅读行为开始出现返祖的现象。以基于 3G 技术的移动互联网的成熟为分界，我们将听书和有声书分为两个时期。视频讲书和视频书是 4G 技术的产物，留待后面分析，我们先探讨有声书的发展。在 3G 移动互联网之前，听书经历了口语形式、无线广播形式、录音录像形式、电视形式、数字多媒体光盘形式、数字广播播客形式等不同形态；之后则经历了四个时期，即移动听书发端期（2009—2012）、商业化启动期（2013—2015）、高速发展期（2016—2018）和 5G 增速期（2019 年至今）。1G 技术（第一代移动通信技术）实现了语音传输、移动通话，2G 技术实现了文字、图像和低速数据传输，3G 技术让高品质音频和大数据传输成为现实，4G 技术能够传输高质量的视频图像，而以增强移动带宽（eMBB）、超高可靠低时延通信（uRLLC）和海量机器类通信（mMTC）为应用场景的 5G 技术，则可以实现高速率、低时延的人机物即时互联，共时性的场景互联成为现实，长视频的课程和即时视频交流将成为视频阅读的主流阅读方式。2019 年 6 月 6 日，中国工信部向中国联通、中国电信、中国移动、中国广电发放 5G 商用牌照，中国移动互联网正式进入 5G 时代。由此，读者与移动技术的接触面越来越大，读者、听众、观众、受众、用户的边界也越来越模糊，但有一点却是共同的，他们都在越来越被数字化。

有声阅读已经是阅读产业的重要组成部分。艾媒咨询的数据显示，中国有声阅读市场规模自 2012 年开始呈现倍数增长趋势，这与众多听书平台上线有关，比如 2011 年蜻蜓FM 上线、2012 年懒人听书成立、2013 年喜马拉雅FM 和荔枝FM 上线。2016 年，"我国有声书用户（包括实体有声书及数字有声书的用户）规模为 2.18 亿人，在音频技术和用户需求的双重刺激下，2018 年，我国有声书用户规模已经达到 3.85 亿人，年均复合增长率为 26.7%"①。新冠疫情暴发后，听书也呈现爆发式增长。"数据显示，2021 年中国有声行业市场活跃用户规模已达 8 亿人次，相比于 2020 年的 5.7 亿人次，其增长速度、增长规模令人惊叹。"② 不仅中国，西方国家的有声阅读也呈逆势上扬状态。比如，2020 年美国有声读物收入同比上涨 12%，达到 13 亿美元；2020 年英国大众出版物中有声书销售收入为 1.33 亿英镑，同比上升 37%；出版商哈珀·柯林斯出版集团有声书增长 26%；2020 年第四季度西蒙与舒斯特有声书收入增长 34%；等等。③ 以上数据表明，有声书已经成为与纸质书籍、电子书并行的一种书籍形式，其商业价值正越来越受到出版商和平台商的青睐。随着移动互联网技术的进步，以移动听书 App 和移动电台（FM）App 为代表的音频内容，其传播方式越来越多样化，目前，在手机、平板电脑和电子阅读器上，读者既可以选择看，也可以选择听所有的内容。也就是说，读者可以根据阅读的场景随时切换解放手与眼睛的听的相关模式。随着 5G 技术的覆盖率越来越高，读者听书的应用场景也在逐步实现随时随地化，全时空的听书生态正在形成。

我们认为，5G 技术可以让即时视频场景互联，长视频的即时分享和观看将成为未来最重要的数字出版产品，视频的商业价值不可估量。当下的视频平台，正在验证其巨大的应用和商业价值。短视频平台如抖音、快手、哔哩哔哩、西瓜视频等，长视频平台如爱奇艺、优酷、腾讯视频等，二者的总市值和营收规模已经远远超过传统纸质出版产业。《第 49 次中国互联网络发展状况统计报告》显示，截至 2021 年 12 月，中国网络视频（含短视频）用户规模达 9.75 亿，较 2020 年 12 月增长

---

① 刘冰. 数字"新声活"：全民阅读时代"听书"的调查研究［M］. 秦皇岛：燕山大学出版社，2020：37.
② 杨凤. 从"纸读""屏读"到"听读"：未来我们可能会怎样阅读［N］. 光明日报，2022-05-08（12）.
③ 张立. 2020—2021 中国数字出版产业年度报告［M］. 北京：中国书籍出版社，2021：4，147-152，18-19

4 794万，占网民总量的94.5%。① 视频用户规模也大大超过了数字阅读用户。但从严格意义的书籍角度，视频书或视频讲书，短视频讲解和长视频课程等产品形式，我们还没有看到十分成熟的产品，书籍读者的视频化还有待观察。尽管如此，读者的视频化和视听化前景，却是无可限量的。

（五）读者阅读身份用户化

简单地说，用户就是技术、产品和服务的接受者、使用者、消费者。想起"用户"这个词，我们很自然地联想到计算机用户或电脑用户，就像给一个人办理一个身份号码一样，你购买了一部电脑或手机，也需要注册一个用户地址和用户号码，并且还要注册一个只有你自己和计算机公司知道的密码，以便在日后的使用过程中证明自己的身份，如此你便拥有了一个编号的名称。换句话说，作为一个传统纸质读者的你就摇身一变成为一部电脑或手机的用户。由此，我们看到了读者和用户的现代关联、网络关联、技术关联和身份关联。早期的戏剧观众、听众发展到电影观众、广播听众、电视观众，早期的书籍读者发展到印刷版报纸读者、期刊读者，从早期的媒介公众过渡到媒介大众和受众，工业化的影响无处不在。然而，计算机被发明之后，在编码、存储、处理、传输和解码，输入、存储、控制、处理和输出，信息源、信息发送、通信设备、信息接收和信息受众的线性数据和信息传递模型成为经典的计算机技术路线之后，在诸如文字、图像、音频、视频等信息源全部能够被数字化之后，大众传播理论家也创造出信源、渠道、讯息、接受者、效果的传播模型，"接受者"开始被"受众"所替代和指称。但20世纪90年代互联网崛起后，互联网的"网民"与计算机的"用户"进入大众视野，"用户"开始威胁"受众"的地位。读者也逐步被分化，拥有了计算机和在互联网上注册了身份的读者被称为互联网用户，而纸质媒介的阅读者仍被称为读者。随着读者大规模地转移为用户，读者的数字化进程也加快了速度，读者的"双重身份"现象越来越凸显。当然，我们不能将计算机用户、PC互联网用户、移动互联网用户和读者、数字读者、数字化读者等同。截至2022年6月，中国移动互联网用户为10.51亿人，2021年12月数字阅读用户为5.06亿人。此数据显示，移动互联网用户有一半不是数字阅读用户，但数字阅读用户却应当都是数字化的读者。反过来说，数字化的读者已经转化为用户，"用户"也开始威胁到"读者"的地位。"读者"与"用户"身份合一的事实，让我们不得不重视读者用户化这一文化现象，由此而引发的阅读行为、阅读观念和阅读消费的文化转型已经越来越引发社会思潮、价值观念和社会关系的变革。

---

① 中国互联网络信息中心. 第49次中国互联网络发展状况统计报告［EB/OL］.（2022-02-25）［2022-09-24］. http://www.cnnic.net.cn/NMediaFile/old_attach/P020220721404263787858.pdf.

读者阅读身份用户化实现的路径有两条，一条是读者主动用户化，另一条是读者被动用户化。读者主动用户化是读者自己主动参与在线阅读和移动阅读，是读者主动提出数字阅读需求，并主动寻找数字化内容，主动注册为网站用户、客户端阅读软件用户或阅读平台用户。读者被动用户化，是阅读网站和阅读平台利用各种宣传媒介吸引读者注册和关注。我们知道，网络互连协议（IP）为网络中的每一台计算机分配了唯一的逻辑地址，IP 地址是互联网中通信节点的唯一标识，移动电话网络中每一部手机也拥有一个全球唯一的电话号码（IP 地址）。类似的情况是，每个移动 App，如果读者注册为用户，这个读者便拥有了唯一一个身份识别。比如，一旦下载和注册了和阅读、天翼阅读、沃阅读、掌阅、QQ 阅读、中文在线、起点中文网、懒人听书、新浪读书等阅读网或阅读 App，作为读者的你也便拥有了一个唯一的账号身份，由此你也便成为阅读平台的一个用户。成为用户的读者将会被平台运营商贴上标签、被画像、被数据化、被量化、被定位、被管理、被社会化，等等。无论采取什么路径，5.06 亿数字阅读用户的注册规模都是一个读者用户化的明证。

（六）读者阅读行为社交化

阅读行为自其发源起就具有个体性和群体性双重属性。聚集性的朗读和读书无疑是一种社交活动。社交化的阅读行为可以说是读者与生俱来的基本特征。古罗马的塔西佗描述一位作家公众朗读的情形时说："巴绪斯（Bassus）用了一年时间加工润色一部作品，经过不断卑躬屈膝的请求，终于有人同意听他朗诵自己的作品，但代价太大了，巴绪斯得租一块地建成礼堂，还要租凳子、分发讲义。"[①] 在公共场合向公众朗读自己或别人的作品，在古罗马是一种普遍的阅读场景。在中国，春秋末年孔子兴办私学，讲授《诗》《书》《礼》等书籍，这种教学活动也是一种阅读式的社交活动。宗教场所的朗诵经书和早课、晚课读经行为，也是一种群体性的阅读行为。至今，学校和宗教场所的学习场景依然是群体性和社交性并举。但读者阅读行为的个体性也是与生俱来的。比如孔子读《易》，"韦编三绝"，他的阅读行为是个体性的。又如战国时苏秦，"得《太公阴符》之谋，伏而诵之，简练以为揣摩，读书欲睡，引锥自刺其股"[②]。苏秦的读书，显然是个体性的。因此，我们可以将读者区分为个体性阅读和群体性阅读两大类。

在计算机互联网兴起之前，社交化的群体性读者主要局限于各类学校或类学校场所、各类宗教或类宗教场所。但自计算机互联网兴起，尤其是移动互联网崛起之后，读者的社交化阅读特征迅速凸显。比如 2000 年前后兴起的起点中文网

---

① 萨雷丝. 古罗马人的阅读 [M]. 张平，韩梅，译. 桂林：广西师范大学出版社，2005：68.
② 刘向. 战国策 [M]. 上海：上海古籍出版社，2008：39.

(2002)、创世中文网（2013）、纵横中文网（2008）、云起书院（1998）、潇湘书院（2001）、晋江文学城（2003）、17K小说网（2006）、小说阅读网（2006）、红袖添香（1999）、起点女生网（2009）等原创网络文学网站，将网络作家和读者集中在一个平台上，作家在平台上即时创作和即时发表小说作品，读者即时阅读并可以即时发表评论、讨论、留言、私信和分享，读者与作者、读者与读者、读者与平台编辑或后台管理人员由此建立了一个基于作品的社交空间。互联网的本质就是全时空交流、互动、共享和分享，原创文学网站开启了文学创作和读者互动的一个新的场景和形式，网络平台让作家、作品、读者同处在同一个时空和场地，其社交式的互动式创作模式和阅读模式，创造性地推动了读者阅读行为的社交化和场景化。

在PC互联网之后，移动互联网为读者阅读社交化创建了前所未有的技术应用和场景构建。2007年，苹果公司推出智能手机iPhone，其内置Wi-Fi的无线上网功能以及App Store应用商店的开启，为读者搭建了一个超强的无时无地不在的阅读平台和阅读场景。从此，PC互联网上的读者开始转向移动互联网，原PC端的创作、阅读平台也几乎都迁徙到了移动端的App上。[①] 同时，一大批原创性的移动阅读App问世，由此构建了一个以移动App平台为中心的全新的社交化阅读新模式。2022年，最具影响力的移动阅读App主要有掌阅（2008）、QQ阅读（2017）、番茄小说（2019）、书旗小说（2013）、七猫免费小说（2018）、微信读书（2015）、起点读书（2011）、咪咕阅读（2014）、疯读小说（2019）、追书神器（2012）等。头部阅读品牌掌阅的月活跃用户已达1.1亿人，这一社交式的阅读盛况，是纸质阅读的读者所不可想象的。移动用户社交的内容主要包括："给作者提建议，与作者讨论，给出版者提建议，给朋友、其他读者（转）发送摘要、书签、批注、评论、笔记（阅读心得）等。"[②] 而交流的方法则主要是聊天、讨论、评论、转发、上传关注、阅读、推荐、摘录、发表笔记、标签、批注等。随着阅读工具更加便捷，以及阅读软件的内容更加丰富，读者社交化阅读的行为越来越广泛，阅读交流的比例越来越高，阅读交流的内容越来越丰富。随时随地进入社交式阅读成为当今阅读生活的一大特色。

三、读者的解构及其负面影响

在读者角色向用户角色转换的过程中，用户的身份特征叠加于读者的习惯之上，传统读者难免陷入迷茫。面对一本纸质书，作为读者的我购买了它，它是我的资产；

[①] 杨逐原. 社交化阅读中的知识生产与服务研究［M］. 武汉：武汉大学出版社，2021：26-29.
[②] 茆意宏. 移动互联网用户阅读行为研究［M］. 北京：中国社会科学出版社，2016：124.

我阅读它，放下它，再拿起它，我知道在什么地方还能找到我阅读过的内容。但面对智能手机或者平板电脑屏幕时，我不知道我购买的电子书存储在什么地方，也不知道如何快速找到我阅读过的内容，我必须再次搜索和确认。阅读纸质书，让我觉得自己是个读者，而阅读电子书，让我心理上更认同自己是屏幕的用户。就阅读体验而言，纸质媒介阅读与数字化媒介阅读明显存在差异。自1999年开始的由中国新闻出版研究院组织实施的全国国民阅读调查，在调查问卷中区分了纸质阅读和数字阅读，说明官方机构重视并关注到了二者的差异。事实上，数字阅读用户的规模正呈几何级数增长，用户群体已经远远超过纸质媒介阅读群体，读者的身份在数字化内容的阅读和阅读工具的屏幕化过程中，正在被重构。同时，读者数字化的负面影响，以及读者身份转换后的文化意义也需要更进一步的思考。

（一）读者的解构

美国哲学家乔治·J. E. 格雷西亚1994年对作者的身份和功能进行了系统研究，他认为，"读者是现实的或假想中的人群，他们事实上知悉、能够知悉或者打算知悉一定的文本"，读者是"一群阅读者"，也是"一群聆听者"。[①] 他将读者的类型分为读者的作者、意向中的读者、同时代的读者、中间状态的读者和当代读者，读者由个体和群体构成，读者的功能是理解文本。从以上结论，我们可以看出格雷西亚眼中的读者是传统的纸质文本的读者，无论是阅读还是聆听、无论是个体还是群体、无论是现实的或假想的读者，其针对的对象都是文本。然而，数字技术覆盖文本之后，文本的呈现方式发生了变革，读者的角色也必然随之而改变。读者遭遇数字化后，其原有的内涵逐步被解构。引发解构的因素主要有：第一，读者阅读对象从纸质文本走向多媒体、跨媒体、融媒体。纸质文本依然存在，但大多数情况下是以数字化文本和纸质文本并存的形式存在。文本的概念被解构，过去的文本主要由文字符号系统构成，现在的文本则由文字、图像、声音、视频和计算机图形等符号系统综合构成。过去的纸质文本呈现方式是单一的，现在的数字化文本则多以多媒体、跨媒体、融媒体的多种形式呈现。聆听数字化声音和观看数字化视频越来越成为阅读常态。数字文本的多样化也必然带来读者的多样化和多元化。第二，读者阅读行为由深度阅读走向数字体验。阅读专家麦亚尼·沃夫和米瑞·巴莱将深度阅读定义为："可以促进理解的一系列复杂过程，包括推理、演绎推理、类比、批判性分析、反思和洞察。"[②] 进入数字化时代，读者的阅读行为也发生了根本性变化。21世纪初的一项调查报告

[①] 格雷西亚. 文本：本体论地位、同一性、作者和读者 [M]. 汪信砚，李白鹤，译. 北京：人民出版社，2015：232，155，55-56.
[②] 巴伦. 读屏时代：数字世界里我们阅读的意义 [M]. 庞洋，周凯，译. 北京：电子工业出版社，2016：30.

指出："一种基于屏幕的阅读行为正在出现。这种基于屏幕的阅读行为所具有的特征是：在浏览（browsing）和扫读（scanning）、关键词定位（keyword spotting）、一次性阅读（one-time reading）、非线性阅读（nonlinearreading）上花费的时间更多，阅读的选择性更强。与此同时，在深度阅读（in-depthreading）和专注阅读（concentrated reading）上花费的时间更少，持续的注意力更低。"[1] 读者的片段性阅读、碎片化阅读、检索性阅读、快餐性阅读、即时性阅读、实用性阅读越来越普遍。第三，读者功能由理解文本走向多元化。数字阅读是多媒体阅读、融媒体阅读，是社交阅读、社群阅读，是共享阅读、场景阅读，读者在数字传播式网络、社交式网络和服务式网络中，在数字阅读对象的牵引下，跃迁为互联网用户，变为用户的读者不再单纯是理解文本的主体，还是阅读服务的需求者、阅读资源的创造者、阅读服务的提供者、阅读数据的贡献者、阅读文化的创新者。读者的主体性在数字时代得到了强化，读者不仅仅知悉、感知和理解文本，还以即时的社交式交流参与作者、作品的创作，他们在互相交流的过程中也会真实地影响到作品的走向，同时，读者成为作者的可能性也在增强。第四，读者身份从个体化走向社会化。依据阅读场合可以将读者分为公共阅读读者和私密阅读读者，还可以进一步将其区分为群体读者和个体读者，自阅读活动出现以来这两种读者都天然存在。中国雕版印刷术和西方铅活字机械印刷术被发明之后，书籍数量剧增并逐步普及，报纸、期刊出现并得到广泛阅读，尤其是20世纪书籍、报纸、期刊利用电力轮转印刷机被大规模复制后，私密性的个体化阅读逐渐成为主流。但互联网崛起之后，尤其是移动互联网普及之后，以社交为目的的阅读成为主流。"今天，十多亿的人都在用脸书（Facebook），读书已经成为公共行为"，"越来越多的读者随时准备在网络上谈论他们在读的书籍。由于网络社交活动的激增，数字技术把阅读从个体活动变成了一个典型的社会活动"[2] 中国的数字阅读用户2020年年底达到了5.2亿人，其中，62.4%的用户使用电子书App，43.6%的用户登录电子书网站，App和阅读专业网站都具备社交功能，中国数字读者的社会化也属于阅读群体中的主流。从以上四个方面我们可以看出，传统纸质读者的阅读面貌正在被改写，读者的功能更加丰富，读者的身份逐步向社会化嬗变。

（二）读者数字化的负面影响

在阅读世界里，每一次新技术的应用，都会在读者中引起一些生理和心理上的恐慌。电子书问世不久，或者更准确地说是20世纪90年代互联网普及之后，关于

---

[1] 刘子明. 从纸张到数字：信息时代的文献［M］. 王昉，译. 郑州：大象出版社，2013：5.
[2] 巴伦. 读屏时代：数字世界里我们阅读的意义［M］. 庞洋，周凯，译. 北京：电子工业出版社，2016：155.

"阅读危机""书本的危机""书籍消亡""纸媒消亡""读者已死"等观点不绝于耳。连酷爱书籍阅读的比尔·盖茨也曾预言纸质书籍将很快消亡,连带的报纸消亡和期刊消亡也不断地被预言。30年过去后,我们看到的实际场景是,纸书的出版数量逐年增加,电子书的品种呈几何级数增加;报纸仍在有限度地出版纸质版,但内容几乎都转移到了互联网上;期刊的纸质版印刷数量大幅下降或者仅仅按需印刷,内容几乎都转移到了数据库中。书籍、报纸和期刊的内容和逻辑表达形式都生存了下来,相应读者也没有消失。但当读者面对电子屏幕阅读缺乏实体感的文图影像时,眼睛对准的始终是一成不变的冷调的带着规格限制的屏幕,手里握着的是塑料感觉的鼠标或者是手指在智能手机、平板电脑上划来划去的玻璃感,嗅觉不再发挥功能,网上的"冲浪"代替了"哗哗"的翻书声,阅读的体验发生了翻天覆地的改变。屏幕后面无穷无尽永不枯竭的内容,让读者很容易就飘摇于各类符号的汪洋大海中无所适从。由此而言,数字化阅读又的确给读者带来了诸多负面影响。正视数字阅读中的现实问题,是我们每一位读者都应当理性对待的。概括起来,读者数字化的负面影响主要有:第一,沉迷现象。一些网络阅读平台利用沉浸理论,利用读者挑战自我、享受技巧的心理,引导读者在阅读过程中长时间地过度专注;有的网络阅读平台,迎合读者猎奇和娱乐心理,刻意提供色情、暴力、个人英雄主义、拜金、搞笑、戏谑、迷信、幻觉、神魔等刺激性内容,诱导读者沉迷于故事情节中;海量的文字、短视频和音频内容,也诱发一些自制力差的读者长时间无节制地沉迷于各种内容中不可自拔,以致引发视力下降、颈椎腰椎疼痛、心血管等生理疾病,同时还造成失眠、疲劳、精神萎靡、焦虑症、强迫症、抑郁症、孤独症等精神疾病。据对高校学生移动手机用户的调查,陷入严重沉迷程度的读者有4.55%,中度沉迷程度的读者有27.58%,轻度沉迷程度的读者有54.24%,手机阅读沉迷在大学生中已是一个普遍现象。① 第二,浅阅读现象。随着互联网尤其是移动互联网深度介入读者的阅读生活,在任何时间和任何地点都可以在智能手机和平板电脑或其他手持阅读器上进行阅读的技术实现,利用碎片化的时间在不确定的地点完成碎片化内容的阅读,已经成为每一位数字设备用户生活的一部分。碎片化的生活状态必然导致相对于深度阅读的浅阅读,必然导致长时段阅读缺失、长文本阅读缺失和长时间思考缺失。浅阅读就是浏览式阅读、检索式阅读、跳跃式阅读、快餐式阅读、无目的性阅读、即时性阅读、一次性阅读、片段式阅读、碎片式阅读、微型阅读、辅助性阅读、娱乐性阅读和随意性阅读。浅阅读引发了阅读注意力难以集中、理性思考减弱、深度思想缺失、认知错位等问题。据尼尔森网站2013年的调查,"美国网民浏

---

① 茆意宏. 移动互联网用户阅读行为研究[M]. 北京:中国社会科学出版社,2016:139.

览一个网页的平均时间是 1 分 12 秒","之前有一项研究称将近 50% 的用户在网页上逗留的时间不到 12 秒",并且,"网站用户把 80% 的时间都花在阅读首页(正面的内容)上"。① 无法精力集中地阅读是浅阅读的基本表征。第三,视觉疲劳现象。视觉疲劳是一种审美疲劳,是在长时间无目的的视觉刺激下丢失了美感乐趣的疲劳。造成审美疲劳的重要原因是信息超载。目前,数据存储容量单位已经从 TB 级别升级到 PB 级别、EB 级别。具体到数字出版,中国已经上线 3 000 多万部电子书,仅阅文集团一家就生产了 1 000 多万部网络小说;短视频上线数量更加惊人,仅快手一家平台 2020 年就开展了 14 亿场直播;音频平台荔枝 2020 年第四季度月均总互动次数超过 33 亿次;今日头条 2020 年创作者共发布各种体裁的内容 6.5 亿条。② 海量的信息和阅读内容,让读者淹没在视觉和听觉的刺激下,势必造成无中心的迷失、无目标的疲劳和无创造的麻木,由此而导致集体无意识、群氓式盲从和理想的缺失。此外,内容超载还会造成权威性的弱化,甚至虚假信息的广泛传播,造成读者是非观念扭曲、真假内容难辨和事实真伪难分,从而造成人生观的混乱、世界观的迷茫和正确价值观的缺失。

四、读者数字化对文化的重构

由于数字化已广泛伸延到阅读领域,相较于纸质阅读,数字化读者的阅读价值观已经不可避免地发生转向。我认为,阅读价值主要包括读者获取知识和技能、培育自身修养和精神品质、满足社交和情感需求、追求娱乐和消遣、实现创造创作和超越自我的目的。据 2005 年的一项"读者阅读价值取向"调查报告,调查结果发现,"读者在阅读价值取向上认同的先后顺序为名位型、功利型、消遣型、从众型、社会型、研究型、志趣型、修养型"③。PC 互联网已经普及是这次调查的时代背景。名位主要指阅读是为了获得别人的赞扬和尊重,功利则是为了更好地就业、升职和生存。另据 2018 年的一项图书用户行为调查,用户对图书功能和价值取向的整体认知顺序是学习知识、修身养性、消遣娱乐、获取信息、缓解压力、了解社会、指导人生、辅助工作、获得谈资。④ 本次调查的时代背景是移动阅读已经达到高度发达的程度。获得谈资是为了在阅读过程中获得别人的赞扬和尊重,对应的是名位型阅读。学习知识对应的是功利型阅读,是为了获取知识和技能以更好地生存。两个时

---

① 巴伦. 读屏时代:数字世界里我们阅读的意义 [M]. 庞洋,等译. 北京:电子工业出版社,2016:55-56.
② 张立. 2020—2021 中国数字出版产业年度报告 [M]. 北京:中国书籍出版社,2021:147-152.
③ 陈燕丽. 阅读行为的调查与分析 [M]. 天津:天津教育出版社,2007:17.
④ 秦艳华,张洪忠,唐贾军. 图书用户行为研究 [M]. 北京:研究出版社,2019:26-27.

代的阅读价值取向已发生明显变化，为了名声而阅读已经下降到了最后一位，而为了修养而阅读则从最后一位上升到了第二位。相应地，功利型阅读从第二位上升到第一位，而消遣娱乐则一直处于第三位。这说明，两个时代的读者都将消遣娱乐放在重要位置，移动互联网时代的读者更偏重于知识获得的功利性和自身道德修养与自我生活品质的完善。

无疑，我们正处在技术转型期和文化转型期，我们应当以辩证的视角去审视数字技术带来的阅读文化转型。不可逆转的数字化究竟对阅读文化产生了什么样的冲击，与此同时又如何重塑了新的阅读文化，这是一个充满诱惑的时代课题。国内外的阅读研究者，在不同的时间和地点，在不同的语言文化背景里，进行了一次又一次的读者调查，其目的便是想判断清楚数字化影响的结果并预测未来趋势。在研读多种调查报告和发展报告的基础上，我们已经简单梳理读者数字化的负面影响，下面我们来具体分析一下读者数字化对阅读文化重构的意义。

（一）阅读规模大大拓展

数字化给读者的阅读带来了极大的便利，获取内容的便捷性刺激了读者的阅读需求，读者需求的增大又反向对内容提供商和服务商提出了更多内容需求，内容提供商和服务商利用数字技术并升级技术提供更多的数字化内容以满足读者数字化需求。数字技术为读者和生产商提供了一个正向的需求满足机制，数字化实质上形塑了一个由新内容、新读者、新作者、新渠道构成的新阅读产业。数字化带来了图书数量的剧增，尤其是个人自费出版图书的剧增，"根据最新的ProQuest Bowker 报告（2019 年10 月15 日），2018 年美国自费出版的图书有170 万种，在短短五年内增长了264%，根据ProQuest 提供的数据，仅在2019 年一年，美国出版的图书就超过了400 万种——包括所有类型的传统出版和自费出版图书，这是鲍克公司2007 年记录的美国图书出版量的10 倍"[1]。同时，随着智能手机的快速普及，数字阅读用户数量、阅读时长都超过了纸质阅读，一个基于数字阅读的阅读社会正在形成。比如，对2011—2018 年的数据研究发现，2011 年绝大多数的成年国民倾向于"拿一本纸质图书阅读"，而2018 年倾向于"在手机上阅读"的成年国民比例达到40.2%，首次超过倾向于"拿一本纸质图书阅读"的比例[2]。在阅读时长方面，2020 年，中国成年国民人均每天使用手机时长为100.75 分钟，而人均用于阅读纸质图书的时长为20.04 分钟[3]。读者数字化已经完成数量规模的数字化，向数字化阅读社会转型已是

---

[1] 练小川. 美国出版业的10 个可怕真相 [J]. 出版参考，2022（7）：21.
[2] 魏玉山. 2020—2021 中国出版业发展报告 [M]. 北京：中国书籍出版社，2021：171.
[3] 魏玉山. 2020—2021 中国出版业发展报告 [M]. 北京：中国书籍出版社，2021：172.

不可逆转的趋势。

(二) 读者本体地位上升

中国已经是一个用户型社会。据第七次全国人口普查结果，2020年中国总人口为14.11亿。据《第49次中国互联网络发展状况统计报告》，"截至2021年12月，我国网民规模达10.32亿，其中短视频用户规模9.34亿"①。联想到前面已经提及的，截至2022年6月底中国移动互联网用户为10.51亿人，2021年12月底手机网络用户为10.29亿人、数字阅读用户为5.06亿人，2018年有声书用户规模为3.85亿人，这些数据表明，中国已经转型为一个基于手机的用户社会，也是一个短视频的阅读用户社会，尽管数字阅读用户与有声书用户还未过半，但我们可以说，一个由电子书、有声书和视频用户构成的立体的数字阅读社会正在形成。当读者转换为用户，用户个体的意义便得到强化。新媒体用户研究者彭兰认为："新的经济模式多数时候是以节点化的个体为服务对象的，并力图从个体节点中获得可能的资源，无论是个体的数据，还是他们所拥有的知识、信息及其他资源或集体行动力等。"②节点就是新媒体用户，新经济就是基于互联网的共享经济、社群经济、场景经济和数据经济。在新经济网络中，用户的创造性得以凸显，他们作为个体，是个性化需求的消费者，是服务需求的引导者，也是内容资源的生产者。具体而言，用户不仅是阅读平台的订阅者，作为数据流中的一分子，他们还是衡量阅读潮流的引导者。同时，用户还为阅读平台提供了为其他用户阅读的内容资源。数字阅读用户既是内容消费者，也是内容生产者，作为用户，读者呈现出了作者功能。比如，在数字阅读平台上，读者上传了各类内容，这些内容有的是读者原创的，也有的是转发和分享的，但就内容而言，上传就意味着作者行为。用户以订阅的方式，直接为平台提供了商业价值，其消费者的身份也不同于一本纸书的购买者。一本纸书的购买者相对于出版商，是一次性的消费，而数字阅读用户则在购买了阅读服务后不断地为平台创造价值，比如用户频繁地评论、点赞和跟帖，就是在与作者和其他用户的互动中创造了新价值。事实已经证明，用户的阅读行为大大影响到了作者的创作行为。此外，用户的点赞、分享和转发，无形中也引领了朋友圈和其他用户的消费。与传统读者"以作者为中心"或"以文本为中心"相比，数字阅读用户正在成为阅读的新中心，"以数字阅读用户为中心"的现象正在形成。换言之，一个"以用户为中心"的阅读社会正在形成。

---

① 胡正荣，黄楚新. 中国新媒体发展报告 No. 13（2022）[M]. 北京：社会科学文献出版社，2022：245.
② 彭兰. 新媒体用户研究：节点化、媒介化、赛博格化的人 [M]. 北京：中国人民大学出版社，2020：23.

（三）数字阅读开始形成新的意义共同体

我们已经知道，与读者数字化对应的主要是阅读对象数字化和阅读行为数字化，进而言之，读者如何处理与数字化内容的关系，成为我们观照数字时代的重要基点。我们认为，以下几种因素正在赋予读者以新的意义：一是数字化永生的理想追求正在重塑内容符号的生命周期和文化传承，数据、信息、知识和智慧在数字化中将成为人类的长久记忆，数字化技术正在试图记录和存储人类的所有知识和智慧，数字化的读者正在努力适应一个随时增添的一生也难以泅渡的数字记忆内容体。二是内容传播的穿透力正在打破语言、文化、国界和历史时间的限制，以前的所有为内容而设定的边界在数字化翻译软件和互联网平台传播面前，正一步步被打开，内容传播的方式既打破了物理空间的限制，也随着 5G 技术的普及将以低时延打破时间的限制，只有数字化的读者才能适应这场传播革命。三是线上学习和移动学习重构了读者学习的场景，无论是学前婴幼儿教育、K12 教育，还是高等教育、继续教育，任何一个年龄段的教育内容大多被数字化地转移到了互联网上，教学场景线上化、移动化、个性化，学习者和读者正在从线下走到线上，适应无所不在的学习内容和学习方式的转变。四是读者娱乐和消遣的方式正在随着内容极其丰富、方式极其多样和获取极其便捷而改变，数字化的娱乐和消闲已经与人们的生活水乳交融，已经成为人们日常生活的一部分，数字化改变了人们的生活状态和生存方式，也改变了人们的生活态度和生命哲学，读者正在数字化中生成新的生命意义。数字化改变了读者与内容的关系，新内容必然刷新旧观念，一个基于移动的传播和接受的新阅读社会也必然生成新的意义。

（四）数字阅读开始形成新的利益共同体

在中国总人口的 35.86% 成为数字阅读用户的当下，我们必须思考这个数字蕴含的利益关系和现实意义。至少有三点是由读者数字化所引发的：一是由读者数字化而产生了一个庞大的数字阅读产业。数字化催生了"大阅读"，"大阅读"催生了大阅读市场，大阅读市场则催生了数字型大阅读产业。2020 年，传统纸质图书全国零售市场码洋规模为 970.8 亿元人民币，而同期数字出版产业整体收入规模为 17 811.67 亿元人民币，其中移动出版为 2 448.36 亿元人民币。[①] 纸质阅读与数字阅读的规模差距，由此可见一斑。二是超级读者崛起。借助互联网平台尤其是移动互联网 App，个人读书转化为向公众或其他用户荐书，从而树立自己的名声和权威，

---

① 张立. 2020—2021 中国数字出版产业年度报告 [M]. 北京：中国书籍出版社，2021：18-19.

进而获得巨大的平台影响力。比如罗振宇2012年创办"罗辑思维",其行为实质是作为读者的知识脱口秀,是在视频中分享个人读书所得,激扬天下,引来上亿用户的观看,其市值也超过了1亿美元。作为超级读者成功的还有樊登,其2013年创办了樊登读书会,通过讲书而向用户分享自己的阅读心得,2020年10月,樊登读书App注册用户超过4 000万。此外,直播带货的底层逻辑实质上也是通过读书和讲书的方式推介图书的价值,播主就是荐书人、推广人、读书人,同时也可以视其为超级读者,成功者如杨芳等。三是读者数字化成为读者实现自我价值的一条通道。刚刚兴起的"知识网红""知识带货"通过网络直播创造新的阅读价值和商业价值,比如俞敏洪创办的"东方甄选"由董宇辉直播,东方甄选抖音直播间邀请了著名作家刘震云、麦家、梁晓声等,2022年开始爆红,到8月底,其直播间粉丝猛增到近2 500万人,播主董宇辉可以被视为通过读书实现了自我超越和自我价值。数字化阅读正在形成一个由数字化读者、平台、作者共同构成的新的利益共同体。

(五) 数字化读者能力持续增强

数字化的内容供给量以超乎想象的速度和规模突飞猛进地增长,现在一年的内容生产量就可能超过以往几千年的供给总量。面对如此海量的内容,读者的视野得以无限扩展,读者的能力也得以全面提高。概括起来,数字化读者能力的增强主要体现在:一是读者的发现能力增强。数字化的技术基础是编码和解码,以数据库和网页、电子书形式呈现的内容最方便通过检索的方式发现信息和知识,强大的搜索引擎为读者发现信息和知识提供了最便捷的工具,通过搜索实现阅读是数字化时代读者的最基本技能,读者发现知识的能力也随之得到空前提高。二是读者的主动性增强。当各种各样的内容被转移到线上、数据库和互联网平台之后,平台为读者提供了大量个性化的研究工具、学习工具和解决方案,个性化学习成为数字时代的一个显著特征,读者的学习模式和阅读模式也随之发生变化,自主、主动进行个性化学习的能力得到空前增强。三是读者的创造力增强。数字化为读者的创新性提供了便利的条件和动力,一方面,海量的内容为读者打开了广阔的阅读视野和研究视野,为专业研究读者提供了更多的视角和研究工具,从而为专业读者的创新、创造和创作提供了更好的条件;另一方面,数字阅读平台为普通读者提供了便利的评论、标注、点赞或吐槽的机会,也为读者设置了众多发表作品的机会,从而激发了读者的创作激情,其转化为作者的机会大大增多。四是读者的社交能力增强。随着互联网尤其是移动互联网的发展和普及,社交化阅读得以蓬勃发展。移动阅读App无一不设置了以虚拟社交为场景的阅读功能,如用户可以在平台的虚拟场景中进行多种多样的互动,进行好友匹配,查看好友书单,查看排行榜、自己排名,了解他人阅读内容、阅读时长，阅读成为一个媒介，由阅读所推动，一个以社交为特征的数字化社会正在形成。五是读者的自娱力增强。娱乐、消闲、消遣和消解孤独一直是读书与阅读的重要功能，数字时代也可以说是一个娱乐至上的时代，尽管不断有"娱乐至死"的警世醒言，但中国9.34亿人中有90.5%的人每天阅读和观看短视频，其中快手、抖音的用户每天人均使用时长超过100分钟，这一事实的阅读盛况，让我们不得不承认娱乐是阅读的重要动力源。[①] 娱乐性的阅读，让读者在自娱中找到了一条自愈的通道，读者的精神消闲能力得到提高。通过以上梳理，通过重新审视读者的数字化，我们看到在数字化过程中，读者自身也产生了新的意义。无论如何，读者数字化和数字化读者都是当下不可避免的一个社会存在。

五、结语

总之，通过对读者、阅读、读者数字化概念的历史性梳理，我们深刻认识到数字化技术深度改变了读者的阅读行为和阅读生活，甚至，连读者的身份定位也发生了根本性的转变。概括说来，读者数字化的表征主要有：读者阅读对象数字化、读者阅读终端屏幕化、读者阅读方式全时空化、读者阅读场景视听化、读者阅读身份用户化、读者阅读行为社交化。数字化是技术、是工具、是背景，读者在被数字化和主动数字化的过程中，无论多么追求中立化，但事实上数字化的确给读者带来了一些负面影响，主要有数字化读者的沉迷现象、浅阅读现象和视觉疲劳现象，甚至还出现了一些极端的例子。然而，我们更应当理性反思的是，数字化改变了人的生存方式和生活方式，它也通过数字生产力的巨大促进作用，改变了数字化背景下的生产关系、人际关系和社会关系，改变了人类文化的格局。毫无疑问，数字化催生了新的文化意义。具体到读者，读者数字化给阅读文化构建了新的文化意义，主要是阅读规模大大拓展、读者本体地位上升、数字阅读开始形成新的意义共同体、数字阅读开始形成新的利益共同体、读者数字化阅读能力持续增强。我们身处其中的社会，是一个数字化已经覆盖一切的社会，一个不得不数字化生活和生存的社会。作为一个读者，无论情愿与否，我们都不能回避，一个全新的数字阅读社会正在形成。

---

① 胡正荣，黄楚新. 中国新媒体发展报告. No. 13. 2022 [M]. 北京：社会科学文献出版社，2022：245.

作为商品的图书的道德性*

◎ 于殿利**

摘要：图书作为商品的特殊性即是它的突出的道德性体现，它为人类的道德进步而生，也为人类的道德进步而存在。出版产业和图书产品必须把社会效益放在首位，并不构成出版产业和图书产品的特殊性。把社会效益放在首位，仅仅是出版产业和图书产品符合和遵循商业和商品的一般性规律的一个要件。在当前历史时期，认清图书商品的实质，把握图书商品的规律，不忘出版人"昌明教育开启民智"的初心，做好出版和文化工作，是时代赋予我们的使命。

关键词：图书；商品；道德性；管理

在时下的出版产业和学术界，"图书是一种商品"这样的论断应该不会引起太大的争议，然而回溯到20世纪90年代，说"图书是一种特殊商品"都需要勇气。图书确实是商品，因为它具有商品的一般属性，即与其他商品一样，都可以且必须以货币作为交换媒介实现买卖或交易。作为商品的图书也确实具有特殊性，这种特殊性决定了出版产业的特殊属性。这种特殊性必须为我们这些出版工作者所牢记，否则就有违背出版产业规律，把出版业带入歧途的风险。

商品因人的需求而产生，确切地说，人类需求的不是商品的物质形态本身，而是商品所具有的效用，各类商品的各种效用促进着人类躯体的发育和精神的成长，促进着社会和文明的进步，这就是商品道德性的根本体现。一切商品对个人成长有益，对人类进化有益，一方面要求产品本身的效用有益，另一方面要求生产或制造产品的方法至少无害，也就是说产生积极的社会效果，这是其存在和允许在社会上流通的前提。用出版行业的术语来表达就是，对任何商品而言，其"社会效益"都

---

* 本文原载于《现代出版》2020年第1期，收入本书时有改动。
** 于殿利，商务印书馆总经理、编审。

是其得以生产的前提。所谓的经济效益,是结果而不是目的,它因社会效益而存在,且为社会效益而存在。在这方面,作为商品的图书,并没有什么特殊性而言,也就是说,图书也必须符合商品的普遍特性即道德性。图书作为商品确有其特殊性,它的特殊性体现为产品功能与社会效益的统一,换句话说,图书产品的功能和使用价值直接影响人、塑造人,影响社会精神与风尚;而一把水果刀的功能和使用价值仅仅在于削水果,并不直接塑造人的灵魂,并不直接影响社会风尚。因此,也可以说,图书作为商品的特殊性便是它的突出的道德性体现,它为人类的道德进步而生,也为人类的道德进步而存在。作为读者和一般受众,了解和理解图书作为商品的特殊性,对于如何正确地选择和使用这种商品,也具有重要的意义,因为图书商品的特殊性,主要体现在其特殊的产品属性即使用价值上,图书产品的使用价值直接作用于读者。正因如此,在学术上深刻、系统地理解和阐释图书商品的这种特殊性,对于国家制定相应的出版产业政策具有重要的参考价值。

一、商品的道德性与企业的使命

商品是因人的需求而生的,是应人的需求而被制造出来的,因此,它天生就具有人性的特征,具有满足人类正常和健康需求,促进人类身体和人性健康发展的特征。人类有其优点,也有弱点,人性有积极的一面,也有消极的一面,人类生产和制造的商品,以及虽生自天然但用于买卖的商品,必须适应人类正常、健康的需求,必须促进人性积极方面的发展与进化。商品的这一人性特征,使其必然具有道德性,这是命令,是规定,是人类这一物种必须具有的天然命令与规定,否则人将不人。商品的人性和道德性特征在人类的另一制度设计的光照下,得到了更为明确的肯定和彰显。这一制度设计便是,人类只允许对人身体有益、对促进人类健康福祉有益的东西成为商品,在市场上自由买卖、自由流通;而对人身体有害、对人类的健康福祉有害的东西,则禁止自由买卖、自由流通。这是由于人们认识到,人类远不是完美的,人类是有缺陷的动物,人性是有弱点的,所谓自由的商品交换,也需要加以限制。

当今世界,受禁商品或服务(也是一种形式的商品)依受禁的程度和禁售范围至少可以归纳为以下几类。其一是全世界各个国家都禁止销售的商品,即全球公认的公害物品,例如毒品等。其二是由于对其危害的理解不同,有的国家禁止而有的国家不禁止,在有的国家和地区甚至还发展出产业的,例如博彩业等。其三,针对其危害人群的差异,有的国家做出了禁售规定,而有的国家则没有,例如酒和网吧,有的国家有明确的法律规定,禁止向未成年人销售烈性酒,有的国家则明确规定,网吧服务不得向未成年人开放。其四，有的商品既可以用于对人类有益的方面，也可以用于有害的方面，如何禁止或如何管理，各个国家各有其法，其差异固然有理解方面的原因，还可以追溯到文化差异或文化传统根源不同。有的国家可以自由地买卖、持有刀具、枪支等武器，有的国家则将其列为国家管控商品。其五，有的商品，例如烟草，对于其危害性没有得到科学的认定，或者说，没有得到普遍的认同，而该商品又受到许多人的喜爱，甚至成为一种让很多人离不开的生活方式，不同国家也给出了不同的态度。比如，虽然在法律上不便禁止生产和销售香烟，有的国家在销售和推广方面提出了条件性和要求性的法律约束，要求生产企业必须在商品的外包装上印上"吸烟有害健康"的明确标识，任何媒体不得为香烟产品做广告等。在整个人类文明发展史上，我们还应注意到另外一种现象，即在历史上有的时期被禁止的商品，在后来的历史时期可能变得开放，而在后来的历史时期，此前未被禁止的商品可能被列入禁产和禁售名单。综上可以看出，除了全人类公禁的商品之外，其他受禁止、管控和管理的商品，其特征和成因呈现出了一定的差异性，这些差异主要由国家或地区性差异、使用人群差异、历史时间差异和宗教文化传统差异等所导致。说到底，这也是对于"道德"的概念和认知的差异性导致的结果，依然是商品的道德性的一种体现。

  商品的人性和道德性特征，从根本上规定了生产和销售商品的企业的使命，即企业的使命不是为了赚钱，企业不能把赚钱设定为自己的目的，企业的使命只能是以产品的方式，以生产和销售产品的方式满足和促进人类的物质生存需求和精神进化需求，这是极其崇高的事业和职责。正是在不断满足和促进人类日益提高的物质和精神需求的过程中，企业以自己特有的方式创造着人类的物质文明和精神文明，或者说，规定着人类进化和文明演进的轨迹和方式。如果说，需求是人类进化和文明演进的原始驱动力的话，那么发现、创造和满足需求的企业就是人类后天发明的文明发动机，企业这一人类社会重要的发动机，担负着商品经济运行的职责，成为商品经济正常运行的根本性保障，而商品经济则是人类社会和人类文明演进的根本方式。人类的生产与生活就是沿着需求与满足需求、生产与消费、发明与创造，以及以上过程的不断扩大与升级的循环往复道路前行。企业则日复一日、年复一年地创造着属于自己的神话，讲述着自己和社会继承与创造的故事。

  企业的使命是企业存在的根本理由。企业的雏形可以追溯到遥远的古代，在公元前18世纪上半叶古巴比伦王国国王汉谟拉比统治时期（公元前1792—前1750），发布了迄今所知人类历史上第一部完整的成文法典——《汉谟拉比法典》。《汉谟拉比法典》第99条规定：如果一个人以银与另一人合伙，那么他们应当在神面前均分其利益。① 合伙经营可以看成是最早的公司或企业的雏形，《汉谟拉比法典》为此提供了最早的法律例证，也因此成为现代的公司制或企业制度的源头。如果说在古代，人们对企业和企业使命还没有清晰的认识的话，那么在现代社会，对此就有较为清晰的轨迹可循了，实际上现代企业制度和企业的使命，已经作为现代性的一部分，成为现代社会和现代文化最受关注的重要内容之一。在中国，1897 年商务印书馆的创立，标志着现代出版和现代文化的兴起，她为自己设定的"昌明教育 开启民智"的使命，不仅让自己"走上了一条有着明确的出版志愿和文化自觉的道路"②，还为中国现代社会和现代企业树立了楷模，昭示了企业存在的根本理由，警示着企业对自身责任要时刻保持清醒的认识，其影响一直持续至今，商务印书馆亦成为中国出版业的品牌标杆。商务印书馆以现代企业制度展现出来的现代意识和企业文化，也成为其保持 120 余年基业长青的最重要原因之一。在开启现代社会、现代企业和现代文化的西方，一个个著名企业掷地有声的使命宣示，更是有效地注解了企业存在的理由和本质。例如，世界著名的计算机高科技公司惠普公司的使命表述为，"为人类的发展和幸福做出技术贡献"。惠普的创始人之一大卫·帕卡尔德（David Packard）对员工这样讲："我想讨论一下公司存在的根本缘由。换句话说，我们在这里是为了什么？我想，很多人以为，公司的存在仅仅是为了赚钱，这是错误的。尽管这确实是公司存在的一个重要结果，但我们要深入下去，去发现我们存在的真正理由。通过调查，我们最终得出这样的结论，那就是：一群人联合起来，并以一种机构的形式存在，我们称之为公司；这样他们可以完成一些由一个人完成不了的事情——为社会作出贡献。这种说法虽然听起来显得陈腐过时，但它却是根本……你可以环顾周围（整个经营世界），并发现人们好像都对赚钱感兴趣，而没有其他兴趣，但其实深层的驱动力在很大程度上来自要做一些其他事情的渴望：创造一种产品，提供一种服务。概括而言，是要做一些有价值的事情。"这就是所谓的"惠普之道"。

由商品的道德性和企业的使命我们可以清晰地看到，任何产业和任何产品都是以满足个人和社会的需要为前提条件的，都是以促进个人和社会发展为其首要目标的，换句话说，对于任何产业和任何产品而言，满足社会需求或追求社会效益都是自己存在的根本理由，也自然成为其发展的原初动力。从这个意义上看，出版产业和图书产品更加符合这一规律。也可以说，出版产业和图书产品必须把社会效益放在首位，并不构成出版产业和图书产品的特殊性。把社会效益放在首位，仅仅是出版产业和图书产品符合和遵循着商业和商品的一般性规律的一个要件。

---

① 林志纯. 世界通史资料选辑：上古部分 [M]. 北京：商务印书馆，1985：81.
② 范军，何国梅. 商务印书馆企业制度研究：1897—1949 [M]. 武汉：华中师范大学出版社，2014：1.

二、图书从知识到商品演化中的道德立场

图书不是从一诞生就作为商品而出现的，尽管在它还未出生之时，就注定有着旺盛的成为商品的需求动力，而且在一出世就已经显露出了这种需求。在人类文明进化史上，如果用现代出版理念从知识传播角度来追本溯源，图书成为商品大体上了经历了三个发展阶段，即口头知识传播阶段、文本知识传播阶段和产品知识传播阶段。需要强调的是，无论在哪个阶段，图书都鲜明地表明了其道德立场，表现出了鲜明的道德性。

相对于知识而言，图书是较晚出现的，尽管它所承载的内容属于精神范畴，但它首先属于人类创造的物质形态，"书既是美轮美奂的物品，也是人类知识的载体"[1]。在图书这种后来成为人类伟大发明之物出现之前，人类的知识只能依靠口耳相传的方式得到传播。对人类而言，知识在某种程度上意味着生命，它是人类在地球上获得生存机会的重要手段，人类在力量、速度等方面的天然缺陷，决定了其无法只靠这些在与其他动物及自然力的抗争中获得胜算。18世纪中至19世纪初的德国著名语言学家和哲学家赫尔德在研究语言的起源时，揭示了这样一个道理，宇宙中的万物尤其是动物都至少有一种足以让其生存下来的能力，他把它称作本能，例如蜘蛛的织网能力、蜜蜂的筑巢能力、鸟的飞翔能力、鱼的潜水能力，各种野兽所独有的凶猛、力量、速度以及牙齿、爪子、眼睛、耳朵甚至鼻子和舌头等具有的特殊能力等，唯独人在各方面的能力都很平庸，"就本能的强大和可靠而言，人远远比不上动物"[2]，"人赤裸裸地来到世上，他是一种缺乏本能的动物。就此看来，人可以说是世界上最可怜的生物"[3]。人类经验和知识的获得光靠一个人、一群人、一代人都远远不够，处处是凶险，认识无止境，人类必须把难得的经验、知识和技术代代相传，不断积累得愈益强大，人类的生存能力才愈益强大，这是人性的天职。对此，人类的先贤们早有领悟，例如赫尔德就曾指出："如果每个人只为自己从事发明，无谓的重复劳动就会永无止境地延续下去，进行发明的知性便被剥夺了最宝贵的特质，即生长。"[4] 从人类最根本的生存需求出发，知识是人类最重要的生存手段，是全人类共同创造、共同积累、共同传承，因此也必然共同享用的生存手段。知识是把人类联结在一起的天然纽带，知识把人类结成了命运共同体。在文字出现

---

[1] 芬克尔斯坦，麦克利里. 书史导论 [M]. 何朝晖，译. 北京：商务印书馆，2012：97.
[2] 赫尔德. 论语言的起源 [M]. 姚小平，译. 北京：商务印书馆，2014：20.
[3] 赫尔德. 论语言的起源 [M]. 姚小平，译. 北京：商务印书馆，2014：83.
[4] 赫尔德. 论语言的起源 [M]. 姚小平，译. 北京：商务印书馆，2014：118.

之前，人类知识的相互传播主要依靠口耳相传，而在这个过程中，传播方和接受方都体现出了自发和自觉、积极和自愿甚至自得自乐的态度。这就是知识和知识传播天然的道德立场，这一立场在文字出现之后，自然传给了写作文本和图书产品。

  文字出现之后，图书便成为人类传播知识的主要工具和手段，写作文本和图书便成为承载文字的主要形式。迄今所知，人类最早的文字是苏美尔人刻写在泥板上的楔形文字，考古学家发现了大量的楔形文字泥板文书，记载着苏美尔人生产和生活的状况。苏美尔人记载和传播知识主要是通过学校教育的方式进行的，公元前3000年左右，苏美尔便出现了学校，到公元前第三千纪中期，学校已遍及全苏美尔。学校被称为"爱读吧"（Edubba），苏美尔语意为"泥板书屋"。在苏美尔学校遗址中，出土了大量的泥板"教科书"，通过教科书可以看出课程设置大体分为基础语言课、专业技术课和文学创作课。美国著名苏美尔学家 S. N. 克莱默教授对苏美尔人的教育成就作出了极高的评价，他说："可以毫不夸张地说，如果没有生活在公元前第三千纪早期的苏美尔教师默默无闻的创造和努力，科学和知识要想取得今天这样的辉煌成就是难以想象的；文字和知识是从苏美尔传向全世界的。"[①] 古代美索不达米亚出现了一些大大小小的图书馆，其中最著名的当数亚述国王亚述巴尼拔的图书馆，尤其是其中包含了许多"科学"泥板。由苏美尔人创造的、经阿卡德人发展的楔形文字体系，是比较复杂的文字体系，被称为"秘密宝藏"，一般人很难理解和掌握，它只是为一个职业阶层书吏所垄断，苏美尔人的学校也以培养书吏为主要目标，学生毕业后便走上了国家和神庙等大型机构的管理岗。学校学生的主要学习方法就是在泥板上刻写文本，这些文本有的用作教材，有的用作学生的练习本，这些文本可能只在学校范围内才有用武之地，由于文字不普及而难以在社会上广泛传播。

  比古代美索不达米亚文明稍晚的古希腊和古罗马文明，为通过文本和图书传播知识，提供了稍微多一点儿的证据，这些证据甚至能让我们粗略地绘出图书如何变成商品的路线草图。国际学者们的研究表明，在荷马生活的公元前9世纪，希腊就极可能有了文字记录，《荷马史诗》应该是用文字创作的，"很难想象，如此规模的诗作，如果不借助于书写文本，如何可以撰成"[②]，"理性的考据必然得出以下结论：《伊利亚特》和《奥德赛》是以文字书写的形式撰作的，而且有为其抄写的副本以便游吟者记诵同时控制其讹变"[③]。文本的出现，并不意味着知识通过文本销售来传

[①] KRAMER S N. The sumerians, their history, culture and character [M]. Chicago: The University of Chicago Press, 1963: 229.
[②] 凯尼恩. 古希腊罗马的图书与读者 [M]. 苏杰, 译. 杭州: 浙江大学出版社, 2012: 39.
[③] 凯尼恩. 古希腊罗马的图书与读者 [M]. 苏杰, 译. 杭州: 浙江大学出版社, 2012: 43.

播，这时的知识主要还是通过吟诵或朗读的方式来传播，一方面因为找人抄写副本不是一件容易的事，不可能有很多抄本用于销售；另一方面因为当时社会的识字率很低，没有很多人能够读得懂文本。这时期出现了"专业背诵者"，一般大众是通过"专业背诵者"的讲述来获取知识的。在古希腊，通过口头讲述来传播知识的传统一直持续到柏拉图（前427—前347）和亚里士多德（前384—前322）时代。被誉为西方"史学之父"的希罗多德（约前484—约前425）的名篇《历史》（《希腊波斯战争史》），最初也主要是通过口头传诵来传播的。希罗多德的《历史》不仅文笔优美，而且充满了故事性，或者说全书就是由一个个故事构成的，似乎就是专门供口头传诵用的。英国著名古典学家 N. G. L. 哈蒙德指出："希罗多德在编织他的'故事'成为历史巨著方面也大大超过他的前辈。他的流畅的散文甚至经过翻译后也不失其难以比拟的透彻与迷人，这是最适于高声朗读的长篇故事文体。他把他涉猎的范围扩至人类记忆之所及和已知世界的边缘，他撰写了自己搜寻所得的'故事'，也采用了前辈所写的有关个别地区的'故事'。"① 根据史料记载，大约在公元前445年，希罗多德曾在雅典朗诵自己的这部作品。②

在柏拉图和亚里士多德时代之前，图书生产可能就已经存在了，毕竟从文本到图书仅有一步之遥，它们的密切程度有时甚至让人很难对两者作出区分。但希腊人阅读习惯的养成和图书馆的设立与普及，却要从伟大的哲学家亚里士多德时代开始。亚里士多德是古代百科全书式的人物，一生著述颇丰，"他的伟大编纂，无论是关于物理科学，还是关于政治建构，如果没有一批可供参考的藏书，是不可能完成的；而他的实践，树立了一个样板，其门人弟子如狄奥弗拉斯图和美侬等继其踵武，深刻地影响了希腊文学史的进程。可以毫不夸张地说，正是有了亚里士多德，希腊世界才由口头演示过渡到阅读的习惯"③。但是如果要说到这一时期的图书市场情况，或者说图书作为商品的市场表现，还没有足够的材料。研究者指出，"公元前五世纪末至公元前四世纪初，图书在雅典大量存在，价廉易得。阅读的习惯正在发育中，但还没有非常牢固地建立"④。没有养成阅读习惯的社会，就意味着不可能有大的市场，而一个社会阅读习惯的养成受很多因素的影响，对古代社会阅读的主客观条件都形成了重要的制约。尽管古希腊关于文本和图书传播的资料十分有限，但我们还是能够发现有价值的线索，即通过文本的口头传播，对听众和大众也是免费的，无论是作者还是吟诵者和讲述者，并不以营利为目的。

---

① 哈蒙德. 希腊史（下册）[M]. 朱龙华，译. 北京：商务印书馆，2017：532.
② 哈蒙德. 希腊史（下册）[M]. 朱龙华，译. 北京：商务印书馆，2017：534.
③ 凯尼恩. 古希腊罗马的图书与读者[M]. 苏杰，译. 杭州：浙江大学出版社，2012：54.
④ 凯尼恩. 古希腊罗马的图书与读者[M]. 苏杰，译. 杭州：浙江大学出版社，2012：54.

三、图书商品及其道德性变异

所谓的商品经济规律最主要的是供给与需求的规律,也就是通常所说的市场规律。当图书成为商品时,它表现出来的供给和需求规律主要并不体现在经济关系方面,也就是说,作为主要供给方的创作者,其诉求并不在经济回报方面。在作者和读者的经济关系方面,我们看到的恰恰是生产者和顾客之间相反的经济关系。人是思想性动物,人具有表达和传播思想的愿望与需求,思想可以很好地显示其存在、价值和地位,人不是生而知之的,因此人必然具有学习和吸收他人思想的愿望与需求。费希特在《论学者的使命 人的使命》中谈到,人作为自由理性的生物相互之间有两个意向:"首先是传授文化的意向,即用我们受到良好的教育的方面来教育某个人的意向,尽可能使任何别人同我们自己、同我们之内更好的自我拉平的意向;其次是接受文化的意向,即从每个人身上用他受到良好教育,而我们却很欠缺修养的方面来教育我们的意向。"[①] 有需求就有市场,通常意义上的需求指的是购买需求,也就是购买方的需求,但图书成为商品的需求动力最初不是来自购买方,而是来自作者或创造方,具体来说就是作者的表达和传播需求把图书向着商品的方向一步步地推进。这是图书这种商品的第一个特殊之处。另外的推手就是书商,书商在把图书变成商品方面发挥了重要作用,因此在人类的知识传播方面发挥了重要作用,然而同时也正是书商,使图书这种道德的商品产生了变异。在图书成为商品及产生变异这方面,古罗马人的历史记载给予了我们一些珍贵的线索。

古罗马人对诗歌和演讲的喜爱,与希腊人是一脉相承的,这种喜爱成为拉丁文学取得辉煌成就的重要原因之一。另外的原因则在于其文学传播的方式——公众朗读,公众朗读几乎贯穿了整个罗马帝国时期,虽然不同时期的热闹程度不一。可以说,奥古斯都统治时期(前27—14)拉丁文学的"黄金时代"和尼禄统治时期(54—68)的"第二个黄金时代",都与公众朗读的兴盛有直接的关系。"公众朗读从一出现起就引起了罗马知识分子对它长期的迷恋,从而取代了文学作品的其他传播形式"[②],"有文化的罗马人都成了写作狂,他们非常乐于看到自己的作品受到称赞,这也是对共和国时代父辈和先辈们演说成功的一种补偿","皇帝也不觉得自己当一名听众会有失身份:奥古斯都把真心、耐心地参加一次朗诵会看作自己的义务;人们为诺亚努斯的才华发出的阵阵欢呼声吸引了克劳狄,这位皇帝在朗诵会即将结

---

① 费希特. 论学者的使命 人的使命 [M]. 梁志学,沈真,译. 北京:商务印书馆,2011:28.
② 萨雷丝. 古罗马人的阅读 [M]. 张平,韩梅,译. 桂林:广西师范大学出版社,2005:79.

束时忽然到场"①。拉丁文学的两个"黄金时代"，是与罗马皇帝的支持密不可分的。需要特别指出的是，尽管大众朗读对拉丁文学的繁荣起到了积极的作用，但仍然不能从市场或顾客的角度来理解其长久流行的原因，因为市场上并没有这样强劲的需求，听众往往需要作者自己去找，甚至花钱去雇人来听。据塔西佗在《演说家的对话》中记载，"巴绪斯（Bassus）用了整整一年时间加工润色一部作品，经过卑躬屈膝的请求，终于有人同意听他朗诵自己的作品，但代价太大了，巴绪斯得租一块地建成教堂，还要租凳子、分发讲义"②。具有讽刺意味的是，倒是存在一种市场，是被颠倒了的市场，据古罗马作家小普林尼（约61—约113）记载，专门有人花钱从这种市场上雇人来鼓掌，罗马人把这种人称为"靠喝彩吃饭的人"，也就是以为人鼓掌谋生的人。小普林尼还说到了自己的两个刚刚17岁的小奴隶，为了3个古罗马银币的报酬加入了朱利大教堂"靠喝彩吃饭的人"的行列。③

在这种情况下，拉丁作家很难享有现代作者的稿酬收益，"古代人也很难设想从精神创作中谋取利益"④。非但如此，公众朗读在古罗马纯属"公益事业"，古罗马的作家甚至还要倒贴钱。人们不愿意付费听书，可能有经济原因，但还有更为重要的社会观念方面的原因。古罗马著名政治家加图说："诗人这个职业，从前不受尊重；如果有人从事这种职业或沉湎于宴会，人便称他为游手好闲者。"⑤ 在后来的罗马共和国时期，"社会把歌咏家和诗人与跳绳人和丑角等量齐观"，"若有人为金钱的缘故，不戴面具，径直现身舞台，就被认为无耻之尤"，甚而至于，"司风俗的官吏常宣布这类人不能服役于市民军，或在市民大会里投票"，"而且一切市内长官对于任何伶人都依法有权随时随地施以体罚和拘禁"。⑥ 既然没有经济利益的驱动，是什么东西让罗马有文化的人那么热衷于写作和朗诵呢？这便只能从精神方面去寻找动力，而这种动力也确实存在。法国思想家帕斯卡尔说："人显然是为思想而生的；这就是他全部的尊严和他全部的优越性；并且他全部的义务就是要像他所应该的那样去思想。"⑦ 帕斯卡尔还说，人是要追求幸福的，人要追求幸福，"他就必须使自己不朽"⑧，然而人的躯体又不可能不朽，人就只能追求精神不朽，文字和图书能让人的思想世代相传，达到精神或灵魂不朽。古罗马的拉丁作家明显地表现出了这种精神追求的倾向，他们不惜一切代价对公众朗诵自己的作品或诗篇，就是要赢

---

① 萨雷丝. 古罗马人的阅读 [M]. 张平, 韩梅, 译. 桂林：广西师范大学出版社, 2005：67.
② 萨雷丝. 古罗马人的阅读 [M]. 张平, 韩梅, 译. 桂林：广西师范大学出版社, 2005：68.
③ 萨雷丝. 古罗马人的阅读 [M]. 张平, 韩梅, 译. 桂林：广西师范大学出版社, 2005：69.
④ 萨雷丝. 古罗马人的阅读 [M]. 张平, 韩梅, 译. 桂林：广西师范大学出版社, 2005：65.
⑤ 蒙森. 罗马史：第一册 [M]. 李稼年, 译. 北京：商务印书馆, 2017：485.
⑥ 蒙森. 罗马史：第一册 [M]. 李稼年, 译. 北京：商务印书馆, 2017：485.
⑦ 帕斯卡尔. 思想录 [M]. 何兆武, 译. 北京：商务印书馆, 2018：82.
⑧ 帕斯卡尔. 思想录 [M]. 何兆武, 译. 北京：商务印书馆, 2018：82, 90.

得在公众和社会中的声誉,让自己声名远播。出身贫寒的诗人马提雅尔对一位富人这样说道:"我承认我是而且一直都是个穷人,但全世界的人都在读我的作品,人们一看见我就会说:'就是他!'你是不可能变成我这样的人的,而你那种人却是任何人都可以的。"① 马提雅尔说自己的诗"享誉全世界",自己的名字"在受罗马影响的所有城市和国家"都鼎鼎有名。"这种说法符合事实,马提雅尔的声誉的确超过议员、骑士、知识分子等这些罗马上流社会的主要成员。马提雅尔提到过一个路过巴黎的外国人,他向作家索要诗作想带回国,诗人这样说起那些他从未谋面的读者:'我的诗歌不光是让罗马人高兴的,我的书也不是专门写给无所事事的听众的。在国境附近寒冷的热特地区,我的作品被反复阅读,有人说,布列塔尼人还在背诵我的诗呢。'"② 精神回报可能足够了,那么在经济方面,罗马作家们靠什么过活呢?出身富贵的作家靠自身的家财过活,出身贫寒的作家依靠资助过活,资助人和作家之间形成了保护人和门客一样的关系。在奥古斯都和尼禄的两个拉丁文学"黄金时期",同时也是文学资助的黄金时期,贺拉斯、维吉尔、苏埃托尼乌斯和马提雅尔等都是依靠资助进行创作的,最为著名的拉丁文学巨匠贺拉斯和维吉尔,"这两位作家文学创作的数量是和慷慨的资助人的帮助紧密相关的"③。

不管在口耳相传的图书传播方式下,听众是被动还是主动,作家们声名远播是不争的事实。这样的精神动力让他们发现了新的传播作品的方法,那就是作家让奴隶或友人帮助抄写原本,然后把抄好的副本送给作家认为值得送的人,包括在罗马和在罗马以外做官的友人,罗马皇帝也有一份自己愿意接受其赠书的作家名单。实际上,罗马人赠书的传统在共和国时期就开始了,赠书不仅是友谊和尊重的表示,而且"作家将自己的作品送到各类有文化的人士手中,大大促进了共有文化的形成,这对于由不同民族构成的罗马帝国的团结而言是必不可少的"④。另一方面,由于有传播的需求,作家自己找人抄写毕竟有很大的局限,便出现了职业抄写书商,他们雇人抄写然后销售,并出现了几代人从事抄书、卖书行业的书商世家。尽管拉丁作家们对通过书店销售自己作品的方法并不以为然,"因为这种商业行为有悖于文学艺术作品'无偿提供'的观念"⑤,但这种传播趋势是不可阻挡的,书店迅速发展起来。罗马的书店集中在热闹繁华的地区,街边的地摊儿也可以卖书,还出现了在门店张贴广告宣传的现象。在意大利和外省的书店,生意也很兴隆,形成了罗马和亚历山大城两个大的"书都"。"书店里的书价格相对较高,一本做工精致、大红

---

① 萨雷丝. 古罗马人的阅读 [M]. 张平, 韩梅, 译. 桂林: 广西师范大学出版社, 2005: 96-97.
② 萨雷丝. 古罗马人的阅读 [M]. 张平, 韩梅, 译. 桂林: 广西师范大学出版社, 2005: 122-123.
③ 萨雷丝. 古罗马人的阅读 [M]. 张平, 韩梅, 译. 桂林: 广西师范大学出版社, 2005: 92.
④ 萨雷丝. 古罗马人的阅读 [M]. 张平, 韩梅, 译. 桂林: 广西师范大学出版社, 2005: 119.
⑤ 萨雷丝. 古罗马人的阅读 [M]. 张平, 韩梅, 译. 桂林: 广西师范大学出版社, 2005: 113.

封面、配有插图的豪华书的价格是 20 个古罗马银币,最普通的书价值 4 个古罗马银币。当时每亩小麦的平均价格是 2 到 4 个古罗马银币,这样算下来一本普通版本书的价钱大概是一个平民一周的口粮,而一本豪华版本的书则是他们一个月的口粮了。"① 作者原稿和旧版书,往往价格就高得惊人了。作家们为自己作品的传播而高兴,书商们则为卖书赚钱而高兴。致富的书商也会向作者支付稿酬,但据马提雅尔说,他所获得的稿酬与书商获得的利润相比,实在是太微薄了。原则上,书商要征得作者同意才能制作和销售图书,但未经作者同意的情况较为普遍。另外,把著名作者的作品改为自己署名,以及盗用著名作者名义进行创作、生产和销售的情况,也并不少见。可以说,当图书成为商品之时,图书商品特性的变异就随之发生了,一直延续到今天。

四、图书商品的管理特征

图书商品的道德性体现在其独特的价值功能方面,图书商品的价值功能本身就表现为社会效益。图书商品的社会效益简单来说就在于养德,它从传播知识开始,同时培养技艺和德性,让人知书而后达理。读书养个人之德,养社会之德,养民族、国家之德。诚如中国纪传体史学的开创者司马迁在《太史公自序》中所说:"伏羲至纯厚,作《易》《八卦》。尧舜之盛,《尚书》载之,礼乐作焉。汤武之隆,诗人歌之。《春秋》采善贬恶,推三代之德,褒周室,非独刺讥而已也。"② 他还说:"先人有言:'自周公卒五百岁而有孔子。孔子卒后至于今五百岁,有能绍明世,正《易传》,继《春秋》,本《诗》《书》《礼》《乐》之际?'意在斯乎!意在斯乎!小子何敢让焉。"③ 他以孔子的继承人自居,他撰写《史记》,就是要彰显《易传》和《春秋》等经典著作的本意,使后人更好地立身行事,有益于世。在欧洲文艺复兴时期,"人文研究秉持这一观点,即知识是一种德性,使得人们凝聚于'社会'中,培养人们的同情心,通过教育使人文明"④。18 世纪法国著名哲学家和语言学家孔狄亚克说:"各种语言都表现着操这种语言的民族的性格。"⑤ 也就是说,一个民族和国家的语言文字成果塑造和反映着其国民特性、国家形象和民族精神。孔狄亚克明确指出:"语言就是每一民族的性格和特点的一幅真实写照。在这幅写照里,人们可以看到想象是怎样按照偏见和热情把观念结合起来的;在这幅写照里,人们

---

① 萨雷丝. 古罗马人的阅读 [M]. 张平, 韩梅, 译. 桂林:广西师范大学出版社, 2005: 126-127.
② 司马迁. 史记:第十册·太史公自序 [M]. 北京:中华书局, 1982: 3299.
③ 司马迁. 史记:第十册·太史公自序 [M]. 北京:中华书局, 1982: 3296.
④ 芬克尔斯坦, 麦克利里. 书史导论 [M]. 何朝晖, 译. 北京:商务印书馆, 2012: 97.
⑤ 孔狄亚克. 人类知识起源论 [M]. 洪洁求, 洪丕柱, 译. 北京:商务印书馆, 2010: 259.

也可以看到，在每一个民族中，自然形成一种各不相同的精神，这种精神的差异随着民族与民族之间交往接触愈少而相应地愈多。"① 鉴于汇集内容、传递思想、塑造精神的图书这种特殊的价值功能，古往今来各个国家重视图书都比重视其他商品尤甚，很多国家还把图书和图书内容纳入国家管理范畴。

如前所述，一般商品具有道德性，图书商品的功能价值本身就彰显了商品的道德性。然而道德是一种观念范畴，不同的个人、不同的社会、不同的民族、不同的国家，以及不同的历史时期，道德观念都会表现出差异性，对哪怕是同一本书所承载的内容也会有不同的理解、不同的解读，对其"社会效益"也会有不同的判断。因此，对图书内容思想性和"社会效益"的把控，便成为古往今来任何社会和国家必须为之的事业。由于道德观念的差异，图书商品功能价值所具有的特殊性，使得不同图书乃至同一部图书在不同的时空和不同的人群中，呈现出了跌宕起伏的命运悲欢图景。对于违背人类道德原则的一般性产品，人类通过制度设计对其生产和流通进行了禁止、限制和管理，这种制度设计同样适合于图书这种特殊商品。纵观人类知识和思想传播史，我们也可以看出图书商品的管理层次。其一是各个国家都严格禁止的内容，包括宣扬暴力、色情、种族主义和种族歧视等；其二是各自国家严格禁止的内容，包括危及国家主权和领土完整、泄露国家机密，以及破坏民族团结等；其三是不同国家根据自己的实际，加以禁止的内容，例如违背社会习俗、风俗和礼俗等；其四是不同国家根据各自不同的情况，规定需要严格管理的内容。根据内容的性质和用途，图书产品分为公开发行和内部发行，以及全球发行和国内发行等出版方式。可以说，从图书作为商品出现的那一天起，图书生产和销售的市场管理实践就开始了，一直持续至今，而且必将持续下去。历史留下的很多典型性案例资料，至今仍然具有启发意义。早在口耳相传时代，对知识和内容的传播，就被纳入了行政管理范围。在这方面，古希腊人和古罗马人为我们提供了一个个鲜活的案例。古希腊人最著名的案例，来自他们最伟大的智者之一苏格拉底（前469—前399）之死，这件事至今都成为人类之痛，而且将成为永远之痛。苏格拉底被号称当时世界最自由、最民主的雅典国家法庭判处并执行死刑，罪名之一是渎神，证据是"他不尊敬城邦所尊敬的诸神而且还引进了新神"②。罪名之二是毒害雅典青年，败坏雅典青年的思想，在这方面有很多证据，诸如，苏格拉底经常出现在公共场所，"他在早晨总往那里去散步并进行体育锻炼；当市场上人多起来的时候，总可以看到他在那里；在别的时候，凡是有人多的地方，多半他也会在那里；他常做演讲，

---

① 孔狄亚克. 人类知识起源论［M］. 洪洁求，洪丕柱，译. 北京：商务印书馆，2010：259，272.
② 色诺芬. 回忆苏格拉底［M］. 吴永泉，译. 北京：商务印书馆，2017：1.

凡喜欢的人都可以自由地听"①。另外的指控是，苏格拉底在公共场合的演讲和在私下里教授学生，传递和灌输的思想对青年是有害的，例如"他坚持认为，个人对于任何人类权威或法庭强制他走自己认为错误的途径，应不惜任何代价拒不服从"，他断言"个人的良心是至高无上的，是超越人类法律的"。②指控他的人说："他的的确确使得那些和他交往的人们轻视现行的律法，因为他说，'用豆子拈阄的办法来选举国家的领导人是非常愚蠢的，没有人愿意用豆子拈阄的办法来雇用一个舵手，或建筑师，或奏笛子的人，或任何其他行业的人，而在这些事上如果做错了的话，其危害是要比在管理国务方面发生错误轻得多'。"控诉说，"这一类言论激起了青年人对于现有的政府形式的不满，并使他们趋向于采取暴力行为"。③对苏格拉底指控的另一个证据，就更加有趣，内容是他经常朗诵《荷马史诗》中一段篇章，讲述奥德修斯如何在"遇到一个王爷或知名人物的时候，他就彬彬有礼地走到他跟前，站在旁边，劝阻他道：'先生，对您像对懦夫那样用威吓的口气是不妥当的。请您自己先坐下来，然后再让别的老百姓也坐下来吧。'……但在另一方面，当他见到一个普通人在吵嚷的时候，他就用杖打他并大声申斥他说，'你这个家伙，安安静静地坐下来，听听别人的劝告吧，他们比你强多了，不像你这个懦夫和弱者，无论是在战场作战，或是出谋献策，都不中用'"④。控诉者这样说："苏格拉底经常把这节诗解释成好像诗人的意思是赞成责打普通人民和劳动者。"⑤而实际上，"他所说的乃是那些既不能以言语又不能以行动对人有所裨益的人，不能够在必要时为军队、国家或人民服务的人，如果在无能之外，他们还傲慢不恭，就应当受到阻止，尽管他们非常富有"。⑥

在罗马帝国时期，拉丁文学第二个"黄金时代"提供了另一个有意义的案例。根据塔西佗的记载，公元62年，行政长官安提司提乌斯写了一些诽谤尼禄皇帝的诗篇，并且当他在欧司托里乌斯·司卡普拉家中晚餐时，又曾在很多参加晚餐的人们面前朗诵过。因此，他遭到了元老科苏提亚努斯·卡皮托的控诉，卡皮托控诉他犯了大逆不道罪。当选执政官建议免去他的行政长官职务，并依古法斩首，有元老替他求情说："过去许多不同的法律规定了各种惩罚办法，根据这些法律所作的判决既可以使审判官们不致蒙受残暴之名，又可以使时代不致蒙受耻辱之名。老实讲，如果没收他的财产并把他放逐到一个岛上去，他带着罪名生活得越是长久，他个人的

---

① 色诺芬. 回忆苏格拉底 [M]. 吴永泉, 译. 北京：商务印书馆, 2017：4.
② 伯里. 思想自由史 [M]. 周颖如, 译. 北京：商务印书馆, 2014：17.
③ 色诺芬. 回忆苏格拉底 [M]. 吴永泉, 译. 北京：商务印书馆, 2017：8.
④ 色诺芬. 回忆苏格拉底 [M]. 吴永泉, 译. 北京：商务印书馆, 2017：20-21.
⑤ 色诺芬. 回忆苏格拉底 [M]. 吴永泉, 译. 北京：商务印书馆, 2017：21.
⑥ 色诺芬. 回忆苏格拉底 [M]. 吴永泉, 译. 北京：商务印书馆, 2017：21.

痛苦便越会加深，而且人们还能够从他身上看到国家对他的宽大这样一个崇高的范例。"① 这个没收财产、放逐海岛的提议，得到了多数元老的赞同，获得了元老院的通过。塔西佗记载说："不过执政官不敢正式公布元老院的决定，因此他写信给皇帝，向他陈述了元老院会议的意见。尼禄的情绪起初是有些害羞，又有些愤怒，但他终于回了一封信说，'安提司提乌斯没有受到任何伤害就无缘无故地对皇帝讲出了最不能容忍的侮辱言词。元老院应当对这些严重的侮辱罪行给予相应的惩处。元老院理应规定一项同罪行的严重性相适应的惩处。虽然如此，既然他曾建议他们不要作出过分严厉的决定，因此他就不想干预他们的宽大措施。他们愿意怎样决定就怎样决定吧。他们甚至有把他赦免的自由'。"② 结果，安提司提乌斯不可能不受到任何处罚，但他以被没收财产并放逐海岛而保住了性命。关于图书管理的典型案例，还可以举出很多，比如哥白尼、布鲁诺和伽利略等惊世骇俗的巨著及其作者本人的遭遇，揭示了新知识新思想传播的艰巨性，乔伊斯的《尤利西斯》极具戏剧性的命运，则深刻地揭示了图书管理的复杂性。古希腊著名哲学家普罗泰戈拉有一句名言："人是万物的尺度，是存在的事物存在的尺度，也是不存在的事物不存在的尺度。"③ 图书的道德作用是如此之大，使得有史以来的社会组织和社会治理都高度重视它的制造和流通，努力将其引向有益于人类文明进步的发展途径。中华民族有五千多年的文明历史，创造了灿烂的中华文明。过去几十年间，中国和国际社会发生了沧海桑田般的巨大变化，中国进入了社会主义文化建设的新阶段。在这样的历史时期，认清图书商品的实质，把握图书商品的规律，不忘出版人"昌明教育 开启民智"的初心，做好出版和文化工作，是时代赋予我们的使命。

---

① 塔西佗. 塔西佗《编年史》：下册［M］. 王以铸，崔妙因，译. 北京：商务印书馆，2017：545-546.
② 塔西佗. 塔西佗《编年史》：下册［M］. 王以铸，崔妙因，译. 北京：商务印书馆，2017：546.
③ 罗素. 西方哲学史：上卷［M］. 何兆武，李约瑟，译. 北京：商务印书馆，2009：111.

媒体融合的新特征与出版经济的新属性*

◎ 于殿利**

摘要：中国出版业的媒体融合经历了被动应对"野蛮人"悍然闯入的时代、主动求变的全媒体出版时代、技术与内容合体的创新时代三个阶段。出版业的数字革命具有外部进入、快速迭代、技术与内容融为一体的特点，给人类带来了一次新的物质文明和精神文明相结合的产品创新，将出版产品推进了既实又虚的世界。在此背景下，兼具内容创新能力与技术推动能力的出版家和出版企业家成为时代所需。在传统出版形态下，出版经济的感受和体验特性一直被忽视；在媒体融合情境下，出版经济的感受力和体验性得以凸显，场景式与浸入感、现场直播与互动性、知识服务与参与性成为增强这种感受力和体验性的新元素。

关键词：媒体融合；出版经济；数字革命

新一轮的数字科技革命影响了人类所有的生产和生活领域，改变了人们的生产方式和生活方式。图书出版作为知识生产的最重要方式，不仅受到了深刻的影响，而且不由自主地发生了深刻的变化。变化是全方位的，不仅发生了产品形式、产业形态的变化，甚至出版者的角色和地位也在发生着变化，这些变化不仅深刻地影响着出版者的心态和心理，也在深刻地影响着读者的心态和心理。

媒体融合是一场出版革命、书籍革命和阅读革命，甚至还远不止于此。耿相新在《书籍的革命》一文中指出："如果说人类文化从口头文化发展到书面文化是一次革命性变革，那么我们也可以说从书面文化过渡到数字文化也同样是一次革命性变革。作为一种媒介，书籍是书面文化的重要组成部分，而书籍的诞生则始于文字符号的发明。如果从书籍史的角度出发，手写本书籍的诞生和发展相对于口头文化

---

* 本文原载于《现代出版》2021年第5期，收入本书时有改动。
** 于殿利，中国出版集团公司党组成员，中国出版传媒股份有限公司董事、副总经理。

是一次媒介革命，而从手写本书籍发展到印本书籍则是第二次革命。目前，我们正在经历的以电子计算机为技术基础的数字革命，将书籍从印本形式引向数字形式，从印本书籍转向数字书籍是第三次革命。"[1] 书籍的第三次革命，即数字化时代的图书，其本身的复杂性及其所产生的影响和带来的变革，是以往任何历史时期的出版革命和图书革命所无法比拟的。所以，深刻认识媒体融合的出版和数字时代的图书，其意义和价值已远远超出出版和图书的范围，而进入更广泛的社会领域，包括最深层次的思想领域。数字时代的图书与出版，让人感受到了信仰与危机。20世纪世界著名经济学家、现代企业创新理论最早的阐发者熊彼特，在他的代表作《经济发展理论》一书中，提出了"创新就是毁灭"的名言。如何把握住这个创造的时势，同时又避免被卷入毁灭的可能性当中去，可以说既是考量出版人勇气，也是考量出版人智慧的一个时代命题。

越是变革的时代，就越需要信仰和信念，同时也越需要思辨。媒体融合情境下的出版新边界、新特征以及引发的对出版经济新属性的认识等，都极具思辨性和启发性。关于新边界问题将另文论述，本文主要论述新特征和新属性。

一、媒体融合的三个阶段及其特征

从20多年前开始，中国出版业的数字化走过了从数字出版到媒体融合新理念确立的不平凡历程，大体经历了三个发展阶段。这三个阶段呈现出不同的特征，传统出版机构和出版人扮演了和正在扮演着三种不同的角色，一直到今天，这三种不同的角色都足够引发我们的思考甚至是反思。

（一）被动应对"野蛮人"悍然闯入的时代

"野蛮人"这个说法是台湾出版人最早提出的，指的是技术商或技术携带者。他们来自出版产业以外，他们看到了出版领域是数字技术大有可为的领域，更重要的是这是可以很快给他们带来财富的领域，所以就不请自来。在这样的时候，传统的出版业可以说是被闯入，出现的情况就是传统出版和数字出版一开始就处于一种对立状态。技术作为传统出版的敌人，一夜之间就站在了我们的面前，这时候我们面临的是一种绝对对立的局面。所有的技术最终都得有内容，没有内容的对接是不会产生产品的。当这种外来的资本和技术进来的时候，他们是没有内容的，他们就想利用传统出版的内容。从进入者的角度来说，他们并没有理性地审视他们所进入

---

[1] 耿相新. 书籍的革命[J]. 现代出版, 2021（4）：58.

的产业领域和商业模式,并没有抱着资源对接与合作的态度,通过合作的方式达到共赢的目的,而是一进来就意图颠覆传统出版,取代传统出版人,取代传统出版机构。由于内容生产是需要大量成本的,而且是需要长期积累的,他们并不愿意花费太多的内容成本,只想象征性付费或免费从出版社获取内容,所以直接就使传统出版和数字出版处于一种割裂和对立的状态,甚至彼此水火不容。在这样的情况下,出版人只能被动、仓促应战,一开始是以电子书的方式呈现,但是实际上电子书市场一直到现在也没有在中国市场上发展起来。但在这个过程中,又是不得不去做的选项。与此同时,互联网伴随着各种所谓的阅读器发展,但真正有价值的内容很少,假知识、假科学野蛮生长、粗制滥造。因为技术携带商不愿意花费知识产权使用费,不愿意从传统出版商那里获取好的内容资源,短时间内又不可能生产出好的内容,只能自己胡乱拼凑。从这个方面而言,他们所主导的数字产品业态,从一开始就没有像我们传统出版一般,走上严谨、科学的知识生产的创造道路上来。于是,两者又处于泾渭分明的状态。

(二) 主动求变的全媒体出版时代

第二个阶段大概是从 2000 年以后到 2010 年这段时间,传统出版在经过一段时间的被动期后,经过摸索、探讨、思考,充分认识到数字化浪潮是不可阻挡的,传统出版必须主动求变、以我为主,于是开始强调内容与技术的融合,并且很快就取得了初步成果,主要特征就是以传统的纸质出版为主,向全媒体出版延伸,这是一个基本的策略。全媒体出版是一个不同于数字出版的新概念,它不像数字出版那样与传统出版处于对立状态,而是确立了把传统出版包含在其中的融合状态,是传统出版的自我伸展和自愿伸展,而且传统的纸质出版即使不是长期也至少在一定时期内仍然占据主导地位。这个策略的基本出发点在于,传统出版不可能把自己的内容主动交给技术商们,让他们任意去经营,而自己只能成为辅助者甚至沦为附庸,那出版就不是出版了,出版人也就没了,就会被外来的所谓"新出版人"所取代。所以,主动求变、以我为主是必须的。传统出版人赖以为生的内容价值,一方面要精心创造,另一方面要精心维护和呵护。此外,以传统纸书出版为主,向全媒体出版延伸,既是基于现实的考量,也是基于未来的考虑。所谓的现实考量,是指纸质图书现在仍然是读者主要的需求和阅读方式,尽管社会舆论尤其是媒体一拥而上,甚至给出了纸书消亡的具体日期,在这样的情况下出版人仍然没有被吓倒,仍然坚持以纸书为主,这是非常难能可贵的,是经过了一段艰难的时光的。所谓的未来考虑,是指传统出版同时认识到,必须适应这种新的技术,把纸书再延展到全媒体出版,实现内容价值的最大化,也就是我们通常所说的读者喜欢用什么样的方式看我们的书、看我们的内容,我们就把它做成什么样子,以各种方式满足读者的需求。这又抛出了另外一个问题:没有技术怎么办?传统出版开始探索自主的技术之路:有的自主培养技术人才;有的直接从新媒体或科技公司引进人才,就像新媒体或科技公司从传统出版社引进内容编辑人才一样;还有的直接并购科技公司,使之成为自己的一部分。

(三) 技术与内容合体的创新时代

关于内容与技术之间的关系,也经历了三个认识阶段。一开始是内容为王,一定要坚守内容,技术可以为传统出版所用。就像传统出版一样,出版社只有内容,排版技术和印装技术都是外包或合作的。从一开始的铅字印刷到后来的激光照排,从胶片到CTP印刷都是如此,这就是产业链应有的逻辑。产业链上的各个价值链,都有自己独特的价值贡献,因此也都享有与之相匹配的利益。在数字技术时代,也不应例外。所以,采购技术或者与技术商合作是必然的。在这个阶段,出版企业强调的是内容为王、技术为用,在技术上没有那么大的野心。在这样的认识下,一开始要取代传统出版的技术商们也开始产生了理性的思维,也积极主动地融入出版产业。这是第一个层面的认识。

第二个层面的认识是,技术不仅仅是手段和工具,技术本身就是内容。早在1964年,随着广播和电视等新媒体的出现和发展,著名传播学大师麦克卢汉就发出了"媒介即是讯息"[1]的革命性论断,讯息就是内容。当时人们对此还不甚理解和接受,今天的数字技术新媒体充分地揭示了这一点。内容经过数字新技术的加工处理之后,形成一个全新的专业知识处理系统,这时出现一个新情况,即内容与技术结合在一起,内容变成技术的有机组成部分了。例如品牌工具书App和古籍处理与检索系统等,它们既是内容,也是技术。技术和内容都可以分别构成企业的核心竞争力,"专利技术是一家公司最实质性的优势,它使你的产品很难或不能被别的公司复制"[2]。对于出版业而言,技术与内容的结合更容易创造或产生新技术,以内容为催化剂的新技术,或者说为内容所独有的新技术。也可以这样说,在媒体融合环境下,以内容为先导的技术创新,更有机会为企业创造和确立新的竞争优势。

第三个层面是人工智能出现之后,我们的认识又提升而进入了一个新阶段,即技术创造新内容的阶段。技术不仅仅是内容、知识,技术还创造内容、知识。同样是原有的内容,数据库把数据资源聚合在一起以后,人工智能就开始发挥作用了,开始创造新知识了。通过人工智能的算法和自我学习能力,利用数据资源里的内容,

---

[1] 麦克卢汉. 理解媒介:论人的延伸 [M]. 何道宽,译. 北京:商务印书馆,2000:33.
[2] 蒂尔,马斯特斯. 从0到1:开启商业与未来的秘密 [M]. 高玉芳,译. 北京:中信出版社,2015:66.

经过不同的排列组合方式，技术可以根据人的指令生产出新的内容和知识。在这种情况下，技术又实现了自我超越，这时候我们对技术就不再抱有以往的那种仅仅为我所用、仅仅是工具和手段的认识和看法了。

在对内容和技术之间的关系经历了三个阶段的不断思想深化之后，媒体融合的第二阶段已经开始形成了相对成熟的产品形态、产品形式和产品体系。第一是电子书，第二是专业数据库，第三是知识服务。在电子书、专业数据库和知识服务之间，存在着产品价值递增的关系，而且不是一般的递增，是呈几何式增长的递增。虽然电子书并没有成为出版业主要的产品形式，也没有成为读者阅读的主要对象，纸书的市场销售还是占大头就是明证，但电子书依然是我们不能缺少的，因为它是我们数据化和数字化的基础，所有的内容没有首先电子化，它就不可能实现下一步，也就是能够体现数字技术真正魅力的专业数据库和知识服务平台建设。专业数据库之所以能够真正体现数字技术的魅力，就在于它把相同类别的知识汇集到一起之后，它也有自己的计算方法，也有自己创造新价值和新知识的能力，这可以解决传统科学研究卡片式的记录方式问题，专业数据库可以解放学者们的时间、释放生产力，同时可以刺激他们萌生新思想。

二、数字革命与产品创新的新特征

说起媒体融合，首先要说的是新一轮的科技革命——数字技术，它把人类带入了一个产品全面创新的时代。这既符合技术的特性，也符合人类的天性。

（一）出版业数字科技革命的新特征

在数字时代，无论是产品创新，还是创造新需求，主导者都是技术，而不是内容。这一方面是技术让内容产生新的价值；另一方面是技术通过大数据创造新内容，使技术不再只停留在原始的工具层面，而成为内容的一部分。让出版人感到为难甚至使出版社陷入尴尬境地的是，出版社面对这样的技术革命手足无措，这主要是因为自己不掌握、不拥有技术。这本来也不应该成为问题，因为在多数情况下，科技发明发生在科技领域，产业或企业以购买的形式获取使用权，这是很正常的。但这次科技革命对于出版业而言，呈现出了很多与以往不同的特点，这些特点使出版社无法像以往一样简单、顺利地获取应用技术。

其一，这次数字科技革命发生在出版产业之外，而由外部进入出版业内，出版产业和企业都不是技术革命的创造者，都只是被动的接受者。以往无论是造纸术的发明，还是机器印刷术的发明，都发生在印刷和出版的产业之内，或者说，造纸和印刷术等是顺应出版产业需求而生的。面对造纸和印刷术这样的科技革命，产业自己拥有主导地位和主动应用的动力，它促进产业自我革新、自我升级，而不是革掉自己的命，把自己赶出圈内、把自己淘汰。这一轮新的数字革命则不同，革命发生在出版产业之外，从一开始，新的科技企业携带新技术悍然闯入出版业，就抱着取代传统出版社的目的。这就注定了技术和内容从一开始就无法走到一起、无法实现合作的结局。改变这种局面要从改变观念、改变态度开始，出版业与其他一切产业一样，只会拥抱技术，而不会拒绝技术，拒绝技术就是拒绝进步，拒绝进步就意味着被淘汰，这是再简单不过的道理。

其二，技术迭代更新快。对于处于应用市场的企业而言，这既是一个优点，也是一个缺点：优点是新技术眼花缭乱，新产品不断翻新，能够不断满足"媚新"的人性；缺点是技术本身缺乏稳定性，造成产品也同样缺乏稳定性，这一方面会给读者造成一定程度的困扰，也使出版企业的成本不断增加。有研究表明，这次数字科技革命给各产业带来的影响，几乎都表现出了这样的特点："新技术进化和全面应用的速度比以往任何时候都要快，在一个 CEO 的平均任期内（现在一般为 8 年左右），很有可能会发生对公司业务的全面颠覆性变化，对传统企业是如此，对数字企业也是如此。今天，没有任何一个业务领域，可以保证不受变化的干扰。那些试图追赶变化的人得到了一个难以接受的教训：如果他们潜心研发真正的创新，他们就是在颠覆自己的业务。有时候，这些创新甚至在对市场产生明显影响之前，就已经'吞噬'了公司业务中利润最大的部分。"①

在一般的商业规律下，应用新技术的过程首先是成本投入期，此后随着产品的稳定与成熟，以及技术的推广与普及，技术使用成本应呈下降趋势，使企业随着成本的降低、产品的成熟和市场的打开而拥有不错的收益前景。这次数字科技革命对于出版业而言，好像进入了一个技术黑洞，它不讲道理地吞噬着资金本不雄厚的出版业，面对这个"吸金"的无底洞，出版企业往往是看得见市场，甚至看得见收入，但看不见利润，因为投入比产出更大，巨大的开发投入和不菲的日常运维开支成为两座大山，相比之下，销售收入却犹如山下的涓涓细流。而且可以预见，在短时期内，这种状况难以得到改变。不要让技术成为出版业的"吸血鬼"，这是在媒体融合情境下，出版业面临的一个巨大的挑战。

其三，技术经过迭代更新后，已经不再像以往一样，仅仅是服务于产业和内容的工具，技术本身已经成为内容的一个有机组成部分，甚至可以根据需要创造新内容。这就使出版企业无法像以往那样，像简单地采购工具一样来采购技术。技术与

---

① 奥洛夫斯基，科罗夫金. 从犀牛到独角兽：传统企业如何实现数字化转型 [M]. 彭相珍，周雁洁，译. 北京：中译出版社，2021：6-7.

内容必须深度地融合在一起，才能使内容的价值最大化，反过来技术才能更好地创造新内容。然而，技术与内容相分离的原初状况，使二者融合为一，即达到所谓的"你中有我，我中有你；你就是我，我就是你"的理想状态，还有相当长的距离，甚至通往这个理想状态的路径都还是模糊不定的。这个距离可能产生创痛甚至创伤，还可能产生生离死别的悲怆，这也是对出版业的巨大考验。

（二）数字技术把出版产品推进既实又虚的世界

创新是人类的天性，如果没有创新，人类文明进步和人类自身进化都会受到影响，甚至不可能继续前行。因此，人天生就是为创新而生的。人类的物质文明史和精神文明史归结到底就是一部创新史。物质文明总体表现为人类为了满足自身需求生产的产品。它的最核心驱动力是工具。人这一物种的五官、四肢都非常平庸，人类是依靠工具行走天下的，依靠工具在与其他物种的竞争中赢得生存机会。工具本身就是物质。今天，人们可以超出地球，翱翔太空、登陆月球，都是借助于工具实现的。所以，人天生是工具型的动物。同时，人们创造工具所依赖的思维，其模式、方式、范式转化成科学就是一个个理论，人们依照一个个理论去构建对世界的理解和认识，同时还与一个个技术发明相伴。因此，物质文明史和精神文明史是同时发生的，不存在先有物质文明史再有精神文明史，因为人如果没有思维能力的话，是不会具有创造能力的。

当下的数字技术让人类实现了全面的产品创新，媒体融合把人类带入一个既现实又虚幻的世界里。数字技术实现的是全面的产品创新，涉及人类生活的方方面面，生产和生活的所有产品都随着新的数字技术的诞生而发生了翻天覆地的变化，这跟以往的每一次科学技术革命的不同，在于以往的每一次科学技术的发明只在某一个领域里产生作用和影响，只改变某一领域的物质生产方式和产品形态，而这次数字技术的影响几乎是覆盖所有产业和产品领域。

在出版领域，新的数字技术创造出来的新产品，其中的一个重要特性是既现实又虚幻。现实是指人是现实动物、是物质动物，离开了现实、离开了物质，眼睛看不到、手摸不到，人就会产生恐惧、产生恐慌，人的很多勇气其实都来自实实在在的东西。人看见实实在在的东西，就会感到心里踏实。图书这种有形的产品就是一种实在，但这次数字技术在实在有形产品的基础上，又创造了虚拟的产品，甚至创造了虚拟的世界。我们可能看不到或不必看到实体的或物质的书，但是没有关系，我们打开手机、进入网络，就能看到内容。这种产品既物质又虚拟，说无还有、说有却无、开机就有、关机就无。面对无形的大数据或知识服务，可以根据需要再定制产品或服务，这种定制产品或服务，可以是数字形态，也可以是有形的纸质形态。

图书产品经历了从有形到无形，又从无形到有形的过程。所以，这次数字技术有别于以往任何一次技术创造，给人类带来了一次新的物质文明和精神文明相结合的产品创新。

（三）数字技术和产品创新呼唤新型出版企业家

"数字技术和产品创新呼唤新型出版企业家"这句话里有几个核心词，它们是"技术""创新"和"企业家"。在技术广泛应用之前，作为消费者来说是全然无知的，他们不了解什么是技术，更不了解技术能转化成什么产品，也不了解产品如何使用，以及具有什么新功效或对自己能有什么好处。商品经济的一个最重要特性，也是它能够维持下去的一个重要特性，就是信息的不对称性。有了信息不对称性，才会有需求以及满足需求的互通有无。技术一方面能够满足明确的需求，同时又能创造不知道却可能存在的需求。经济学家莱昂内尔·罗宾斯在他的著作《经济科学的性质和意义》中提出，"物质生产技术制约着一切社会制度的形式，社会制度的一切变化都是生产技术变化的结果；历史是技术变化的附带现象。工具史便是人类史"[1]，"需求方面不会发生自动的变化。无论发生什么变化，最终都可归因于供给的技术条件发生的变化"[2]。所以我们就能够理解，数字技术对我们意味着什么，我们不应该被动地去看、去接受，还应该主动地去利用它创造新的产品。因此，创造新的数字市场需求，这是我们出版人、出版企业人的天职。

2020年7月21日，习近平总书记在企业家座谈会上的讲话中指出，"市场主体"是"技术进步的主要推动者，在国家发展中发挥着十分重要的作用"。对于国家和民族来说，企业家是稀有资源。企业家精神的一个重要方面就是冒险精神和创新精神，敢于冒着血本无归的风险去尝试新技术、创造新产品。习近平总书记指出：改革开放以来，我国逐步建立和不断完善社会主义市场经济体制，市场体系不断发展，各类市场主体蓬勃成长，一大批有胆识、勇创新的企业家茁壮成长，形成了具有鲜明时代特征、民族特色、世界水准的中国企业家队伍。"企业家要带领企业战胜当前的困难，走向更辉煌的未来，就要在爱国、创新、诚信、社会责任和国际视野等方面不断提升自己，努力成为新时代构建新发展格局、建设现代化经济体系、推动高质量发展的生力军。"出版业同样要以总书记的讲话为动力，新时代要有新追求和新作为。"一部书籍史实际上也是一部书籍复制技术发展史。"[3] 成为一名好的出版家始终是出版工作者的理想和追求，做出版家就是要成为文化创造、积累和

---

[1] 罗宾斯. 经济科学的性质和意义 [M]. 朱泱, 译. 北京：商务印书馆, 2017：42, 43.
[2] 罗宾斯. 经济科学的性质和意义 [M]. 朱泱, 译. 北京：商务印书馆, 2017：43.
[3] 耿相新. 书籍的革命 [J]. 现代出版, 2021 (4)：58, 61.

传承的奋斗者。现代社会，尤其是媒体融合时代，如果离开了企业，离开了企业这种方式，离开了运用新技术创造新产品、满足新需求的这种方式，做出版家就是一句空话，所谓的理想和价值也就很难实现。因此，媒体融合的新时代呼唤新型的出版家和出版企业家，呼唤兼具内容创新能力与技术推动能力的出版家和出版企业家。

三、媒体融合情境下的出版经济新属性

在媒体融合情境下，出版业不仅表现出了诸多新特征，这些新特征也必然会引发我们对出版经济属性的新思考和新判断。对出版经济新属性的思考和判断，反过来又必然对我们更清楚、更深刻地理解媒体融合形势下的出版新规律，以及如何更好地把握新规律、驾驭新出版，产生积极的影响。

（一）在传统出版形态下，出版经济的感受和体验特性一直被忽视

通常认为，出版经济是影响力经济，其实出版还是感受力经济、体验式经济，只是长期以来这种特性一直"湮没不彰"，没有引起我们足够的注意。

其一，在传统的纸质图书出版中，对于同样的文字内容，我们用不同的字体和字号，以不同的排版方式印在不同的纸上，以不同的开本和不同的平精装方式装订成书，给人的阅读感受都是不一样的。例如，读者对于中国传统的线装书与现代机器印刷和装订的书，仅从外观上来看，就无法产生同样的感受。

其二，不仅如此，同样的内容，用不同的体裁创作出来，阅读的感受和体验也是不同的。比如说，在传统出版形态下，对于同样的内容，用小说的方式描写和表现，是一种阅读体验和感受，用杂文或论文的方式论证和表达，就又不一样了。各种不同的创作体裁，虽然内容是一样的，甚至精神指向和价值引领也是一样的，但是阅读的感受和体验是不一样的。

其三，同样的内容，纯文字写作与插图式表达，或图画式表达，以及配音的辅助阅读等，阅读的感受和体验也是不同的。甚至文字、插图和图画式的创作和表达方式的不同，对不同年龄、不同职业、不同教育背景，以及不同性别的人群对作品的理解，都会产生不同的影响。

（二）媒介融合情境下，出版经济的感受和体验特性凸显

长期以来受到"埋没"的出版经济或阅读的体验性和感受性，在数字技术或媒体融合情境下，得到了最大程度的释放和体现。包括原有的内容通过新技术给人以突出的感受，以及新技术创造出新内容，给人以全新的感受和体验。

其一，新的传播技术使原有的内容更具感受性和体验性。传播技术创造传播感受，这是在前文字时代，人类只能通过语言进行传播的原始阶段就呈现出的传播特点。语言是最原始的传播媒介，不同语言甚至不同的方言具有不同的魅力；不同的人群说出来的话具有不同的"魔力"；同样的话用不同的方式、不同的语气说出来，其意义甚至都是不一样的，感受和体验绝对是不一样的。在新的数字传媒技术环境下，对于同样的内容，用不同的技术将它们创作出来，用不同的载体和不同的形式将其呈现出来和传播开来，人们的感受是不一样的，体验更是不一样的。在数字互联网时代，相对于传统出版的纸书阅读，屏幕阅读肯定是首要和最突出的特点，屏幕阅读和纸书阅读的不同感受和体验，也肯定是首要和最大的分野。中国的出版业正向着纸与屏的融合转型升级，所以，纸和屏的不同感受和体验式经济，是首先应该受到关注和重视的问题。

其二，声光电与眼耳体分工与结合，创造更加丰富的阅读感受与体验。阅读体验和感受肯定更加丰富多彩，甚至是难以想象的。数字技术和声光电的各种场景，魔术般地呈现出不同产品形式和表现方式。可以说，即便是面对同样的内容和题材，"铅与火""光与电"和"数与网"正让人经历不同的感受和体验，包含传统纸质书报刊在内的全媒体出版，正在让人们感受和体验不同技术的不同魅力，各有千秋，各有所长，争奇斗艳，相得益彰。不同的读者有不同的需求，各有所好、各取所需，出版的新方式与阅读的新习惯，以及产业的新秩序正在形成中。其中，有声读物在中国市场和国际市场的崛起是较为突出的现象。有声读物与屏幕阅读不同，它用听觉感受和体验代替了视觉感受和体验，甚至还可以边听边看，把视觉和听觉结合起来。另外，2019年，5G技术迎来了商用元年，可以期盼，"5G将会进一步优化出版物中VR/AR内容的用户体验"①。

其三，新技术创造新内容，新内容创造新感受和新体验。对于任何一种技术所创造出来的一种新的产品形式，形式不只是形式，形式本身就是内容。在一般人看来，决定事物本质的是内容，不是形式，内容决定本质，但现在技术让我们甚至要求我们重新认识形式与内容的关系。比如说一块木料，把它做成了一个带尖头的红缨枪，就可成为防御武器；同样是这块木料，把它做成两条棍，光滑的、很细的，可以握在手里，可以夹东西，它就变成了筷子，变成了于我们非常友好的东西了。材料相同而形式不同就产生了不同的功能，形成了不同的产品，具有了不同的本质属性。再比如，日常生活所用的桌子和椅子，它们的材料都可以是一样的，也就是说，内容都可以是一样的，但是形式不一样决定了它们的性能、功能、价值就不一

---

① 彭莹，周蔚华. 2019年出版融合的亮点与趋势［M］//孙玲. 北京传媒蓝皮书·北京新闻出版业发展报告（2019~2020）. 北京：社会科学文献出版社，2021：209.

样,它们就变成了彼此完全不同的东西了,因为它们的本质发生了根本性的变化,形式成为决定事物本质的东西。我们在设计和制作产品的时候,要主动地应用技术创造新产品。不同的技术创造了不同的形式,不同的形式产生了不同的产品,不同的产品具有不同的功能和属性。形式即内容,这是在媒体融合环境下我们应有的认识和思维。

(三) 媒体融合情境下,增强出版经济感受和体验特性的新元素

新的媒介技术不仅让原有作品和原有内容更具感受力和体验性,还创造新内容和新体验,有的新内容和新体验甚至触及出版产业的固有边界,让人们重新思考和界定出版产业,从传播学甚至文化产业的视角重新思考和界定出版的新边界,以及媒体融合环境下的出版、传媒和文化产业新秩序。从感受力和体验性经济的角度看,在数字互联网环境下,技术与内容互为表里,创造很多增强感受力和体验性的新元素,这些新元素为我们认识出版经济的新属性提供了更加显性的生产实践资料。

其一,场景式与浸入感。很多数字产品注重场景设计,让阅读具有身临其境、沉浸其中的感觉,这就改变了传统纸质图书出版和阅读中,阅读主体与阅读客体泾渭分明的状况,阅读主体也变成了阅读客体环境中的一部分,让阅读主体在"客体"的大背景中,感受客体、体验客体,从而能够更好地理解自身。理解自身是理解阅读客体的重要条件,而在这里,理解自身不是通过自身的途径,而是通过客体的途径实现的。

其二,现场直播与互动性。新媒体的一个重要特征或手段就是现场直播,它不仅可以为读者或受众提供真实的现场感受,往往还设计有互动环节。读者或受众参与互动,进一步打破了传统上阅读主体与阅读客体独立存在的状况,同时还改变了读者或受众仅仅处于信息接收或接受方的完全被动地位,这种改变在某种程度上也具有革命性。传统上广播和电视媒体也有直播,但局限性很大,与新的互联网和手机或移动终端不限时空的发布与接收不可同日而语,在与读者或受众互动方面的限制就更大。

其三,知识服务与参与性。更高级的媒体融合产品知识服务必须增加读者的参与度,增加读者有效参与式设计,确立"共创共享"理念。"共创共享"的理念很重要,甚至可以说很关键。知识服务不能走"万事通"的"填鸭式"或灌输式的道路,它会阻滞人们的思维,久而久之使人成为只会本能接收而不会思想的动物。学习的目的不仅在于获取知识,更在于激发人们无限的思维能力和思想能力,甚至激发人们的想象力。读者参与创作的信息经过专家审核,可以进入知识库,作为新的数据积累起来,这就形成了知识服务"共创共享"的效果。在数字技术时代,人人

都是作者，人人都是专家，人人都是知识创造者，这是数字互联网时代知识生产、创造的新特征，是这个时代的最大进步标志之一。

对于出版产业和出版人来说，发现新特征、把握新属性、运用新规律，是在媒体融合环境下应有的魄力与智慧。同时，从事出版、传媒和文化产业研究的学术界，也应以新的思维和新的方法，积极应对新形势对学者和学术研究的新要求，以学术理论研究促进出版和文化产业实践的发展。在这方面，更加需要树立产、学、研、用相结合或一体化的新学科发展理念和新产业发展理念，心往一处想、劲往一处用，让媒体融合结出更丰硕的果实。

论三大认知革命与出版学科建设*

◎ 于殿利**

摘要：当下的出版学科与出版产业在发展过程中表现出的诸多问题，导源于对三组关系，即理论与实践的关系、历史与现实的关系、出版学本体与跨学科的关系的认知偏差。要建设好出版学科、推动出版产业革命，就应该正确认识和处理好这三组关系。首先，认识来源于实践，事实需要在理论的贯通下，才显现意义和价值，科学理论是一种建构，建构的基础是实践；其次，当前的出版研究重现实、轻历史，而一切关于出版的价值判断都源自出版史，因此要下力气做好出版史研究；最后，就学科本体而言，出版学本质上属于综合性学科，离不开其他学科的滋养，就属性而言，没有学科不是应用学科，也没有学科只是应用学科，这不应成为出版学人自我设限的思想根源。认知革命尤其是自我认知革命，是出版学一级学科建设的认知前提。

关键词：出版学科建设；认知革命；出版一级学科；出版史；应用学科

把出版学科纳入一级学科的呼声在产业界和学界引起了强烈的共鸣，出版的价值、功能和在人类文明史上所发挥的不可替代的作用，以及必将继续发挥的独特作用，使对出版的研究亦即出版学值得或配得上一级学科的称号。然而，一级学科建设不是坐等就能够实现的，需要产业界和学界，特别是学界做大量的工作，尤其是基础性的建设工作。学术研究和学科建设最重要的就是学理性，因此观念或理念至关重要，因为观念或理念有助于辨方向、明是非、找方法。出版学科建设应该正确认识和处理好三大关系，即理论与实践的关系、历史与现实的关系，以及出版学本体与跨学科的关系。正确认识是前提和条件，正确处理则是期待的结果。所谓正确

---

* 本文原载于《现代出版》2022年第3期，收入本书时有改动。
** 于殿利，中国出版集团公司党组成员，中国出版传媒股份有限公司董事、副总经理。

认识，就是树立正确的观念或理念。我们之所以提出这个问题，是因为传统上学界对这三大关系存在着认识上的偏差，认识上的偏差会导致实践上的短板。有鉴于此，本文尝试对这三大关系重新进行学理上的阐释，以期推动学界和产业界产生新的认知，新的认知革命必然引发更切近的学术创新，更切近的学术创新有可能或者被寄望引发和推动新的产业革命。

一、没有理论就没有学问

无论是从科学或学问本体的角度，还是从理论与实践的关系角度，抑或基于出版行业重实践研究而轻理论研究的现实，首先要强调没有理论就没有学问。对于出版学和出版业而言，这是一个重大的认知革命。这个认知革命关乎出版一级学科建设的成败，也关乎出版产业发展的走向。

理论与实践的关系问题是一个老生常谈的问题，之所以沦为"老生常谈"，还是因为无论在理论方面还是实践方面，理论与实践的关系始终没有行驶在应有的轨道上。理论与实践关系之偏差要么源自认识层面，要么源自行动层面。对于出版学科建设而言，则必须既要在认识层面理解透彻，又要在行动层面施策得当。

（一）实践出真知

实践出真知，这是最朴素的认识论，既揭示了知识的本质和本源，同时又鼓励和鞭策学者或知识分子不要脱离生产实际。学术研究在本质上是一种认识活动，目的在于探究事物的本质。自然科学是关乎发现的科学，是认识或认知宇宙自然界的科学。人文社会科学则是关于认识或认知人类自身及社会的科学。离开了认识和认识论，便没有了学问和科学。做学问的能力，实际上是认识事物的能力，而学术能力建设实际上就是培养认识事物的能力。认识事物只能在生产和生活实践中，认识事物的活动也只能存在于生产和生活实践中。离开了生产和生活实践，便不再有认识。

王阳明的"知行合一"说影响广泛而深远，但后人对"知行合一"的理解和阐释恐并不准确。王阳明的原话是这样说的："知之真切笃实处即是行，行之明觉精察处即是知，知行工夫本不可离；只为后世学者分作两截用功，失却知、行本体，故有合一并进之说。真知即所以为行，不行不足谓之知。"[①] 关于知与行，王阳明说得很清楚，知就是行，行就是知，知与行是一回事，知行是固有的本体，是一体两

---

① 王阳明. 传习录注 [M]. 邓艾民, 注. 上海：上海古籍出版社，2017：96.

面，知行为一。他甚至批驳了"知行合一"的说法，认为"知行合一"的说法在本质上是把"知"与"行"当作了两件事。王阳明进而指出"知行合一"说的来源，恰是因为"后世学者"将知行本体"分作两截用功"，才有了"合一并进"的强调。也就是说，按照认识论和知识论的本质和本源，应该只能是"知行为一"，而不应该有"知行合一"的说法。虽然无论是"知行为一"还是"知行合一"，都对我们理解知与行之间的辩证关系，对我们认识事物或获取知识不会产生太大的影响，但细细体会还是能够感受到其中细微的寓意差异。因为，毕竟两件事合在一起与本就是一件事，还是有所不同的。一件事是一起行动，两件事是分头行动，这就是最重要的差异，分头行动就会增加差错的概率。而对于学者来说，一般都更喜欢或习惯于从书本到书本的研究，而不愿意、有时甚至不屑于投身于生产和生活实践中去，而不投身于生产实践，就无法真切地体察到事实或真理，甚至无法对他人已有的研究成果有切身的体认。而就目前的出版产业现状来说，虽然国家大力提倡产学研用一体化协同发展，但产与学总体脱节的现状也是不争的事实。产学研用一体化协同发展，尤其缺乏有效的制度设计。科研院所聘请产业或企业专家授课和任教只是偶有的事，而产业或企业人士从事科研工作则更是日渐式微，只是少数人的个人兴趣和追求，两者都没有长期固化的制度设计和机制保证。

（二）事实并不自动显示真理

材料或事实是治学的基础和根据，没有材料就无法进行学术研究。但材料只是做学问的必要条件，而非充分条件，学问之成为学问，还必须要有理论，理论是其充分条件。材料本身并不能说明任何问题，不能自动显示任何真理，只有在理论的贯通下，才显现意义和价值。或事实本身也需要在理论的框架下得到认定。实际上，所谓的事实，往往处于一种遮蔽的状态，需要手段或工具将其牵引后揭示出来。

中外思想家相关的知识论理论，揭示了知识和学问的奥秘，特别值得一提的是中国古代著名思想家荀子和德国现代著名思想家海德格尔。他们的知识论有一个共同特点，即都指向了知识或真理的"遮蔽与解蔽"。荀子强调，人在认识事物过程中，事物的遮蔽为常态，他说："凡人之患，蔽于一曲而暗于大理。治则复经，两疑则惑矣。"[1] 他认为造成"蔽"的原因有很多，甚至可以说，事物无时无刻不处于遮蔽状态："故为蔽？欲为蔽，恶为蔽；始为蔽，终为蔽；远为蔽，近为蔽；博为蔽，浅为蔽；古为蔽，今为蔽。凡万物异则莫不相为蔽，此心术之公患也。"[2] 人们若要拨开迷雾认识事物、把握事物的本质，就必须实现解蔽。怎样才能解蔽？他说：

---

[1] 荀子 [M]. 方达, 评注. 北京：商务印书馆, 2016: 367.
[2] 荀子 [M]. 方达, 评注. 北京：商务印书馆, 2016: 370, 375.

"圣人知心术之患，见蔽塞之祸，故无欲无恶，无始无终，无近无远，无博无浅，无古无今，兼陈万物而中县衡焉。是故众异不得相蔽以乱其伦也。何谓衡？曰：道。故心不可以不知道。心不知道，则不可道而可非道。"① 关于"道"的解释，肯定是众说纷纭，而且在不同作者和不同语境下，意义也肯定不同，但总体可以简单地将其概括为"理论"，即思维系统。

存在主义大师海德格尔更是反复强调，真理并不自动显现出来，事物总是处于一种遮蔽状态。他说："存在者同时总是把自己抑制在一种遮蔽状态中。存在者进入其中的澄明，同时也是一种遮蔽"，"存在者蜂拥而动，彼此遮盖，相互掩饰，少量阻隔大量，个别掩盖全体"。② 他的这一论述与荀子分析造成事物彼此遮蔽的原因和道理如出一辙，这是事物存在的普遍状态或普遍原理。海德格尔说："对于希腊思想来说，知道的本质在于'存在者之解蔽'。"③ 可见，西方的古代思想或认识论，与中国古代的认识论，也具有某些相通之处。认识事物和把握其本质并不容易，往往需借助于工具。理论是把真理牵引出来的有效工具。

认识事物终归要上升到理性的层面，没有理性就谈不上认识事物。"理性"一词看起来很深奥，甚至好像成了哲学家的专利，只有哲学家才有资格使用它，其他人宁愿避而远之。其实，"理性"一词并不复杂，可以作简单理解，就是英文 reason，表达的就是"原因"。因此，所谓的理性，简单地说，就是做任何事情都要有原因、有理由、有依据，都要预期成果、顾及结果、承担后果。从认识论的角度出发，探究事物都要考察其要素、结构、秩序和效用（结果）等，这些一般可以被简单地归纳为成因。任何事物的成因都可分为内因和外因，内因称为"理"，外因称为"道"，内因和外因合成为事物存在的"道理"。"道者，万物之所以然也，万理之所稽也。理者，成物之文也；道者，万物之所以成也"，"万物各异理，而道尽稽万物之理"。④ "道理者，圣人得之以成文章。"⑤ 不明道理或不掌握理论工具，就无法成就文章，就无法做学问，无法做通学问。学问最终也是一种理论建构，而不是简单的所谓陈述事实，没有理论思维结构，就不可能真正认识事物的本质。

（三）科学是一种理论建构，其基础是实践

科学或科学研究就是一种理论建构，人类生活在自己编织或建构的一个个所谓科学理论的神话中，人类相信且必须相信这些科学神话。关于科学理论的意义，霍

---

① 荀子［M］. 方达，评注. 北京：商务印书馆，2016：375.
② 海德格尔. 林中路［M］. 孙周兴，译. 北京：商务印书馆，2017：43.
③ 海德格尔. 林中路［M］. 孙周兴，译. 北京：商务印书馆，2017：43.
④ 韩非子［M］. 高华平，王伏玲，评注. 北京：商务印书馆，2016：218-219.
⑤ 韩非子［M］. 高华平，王伏玲，评注. 北京：商务印书馆，2016：219.

金说:"理论只不过是宇宙或它的受限部分的模型,以及一族把这模型中的量和我们做的观测相联系的规则。它只存在于我们的头脑中,不再具有任何其他(不管在任何意义上)的实在性。"① 康德从哲学家的角度说得更直接:"人头脑中对世界形成的印象并不是世界在'人脑外'的本来面目。取而代之的是,人的观念是世界给人的表象,是根据人的思维构造力的种种法则形成的。"② 他还说:"几何形状是人思维中的'理想构造'。几何其实是人类思维的创造物,因为不存在一个不具任何其他属性的'纯然的'三角形。"③ 自然科学是理论建构,人文社会科学同样体现为一个个理论,这些理论是人类对客观世界、客观事物和人自身及其相互关系的理解,体现出的是人类的思维方式和认知方式。

科学理论是一种建构,建构的基础是实践。关于这一点可以从英语词源学方面得到启发和印证。英语"理论"(theory)在词源学和语义学上的本义是"看"或"观察",来源于晚期拉丁语 theōria,theōria 来自希腊语 theōriā(考虑、推断、论说),theōriā 是 theōrōs(观看者)的衍生词,其词根是 thea(看、观察)。④ 从词源学和语义学中可以清楚地看出,理论就是在看或观察中,经过思考和推断而形成的观点或学说。这是从理论的一面来说的。如果从另一面来说,即从看或观察对象的角度来说,材料或事实不经过被看或观察,尤其是不经过被考虑和被(分析)推断的过程,是不能形成论说或知识的。科学的理论建构是根据观察和考察,以生产和生活实践为基本依据的。理论本身不是坐而论道,是在生产和生活实践中产生的。

二、一切关于出版的价值判断都源自出版史

所有科学或学术研究都归结为基于事实的价值判断,所有的事实都是已经发生的既定事实,即都是历史事实,所以,一切关于价值的判断都源自历史。一切关于出版的价值判断,都源自出版史。此论断针对的是当前出版学术研究存在的一大缺陷或弊端,即无论是在学界还是产业层面,都存在严重的重现实研究而轻历史研究的状况。一切价值判断都源自历史的认知革命,不仅会极大地改善这一缺陷或状况,还会为出版学科提供丰厚的养料,增强科学底蕴,为出版业发展提供更清晰的方向和更强劲的动力。

---

① 霍金. 时间简史:插图本 [M]. 许明贤,吴忠超,译. 长沙:湖南科学技术出版社,2009:16-17.
② 沃森. 德国天才1·德意志的命运大转折 第三次文艺复兴 [M]. 张弢,孟钟捷,译. 北京:商务印书馆,2016:221.
③ 沃森. 德国天才1·德意志的命运大转折 第三次文艺复兴 [M]. 张弢,孟钟捷,译. 北京:商务印书馆,2016:221.
④ AYTO J. Dictionary of word origins [M]. London:Bloomsbury Publishing Plc,2001:527.

处理好历史与现实的关系，努力开创出版史研究的新局面，首先要求我们认清历史与现实的关系，在此基础上树立牢固的历史观念和学术观念。对于这种关系和观念，我们可以用三句话来概括：现实是历史的结果、现实是历史的延续、现实就是历史本身。习近平总书记在庆祝中国共产党成立100周年大会上的讲话中，提出了在新的征程上，要做到"九个必须"。"九个必须"贯穿一个鲜明的思想，即"以史为鉴，开拓未来"，这是马克思主义辩证唯物主义和历史唯物主义历史观的又一重要体现。未来之路，路在前方，方向却由历史决定。习近平总书记指出："初心易得，始终难守。以史为鉴，可以知兴替。我们要用历史映照现实、远观未来。"

（一）有关出版的一切价值判断，都源自历史，源自出版史和文明史

处理好历史与现实的关系，努力开创出版史研究的新局面，要求我们认清一个基本事实，即迄今有关出版的一切价值判断都源自历史，或者说，源自出版活动在人类文明史上所发挥的作用。出版活动在人类文明发展史上所起的作用，对人类这个物种在自身进化方面所发挥的作用，不仅是独特的，而且是其他产业所无法比拟的。对此，出版界和学界要有清醒的认识，要坚定信心和信念。我们的信心和信念恰恰来自人类自身的历史，来自人类的进化史、文明演进史和社会变迁史，在人类进化史、文明演进史和社会变迁史的视野下，出版史的脉络更加突出，出版活动的价值更加清晰。

出版史以及文明史和社会史都是既定的事实，所有的价值判断都应基于事实。迄今，所有关于出版或出版活动的价值判断都源于历史，而且只能源于历史。只有历史能够告诉我们，出版存在的本质与价值是什么，出版存在的标志与方式是什么，出版存在的技术与动力是怎样的。这些以及其他一些重要问题，是出版学科建设面临或必须首先加以研究的重大问题，回答或研究这些重大问题，只能从历史实践中考察，只能从历史档案中寻找材料，只能从历史长河的流变中得到启发和启示，也只能从历史沉积下来的结果中做出相应的价值判断。一部波澜壮阔的人类文明史、社会变革史乃至社会革命史，处处都有出版人的身影，处处都离不开书报刊等文字的动员与激荡，中外伟大的思想家、政治家、科学家、文学家和艺术家等，同时都兼具出版家的身份。他们把手中之笔用作刀剑，努力发动群众一起割除旧制度的毒瘤，为新社会新时代开辟新知识和新思想的道路。18世纪德国著名哲学家、语言学家赫尔德和苏格兰著名启蒙思想家、历史学家亚当·弗格森都指出，每个时代都有自己的重心，这个重心可以理解为社会发展的主题或需要克服的主要矛盾。透过出版史或图书编辑史可以发现，出版物或出版活动鲜有例外地围绕时代重心或社会主题而展开，今天我们看到的人类历史上流传下来的各民族、各国家文学名著、学术

名著甚至艺术创作，都是时代重心的产物，都是时代精神的反映和凝结，体现的都是特定时代不同民族的认知和风貌，它们既有人类的共通性，也有民族的差异性。

黑格尔说："历史学反正必须与现实打交道。"① 这句话还可以逆向理解，即从现实出发追寻历史，往往能发现历史的新价值，勾勒出全新的历史图景。出版史是历史固有的部分，黑格尔的这句话也完全适合于出版史。仅以当前最火热的数字技术或所谓的媒体融合为例，将其置于出版史或出版技术发展史中来考察，就更能看出其对出版活动的动力作用，以及对出版形态和阅读方式，乃至社会空间等产生的实质性影响，并对其未来走向做出大致判断。以数字技术的现实视角追寻其历史，又反过来加深了我们对出版史和出版价值的理解，足以让我们勾画出出版史的新图景。数字技术所带来的音画世界，仿佛又把人类带回了远古的时代，声光电的既现实又虚幻的效果，把人的想象力和创造力带到了新高度。必须把数字技术及其所带来出版产业革命纳入人类文明史的框架来考察，纳入人类创造与接受人性特征的范畴来考察，纳入技术发明与产业革命的关系来考察，纳入新的生产力与生产关系乃至消费关系的社会关系来考察。无论如何，出版固有的规律不会变，固有的逻辑不会变，遵循规律和逻辑，出版就能保持本色，就能获得应有的尊重和尊严。出版活动既满足社会读者的阅读需求，也满足个体作者的创作需求，是把作者、读者和社会有机联结起来的重要制度性设计。内在规律和逻辑是出版业存在的依据和价值体现，出版业必须遵循自己的运行规律和运行逻辑。作为学者和作者的海德格尔指出："出版事业的不断增长的重要性的根据不仅在于：出版商（也许通过书业的途径）对于公众的需求有着更好的了解，或者，他们比作者们更能掌握行情。不如说，从出版商通过预定的有限的图书和著作的发行，如何必然把世界带入公众的图像之中并且把世界确定在公众状态中这个角度来看，他们特有的工作有着一种有计划的、自行设立的运行方式。文集、套书、著作系列和袖珍版的风行，已经是这种出版工作的一个结果；这种工作又是与研究者的意图相切合的，因为研究者通过丛书和文集不但能更容易、更快速地成就名声，而且即刻可以在更广大的公众那里获得轰动效果。"② 海德格尔对传统出版业的认可和尊重，已经进入历史的轨道，形成了历史的回声。新的出版业必将在此回声的激励下，以新的不负时代的业绩，赢得新的尊重和尊严。出版学科建设要让历史的不断回声，成为永恒的研究课题。

（二）把学术史研究置于与出版史同等重要的地位

从纯粹的学术创新角度看，有关编辑出版研究的学术史，也是知识生产和学术

---

① 黑格尔. 世界史哲学讲演录（1822—1823）[M]//黑格尔全集（第27卷第1分册）. 刘立群，沈真，张东辉，等译. 北京：商务印书馆，2014：55-56.
② 海德格尔. 林中路 [M]. 孙周兴，译. 北京：商务印书馆，2017：108.

创新的基础。人类知识的积累是各民族一代代创造、学习和传承的结果，有关编辑和出版方面的知识也不例外。传承与创新不是割裂的，而是辩证统一的。传承不是把过去全盘接受过来，创新也不是把过去全部打翻在地、推倒重来。传承与创新是变与不变的辩证与结合，不变就是没有割断，因其不断，所以为传；变就是发展，因其发展，所以为流；没有变，就没有发展，一潭死水，就不可能有流。作为传承之流，从其正面来说，无疑是一种积累的过程；而从其反面来说，又是一种否定或扬弃的过程。传承既面向过去，也面向未来：面向过去而有承，为承者；面向未来而有传，为传者。创新既面向过去，也面向未来——面向过去有交代，面向未来有担当。

对于学术研究而言，继承体现功底，创新彰显价值。出版学科建设离不开对自身学术史的研究，它不仅体现出出版学对自身的理解，还彰显出出版学对人类进化的理解、对文明演进的理解、对社会结构的理解等。不试图理解自身、理解人、理解文明以及理解社会，出版学就很难有广阔的天地，很难有富于启迪的智慧，很难具有理论与实践的指导意义，一句话，出版学科就很难具有创造力和活力。出版学科建设既要重视和尊重以往的学术史和学术研究成果，它们体现的是出版知识和智慧的传承与积累；又要与时俱进，不断开拓创新。一代有一代之学问，一代代学问是一个个时代的产物，是一个个时代的回声，是一代代的反映。它首先体现时代的先进性，然后体现时代的局限性。所有知识和学问都有更新的特性，因此所有学科都在不同程度上存在着重视当下而忽略学术史的倾向，这丝毫不难理解，因为现在的知识和学问是长期积累和传承的结果，体现人类最高的智慧，站在知识和学术的现实制高点上，有时难免对以前尤其是原初的草创成果轻看甚至不屑一顾。这也是人性的弱点，知识分子或学者也不能免俗。新时代的出版学科建设要引以为戒，把出版学术史研究置于与出版史研究同等重要的地位。在这方面，18 世纪苏格兰著名启蒙思想家、历史学家亚当·弗格森对当时欧洲学者的提醒，无疑对我们具有很大的启发意义。他说："当诸民族前后相继从事发现与探究的事业时，最后一个民族总是最有学识。科学体系是逐渐形成的。地球自身也是逐级旋转，并且当每一时代的历史逝去之时，它也是后继者获得知识的途径。罗马人比希腊人更加博学。在这个意义上，与身负累累盛名、拥有最高成就之人相比，每一个当代欧洲学者都要更有学问。但是，就此而论，他是否比他们更加优越呢？"[①] 实际上，当代学者未必就比前代学者更有学问，学术史是前辈学者给后来者铺就的台阶，后来者只有怀着虔敬之心使用好这个台阶，才能使自己达到预期的学术目标，达到目标之后，自己也才

---

① 弗格森. 论文明社会史 [M]. 康子兴, 译. 北京：商务印书馆, 2021：62.

能有幸成为这个延续不断台阶的一部分，哪怕是再小的一部分，也算是对前辈的致敬，对后来者的担当，对自己的交代。这就是应有的科学态度，这就是知识和学问代代相传的奥秘。

（三）改善出版史研究薄弱的现状刻不容缓

从近代思想家梁启超开始，中国学术界形成了一个共识：学术是公器。学术是解决社会发展问题的公器，也就是说，学术的着眼点是现实，是现实社会的矛盾与问题，是广大人民群众生产和生活所面临的重大问题。这是为人民做学问，为大众做学问，或者说把学问"写在祖国大地上"的根本性逻辑。大地就是人民，人民既是知识的创造者，也是知识的享用者。但解决矛盾与问题却不能只看眼前和表面，而是要探寻事物的来龙去脉，深挖历史根源和成因，否则就抓不住矛盾和问题的实质，抓不住解决矛盾和问题的关键要素，也就不能真正解决矛盾与问题。这就是马克思主义辩证唯物主义和历史唯物主义的重要历史观，是学术研究包括出版学术研究应该坚持的马克思主义的根本立场、观点和方法。此外，从具体的出版学术研究方法论角度来说，出版学术研究的基础与其他学术研究的基础一样，都是事实或材料，不同的是，出版的所谓事实就是出版活动本身的经历或经验，即历史。出版的经历或经验即历史，是最扎实、最可靠的事实。

就当前情况而言，在出版领域，无论是业界还是学界，对出版史的重视程度都不够，对出版史的研究也明显不够。专业学术期刊所发表的有关出版史的文章非常有限，硕士和博士乃至博士后以出版史作为论文选题方向的，可以说是少之又少。这种状况不仅限制了研究的视野和深度，也影响了研究成果的智慧含量和权威性，因此也削弱了出版研究的传播效果和资政功能。这也使出版学科的研究成果很难对其他学科的研究和建设产生较大的影响，使出版学科只能在自己的小圈子里打转，进入不到人文社会科学的大圈子，吸收不到大圈子的基础营养和综合营养，享受不到人文社会科学大圈子里的学科协同效应。所有产业和事业都有历史，所有学科都有历史，而对于面向所有事业与产业、面向所有学科的出版业和出版学来说，历史或出版史研究或许就是打通出版和出版学与其他产业和学科的通道。关切现实与关注历史，是与出版学科建设同等重要的事情。处理好现实与历史的关系，是开创出版史研究新局面的关键所在。

三、没有什么学科不是应用学科，也没有什么学科只是应用学科

正确认识基础学科与应用学科、出版学本体与跨学科之间的关系，重新调整对

出版学科自身的认知，是关系到学科建设和出版产业发展的大事。影响出版一级学科建设的重大障碍之一，就是传统上关于出版学科属于应用学科的认识。出版学科若要取得重大突破，拥有更好的前景，必须冲破应用学科的认识藩篱，尤其是处理好出版学本体与跨学科的关系。就学科本体而言，没有什么学科不是应用学科，也没有什么学科只是应用学科。对于出版学科和出版产业而言，这是又一重要的认知革命。无论是学界还是出版产业，都存在着只顾自己脚下的一亩三分地，而忽视比邻田地乃至更广范围大田的状况，这种状况对学界和产业发展都产生了重大的消极影响。这一认知革命对于出版学科建设至关重要，对于出版产业发展至关重要。

传统上，出版学一直被当作应用学科，所以无论是产业界还是学界，研究具体的出版实务多，研究理论相对较少；目光大多聚焦在出版产业和出版学科本体上，对其他产业和学科缺乏关注；兴趣点主要集中在当下或现实，对出版史研究兴趣较小。这些情况在近些年来各高校出版学科的硕士和博士论文，以及博士后研究课题中，得到了比较清晰的反映。出版行业专业学术期刊所发表的论文所反映出的状况，也与此大体一致。这种状况对出版学科发展和出版产业发展都不可避免地在一定程度上产生了不利影响，与新时代出版学科和出版产业发展的要求不相适应，与国家大力开展的新文科建设要求也不相适应。新文科建设的基本理念就是倡导学科交叉（互通）和交叉学科，出版业和出版学在这方面有着先天的基因和优势，利用好这一先天的基因和优势，出版学和出版业可望开辟一片新天地，可望迎来一个新发展。

（一）就学科本体而言，出版学从本质上就应该属于综合性学科

就学科本体而言，一方面，鉴于出版活动属于知识的生产与传播，对其生产方式和传播形式的研究，直接涉及知识学、文字学、图像学、文化、艺术、传媒、法律或版权、传播学、科学、技术等学科。这些方面的知识和学问都是支撑出版活动或出版业运行所固有的、必不可少的元素，其中文字、图像和技术等表现为工具和手段，知识、科学、文化和艺术等表现为对象或结果，传媒与传播等表现为属性或性质，法律或版权等表现为前提或条件。如果出版学研究可以从以上乃至更多的视角展开，无疑会给出版学科的学术创新带来新的活力。

另一方面，鉴于出版活动的价值指向在于出书育人，在于个体之人和整个人类种群的进化，对其效果进行价值评判，落脚点就自然会在所谓的社会效益上，因此，出版学就不可避免地与文明史、生物史、社会学、哲学和伦理学等直接挂钩。同样，如果出版学研究能够从以上乃至更多的视角展开，无疑会对拓展出版学的深度和广度提供新的助力。

从间接却绝非不重要的角度看，对经济学和管理学及其方法论的自觉使用，也

关乎产业及出版学科的发展。人类的所有活动总能被归结为经济活动，经济是人类所有其他活动的前提和保证，经济学家的"经济人"观点，即所有人归根结底都是经济属性的人，就算不学经济的人对此也耳熟能详。然而这不是强调出版学要重视经济学和管理学的主要原因，强调自觉地从经济学和管理学视角研究出版学，恰是由现代科学的性质所决定的，"因为科学本身作为研究具有企业活动的特点"[1]。海德格尔对此进一步解释说："根据它的企业活动特性，科学为自己创造了与它们相合的共属一体关系和统一性。因此，一种以研究所方式活动的历史学或考古学的研究，本质上比它自己的还处于单纯博学中的精神科学院系里的学科，更接近于相应地建立起来的物理学研究。所以，科学的现代的企业活动特性的决定性展开也造就了另一类人。学者消失了，他被不断从事研究活动的研究者取而代之了。"[2] 在商品经济成为推动人类文明发展的根本方式，在现代社会全面实施市场经济的条件下，在学术机构或组织已经企业化运行的背景下，学者已经更准确地拥有了"研究者"的新称号，研究自身的经济属性和企业属性已经成为产业研究的前提或必备条件。对于任何企业而言，研发或学术引航都是必要和必需的，出版企业作为知识生产和传播性质的企业，理应拥有更高的智力追求，应树立所有生产者都是研究者的理念，并建立起相应的机制，使自身的研发与学界的研究有机结合在一起。学界也同样应以企业的身份、企业的思维来从事学术研究，从另一个方向使学术的视角与企业的观点结合在一起。"现代科学固有的本质力量直接明显地在企业活动中发挥作用，所以，也只有自发地研究企业活动，才能从自身出发先行勾勒和建立一种符合自身的与其他企业活动的内在统一性。"[3] 与此不相协调的是，关于出版经济和出版企业的研究一直是出版学的薄弱领域，有关这方面的研究可以说是凤毛麟角，这充分说明出版学研究还停留在狭隘的出版"本体"或"本位"之上，缺乏对属于出版本体或本位领域的更广泛意义上的关注和研究。这种状况是亟待改变的，需要学界和产业界共同努力，创造相应的合作机制、协同创新机制。

（二）就内涵而言，离开了其他学科，便不再有出版学

出版学与历史学有几分相像，历史包罗万象，政治、经济、社会、军事、法律、宗教、科学、文化、教育、生态、文学和艺术等，没有事物不是历史的存在，同时没有事物的存在，尤其是人类及其创造物的存在，也就没有历史；出版同样包罗万象，没有事物及人对其的认识（学科）不在出版的内容范畴内，同样，离开具体事

---

[1] 海德格尔. 林中路 [M]. 孙周兴, 译. 北京：商务印书馆，2017：92.
[2] 海德格尔. 林中路 [M]. 孙周兴, 译. 北京：商务印书馆，2017：92-93.
[3] 海德格尔. 林中路 [M]. 孙周兴, 译. 北京：商务印书馆，2017：93.

物及人对其的认识（具体学科），便不再有出版学。

目前，编辑出版专业的学生，无论是本科生、硕士还是博士，到出版社应聘编辑岗位非但不占任何所谓的专业优势，而且通常是一职难求，主要原因是虽为编辑出版专业出身，恰是因缺乏具体"专业"支撑而专业能力显弱，除非做出版学科的编辑，他们是专业人才，做其他学科的编辑便尽显劣势。而出版业作为小产业，出版编辑类的图书需求少之又少，对出版类图书编辑人才的需求自然就会更少。关于编辑出版专业出身的学生"没有专业"的问题，应该引起学界高度重视，探索相应的教育或教学机制，来改善这一不太令人满意的状况。例如，可否借鉴哈佛商学院的经验，哈佛商学院不招收本科生，工商管理硕士（MBA）是基础班，发展管理课程（PMD）是中级班，高级管理课程（AMP）是高级班，三个课程班都是常年正规招生，都有悠久的历史，学生毕业后都一样进入哈佛校友录，不同的是，MBA班是学位班，学生毕业可以申请学位。三个课程班面向不同对象招生，但都强调工作经历或经验，MBA班只招收具有两年以上工作经验的人员，不招收应届本科生，PMD班只招收世界500强的中层管理人员，AMP班则只招收世界500强的高级管理人员。这三个课程班都不是短期培训的概念，而是纳入常年教学的学制，PMD班和AMP班的毕业生同样算作哈佛的正式毕业生，进入哈佛校友录，终生享有与其他毕业生一样的待遇，诸如凭ID进入图书馆查阅资料等。

如何培养面向出版业高质量发展的人才，即一方面对生产实践有切实了解和理解的理论研究和实践研究人才，另一方面具有一定的理论素养，具有编辑能力、善经营的应用型人才，是出版学一级学科建设必须认真研究、努力破解的重大难题之一。学科建设就是在破解学术重大课题和产业重大难题的过程中，逐步发展和成熟起来的，而破解学术重大课题和产业重大难题，光靠传统的出版学不行，或者说，眼睛只盯着出版学的小圈子不行，必须着眼于更大的学科范围，有更宏大的视野，借助其他学科在更广阔的天地中寻求破解之道。这是科学研究普遍原则要求的态度，也是出版学科自身特点要求的态度，离开了其他学科，便不再有出版学。

（三）就属性而言，没有学科不是应用学科，也没有学科只是应用学科

学问说到底是一种价值认识。没有价值认识的学问，徒有认识的形式而没有灵魂，因为学问都源于问题，自然的和社会的；其归宿则在于解决问题，自然的和社会的。有的可以直接转化成技术工具，有的可以转化为技术方法，有的则可以转化为理论基础。我们反复强调，不是所有信息都能被称为知识，只有有用的信息才能被称为知识；不是所有知识都能升华为智慧，只有用于生产和生活实践，能够产生生产力，即成为解决问题根本之道的知识，才能升华为智慧。虽然不乏科学家认为

自己不是因为有用而是因为兴趣才从事科学研究的,从纯粹个人的角度来说,这话也许是真的,但从国家和社会的角度,从国家和社会投入人才培养和科研投入的角度,从人类这个物种的整体性进化的角度来看,就显得很狭隘了。海德格尔的论述最能说明问题,他说:"知识是我们的对象,它是为我们的存在;而这样一来,知识的自在毋宁就成了知识的为我们的存在了;我们所认为是它的本质的东西,毋宁就会不是它的真理而仅仅是我们关于它的知识了。"①

可以说,科学与技术是人类进化的产物,同时又反过来服务于人类的进化和社会的演进。人类进化的方向是理性,社会演进的方向是文明。科学为人类提供的就是理性,自然科学提供工具理性,让人成为工具型动物,人类借助工具"可上九天揽月,可下五洋捉鳖";人文社会科学提供价值理性,让人合乎人类伦理道德地发明和使用工具,谨防将其用于反人类的邪恶行径。科学提供给人类的工具理性和价值理性,都是功用在先,离开了功用,便失去了存在的依据和价值。学科只不过是科学的方法和手段,离开了功用,自然也就失去了存在的依据或价值。从这个意义上说,所有学科首先立足于功用,首先都是应用学科。就属性而言,没有学科不是应用学科。就自然科学和人文社会科学的内部结构而言,在自然科学内部,各学科有所侧重,有的学科更侧重于基础理论,被称为基础学科,有的学科则更侧重于实用技术,被称为应用学科。在人文社会科学内部,各学科同样有所侧重,有的侧重于"道",显得更人文,甚至更"没用";有的则侧重于"术",显得更社会,更贴近生产和生活实际,因此更"有用"。实际上,所谓的基础学科和应用学科是不能截然分开的。所有的基础学科都面向应用,面向生产和生活实践。同时,没有基础理论研究,任何所谓的应用学科都很难成为真正的科学,很难成为真正"有用"的学科。所有的应用学科都离不开基本理论。理论为解决问题、解决生产和生活的实际问题,提供系统的思维,提供根本的方法,提供根本的解决之道。任何技术应用,到制高点,都会冲破"术"的层面,而上升为"道"。

具体到出版学科,如果永远都把自己定位或定义于所谓的应用学科,而忽视对"道"的追求,忽视基础理论研究,不把出版学科置于大的人文社会科学范畴或背景下,不能自觉地运用人文社会科学的总体研究理论与方法,不能与其他学科形成交流与互动,则出版学科研究不仅很难上升到"道"或智慧的层面,而且即便是学科本身更侧重于应用,其真正的应用价值也会大打折扣。有鉴于此,出版学一级学科建设既要面向或立足于出版和文化产业应用,又要加强基础理论研究和借鉴跨学科方法论;既要立足于出版学,又要突破出版学的藩篱,尤其要与哲学、社会学、

---

① 海德格尔. 林中路 [M]. 孙周兴, 译. 北京: 商务印书馆, 2017: 135.

历史学和经济学等紧密结合。其中，中国和世界出版史研究的薄弱状况亟待改善。国家正在实施的新文科建设，可以为出版学向基础理论研究和跨学科研究方向努力提供新动能和新机会。与此相适应，出版学科建设应该重视新文科背景下的课程建设和师资队伍建设，以及产学研用一体化的学科体系建设。

四、结语

一般而言，学术、思想和文化方面的认知革命和实践革命，往往发生在社会面临"危机"亦即重大变革之时、学术或学科本身面临"危机"亦即重大变革之时。当代世界著名文化理论家、斯洛文尼亚"一定意义上的共产主义者"斯拉沃热·齐泽克指出："一个学科深处危机之时，要么致力于洗心革面，要么在其基本框架内补充其论点。在其基本框架内补充其论点，或许我们可以把这个程序称为'托勒密化'。之所以称之为托勒密化，是因为，一旦大量涌入的数据与托勒密的地心说天文学发生抵触，他的党羽就会引入额外的说辞，对异常现象作出解释。但是，不引入额外的说辞，不改变微小的前提，而是彻底转换基本框架，这时，真正的'哥白尼式'革命就会降临。"[1] 齐泽克的这番论述对于当前出版学科面临的形势，可以说具有启迪和借鉴意义。

出版学科申报一级学科可以看作出版学面临重大变革之"机"，这一阶段"危"与"机"是并存的，并不是只有"机"。如果申报没有成功，"机"就将变成消极的"危"，编辑出版专业依附性存在的尴尬局面不仅不能得到改变，还可能雪上加霜，很多学校甚至会直接取消编辑出版专业，编辑出版专业将直接面临生存之危。出版学科进入了一级学科，也不意味着"危"就自动解除了，只是"机"实实在在地摆在了我们面前，"危"的局面仍然存在，仍然要靠我们自身的努力才能获得扎实稳固的立足之地。首先需要解决的就是基本理论问题，我们欣喜地看到，已经有学者对出版学科的基本理论问题给予了关注，[2] 这是好的开始，还需要进一步深入展开讨论。而上述三大关系更应被看重，处理好这三大关系直接关涉出版一级学科建设的成败。

首先，关于理论与实践的关系。对于出版学科实际来说，最显著的表现就是，现阶段研究的主要关注点仍局限在实践上，忽视了理论研究，造成了理论研究的薄弱状况。而没有理论研究，任何学科都缺乏基础、缺乏深度、缺乏逻辑，都不可能产生真知灼见，不可能创造智慧，其价值都会大打折扣。新的认知革命让学界把理

---

[1] 齐泽克. 意识形态的崇高客体：修订版［M］. 季广茂，译. 北京：中央编译出版社，2014：新版前言.
[2] 周蔚华. 中国特色出版学理论体系建设论纲［J］. 现代出版，2022（1）：5-18.

论研究置于应有的地位，不仅可以改变理论研究滞后的局面，还能让学术或理论引领产业发展的目标方向。

其次，关于历史与现实的关系。目前还少有人认识到研究出版史对现实的出版业所具有的实际意义，这是出版学科的认识误区，这个认识误区已经造成了出版史研究薄弱的局面。出版的历史不仅能够给我们提供可供遵循的经验和可资借鉴的教训，还能够给我们指明前行的方向。站在现实的观点和立场上，现实就是最前沿，是没有方向的极点，走过的印记或历史能够帮助我们辨明，甚至指导我们规划方向，回望来路是寻找前进方向的重要基础。新的认知革命让我们更加重视出版史研究，要把出版史研究置于应有的地位，改变出版史研究薄弱的局面，要让出版史研究为出版学科提供丰厚的研究材料，奠定浓厚的文化底蕴，培育深厚的学术土壤，创造强大的发展动力。

最后，关于出版学科本体与跨学科的关系。这是出版学研究领域最薄弱的环节，"它山之石可以攻玉"这句名言，长期为出版学科所忽视，新的数字技术引发的媒体融合，或多或少让这种局面有了些许改变；但跨学科研究，或自觉借鉴其他学科的方法论，仍属于凤毛麟角。与此同时，对出版学科属于应用学科的传统认识仍然在学界占据主流，限制了出版学研究的深度与广度。期盼新的认知革命能够为出版学科提供新的视角，开辟新的天地，带来新的知识和新的思考，产生新的思想和新的价值，让出版学科走出短浅和狭隘的"自留地"，步入深厚、广阔的科学原野，既可深耕，又可开拓，果实和效果自然可期。

出版学一级学科建设需要新的认知革命，尤其需要新的自我认知革命，只有认清了自我，才能认清道路和方向，才能实现自身的价值。虽然对于上述三大关系的重新认识，算不上哥白尼式的颠覆性革命，然而在出版学界和产业界，"托勒密化"式的固化模式和僵化思维肯定在很大范围和很大程度上存在，这种传统的思维范式和自我认知范式，不能满足新时期出版学一级学科建设的需要。因此，需要突破传统的思维范式、自我认知范式，引入一些多少具有革命意义的新思维和新认知。新的认知革命能让出版学在更广阔的天地，经受更多的风雨，吸收更丰富的营养；在更宽阔的海洋，经受更大的风浪，激起更大的抱负。新的认知革命可以把出版学科带向新的深度与广度，让其更具科学性、全面性和智慧性；出版学科的影响将超越出版学本身，进入人文社会科学的血缘大家族，进入它诞生之时的原本家园——人类大社会。出版的理想——用思想推动社会进步，才会回归原初的动力，并源源不断地注入新的动力。这就是出版学科的真正价值所在，也是出版业和出版活动的真正价值所在。

唯此，出版学才能站稳一级学科的脚跟，享有一级学科的阵地，才能吸引和激励更多的优秀学子，进入出版产业和学科领域，成为出版产业和学界源源不断的生力军，出版业才能蓬勃发展，出版学科才能繁荣，出版业和出版学才能发挥其在中国特色社会主义文化强国和现代化国家建设的伟大征程中的独特作用，才能在为中华民族伟大复兴以及为人类文明与文化交流互鉴中贡献中国智慧方面，作出出版业不可或缺的贡献。唯此，出版业和出版学才能享有其应有的地位，才能享有与其地位相匹配的尊严。

关于出版功能的再思考*

◎ 方　卿**

摘要：出版功能是出版的内在价值和外部效应的共同体现，而不单纯是出版的社会影响。出版功能是由功能主体、中介和客体等基本要素共同构成的一个有机体系，主要包括传播信息的文本功能、宣扬主张的理念功能和服务社会的社会功能三个方面的主要内容。其中，出版的社会功能又具体涉及政治功能、经济功能和文化功能等内容。

关键词：出版；功能；出版工作；出版学；出版功能

我们观察发现，当代出版学研究出现了一种"脱虚向实"的倾向。无论是对出版学研究议题的设置，还是对研究方法或范式的选择，均存在这种倾向。众所周知，现代社会科学是在批判传统经院哲学基础上，基于理性主义和实证主义原则，模仿现代自然科学建立起来的。我们相信，出版学研究出现的这种倾向是完全符合出版学的社会科学学科属性要求的，是积极的、有意义的。但是，这种倾向如果把握不好，难免将出版学研究带入"庸俗化"境地。出版学应该是基于理性主义和实证主义原则，寻求或发现关于"出版现象"的普遍知识、普遍规律和基本原理的，而主要不以解决局部实际问题为学科发展目标。虽然"问题导向"是当今社会科学研究的一种普遍倾向，但问题导向一定是建立在学科普遍知识、普遍规律和基本原理研究基础之上的，绝非脱离普遍性规律的"自行其是"。因此，出版学研究不能忽视对"出版现象"的普遍知识、普遍规律和基本原理的追求，出版学应力求成为"为从事现实的出版事业的人们提供指导原理的学科"[1]。

出版功能是出版学的一个核心范畴，它直接关乎"出版现象"存在和发展的价

---

* 本文原载于《现代出版》2020年第5期，收入本书时有改动。
** 方卿，武汉大学信息管理学院教授、博士生导师。
[1] 箕轮成男，贺鑫昌. 出版学的方法[J]. 现代外国哲学社会科学文摘，1986（8）：24.

值和意义。关于出版功能的研究，对出版学具有基础性的学术价值。它回答的不仅仅是出版能否影响社会的问题，而且是出版怎样影响社会的问题，是出版影响或作用社会的机制与机理方面的问题。

出版作为一种有意识的人类社会活动，必然有其存在和发展的内在价值和外部影响。这个内在价值和外部影响，就是出版的功能。深刻揭示并科学描述出版的内在价值和外部影响，正是出版学研究的基本目标。

事实上，关于出版功能的研究一直以来就受到了出版业界和学界的关注，相关研究也很活跃，并且产生了一些有代表性的成果。但随着出版内涵和外延的发展变化，出版功能的研究实际上是一个永恒的出版学议题。

一、出版功能的界定

不少出版学大家，如宋木文[1]、巢峰[2]、阙道隆[3]、罗紫初[4]、周蔚华[5]等都曾涉及过出版功能这一议题，对出版（含出版业、出版活动、出版物等）多方面的功能（含作用、意义、价值等）展开过深入的探讨，并取得了不少令人信服的研究成果，为这一议题的研究奠定了扎实的基础。但稍显遗憾的是，几乎所有的相关研究都单刀直入，直接分析论述出版具有哪些方面的具体功能，很少有人对出版功能这一范畴做过严格意义上的科学界定。如出版功能范畴中的"出版"，是指出版业[6]、出版活动[7]，还是出版物[8]？"功能"到底是什么内涵，它与作用、影响或价值是什么关系？现阶段关于出版功能的研究成果，或是出版的功能，或是出版业的功能，或是出版活动的功能，有的还是出版物的功能，而且大部分探讨的是出版的社会影响，即外部功能，很少涉及出版内在价值。我们认为，只有厘清出版功能概念的内涵和外延，才能有助于研究的聚焦，有助于问题的解决。这里，我们不妨从认识论视角对出版功能范畴中的功能、功能与作用的关系，以及功能主体、中介与客体等分别做一个简要界定。

---

[1] 宋木文. 在全国整顿压缩报刊和出版社［N］. 新闻出版报，1989-9-16.
[2] 巢峰. 出版物的特殊性：出版经济学绪论［J］. 出版工作，1984（1）：31-43.
[3] 阙道隆. 编辑学理论纲要（下）［J］. 出版科学，2001（4）：8-23.
[4] 罗紫初. 出版学理论研究述评［J］. 出版科学，2002（S1）：4-11，17.
[5] 周蔚华. 重新理解当代中国出版业［J］. 出版发行研究，2020（1）：5-15.
[6] 罗紫初. 出版学理论研究述评［J］. 出版科学，2002（S1）：4-11，17；周蔚华. 重新理解当代中国出版业［J］. 出版发行研究，2020（1）：5-15.
[7] 苗遂奇. 现代出版学研究刍议［J］. 大学出版，2009（3）：4-9.
[8] 蔡健. 论出版物的功能［J］. 编辑之友，2004（S1）：1.

（一）出版功能的含义

日常生活中，功能通常是与"作用"联系在一起的一个概念。在多数情况下，功能甚至被视作作用的同义词。事实上，这两个概念的确密切相关，因为功能一般被定义为事物或方法所发挥的有利作用。

学界有时候对"功能"和"作用"也做严格区分。在这种语境下，功能是指事物内部固有的效能，是事物的静态属性。它是由事物内部要素结构所决定的，是一种内在于事物的相对稳定独立的机制。作用则是事物的外部效应，是事物的动态属性。只有当一个事物具有一定的功能且与外部环境发生关系时，作用才会产生。两者的关系可以这样理解：功能是作用产生的前提基础，作用就是事物内部要素结构所赋予的功能与客观需要相结合而产生的实际效能。也就是说，从学科意义上，功能是由事物内部要素结构所决定的事物固有的效能，是事物的静态属性，是事物作用产生的前提基础。它与"作用"虽然是密切相关的，但两者是有区别的，属于两个不同的范畴。

从内涵和外延上定义"功能"这一概念，虽然是可能的，但在实践中，要将功能与作用完全分开却是困难的，有时甚至是不可能的。许多社会现象，如科学、教育、法律等，都难以将其功能与作用严格区隔开来。从作用的角度来理解功能甚至更容易为人们所接受。这正是各个学科在探讨相关现象的功能时，总是将其与作用联系在一起的缘故。

基于这一现实，我们认为，出版的功能大致相当于出版的作用，是指出版自身所固有的作用于读者或社会的效用或价值。它既是出版自身固有的效能，也是出版的外部效应或作用；它是由出版自身内部要素结构所决定的，却是通过作用于读者或社会体现其影响和价值的。

（二）出版功能的构成要素

既然功能是由要素和结构决定的，那么解析出版功能的要素和结构就是分析出版功能的前提或基础。我们认为，出版功能是由功能主体、中介与客体三个基本要素组成的一个完整的体系结构。其中，主体是出版功能的创造者，中介是出版功能的载体，客体是出版功能的受体或作用的对象，即主体通过中介服务于客体或对象。这就是出版功能三要素的基本结构。基于这一理解，我们认为，出版功能是由这三个要素组成的系统来实现的，而不是其中的单一要素就能完成的。例如，用出版物的价值或作用来解释出版功能就可能存在片面性。因此，了解这三个基本要素及其结构，对全面掌握出版功能具有重要意义。

1. 出版功能的主体

出版功能的主体是指出版功能的创造者，具体指出版业尤其是出版业中的出版机构和出版人。出版作为一种社会现象，是由出版业来完成或实现的。脱离了出版业，也就不可能有所谓的出版这种社会现象的存在。从这个意义上讲，出版所固有的内在价值以及作用于读者或社会的功能，正是由出版业所创造的。作为出版功能主体的出版业，尤其是出版机构和出版人，是通过编辑、复制（印刷）与发行等出版业务活动来创造出版的各项功能的。在出版功能的创造活动中，编辑、复制（印刷）与发行工作，扮演着不同的角色，发挥着不同的作用。其中，编辑主要承担的是出版内在价值的具体创造工作，复制（印刷）完成的是出版功能的"物化"工作，发行承担的则是出版功能的传播工作。三者环环相扣，缺一不可，共同创造出版的完整功能价值。

主体作为出版功能的创造者，其理想、信念和价值观直接决定着出版功能的性质。在不同历史时期、不同社会制度下，出版功能的性质不尽相同。社会主义出版业创造的是社会主义出版功能和价值。

2. 出版功能的中介

出版功能的中介是指出版功能的载体或具体承载物，即出版产品或服务。出版业所创造的功能，虽然主要表现为蕴含特定实事、理念、信仰或价值观的数据、信息或知识内容，但这些内容总是依附于书报刊、音像制品、电子或网络出版物等特定的出版产品或服务这一特定载体的。离开了这一载体，出版业所创造的功能就无处依附、无法传播。因此，中介是出版功能的基本构成要素。也正因为如此，有些学者总习惯从出版物的视角来研究出版功能。

作为出版功能的中介，载体总是与载体技术的进步密切相关的。先进的技术含量高的载体技术，有利于出版功能的充分发挥。当今数字技术的发展和进步，就对提升出版的社会功能起到了很好的促进作用。

3. 出版功能的客体

出版功能的客体是指出版功能的受体或作用对象，具体指出版产品或服务的消费者，即读者，间接指社会的政治、经济和文化等社会领域。出版功能虽为出版自身的固有效能，但却是通过作用于读者或社会体现其影响和价值的。离开了读者或社会，出版功能就无法实现。出版功能的客体直接表现为读者，间接指向政治、经济和文化等社会领域。读者是特定社会场域中的读者，他们通过对出版产品或服务的阅读或消费，对社会的政治、经济和文化等施加影响，从而实现出版的社会功能。

二、出版功能的内容构成

那么,出版到底有哪些功能呢?这方面的研究成果不少,但大多是从单一角度来论述的。其中,系统性的观点有"四功能说""五功能说"和"十功能说"等。如罗紫初教授曾指出,"众多中外学者对出版功能从不同的角度和不同的侧面进行了探讨。我们从政治功能、经济功能、文化功能、社会功能四个方面进行综述"[1]。周蔚华教授在总结出版"传递信息、传播知识、传承文化、教化育人、提供娱乐"的"五功能"的基础上,结合新世纪出版业的新变化,对当代中国出版功能进行再分析和再认识。他指出,"当代中国出版的功能至少可以概括为以下十个方面:一是传播真理、塑造信仰;二是传播观念,认同价值;三是传递信息,服务大众;四是传播知识,教化育人;五是传承历史,创造转化;六是呈现前沿,促进创新;七是规范话语,形成标准;八是提供娱乐,丰富生活;九是连接中外,交流文化;十是形成合力,推动社会"[2]。

上述这些观点或学说,虽然看问题的角度不尽相同,但都从各自的视角较好地揭示了出版功能的核心意涵。尽管如此,我们还是试图基于前述对出版功能的界定,提出我们自己的看法。我们认为,出版具有传播信息、宣扬主张和服务社会三大基本功能,其中,传播信息是出版的文本(含超文本、图像、音视频)功能,宣扬主张是出版的理念功能,服务社会是出版的社会功能。也就是说,出版包括三大功能,即传播信息的文本功能、宣扬主张的理念功能和服务社会的社会功能。

(一)传播信息的文本功能

信息、知识和数据是一组高度相关的概念。三者之间,共同的东西多,个性化的部分少。在信息管理科学语境中,信息是事物存在方式和运动状态的反映,不涉及明显的价值判断;知识则是体系化的信息,通常涉及价值判断,正确的或有用的信息才可能转化为知识;数据则是关于事物的未经加工的原始素材,不仅可以是人对事物观察的结果,而且还包括机器产生的关于事物的记录,它完全不涉及价值问题。在出版学语境中,早期出版人常用的主要是其中的知识这一概念[3];20世纪80年代以降,信息概念逐步进入出版人的视野,如出版传播信息的功能就是这个时候

---

[1] 罗紫初. 出版学理论研究述评 [J]. 出版科学,2002 (S1):5.
[2] 周蔚华. 重新理解当代中国出版业 [J]. 出版发行研究,2020 (1):5-15.
[3] 马克卢普. 美国的知识生产与分配 [M]. 孙耀君,译. 北京:人民大学出版社,2007:172.

出现的[1];数据概念引入出版领域则更晚,世纪之交"大数据""开放数据"的兴起,以及在科技出版领域数据库出版[2]、开放存取出版[3]、增强型出版[4]和数据出版[5]等的兴起,将数据概念与出版紧紧联系在了一起。当然,如果离开了严格的学科语境,信息、知识和数据并没有本质区别,三者混用也没有太大问题。因此,在谈论出版功能时,我们就用了与传播行为关系较为密切的信息这一概念。

出版作为一项社会传播活动,其传播的正是信息,当然包括数据和知识。出版活动中的编辑、复制(印刷)和发行,均是以信息为工作对象的。其中,编辑是对信息的选择、甄别和加工,复制(印刷)是对经过编辑的信息进行文本(含超文本、图像、音视频)的物化(含电磁化)或固化处理,发行则是对经过编辑与复制(印刷)的信息(具体表现为出版产品或服务)的传播活动。可见,出版活动中的编辑、复制(印刷)和发行均是围绕信息这一工作对象展开的。因此,我们认为,传播信息是出版的基本功能。由于出版活动中的信息传播均是围绕出版文本的编辑、复制(印刷)和发行来开展的,我们不妨将出版的信息传播功能称作"文本功能"。从这个意义上讲,编辑文本、复制(印刷)文本和发行文本是出版的基本功能。其中,编辑文本主要体现为对文本的选择、规范化和标准化,复制(印刷)文本体现为对文本的物化(含电磁化)或固化,发行文本则体现为对文本的社会传播。三者环环相扣,缺一不可。

前述关于出版功能的各种观点,部分涉及了出版的这一基本功能。如"五功能说"中的"传递信息"和"传播知识",显然是属于我们定义的"传播信息"这一"文本功能"范畴的。"十功能说"中的"传递信息,服务大众""传播知识,教化育人"和"呈现前沿,促进创新"的前半部分,也可以纳入"传播信息"的"文本功能"范畴。西方出版学、图书学或书史研究,都十分关注对文本功能的研究,他们更倾向于通过对出版文本的分析来解构出版的功能。[6]

文本功能是出版现象内部固有的效能,是出版的静态属性。它是由出版机构内部各要素结构所决定的,是一种内在于出版的相对稳定的基础机制。它是宣扬主张的理念功能和服务社会的社会功能的基础和前提。

---

[1] 孔祥宏. Internet 与新闻出版业 [J]. 中小学图书情报世界, 1998 (3): 3-5.
[2] 许晓东. WWW 上数据库出版方法的研究 [J]. 江苏理工大学学报, 1996 (6): 90-94.
[3] 李武, 刘兹恒. 一种全新的学术出版模式: 开放存取出版模式探析 [J]. 中国图书馆学报, 2004 (6): 66-69.
[4] 刘锦宏, 张亚敏, 徐丽芳. 增强型学术期刊出版模式研究 [J]. 编辑学报, 2016 (1): 15-17.
[5] 张恬, 刘凤红. 数据出版新进展 [J]. 中国科技期刊研究, 2018 (5): 453-459.
[6] 威尔. 出版学与社会学视角下的文本技术 [J]. 许洁, 唐文辉, 译. 中国出版史研究, 2020 (2): 68-82.

(二) 宣扬主张的理念功能

虽然数据、信息和知识是中性的，但荷载数据、信息和知识的出版文本，如书报刊、音像制品、电子和网络出版物，则并非完全中性的，其中不少是富含作者、编者或出版者的某种理念、信仰和价值观的。当然，这突出表现在人文社会科学出版领域。传统文化中学者们的所谓"著书立说"，就有典型的"宣扬主张"的意味。周蔚华教授"十功能说"中的"传播真理，塑造信仰"和"传播观念，认同价值"中的"信仰""观念"和"价值"均是出版宣扬主张的理念功能的体现。

出版作为一种有意识的人类社会活动，具有宣扬主张（包括理念、信仰和价值观）之目的。在阶级社会中，不同阶级的立场和观念并不相同，有时甚至完全对立。因此，以著书立说的方式，借助出版以达到宣扬主张之目的成为他们的重要选择。巢峰先生指出，"出版物是宣传思想的有力武器，任何阶级、学派、团体、宗教，无不利用这一武器来宣传自己的思想"①。古今中外，以出版宣扬主张已是一种普遍的社会现象。阶级立场、学派主张、团体宗旨或宗教信仰，甚至个人明志等，无不借助出版来实现。马克思主义经典作家正是通过大量的著作出版来宣扬其立场、观点和方法，传播共产主义政治观点和思想体系的。

理念功能与文本功能一样，也是出版现象内部固有的效能，是出版的静态属性，蕴含于出版文本之中，且具有一定的隐蔽性。宣扬主张的理念功能，直接决定着出版的社会功能。一定的出版理念必然服务于相应的社会利益。马克思的《共产党宣言》能让广大无产阶级树立起共产主义的坚定信仰，走上革命的道路。相反，观念颓废、立场反动、价值观扭曲的出版文本，则绝不可能带来好的社会功能。

(三) 服务社会的社会功能

社会功能是指出版服务社会的政治、经济和文化发展的外在效用，它是出版的文本功能和理念功能与社会结合所产生的外化效应，是出版功能的外在表现。出版的社会功能既是以文本功能与理念功能为基础的，更是文本功能与理念功能的延伸，是文本功能与理念功能的社会化体现。与文本功能、理念功能所具有的静态特征不同，出版的社会功能具有动态性特征，它是与社会政治、经济和文化的发展密切相关的。相同或相近的出版文本与出版理念，其社会功能并不一定相同。

社会功能是出版的各项功能中最容易被社会认知的一种。目前，关于出版功能

---

① 巢峰. 出版物的特殊性：出版经济学绪论［J］. 出版工作，1984（1）：31-43.

的研究，大部分都直接指向这一功能。前述关于出版的"四功能说""五功能说"和"十功能说"几乎都涉及出版的社会功能。其中，"四功能说"的"政治功能""经济功能""文化功能"和"社会功能"，"五功能说"中的"传承文化""教化育人"和"提供娱乐"，"十功能说"中的"传承历史，创造转化""提供娱乐，丰富生活""连接中外，交流文化"和"形成合力，推动社会"等均属出版的社会功能范畴。

三、出版的社会服务功能

如前述，当前关于出版功能的研究主要囿于出版的社会功能层面。这种现象既反映出了当前出版功能研究的片面性或不足，也表明了出版社会功能的显性和重要价值。文本功能和理念功能只是出版的内在功能、静态功能，而社会功能才是出版的外化功能、动态功能。文本功能和理念功能虽然是社会功能的基础，但它们终究是要通过其社会功能作用于人类社会的发展或进步的。从这个意义上讲，着力强调出版的社会功能是有其学理基础的。

出版的社会功能内容非常丰富，涉及人类社会的方方面面，其基本内容主要涉及出版的政治功能、经济功能和文化功能三个方面。

（一）政治功能

出版的政治功能就是出版服务于社会政治建设的效用，它是出版社会功能的核心意涵。出版属思想上层建筑或意识形态范畴，为政治服务是对其的必然要求。服务于统治阶级的根本利益是出版政治功能的本质要求。阙道隆先生从编辑的角度深刻阐明了出版的政治功能。他认为，编辑出版活动具有两大政治功能，"第一项重大政治功能是维护现存政治制度、政治权力的合法性，或者为建立新的政治制度、政治权力制造舆论……编辑活动的第二项重大政治功能，是推动社会的民主和法制建设的进程，对权力机关进行舆论监督"[①]。出版的政治功能一般可以通过政治宣传、思想教育和舆论引导等方式来实现。罗紫初教授指出的"出版活动的政治功能主要表现在思想教育与舆论导向上"[②]，宋木文先生强调的"报刊和图书对于政治宣传、思想教育的巨大作用"[③]，以及巢峰先生提出的"出版物是宣传思想的有力武

---

① 阙道隆. 编辑学理论纲要（下）[J]. 出版科学，2001（4）：9.
② 罗紫初. 出版学理论研究述评[J]. 出版科学，2002（S1）：4-11，17.
③ 宋木文. 在全国整顿压缩报刊和出版社工作会议上的讲话[N]. 新闻出版报，1989-9-20.

器"① 等,都是对出版政治功能的有效诠释。

当前,我国出版业应该坚持正确的政治方向,坚持"为人民服务,为社会主义服务"的出版方针,以服务于中国共产党领导的中国特色社会主义建设事业为根本目标,紧紧围绕这一根本目标开展出版活动。这是我国出版政治功能的基本要求。

(二) 经济功能

出版的经济功能是指出版之于经济发展的效用或价值。从缘起看,出版到底是以文化还是经济形态发端的,虽然并无定论,但出版以经济形态示人有着久远的历史却是不争的事实。在市场经济条件下,大力发展出版产业,出版业已成为一个有着重要经济影响力的产业门类,更是世界各国的一种普遍现象。关于出版的经济功能,学界有不少探讨。如,罗紫初教授将出版活动的经济功能概括为三个方面:"一是产值构成功能,出版活动能向社会提供出版物或出售版权,直接创造产值,构成国民经济总产值的重要部分;二是经济促进功能,出版活动能传播知识,提高劳动力素质,促进社会生产力的发展;三是经济服务功能,出版活动能传递信息,为经济决策与管理提供信息服务。"② 卿家康博士认为,"出版活动可以从五个方面促进社会经济的发展:出版活动是整个社会再生产过程的重要环节;出版活动能促进劳动力再生产的发展;出版活动促进社会经济管理水平的提高;出版活动促使科学技术转化为现实生产力;出版活动直接创造产值,成为社会经济不可或缺的组成部分"③。梁宝柱先生侧重从科技成果应用的角度来认识出版活动的经济功能,他指出,"出版经济越发达,越能加快科技成果的推广和应用,促进社会生产力不断提高,加速国民经济繁荣"④。

我们认为,出版的经济功能至少体现在这样两个方面:第一,出版业是国民经济产业体系的有机组成部分,出版业的发展可以直接创造社会财富。西方发达国家非常重视包括出版在内的文化创意产业的发展。如,英国创意产业2013年实现产值76.9亿英镑,占英国经济的5.0%,创意产业已经成为英国经济增长的新引擎。⑤《中国国民经济和社会发展第十二个五年规划纲要》首次明确提出,要"推动文化产业成为国民经济支柱性产业,增强文化产业整体实力和竞争力"。这表明,包括

---

① 巢峰. 出版物的特殊性:出版经济学绪论 [J]. 出版工作,1984 (1):31-43.
② 罗紫初,汪林中,宋少华. 出版发行学基础 [M]. 太原:山西经济出版社,2000:80-82.
③ 马费成,邱均平,黄宗忠. 信息资源与社会发展:1996信息与社会发展国际学术研讨会论文集 [M]. 武汉:武汉大学出版社,1996:688-691.
④ 梁宝柱. 出版经济学导论 [M]. 北京:中国书籍出版社,1991:104.
⑤ 仇景万. 英国创意产业发展对我国创新驱动发展战略的启示 [J]. 现代管理科学,2016 (5):73-75.

出版在内的文化产业的发展，具有很好的经济发展前景，其对国民经济贡献率的提升是可以预期的。第二，出版业通过服务文化、科技和教育，间接服务于经济社会发展。对此，拟在下面"出版的文化功能"中进行讨论。

经济功能具有典型的显性特征，易受到出版界的重视。在出版实践中，甚至容易出现强调经济效益而忽视社会效益的现象。因此，正确处理好两个效益的关系，树立"把社会效益放在首位、社会效益和经济效益相统一"的出版理念，应成为当代中国出版经营的基本遵循。当然，这也是发挥出版经济功能的前提。

（三）文化功能

出版的文化功能大致是指出版促进文化发展或进步的积极作用。它是出版社会功能中社会认知度最高的功能之一。出版界及社会各界都较好地认识到了出版的这一社会功能。出版的文化功能内涵相当丰富。罗紫初教授认为，它具体包括"文化选择功能、文化生产功能、文化传播功能、文化积累功能"[①] 四个方面。阙道隆先生[②]、王振铎教授[③]和向新阳教授等对出版的文化选择功能都有过精辟的论述，他们认为，通过出版的"选题"和"编辑加工"等对文化进行"去劣存优"，进而实现对文化的选择。彭建炎先生认为，出版是一种生产或创造活动，"出版其实就是一种文化承载物的生产，它是作者文化创造的继续，编辑对著作（书稿）的选择、整理、审读、加工等都是一种文化创造活动"[④]。将出版视作"作者文化创造的继续"无疑是对出版文化生产功能的一种最好诠释。周蔚华教授不仅对出版的文化传播功能进行过系统阐释[⑤]，还归纳总结出数字环境下出版知识传播的特点。他指出，出版"知识的传播已经不是标准化、批量化、大众化、单向传播的方式，而是碎片化（信息和知识碎片）与大规模集成化（信息库）并存，以定制化、个性化、互动性为主要传播方式"[⑥]。邵益文先生通过出版的成果——图书，阐明了出版的文化积累功能。他指出，"图书留下了人类社会发展进程中的每一个脚印，它记录了人类认识的总和，积累了无所不包的人类认识的成果，它是有史以来一切民族伟大智慧的结晶"[⑦]。

由此可见，出版之于文化的功能或作用业已得到广泛认知。

[①] 罗紫初. 出版学理论研究述评 [J]. 出版科学，2002（S1）：4-11，17.
[②] 阙道隆. 编辑学理论纲要（下）[J]. 出版科学，2001（4）：8-23.
[③] 王振铎. 文化缔构编辑观 [J]. 河南大学学报（哲学社会科学版），1988（3）：104-114.
[④] 彭建炎. 出版学概论 [M]. 吉林大学出版社，1992：63.
[⑤] 周蔚华. 出版：文化自信的拱心石：一个出版史的视角 [J]. 出版发行研究，2018（1）：5-12.
[⑥] 周蔚华. 重新理解当代中国出版业 [J]. 出版发行研究，2020（1）：5-15.
[⑦] 湖北省编辑学会. 点击《出版科学》[M]. 武汉：崇文书局，2003：174.

在此需要强调的一点是，文化是个非常宽泛的概念，广义的文化至少应该包括科技、教育和休闲娱乐。因此，出版的文化功能同时也包括出版对科技、教育和休闲娱乐等发展或进步的促进作用。事实上，出版与科技、教育和休闲娱乐的关系十分密切，专业或学术出版就是专门依附和服务于科技的，教育出版服务于教育自不必言，大众出版则是面向公众休闲娱乐的。

中国特色出版学理论体系建设论纲*

◎ 周蔚华**

摘要：构建中国出版学理论体系是出版学学科建设的一项基础性工作。出版的本质就是出版主体如何处理精神产品（出版客体）的个体化生产与它的社会化传播之间的矛盾，相应地，中国特色出版学的研究对象是出版主客体之间的矛盾运动过程及其场域。从这一出版学对象出发，中国特色出版学理论体系的基本架构包括导论、出版主体、出版客体、出版过程、出版管理、出版效果六个部分，从不同角度回答什么是出版、谁来出版、出版什么、为谁出版以及出版活动顺畅进行的保障条件等。出版学理论体系建设要回应时代之变、技术之变和学科之变，但无论如何变化，出版的本质和功能没有变，我们要在这种变化中找准自身定位，守正创新，而不要在令人眼花缭乱的传播现象中迷失自我。

关键词：出版概念；出版本质；中国特色出版学；出版学理论体系建设

21世纪以来，数字传播技术的影响越来越广，出版作为一种媒介，其传统界限被不断打破。无论在出版实务界还是在出版理论界都有着一种焦虑和迷茫：我们所赖以生存的工作对象和服务对象还能持续存在吗？如果能够继续存在，它的边界在哪里？

党的十八大以来，面对复杂多变的国际环境、科学技术日新月异的进步以及哲学社会科学的深刻变革，习近平总书记多次强调要建立中国特色哲学社会科学的学科体系、学术体系、话语体系。出版学如何在新的传媒变革环境下找到自己的准确

---

* 本文原载于《现代出版》2020年第1期，收入本书时有改动。
   课题：国家社会科学基金重大项目"当代中国图书出版史"（项目编号：19ZDA335）。
** 周蔚华，中国人民大学新闻与社会发展研究中心研究员、中国人民大学新闻学院教授、博士生导师，北京印刷学院讲座教授。

定位，进而建构中国特色出版学三大体系，是当前出版从业者和研究者共同关心的话题。出版学三大体系建设是一个宏大命题，本文仅就其中的学术体系或者说理论体系谈一点儿个人的粗浅看法，供大家批评指正。

一、中国特色出版学的核心问题

（一）对出版概念的再认识

出版概念是建立出版学理论体系的基石，也是出版研究的核心问题和热点话题，相关文献不胜枚举，论述角度也五花八门。前不久，杨海平教授等在"基于媒介角度的出版定义发展变化"一表中按照时间顺序列举了22种出版定义（见表1），给我们研究出版概念提供了便利。但表中的列举不可能面面俱到，还有很多重要遗漏。比如：袁亮主编的《出版学概论》对出版下的定义"编辑和复制作品向公众传播"[①]；肖东发教授在《中国出版通史》中所下的定义"所谓'出版'，就是将知识、思想或其他信息产品经过加工以后，以手抄、印刷或其他方式复制在一定物质载体上，并通过出售或其他途径向公众传播的活动"[②]；王勇安教授在《融合出版环境下对"出版"概念表述的再思考》（《出版发行研究》2017年第1期）中提出"出版是通过复制行为进行规制化知识信息生产的社会活动"。再比如，王关义教授在《出版管理概论》中所下的定义："出版是一种人类活动，涉及活动主体、活动对象、活动过程、活动结果及其传播。出版的本质概念可以概括为如下公式：出版＝内容的生产＋传播＋服务。"[③] 等等。

上述这些概念有以下主要特点：一是部分定义包含了编辑这一要素，但也有很多定义没有包含编辑，有的甚至直接否认编辑是出版的本质属性（比如王勇安等）；二是都包含复制这一要素，早期的定义都将印刷作为核心要素，后来的定义将印刷扩展到了其他方式的复制；三是都包含"公之于众"的社会传播行为，有的直接用"传播"这一概念，有的用发行、分发、公布、销售等；四是很多概念直接把出版物类型纳入出版物定义之中，比如将图书、期刊、图画、音像制品甚至报纸等作为出版定义的一部分。

需要注意的是，这些出版定义大多数都缺少出版主体。我们姑且不说不包含编辑要素的出版定义中直接缺少了出版主体，即使是包含编辑要素的定义中也没有说

---

① 袁亮. 出版学概论［M］. 沈阳：辽宁教育出版社，1997：103.
② 肖东发，等. 中国出版通史·先秦两汉卷［M］. 北京：中国书籍出版社，2008：前言7.
③ 王关义，等. 出版管理概论［M］. 北京：高等教育出版社，2019：7.

明出版主体是谁。有些定义直接将出版物纳入其中，这就存在一个很大的逻辑问题，那就是图书、期刊等形式的出版物是如何形成的？难道这些出版物不正是出版的结果吗？如果它们是出版的一部分就存在自我定义，如果它们不是出版的一部分，那么哪个学科对图书、期刊等的形成过程进行研究呢？另外，这些定义缺少对复制、公之于众的主体是谁的说明，好像这些信息、知识等是自动复制、发行或公之于众的。正是出版主体的缺失，导致一些有影响力的《出版学概论》教材没有"出版机构"或者"出版社""出版人"这一出版重要要素的相关内容。如果按照这样的定义，那我们经常看到的广告、布告、公告等都应该属于出版物，我们在网上发的任何帖子也都可以被看作出版物（因为它们都进行了复制并公之于众），都应该被纳入出版研究对象范围，但出版界好像没有哪个研究者把这些作为出版研究的对象。难道出版一直都在上演"无主体变奏曲"吗？如此定义导致的另一个严重后果就是在出版学中没有"出版人"的地位或者仅仅把出版人作为出版的保障性要素，出版研究中"见物不见人"的状况十分明显。

  当然，在表1所列举的出版定义中也有个别学者注意到了出版主体，比如韩国学者陈培根就将著者、出版者共同列入出版主体。但就严格意义来说，著作者不是出版主体，这一点下面我还要加以说明。近年来英国学者迈克尔·巴斯卡尔就提出，"广义上而言，出版是一种边缘化的筛选过程"，"出版的本质在于内容审核和推广"。① 巴斯卡尔没有把复制作为出版的本质，而是把内容审核和推广作为出版的本质，这恰恰真正抓住了出版本质的根本。巴斯卡尔虽然没有谈出版主体，但他在其著作中大量论证了作为出版主体的出版商在出版中的特殊作用和意义。对于"什么是出版"这个关键问题，巴斯卡尔通过一个简单的思维实验来加以说明："你写了一部小说，然后将其放在了公园的长椅上。这是一本出版的小说吗？再来看，你打印了1 000本副本，然后将它们分别放在1 000张公园长椅上，那么现在呢？或者，一个出版商买了你的小说，做了大量的广告，但是没有一个人买呢？究竟哪种意义才算是出版呢？"② 巴斯卡尔这个思维实验发人深思：如果从上面那些概念看，那个复印了1 000本副本并放在1 000张公园长椅上的案例无疑属于"复制并公之于众"的定义，但这是出版吗？显然不是。这就像上面笔者谈到的布告、公告等不属于出版一样。而那个一本都没有卖掉的出版商出版的小说无疑属于出版。因此，离开了出版主体谈出版是无法自圆其说的。

---

① 巴斯卡尔. 内容之王：出版业的颠覆与重生 [M]. 赵丹，梁嘉馨，译. 北京：机械工业出版社，2017：8.
② 巴斯卡尔. 内容之王：出版业的颠覆与重生 [M]. 赵丹，梁嘉馨，译. 北京：机械工业出版社，2017：9.

表 1　基于媒介角度的出版定义发展变化①

出处	定义	媒介
日本《出版条例》1887 年	凡以机械、化学或任何其他方法印刷之文书图画予以发售或者散布者。	文书图画
美国《世界图书百科全书》1976 年	出版就是把富有想象力的人们创作的、经过编辑选择加工的,并由印刷厂印刷的文字和图片公之于众。	文字和图片
《辞海》1980 年	把著作物编印成为图书报刊的工作……现代出版工作泛指出版、印刷、发行三方面的工作,也专指报刊图书编辑部门的工作(包括组稿、审稿、编辑加工、出版设计和校对等各项工作)。	图书报刊
美国《出版词典》1982 年	制作印刷型或电子媒介作品,并提供给公众的过程。	印刷型及电子媒介
《新闻学简明词典》1984 年	把著作物编印成为图书报刊的工作。	图书报刊
英国《外国出版史》1988 年	出版是一项涉及印刷品的选择、编辑和销售的活动。	印刷品
《牛津英语大词典》1989 年	发行或向公众提供用抄写、印刷或任何其他方法复制的书籍、地图、照片、歌篇或其他作品。	书籍、地图、照片、歌篇或其他作品
《中国百科大辞典》1990 年	指用印刷或其他方法把著作物复制成图书报刊、音像制品等,并在社会上广为传播。	图书报刊、音像制品
《明确出版的概念加强出版学研究》林穗芳,1990 年	选择文字、图像或者音像等方面的作品或资料进行加工,用印刷、电子或其他复制技术制作成为书籍、报纸、杂志、图片、缩微制品、音像制品或机读件等以供出售、传播。	书籍、报纸、杂志、图片、缩微制品、音像制品或机读件
《图书发行词典》1992 年	通过出版生产的手段,把著作物编印成图书、期刊、杂志等印刷品,经过发行渠道,把这些精神产品推向社会,供应读者。	图书、期刊、杂志
《出版学概论》彭建炎,1992 年	出版是选择、整理著作物,通过一定生产方式将其复制在特定载体上,并以出版物的形态向社会传播的一系列行为。	特定载体
《传播媒体学概念(下)》陈培根(韩国),1993 年	出版是著者、出版者把知识、信息、思想感情、文化等的精神内容,利用文字、图等记号整理之后,通过图书或图书印刷媒体,向接收者即读者传达、传授,充实他们的精神要求,以追求利润为其代价的文化、经济性的传播媒体行为。	图书或图书印刷媒体
《许力以出版文集》许力以,1993 年	出版是通过一定的物质载体,将著作制作成各种形式的出版物,以传播科学文化和对人进行思想交流的一种活动。	物质载体
《编辑、出版与编辑学、出版学》王振铎,1995 年	出版是以精神符号的储载和传播为主要特征的物质媒体制作。	物质载体

---

① 杨海平,杨晓新,白雪.出版概念与媒介嬗变研究［J］.中国出版,2021(18):13.

续表

出处	定义	媒介
《社会主义出版事业的性质和党的出版方针》高明光，1998 年	出版是一种组织选择稿件，经过编辑加工，制作成原版或母版，然后以一定的物质载体复制成多份，在社会上传播的社会活动。	物质载体
《出版学导论》罗紫初，1999 年	出版就是将经过加工提炼的知识信息产品，通过某种方式大量复制在一定的物质载体上，并进行广泛传播的过程。	物质载体
《现代汉语词典》2002 年	把书刊、图画、音像制品等编印出来，向公众发行。	书刊、图画、音像制品
《英汉双解出版印刷词典》（第 2 版）2002 年	拥有一份文件（如目录、书、杂志、报纸），并将其书写印刷，然后销售或分发给公众。	目录、书、杂志、报纸
《第 11 届国际出版学研读会主要学术观点介绍》川井良介（日本），2005 年	出版是通过书籍、杂志等印刷品及 CD-Rom、DVD、网上杂志等电子化形态，对信息进行复制、传播、销售的行为。	书籍、杂志等印刷品及 CD-Rom、DVD、网上杂志
《现代出版学》师曾志，2006 年	出版是将文字、图画、声音、图像、数字或符号等信息知识记录在一定介质上，并进行复制、向公众传播的行为。	介质
《牛津高阶英汉双解词典》（第 8 版）2014 年	生产图书、期刊、光盘等在报刊、互联网上向公众发行或者发表作品或者公布政府信息。	图书、期刊、光盘、报刊、互联网
《出版概念的生成、演进、挑战和再认知：基于概念史视角的考论》吴赟、闫薇，2018 年	出版是一种将不同主体创造的知识加以组织、加工、建构，并发布在公共载体上的社会互动行为。	公共载体

其实，早在 20 世纪 80 年代就有学者对出版下了一个较为全面的定义，可惜这个定义长期以来被忽视了（即使在杨海平教授的 22 个定义中也没有列举）。阙道隆先生在《实用编辑学》一书中认为："所谓出版，是指出版机构根据一定的方针和计划，选择、整理人类的思维成果和资料，通过出版生产赋予它们一定的物质形态，然后向社会传播。"① 这个定义既包括了出版主体即出版机构，也包括了出版客体即人类的思维成果和资料，同时也没有拘泥于印刷或者复制这样的表述，而是用了涵盖面更广的"一定的物质形态"，实际上就是出版载体，还包括了出版的"公之于众"的内涵——传播。不仅如此，他还将出版主体选择的原则——"根据一定方针和计划"——纳入其中，这是较为切合出版本质的定义。

在阙道隆先生出版定义的基础上，本文试图给出版下一个定义：出版是具有一定资质的主体（出版机构及出版工作者）按照一定规制对个体性精神成果（包括信息、知识等出版客体即作品）进行选择、优化并通过相应的物质载体进行社会化传

---

① 阙道隆. 实用编辑学 [M]. 北京：中国书籍出版社，1986：17.

播的文化活动。

这个概念是按照"种+属差"的方式所下的,它包含了以下几层含义:第一,出版活动的本质体现的是一种精神性劳动,所要传播的内容也是精神性的,因此它是一种文化活动;第二,个体的精神成果在这里不会自动传播,需要通过物质载体来实现;第三,它包含了出版主体和出版客体这两个最基本的要素;第四,只有符合社会规制并经过社会化审核的才可以传播;第五,出版主体代表社会公共利益行使是否宜于社会化的审核职能,具体方式是选择、优化。

这个概念的突出特点是通过出版主体的确立划定了出版的边界。近年来,随着传播技术的进步以及媒介融合步伐的加快,出版边界变得模糊,如果从大多数学者所下的出版定义来界定的话,出版几乎无所不包,涵盖信息传播的方方面面,出版学就失去了自己的边界。当一个学科无所不包的时候,它也就失去了存在的意义。当今世界上还没有一门无所不包的学科,即使是哲学、神学这些在古代被认为是所谓超越其他学科之上的学科也有固定的边界。当我们将出版主体这一要素纳入出版概念之中时,也就划定了出版的边界:只有经过出版主体选择并编辑加工或优化过的、按照一定规制可以进行社会化传播的那些精神产品才可以被纳入出版的范畴,否则,即使那些信息、知识等被没有出版资质的单位和个人进行了编辑、复制并公之于众,也不能算作出版,这样的编辑、复制和传播活动不能被看作出版活动。

(二) 出版的本质是如何处理精神产品的个体化生产与它的社会化传播之间的矛盾

从上述定义中我们可以看出,出版是一种文化传播活动,但不是什么样的内容都可以传播,个体(这里既包括个人也包括组织)的精神成果(出版客体)能否向社会传播而形成社会化精神成果有一系列制度性约束,不仅要从是否符合主流价值观、是否有利于社会稳定、是否有悖于公共利益、是否符合法律和道德规范等方面进行评判,还需要从知识性、科学性和规范性等方面加以评判、选择和优化,而这些判断不是依据个体精神成果的创造者的自主判断和决定(因此,著作者不是出版主体),而是需要一个中介进行审核把关,充当"把关人"或者"守门人"的角色,这就是出版机构及其从业者,即出版主体。出版主体在出版过程中代表社会公共利益行使自身职能,这种职能不是自封的,而是政府或者公共部门赋予的,一旦没有尽到职责,首先受到惩处的不是精神成果的创造者而是出版主体自身。这种情况不仅在中国是这样,在国外也是如此。所谓出版自由,主要是创作者的自由,对于出版主体(出版机构和从业者)则有一系列规制和要求,比如,即使在西方,对于颠覆政府、淫秽、种族歧视、性别歧视等出版物,政府也要采取事后追责制度,严加惩处。

巴斯卡尔把审核作为出版本质的一个重要方面是很有见地的，但他并没有说明为什么审核是出版的本质。我们需要在此基础上对这个问题进一步追问：为什么要审核？它要解决的是什么问题？只有这样才能更加透彻地理解出版的本质。

马克思高度重视精神生产的作用，把它看作人类社会与物质生产、人自身的再生产相并列的一种重要的生产方式。马克思主义认为精神生产也有自身的特点，比如创造性、自主性、独立性等，它构成了社会上层建筑的重要内容。按照历史唯物主义观点，精神生产相对于物质生产具有独立性，但它却是由物质生产方式所决定的，一定的精神生产方式必然受到社会生产关系的制约。马克思在批评施托尔希时曾明确指出："因为施托尔希不是历史地考察物质生产本身，他把物质生产当作一般的物质财富的生产来考察，而不是当作这种生产的一定的、历史地发展的和特殊的形式来考察，所以他就失去了理解的基础，而只有在这种基础上，才能够既理解统治阶级的意识形态组成部分，也理解一定社会形态下自由的精神生产。"① 因此，必须把精神生产放到一定的社会形态下去思考，个人的精神自由要受到社会生产力发展水平以及社会生产关系的支配和决定。按照马克思主义的基本观点，个人的精神创造自由具有个体性、特殊性，必然要受到生产力发展水平、社会生产关系的支配，同时还要受到占统治地位的社会意识形态的制约。对于个体的精神成果（作品）而言，它能否社会化、如何社会化、社会化的程度如何，不是由精神产品的创作者自由支配的，而是需要由一个代表社会的机构来行使这种权利（同时也是一种权力）。那么由谁来代表社会进行品鉴、评判、优化和选择呢？这就是出版主体，即出版机构及出版工作者。

为什么出版主体能够代表社会对个体精神成果进行评价和选择呢？第一，出版主体首先获得了社会的承认，它们的权利是社会所赋予的，在我国是由国家有关管理部门加以严格审批的，它们在某种意义上代表国家对将要出版的内容进行审核把关。在西方国家需要注册登记，出版物通过国际统一编码（书号、刊号、网络注册号等）加以确认和辨识，它们的出版资质也是受到社会认可的。第二，出版主体作为专门机构和专业人员具备这种把关和审核能力，否则就没有一个著作者愿意将自己的精神成果交给它们出版。第三，出版主体需要根据社会化的规制对个体精神成果内容加以审核、把关，要确保所传播给社会的内容不损害国家及公共利益。第四，个体精神成果一经获得出版，即表明它获得了社会化的权利，出版主体也有义务尽可能地扩大它的社会化范围，从而最大限度地满足社会的需要。

上述四个方面都表明，出版过程中存在着出版主体和出版客体之间的矛盾。这

---

① 马克思，恩格斯. 马克思恩格斯全集：第二十六卷第一册 [M]. 北京：人民出版社，1972：296.

种矛盾表现在两个方面:一方面,出版主体和出版客体二者之间是统一的,它们统一于将出版客体(个体的精神成果)通过社会化的方式发挥传递信息、传播知识、教化育人、传承历史、价值认同乃至塑造信仰等功能的过程中,它们共同服务于社会、服务于出版产品的消费者(读者或用户),它们的目标以及所要实现的功能是一致的。另一方面,出版主体和出版客体之间又存在着对立性,它们分别是矛盾的两方,一方代表创作者个体,另一方代表社会。如果个体性的精神成果(出版客体)不适合社会化,那么出版主体就会在审核环节将它拒绝,它就无法成为出版物而获得社会化的合法权利;即使出版主体认为出版客体适合进行社会化,它还要依据社会规制对出版客体进行加工、优化,排除不适合社会化的内容,对不合社会规制的内容和不合技术标准的形式进行优化,使其符合社会化的标准或达到可以社会化的要求。出版的整个过程就是出版主体对出版客体能否社会化以及如何更好地社会化的矛盾运动过程:对个体精神成果选择的过程是能否社会化的过程;而审核、编辑加工、设计制作、传播载体的选择、传播渠道的选择及宣传营销、市场反馈等是如何更好地社会化的过程。在这个矛盾运动中,出版的价值才得以体现:如果没有统一性,出版主体将无法获得出版客体,出版业无法存在;如果没有矛盾性,出版主体将不能对出版客体通过选择、优化等方式使其社会化传播,出版业也就没有存在的必要性。

那么出版主体与出版客体的矛盾如何解决?这就要求出版主体要从纷繁复杂的个体化精神产品中选择那些优质的、适宜传播的出版客体,并对出版客体从内容、形式到传播方式等各个方面进行优化,通过对出版客体提高内容和形式质量、增强传播效果,从而更好地满足社会对于高质量精神产品的需求。解决出版主客体之间矛盾的过程,也是解决我国当前所面临的主要矛盾(即人民日益增长的美好生活需要与不平衡不充分的发展之间的矛盾)的一项重要工作,这就内在地将出版的功能和使命与解决我国社会主要矛盾问题一体化紧密地结合起来了,同时也与我国新的发展理念和高质量发展目标高度吻合。

出版的本质就是出版主体如何处理精神产品(出版客体)的个体化与它的社会化传播之间的矛盾,出版的主要任务是出版主体如何将个性化的出版客体更好地社会化。这一本质规定首先较好地说明了出版业为什么要坚持将社会效益放在首位,并在此基础上实现两个效益的统一:社会效益代表的是社会公共利益,出版客体具有个体性,它要进行社会化传播必须遵守社会规制,符合社会公共利益,从这个意义上说,出版业具有很强的外部性、公益性,属于准公共物品,这一本质特性决定了出版业必须将社会效益放在首位;如果出版主体忽视出版的社会效益而单纯追求经济效益(或经济利益),把出版主体的个体利益凌驾于社会公共利益之上,那它就丧失了社会所赋予它的权利，没有履行社会公共利益代表的职责，也就丧失了出版主体应有的责任。但仅仅有社会效益而没有经济效益，或者说如果出版物不能创造经济价值，出版主体就会失去生存能力，因而同样也会失去存在的根基。对于这一点，邹韬奋早在20世纪40年代初就做出了精辟的论述，他说："我们的事业性和商业性是要兼顾而不应该是对立的。……倘若因为顾到事业性而在经济上作无限的牺牲，其势不至使店整个经济破产不止，实际上便要使店无法生存，所谓皮之不存，毛将焉附，机构消灭，事业又何从支持，发展更谈不到了。在另一方面，如果因为顾到商业性而对于文化食粮的内容不加注意，那也是"自杀"政策，事业必然要一天天衰落，商业也将随之而衰落，所谓两败俱伤。……这两方面是应该相辅相成的，不应该对立起来的。"①

出版的这一本质规定能够较好地解释出版理论界所提出但缺乏足够解释力的出版物的生产与流通的矛盾、出版物商品供求之间的矛盾、出版自由与出版社会责任的矛盾等一系列重大理论问题，限于篇幅本文不再单独论述。因此，出版的这一本质规定构成了出版学的"元问题"，它既是出版学研究的起点，也是其落脚点及最终归宿。这一问题贯穿出版学的始终，出版学的整个范畴、关系及理论体系都是围绕这个核心问题展开的。

（三）中国特色出版学的研究对象是出版主客体矛盾运动过程及其场域

既然出版的本质是出版主体如何处理精神产品（出版客体）个体化生产与它的社会化传播之间的矛盾，那么出版主体与出版客体的矛盾运动过程必然会成为出版学研究的主要对象。这种矛盾运动中有许多其他的内外部因素同时在起作用，包括出版规制及其制定和执行机构、出版技术以及出版市场等，这些内外部因素构成了出版主客体矛盾运动的场域。

关于出版学研究对象，学界同样有很多探讨并提出了一些富有启发性的观点，如方卿教授在《关于出版学研究对象的思考》（《中国出版》2020年第6期）中对罗紫初教授总结概括的"规律说""矛盾说""文化现象说""出版要素及其关系说""出版活动说"等五种学说进行了分析评价，并在总结各种理论得失的基础上提出了他本人的"出版现象说"。

正如我在上面所反复论证的，出版的本质是要解决出版主体如何处理精神产品（出版客体）个体化生产与它的社会化传播之间的矛盾，那么出版主体将个性化精神产品（出版客体）向社会化转化的运行过程或者两者之间的矛盾运动过程，就是

---

① 邹韬奋. 韬奋 我的出版主张［M］. 南宁：广西教育出版社，1999：207.

出版学所要研究的核心问题，出版学研究的其他问题都是围绕这个核心问题进行的。从这个核心问题出发可以比较好地解释方卿教授所谈到的出版的"价值、要素、作业、管理和时空"所包含的内容。比如，出版的价值不在于出版客体自身的判断，而是需要出版主体依据社会规制对其是否可以进行社会化进行判断；出版要素主要围绕出版主客体的矛盾运动过程展开，这些核心要素包括出版主体（出版社、出版人）、出版客体（作品、出版物）、出版符号、出版载体等；作业层面更是出版主客体矛盾运动的过程，包括市场调研分析、选题策划、审读编辑与加工、设计与制作（复制）、传播或发行、效果与反馈等；管理层面包括宏观与微观规制、规制的监督与执行等，这个过程更体现了以社会化为尺度和标准对出版客体进行规范和监督；时空层面则体现了纵向的社会化演进（历史）过程和横向的社会化扩展过程（国际化是最大限度的空间扩展）。

虽然出版主客体矛盾运动过程基本上能够涵盖出版学的研究对象，但有些要素在这种矛盾运动中共同发挥作用，它们既是出版主客体矛盾运动中的要素，也是这种矛盾运动的支撑，从而构成了出版主客体矛盾运动的场域，因此我也把它们纳入出版学研究对象之中。

这里所谈的场域是借用法国思想家布迪厄的概念。布迪厄提出："场地可以被定义为在各种位置之间存在的客观关系的一个网络（network）或一个构型（configuration）。"他认为，"在高度分化的社会里，社会世界是由具有相对自主性的社会小世界构成的，这些社会小世界就是具有自身逻辑和必然性的客观关系的空间，而这些小世界自身特有的逻辑和必然性也不可化约成支配其他场域运作的那些逻辑和必然性"[1]，所谓的"小世界"就是"场域"。在布迪厄看来，整个社会就是一个"大场域"，它下面分化出一个个"子场域"，这些子场域是一个个具有相对自主性的"社会小世界"，如经济场、政治场、科学场、媒介场、新闻场、出版场等。布迪厄认为场域是一个相对独立的社会空间，是一串串的关系，这些关系先于个人意识而存在。另外，不同的场域有着不同的逻辑规则，行动者一旦进入某个场域，就获得了这个场域所特有的规则、符号和代码，人们形象地说这是他进入场域必须要交纳的入场费。而在当代社会，社会结构呈现为一种非常活跃的网络关系，其中的任何一个部分或成员，都牵连着整个社会的结构及其活动；反过来，整个社会及其各个部分，又时刻影响着社会中的每个成员，以致社会整体、部分、个人都处在活生生的力量较量和制衡之中。布迪厄的场域理论根植于他对西方社会的理解和分析，他运用这一理论对法国媒介特别是电视业进行了分析，由于西方媒介和中国媒

---

[1] 布迪厄，华康德. 实践与反思：反思社会学导引［M］. 李猛，李康，译. 北京：中央编译出版社，2004：134，139.

介制度层面的巨大差异，他的很多理论与中国的媒介情况"水土不服"，缺乏解释力，但他关于社会关系网络和媒介关系的论述，关于整体、部分、个人之间相互制衡的论述，尤其是他对于制度、资本、惯习、实践之间关系的分析都给我们以有益的启示。

首先，出版这个具有相对自主性的"小世界"不是孤立存在的，我们要把它放到一个更大的场域中加以认识，它是"大场域"的有机组成部分，这个大场域就是中国出版所处的社会环境，研究出版不能脱离我国的政治制度和社会制度，它要服从和服务于党和国家的中心工作，这构成了我国出版学的最重要的场域；其次，在社会主义市场经济环境下，出版场域处在社会主义市场经济场域之中，它要遵循社会主义市场经济的基本运行规律，处理好市场与政府的关系，要发挥市场的作用但又不能任由资本来把控出版，在出版领域尤其不允许资本野蛮生长；再次，出版要重视惯习的作用，惯习作为知觉、评价和行动的分类图式构成的系统，是在历史过程中形成的，具有一定的稳定性，是经验积淀并且内在化的秉性系统，出版伦理及职业道德是一种出版惯习，它要根植于出版从业者内心深处，并成为出版学研究的一项内容；最后，出版技术作为出版场域的要素，对出版载体及出版形态的变化起到决定性作用，也是出版学研究的重要内容。

二、中国特色出版学理论体系的基本架构

（一）中国特色出版学理论体系的场域

建构中国特色出版学理论体系，首先要考虑它的特定场域，而不能生搬硬套国外的出版概念及其出版理论（何况国外也没有成熟的出版理论体系可供我们套用）。之所以用建构中国特色出版学理论体系的"场域"而不是将它们作为宏观背景，是因为这些因素是中国特色出版学理论体系的内在组成部分，而不是单纯的外在要素。这个场域主要包括：

第一，中国的所有出版机构都是由国家授权并经国家的审批而设立的，这与西方国家的出版具有质的不同，西方国家的出版从"公共性"出发，强调出版（也包括其他媒体）是所谓的"社会公器"，我们的出版审核是通过国家授权来行使公共利益把关功能的。不仅如此，在当代中国，由于党性与人民性的高度统一，出版必须坚持党性原则，把维护党和人民的利益作为出版的最高原则，坚持正确的出版指导思想，即以马克思列宁主义、毛泽东思想、邓小平理论、"三个代表"重要思想、科学发展观、习近平新时代中国特色社会主义思想为指导，坚持"为人民服务、为

社会主义服务"的出版方向,坚持"百花齐放、百家争鸣"的"双百"方针,坚持社会效益第一,坚持党管出版,实现高质量发展,等等,这些是中国出版最重要的规制,是对个性化精神产品能否进行社会化传播的最高判断尺度,也是不可逾越的红线。

第二,中国特色出版学理论体系建设是在党中央提出要着力加快构建中国特色哲学社会科学,"在指导思想、学科体系、学术体系、话语体系等方面充分体现中国特色、中国风格、中国气派"[1]的大背景下,在教育部提出加快推进"新文科建设"的具体要求下而进行的,因此,必须把握党中央以及教育行政主管部门提出这些要求的内在精神实质。

第三,中国特色出版学理论体系是立足于中国的出版实践,是对中国优秀的出版传统创造性转化、充分借鉴国外出版经验,继承和发扬中国共产党红色出版的历史经验,为解决当前出版业面临的实际问题而进行的理论探索,是对中国优秀的传统编辑出版思想、中国共产党红色出版丰富的历史经验、西方出版管理经验以及马克思主义出版理论而进行的新的理论综合,同时又是"以解决实际问题为中心",为解决出版业面临的突出矛盾和问题而生的,因此,它既具有历史继承性和开放性,又具有鲜明的主体性、时代性、实践性和原创性。

第四,中国特色出版学理论体系是在当今世界科学技术日新月异、媒介融合不断加深、步伐不断加快、信息传播多元化趋势加速的技术背景下应运而生的。出版业、出版学的困惑以及面临的现实问题固然有其他多方面的因素,但出版技术的变革以及在出版领域的广泛应用是其中最重要的原因,因此,在中国特色出版学理论体系建设中,技术变革这一背景应该被放到更加突出的地位。

第五,当前经济全球化和逆全球化两种思潮处在尖锐的对立和斗争中。习近平总书记提出的人类命运共同体的理念受到越来越多国家的认同,但就我国思想界的整体而言,能够体现中国立场、中国智慧、中国价值的理念、主张、方案还远远不够,在国际上中国声音还不够强大,我们常常处在有理说不出、有理不会说、说了传不开的境地。因此,习近平总书记多次强调要加强国际传播能力建设,与此相应的,我们的出版业要在国际传播中发挥主力军作用。习近平总书记在给中国外文局成立70周年的贺信中,要求中国外文局"把握时代大势,发扬优良传统,坚持守正创新,加快融合发展,不断提升国际传播能力和水平,努力建设世界一流、具有强大综合实力的国际传播机构,更好向世界介绍新时代的中国,更好展现真实、立体、全面的中国,为中国走向世界、世界读懂中国作出新的更大的贡献"[2]。习近平

---

[1] 习近平. 习近平谈治国理政:第二卷[M]. 北京:外文出版社,2017:338.
[2] 不断提升国际传播能力和水平,更好向世界介绍新时代的中国[N]. 人民日报,2019-09-05.

总书记在这封贺信中对中国外文局提出的要求,也是对中国出版界提出的要求,在我们的出版学研究中必须将习近平总书记的这一要求落实到出版理论中去,加强国际出版市场、中国出版"走出去"、国际版权输出等相关内容的研究。

(二) 中国特色出版学理论体系的构架

中国特色出版学理论体系包括以下几部分:

第一部分是出版学导论,主要解决什么是出版、出版学研究什么、如何研究、出版学及其与相关学科的关系等问题。这部分内容包括考察出版概念的定义和历史演变过程、出版学研究对象、出版学理论体系总览、出版学研究方法、出版学与其他学科的关系等。

第二部分是出版主体,主要解决谁来出版的问题。这部分可以具体分为出版机构(包括出版机构的性质、出版机构建立的条件、出版机构分类、出版机构的治理结构和组织结构、出版机构的功能等)和出版人(包括出版人的构成、出版人的能力要求和相关资质、出版人的职业素养、出版人才队伍的培养等)。

第三部分是出版客体,主要解决出版什么的问题。这部分内容主要包括作品(来源、类别、特点等)和出版物(演变过程、类别、特点等)。由于作品与著作权人不可分割,因此,需要对出版客体向上游加以延展,延伸到著作权和著作权人(著作者与出版客体有更密切的关系,他是出版客体的所有者,这再次说明了著作者不能作为出版主体)。由于出版物中包括不同的载体,因此,需要将出版物向下延展,延伸到出版载体形式。

第四部分是出版主客体的矛盾运动过程,主要解决如何出版的问题。这部分内容包括选题策划、编辑加工及优化、产品设计与复制、销售(或信息传播服务)、信息反馈等。

第五部分是出版规制与管理,主要解决出版主客体矛盾运动顺利开展的依据和保障问题。这部分内容主要包括两大方面:宏观管理(出版政策法规、行政管理、行业自律管理等)和微观管理(选题管理、生产管理、营销管理、质量管理、人力资源管理、财务管理、信息管理、版权管理等)。

第六部分是出版效果,主要解决为谁出版以及出版的社会效果问题。这部分内容包括读者(用户)、出版市场(国内市场和国外市场)、出版的社会功能与社会影响等。

上述六个部分基本上解决了出版是什么、谁来出版、出版什么、如何出版、为谁出版以及如何保障出版顺畅进行等一系列出版关键性问题,构成了完整的中国特色出版学理论体系。

(三) 出版学理论体系与出版学学科体系

出版学理论体系与出版学学科体系既有联系又有区别：前者构成了后者的理论基础和总体结构，后者是前者的细化、具体化和补充完善。出版学理论体系可以被看作出版学科体系中的核心学科——出版学概论的基本内容。但由于出版学是对该学科的高度抽象和概括，需要通过具体的学科门类加以细化和展开。正如经济学概论构成了经济学的理论体系，但还需要通过宏观经济学、微观经济学、国际经济学、产业经济学、政治经济学、西方经济学、中国经济学、信息经济学、农业经济学、工业经济学、数理经济学、管理经济学，以及西方经济史、中国经济史、经济思想史等具体学科对经济学学科体系加以细化一样，出版学学科体系核心课程应该通过一些具体的学科加以细化，比如编辑学（乃至更为细化的图书编辑学、期刊编辑学、网络编辑学等）、数字出版学、出版物的设计与生产制作（包括传统的印刷学）、出版营销学（包括传统的发行学）、出版管理学、出版政策法规与出版伦理、出版市场调查（包括读者学）、版权法与版权贸易、中国编辑出版史、外国编辑出版史、出版评论学等。而出版学与其他学科交叉的学科可以包括版本学、出版文化学、出版社会学、出版经济学、出版产业、书籍装帧设计学、阅读史、出版传播学等，与数字媒体结合的学科如数字出版技术、界面设计、数字艺术设计、数字动画技术、数字音频与视频、网页布局与设计等。这些具体学科既互相联系又相互补充，共同构成了具有内在逻辑关联的出版学学科体系。

三、社会急剧变革下中国特色出版学理论体系的变与不变

进入 21 世纪尤其是党的十八大以来，中国出版界生态环境发生巨大的变化。首先，国际环境的变化使得中国出版业从单一市场扩展到国内国际两个市场，中国出版走出去、向世界传达中国声音、向世界展示真实立体全面的中国成为中国出版业的一项重要政治任务；其次，中国出版业转企改制后从过去的事业单位企业化管理转变为企业和事业按照不同规则运行，绝大多数出版机构转变为企业，这就使得很多出版主体把经济效益作为最重要的目标，推动所谓做大做强，从而一度对出版的意识形态属性有所忽视，而党的十八大以来意识形态工作责任制的加强、出版社会效益的刚性考核，使许多出版主体面临空前的双重压力；最后，现代数字传播技术的飞速发展、媒介融合包括出版融合步伐的加快，无论是出版行业的从业者还是出版教学科研部门的工作者对数字传播技术无论是从观念、理念还是从知识、能力等诸多方面都缺乏深入的认识，大多感到力不从心，对新兴的技术爱恨交加，对未

来充满迷茫和恐慌。

上述状况一方面对过去所形成的出版学理论体系产生了巨大的冲击，另一方面也引起了出版理论研究者的深思，他们力图从不同角度重建出版学。此外，新一轮学科目录调整以及教育部推动的"新文科建设"给出版教学和科研工作者提供了一次对自身学科进行反思、研讨和总结的历史机遇。因此，近年来对出版学的一些基础性研究受到了学界的高度重视，出现了一批具有一定深度和广泛影响力的研究成果，这是一件可喜可贺的事情。新的社会剧变要求出版学理论体系也要因应这种变化，进行变革和创新；但如果出版的本质没有发生变化，那么总有一些恒久不变的内在规律需要我们坚守。守正创新才是正道，在创新中坚守正确的东西，在守正中因应社会的变革而不断创新，这样出版学才能焕发出自身的活力和生命力。

（一）新时代中国特色出版学理论体系之变

一是时代之变。党的十八大以后，中国特色社会主义进入一个新时代，我国的政治、经济、文化、社会、生态以及国际环境都迎来了百年未有之大变局。对于这一大变局，党的十九届六中全会决议进行了精辟的概括："以习近平同志为核心的党中央统筹把握中华民族伟大复兴战略全局和世界百年未有之大变局，强调中国特色社会主义新时代是承前启后、继往开来、在新的历史条件下继续夺取中国特色社会主义伟大胜利的时代，是决胜全面建成小康社会、进而全面建设社会主义现代化强国的时代，是全国各族人民团结奋斗、不断创造美好生活、逐步实现全体人民共同富裕的时代，是全体中华儿女勠力同心、奋力实现中华民族伟大复兴中国梦的时代，是我国不断为人类作出更大贡献的时代。"[①] 时代之变对中国特色出版学理论建设提出了新的要求，出版学必须在中华民族伟大复兴第二个百年历程中继续发挥"围绕中心、服务大局"的作用，在这个理论体系中要突出坚持党对出版的全面领导的相关内容，积极宣传贯彻习近平新时代中国特色社会主义思想，以习近平新时代中国特色社会主义思想和习近平新闻出版的论述作为出版学的统领，牢固树立马克思主义出版观，坚持社会主义核心价值观，无论是在出版理论体系建设还是学科体系建设以及出版实践中都要按照中央全面深化改革委员会通过的《关于加强和改进出版工作的意见》的要求，坚持中国特色社会主义文化发展道路，坚持"二为"方向和"双百"方针，坚持正确的政治方向和以人民为中心的工作取向，坚持把社会效益放在首位，坚持质量第一，深化改革创新，及时反映、解决时代和现实面临的实际问题，及时反映和总结当代中国出版实践中的经验和成果，努力为人民群众

---

① 中共中央关于党的百年奋斗重大成就和历史经验的决议［N］.人民日报，2021-11-17.

提供更加丰富、更加优质的出版产品和服务，服务于我国出版产业的高质量发展，更好地满足广大人民群众对美好精神生活的需要。

二是技术之变。进入 21 世纪以后对出版影响最大的是技术之变，数字传播技术、物联网、云计算、认知科学、深度学习、人工智能、虚拟仿真技术、元宇宙等新兴技术给出版学带来了深刻的影响。出版理论界对此进行了很多探讨，比如罗学科、陈丹、黄莹认为："随着物联网、云计算、认知科学、深度学习等技术的快速发展，人工智能从机器智能、感知智能向认知智能进化，认知推理能力不断提升。数据，作为构成信息和知识的原始材料和基础，一刻不停被生产、收集、聚类和分析。在数据挖掘、语义理解的革命性突破所引发的时代变迁下，发展知识的方式日新月异，知识的演进驶入了快车道。"他们进而提出，人类逐步进入挖掘数据价值的高级阶段，知识获得了永不竭尽的生产动能，数据的组织、信息的创造和知识的发现都将进入人机协同的状态，知识传播呈现网络化过程和社会性特征。这种以知识作为生产要素，带来新知识的自主形成和规模化使用、自主验证的出版人工智能系统迫使我们去思考"人类发展知识的方式到底会如何变化"，这将是出版学必须要面对的议题。因此，作为一门致力于创造流动性更强、连通性更高、互动性更好的知识共享形式的学科，出版学学科价值将发生巨大变化，"智能时代下的出版学研究核心应是知识生产、组织、传播、再生产这一无限循环的逻辑"，由此他们得出结论："依托出版的知识生产、把关、验真与传播将从不透明的、单向的、终极性的、确定性的迈向开放性、动态性和网络化的过程。"[①] 再比如，耿相新先生通过一系列文章论述了传统出版面临的困境以及数字传播革命给出版带来的革命性变革，他认为，计算机技术和互联网的发展引发了人类知识生产革命、知识消费革命、知识传播革命、知识经营革命，同时也带来了书籍的革命，由此出版业进入一个纸质图书与电子图书、有声书和视频书共同走向数字媒体的数字出版新时代，并呈现出从"看图书"到"用图书"、从"单品销售"到"订阅销售"、从"单向传播"到"平台传播"的新趋势。[②] 除此之外，像杨海平等、吴赟等、王勇安等、张文红、徐力、刘燕南等、李晓丹等，都对新技术环境下如何对出版进行定义以及如何进行出版学研究等重大问题提出了自己的真知灼见。

新的技术对出版的各个要素和关系都产生了冲击，过去的很多出版要素、出版

[①] 罗学科，陈丹，黄莹. 锚定支点 彰显价值 面向未来：新时代出版学学科体系构建 [J]. 中国出版，2021 (18)：5-11.

[②] 耿相新. 出版的革命 [J]. 现代出版，2013 (5)：5-9；耿相新. 知识的革命：从出版的视角 [J]. 现代出版，2015 (5)：5-11；耿相新. 从媒介到数字媒体："四书合一"的出版时代 [J]. 现代出版，2021 (1)：61-66；耿相新. 书籍的革命 [J]. 现代出版，2021 (4)：56-63.

关系等都需要重塑：从出版主体来看，新技术极大地扩大了出版主体的范围，不仅将出版主体从过去的出版社、杂志社、音像社等扩大到所有经过新闻出版行政部门和电信管理机构批准的从事互联网出版业务的互联网信息服务提供者，而且即使是传统出版单位也被授予了从事互联网出版业务的权利，这样就形成了传统出版单位与具有出版资质的新兴网络信息服务商共处一个平台的局面，后者种类繁多、标识性不像传统出版单位那样明显，使得出版从业者和出版研究者也常常无法分辨；新技术对出版主体的另一个重要组成部分——出版人的要求也和过去大相径庭，对其知识、技能和综合素养都提出了新的更高的要求，依靠传统的某种单一技能（编辑、营销等）已经难以适应新的出版业态变化的要求；还有一个更为复杂的情况是，随着人工智能的飞速发展，出版人的部分工作将由机器来完成或者通过人机互动完成，这就导致了出版主体的复杂性，将出版主体从机构、出版人进一步延伸到了人工智能机器。从出版客体看，过去的出版客体主要是文字和图片，而互联网条件下除了文字、图片之外，图像、音频、视频等过去属于广播电视的很多精神成果或作品也被纳入出版范围内。

从出版流程看，过去的选题对象无论是题材、表现手段还是传播载体都比较单一，而在数字出版条件下，选题对象多样化、传播载体多元化，编辑加工优化方式以及审核方式也更加复杂，除了过去的编辑加工方式外，编辑人员还需要掌握编码、标引、录制、剪辑等方面的知识和技能，对形式的设计也从版式、封面、装帧等设计转变为界面设计、数字艺术设计、网页布局与设计、虚拟场景设计等更为复杂的设计系统；复制形式已从印刷转变为要充分考虑不同媒介载体的特点、性能和功能，对技术、标准等方面要求也相应提高。从传播的角度看，传播重点从过去的物流系统转变为信息流系统，发行重点变为数据化传输，经营的重点从过去的出版物产品销售转变为信息提供和知识服务；传统的读者概念已经被颠覆，视听功能加强，"体验"变成了常态，因此，"读者"也就变成了"用户"；出版物也不再是"发行"，因为这里的信息流不再是单向的传递，而是交流和互动。在这里，出版主客体之间的矛盾运动变得更为复杂多变，正如出版本身正从"平面媒体"变为"立体媒体"或"多媒体"一样，出版场域中的技术、资本、惯习和实践等也从"平面"转为"立体"或"多维"。

与之对应，出版空间获得了极大扩展：一是边界的扩展。数字出版已经远远突破了传统的"出版"范畴，它不仅通过知识服务或知识付费等将过去不属于出版范围的其他传媒形式比如视听（如听书、视频）等纳入"出版"的范围，还将过去不属于传媒的教育培训、知识检索、数据库等也纳入"出版"之中，从而极大地扩展了出版的边界。二是地域空间的扩展。随着中国出版"走出去"步伐的加快，尤其是网络的便捷性，未来出版会将国内、国际两个市场作为常态。三是传播渠道空间的扩展。数字出版将信息渠道传播空间从平面变为立体，从单纯的图文转变为文字、图片、形象、声音等立体传播。上述这些变化都需要我们对过去所习惯了的出版、出版学从理念、概念、流程、关系、结构、结果等方面加以重构、变革和重塑，以使出版学适应技术给出版带来的新变化。

三是学科之变。外在社会环境的剧变给原有的学科理念、学科边界、学科建设等同样带来了剧烈的冲击。因此，近来学界对学科变化给予了空前的关注，主要表现在两个方面：一是学科专业目录的调整，这既是学科的科学化、规范化，也是一次学界利益的再分配和再调整；二是由教育部等13部门发起的"四新"（新工科、新医科、新农科、新文科）计划，尤其是其中的新文科建设对既面向出版产业又与传播技术密切关联的出版学具有极大的影响。当前学界对于如何在新文科建设背景下推进出版学学科建设提出了一些有价值的见解，笔者也曾对此有所思考。笔者认为，新文科是在新技术革命影响下所形成的高度综合、多元交叉的具有数字化、信息化、智能化显著特征的哲学社会科学（即我们习惯所称的"文科"）知识生产和构建形态以及人才培养模式，它具有创新（理念创新、价值创新、课程体系创新、人才培养模式创新）、综合（将学科与大学、政府、企业或产业、技术进行了有机整合或综合）、跨界（不仅跨越媒介界限，而且跨越了政产学研以及文理工等）、开放（资源、学科）等特点，因此，需要根据数字环境下新文科的新要求，运用现代知识生产的"五重螺旋"理论，打通政府、大学、产业、社会、技术这五者之间的割据与固定界限，形成一个多层次、多形态、多节点、多主体和多边互动的知识协同创新集群系统，并以竞合、协同逻辑来驱动知识生产资源的生成、分配和应用过程，最终形成不同形态的创新网络和知识集群，实现知识生产资源动态优化整合。①这些新变化必须要在中国特色出版学学科体系中加以体现，更是中国特色出版学理论体系建设不可或缺的思想资源。

（二）新时代中国特色出版学理论体系之不变

上面我们用较大篇幅扼要概括了时代之变、技术之变以及学科之变给中国特色出版学理论体系带来的影响，中国特色出版学理论体系建设必须高度重视这些变化并充分吸纳这些变革所产生的新理念、新思想、新论断和新成果，从而对那些不适应时代、技术、学科变化的理论进行变革。

但出版学作为一门科学，总有自身的本质属性（这种本质属性是它独特的不同

---

① 周蔚华，方卿，张志强，等. 出版学"三大体系"建设（笔谈）[J]. 华中师范大学学报（人文社会科学版），2021，60（3）：68-82.

于其他事物的属性，包括功能定位、基本规定、内在逻辑等），这种本质属性是不能够随意变化的，否则它就失去了自身存在的根据。正如上面所反复论证的，出版的本质是出版主体如何处理精神产品（出版客体）的个体化生产与它的社会化传播之间的矛盾，或者说是出版主体按照一定规制对个体化的出版客体进行选择、优化并通过某些物质载体使之宜于社会化传播的矛盾运动过程。这一本质特点并没有随着时代、技术和学科的变化而变化。

在当前急剧变革的历史大潮中，出版主体范围扩大化、出版客体多样化、出版载体多元化并没有改变出版必须按照社会规制向社会（公众）提供优质的内容资源这一本质，并不能改变出版所承担的传递信息、传播知识、传承文化、教化育人、塑造信仰、提供娱乐、推动社会进步等社会功能。近年来的出版学研究中有一种将出版泛化的倾向，将包括微信、小程序、个人直播平台等所有平台上发布的任何信息都作为出版的对象，这样表面上看好像出版无所不包，"出版通吃"，结果是出版失去了自己的独立地位和独特性。而失去了独特研究对象的出版学也就没有了立足之地。所以，我特别强调了出版主体这一长期为出版学所忽视的核心要素之一，就是要坚守出版的本质定位，坚守它的独特性，在让人眼花缭乱的传播现象中，出版学既不缺位也不越位，扎扎实实做好出版学的基础研究。

习近平总书记在哲学社会科学工作座谈会上提出，"要按照立足中国、借鉴国外，挖掘历史、把握当代，关怀人类、面向未来的思路"，加快构建中国特色哲学社会科学。我们要按照习近平总书记的要求，继续对出版学理论体系加以深入探讨和研究，为构建中国特色出版学三大体系提供基础性理论支撑。

我国著作权法第三次修订需关注的几个问题*

◎ 阎晓宏**

摘要：著作权法第三次修订，应立足我国实际，体现制度优势。以《民法典》为修法依据，贯穿契约原则和意思自治原则。保障公众利益，对作品权利人的权利做出适度的限制，激励创新和加强保护，并对公权力的有效运行予以保障。要与国际规则相衔接，坚持多边主义，积极参与国际规则的制定。要认识到当前我国的著作权制度已从以著作权保护为主的阶段，过渡到著作权创造与保护并重的阶段。基于此，修法应当平衡好这两个方面的关系。在著作权作品品种、形态多样，呈井喷式增长的当前，作品与社会需求的平衡关系已被打破，作品的种类和数量已远远大于社会需求。第三次修法征求意见稿对作品有了质的规定，作品要有独创性，作品须是智力成果。按此，需要厘清各类作品中哪些具有独创性，属于智力成果，可以纳入著作权管辖的范畴，并基于自愿原则分成两种类型：一种是需要得到许可，并且支付报酬的作品；一种是不需要得到许可，不需要支付报酬，保留人格权，鼓励广泛传播。这样既符合权利人的诉求，又有利于广泛传播，也可以减少纠纷与诉讼从而降低社会成本。关于作品登记，应当由权利人支付登记所需费用，而不宜由财政予以补贴；出现版权纠纷诉讼时，作品登记证书应当作为提交法院的必要证据，而不是可有可无。

关键词：著作权法；版权；修法

---

* 本文原载于《现代出版》2020年第4期，收入本书时有改动。
** 阎晓宏，中国版权协会理事长，原国家新闻出版广电总局副局长、国家版权局副局长。

一、关于这次修法的时代背景

世界上第一部著作权法是在英国诞生的。1709年英国女王颁发了《为鼓励知识创作而授予作者和购买者就其印刷成册的图书在一定时期内的法案》,也被称为《安娜法典》。这个法典出台的背景是,由于印刷技术的发展,印刷复制变得很容易,摆脱了手工传抄的藩篱,印刷成为脱缰的野马,不经许可而任意印刷复制,不仅损害出版商的利益,更损害作者的利益。在这样的时代背景下出台这部法典,是当时英国乃至欧洲的社会需求。但是,当时能够创作出来的作品,既单一又稀缺。现在,在技术和社会需求两个轮子的推动下,著作权法的权利主体与客体都发生了极大变化,著作权法中作品种类与权利更加宽泛,涵盖了全部文化领城,不仅包括传统的书报刊、影视、音乐、舞蹈、戏剧、书画、摄影、雕塑等,并且延伸到文化以外的诸多领域,比如计算机软件、灯具、家具等生活用品外观造型,建筑外观设计,等等。现在,一方面作品种类繁多,领域宽泛,一方面作品的数量巨大,且呈现迭代井喷式增长态势。

如果说以前作品对于公众是稀缺的,甚至是可望不可即的,那么这一情况到现在已发生了颠倒。青年马克思在《1844年经济学哲学手稿》中讲道,未来的社会,每个人都将得到全面自由的发展,人们上午可以是作家,下午可以是渔夫……就著作权所管辖的作品创作而言,现在似乎已经进入了这样一个境界,即每个人可以自由地创作与表达,如果说以前创作是极少数职业作家的事情,但是现在已经发生了根本的变化。互联网可以使每个人都自由地创作和表达,但是其创作出来的作品并不都是社会公众需求的。一方面满足了个人创作的精神表达需求;另一方面如果每个人都从事创作,公众又怎样阅读和选择呢?以读书为例,海量的图书面前,读者怎样选择呢?如果每个人都可以是作者,作者的权利得到满足了,读者有权利吗?谁来考虑读者的权利?这个问题有点儿二律背反,却是必须面对的。

法律的制定与修订都是一定时代社会需求的客观反映。进入新时代,我国的著作权法第三次修订,应该抓住时代特征:社会需要什么?鼓励什么?社会不需要什么?限制什么?这是首先应当思考的。

二、关于立足我国实际并与国际规则衔接的问题

我国在改革开放以后,于1990年制定并颁布了《著作权法》,加入了世界知识产权组织,并签署了《伯尔尼公约》《世界知识产权组织版权公约》《世界知识产权

组织表演和录音制品条约》。我国还加入了世界贸易组织管辖的《与贸易有关的知识产权协定》；在2012年缔结了由世界知识产权组织管辖的《视听表演北京条约》，该条约已于2020年4月28日正式生效。

在我国加入《视听表演北京条约》之前，我们加入所有的与著作权相关的国际条约，都是因为改革开放的需要，某种程度上来讲也是被动性的和适应性的结果。最典型的就是《与贸易有关的知识产权协定》，不签署这个协定，中国就加入不了世贸组织。签署这个协定，虽然当时也是尽可能地从我国实际出发的，但是必须达到此协定的最低门槛。

加入WTO，签署《与贸易有关的知识产权协定》，迄今已经20年了。现在来看，虽然知识产权领域特别是著作权领域都发生了重大变化，但是立足我国实际并与国际规则衔接这条原则，仍然是适用的，而且应该坚持下去。

立足我国的实际，有这样几个因素需要考虑：一是需要坚持具有中国特色的社会主义道路，中国特色社会主义制度的优势应当在著作权法中有所体现；二是我国有14亿人口，各地发展很不平衡，在遵循国际规则基本原则的前提下，仍然应当保持较低的门槛，不宜和发达国家攀比，甚至也不宜与日本、韩国、新加坡等国家，以及我国台湾地区和香港地区攀比；三是以我国刚刚颁布的《民法典》为立法修法基础，著作权法的修订整体上应贯穿契约原则与意思自治原则，同时应当根据我国的实际情况，为保障公众利益，对作品权利人的权利做出适度的限制；四是为了激励创新和加强保护，需要对公权力的运行予以充分的保障。

关于与国际规则相衔接，首先应当认识到，这是在全球化背景下必然选择，同时应当看到，这是符合中华民族发展长远利益的，事实也证明了这一点。我们加入与著作权相关的国际规则，同时也较快地提升了我们国家著作权的立法与保护水平。需要具体分析和研究的是，在坚持立足我国实际，并与国际规则相衔接这一原则的同时，应当深入分析我国《著作权法》颁布并实施以来，特别是2001年我国加入《与贸易有关的知识产权协定》以来，国际国内知识产权领域发生的深刻变化。在二三十年前，我们在著作权的立法、修法以及法律的实施方面是比较被动的，比如为了加入WTO，2001年我们对《著作权法》进行了第一次修订；十年之后，美国在WTO争端解决机制下诉我国《著作权法》的有关条款，我们对《著作权法》进行了第二次修订。现在情况发生了两个重要变化：第一个重要变化是，美国等发达国家放弃多边主义，奉行单边主义。本来WTO以及《与贸易有关的知识产权协定》就是在美国等发达国家的强力推行下，经过"乌拉圭回合"的多轮谈判，由关贸总协定演变而来的。现在美国觉得自己的利益没有得到充分保障，不仅抨击世界贸易组织以及其他国际组织，而且开始抛开多边，甚至退出一些重要的国际条约，同时强力推行双边的贸易与知识产权协定。

从我们国家的情况来看,现在和二三十年前也很不相同,我们当时是比较被动的,国际规则是我们在改革开放进程中必须跨过的一个门槛,我们没有什么话语权,须遵从别人定好的规则,只是在适用方面讨价还价而已。经过了几十年的发展,情况已经很不相同。我们在世界知识产权组织等国际组织中发挥的作用越来越大,我们现在也在积极地参与国际规则的制定,比如关于2020年4月28日生效的《视听表演北京条约》,我国积极主动参与条约的制定,并发挥了较大作用,得到了多国的认同与好评。2012年,缔结这一条约的世界知识产权组织外交大会在北京成功举办,按照国际惯例,这个条约的名称以外交大会的举办与缔结地命名,这成为新中国成立以来首个以我国城市命名的国际条约。世界知识产权组织高锐总干事认为,这是一个南北平衡的国际条约,是国际著作权领域的一个里程碑,中国发挥了重要的作用。在缔结条约过程中,各国协商讨论,凝聚共识,最终达成一致,高锐总干事称之为"北京精神"。

因此,虽然我们总的原则不变,坚持立足我国实际,并与国际规则相衔接,但是第三次修法与第一二次修法的背景与条件已经有了很大的变化,需要立足新时代,认清当前我国的实际以及国际环境的变化,把握好国际国内形势并融入具体的法律修订之中。

三、鼓励创新与加强保护的关系

改革开放以后,党中央确立了以经济建设为中心的国家发展战略。这是我国的一个重大决策,也是一个重大转折。与此同时,世界范围的技术革命蓬勃兴起。包括专利、商标和版权在内的智力成果,在经济和社会发展中的贡献率越来越高。鼓励创新和保护知识产权必然要提上国家的重大议事日程,但尊重知识、鼓励创新和保护知识产权,这两者当时并不是平衡的。

在加入WTO、签署《与贸易有关的知识产权协定》之后,我国虽然提出了建立创新型国家的战略目标,但是由于当时创新的环境不够,侵权假冒现象泛滥,而缺乏良好的创新环境,尊重知识、鼓励创新必将陷于空谈。因此,在二三十年前,立足当时的实际情况,在鼓励创新和加强保护二者之间,加强保护是放在首要位置的。

以版权为例,回想一下,当时的情况是很清楚的。20年前,网络还没有兴起,各类作品的载体都是有形的,盗版的图书、音像制品、光盘等,在各大城市随处可见。加入WTO、签署《与贸易有关的知识产权协定》之后,我们就需要履行承诺。当时面临着双重压力,既有来自国际的压力,也有来自国内的压力。当时美国电影协会主席是丹-格里克曼,他每次来北京,下了飞机的第一件事儿就是在路边儿、在过街天桥买盗版的光盘,然后到国家版权局投诉。国内的反应也很强烈,出版社特别是音像出版社,因为盗版损失惨重,音像产业一蹶不振。公众对版权保护的认识也很不够,人们都在心安理得地购买盗版,买正版反而要受到嘲弄。2005年,国家版权局在首都体育馆举办了一场"守望我们的精神家园:国家版权局版权保护——百名歌星演唱会",主持人张国立就观众对盗版光盘的态度,现场大声问观众应该买正版还是买盗版,现场"买盗版"的声音远远高于"买正版"的声音。已故的著名知识产权学者郑成思先生讲过这样的话,"市场上的光盘,如果两张有一张是正版的,我就不说保护不够了"。

当时,我们遇到的最大的问题就是创新成果得不到有效保护,侵权盗版问题严重。在著作权法实施的过程中,著作权的保护始终是放在首要位置的。为此,在我国加入WTO之后,为加强知识产权保护,国务院专门成立了全国打击侵权假冒商品领导小组,国务院分管副总理亲任组长,由商务部、财政部、公安部、发改委、质检总局(现国家市场监督管理总局)、原工商总局、知识产权局、国家版权局等多部门组成,近20年坚持不懈地开展打击侵权盗版、假冒伪劣商品行动。国家版权局联合网信办、公安部、工信部,自2005年始,连续15年开展打击网络侵权盗版"剑网行动"。

在过往的岁月里,我们只要讲到知识产权和著作权的问题,一定会首先讲到要加强保护。诸如:知识产权保护高峰论坛,版权保护高峰论坛,互联网版权保护大会,网络版权保护研讨会、座谈会等,所有的相关活动一定冠以"保护"二字。我国唯一带有中国字头的重要版权事业机构,其全称是中国版权保护中心。这在当时的历史条件下是必要的。但是随着中国版权事业的发展和进步,著作权仅以保护为主,就显得很不够了。这是因为,著作权包括创造、使用、保护和管理四个环节,在我国《著作权法》出台以后,特别是加入WTO、签署《与贸易有关的知识产权协定》之后,显得很不够。在这四个环节中,保护不足是主要矛盾。

进入新时代,著作权创作活力迸发,作品的使用和传播非常广泛,无论是著作权的保护,还是著作权的创造、使用与管理,都跃上新台阶。著作权从以保护为主的历史阶段,过渡到新时代著作权保护与著作权创造使用管理并重的阶段,这是切合新时代我国著作权领域的实际的。如果能够认同并基于此进行判断,无论对于立法,还是对于法律的实施,都是具有战略性和指导性意义的。

四、关于作品的界定及相关的问题

作品的界定十分重要。作品是著作权保护的客体,著作权的各种权利,包括邻接权，都由此延伸而来。没有作品就没有著作权，没有作品就谈不上著作权的保护与运用。

著作权法诞生之时，作品只有图书一种形态，现在作品的形态多种多样，作品不仅覆盖了所有的文化领域，而且还不仅限于文化领域，比如计算机软件、建筑外观设计、灯具的设计、布艺面料设计、地毯的图案等。还有一些作品的形态被期待纳入版权领域，比如人工智能、大数据、体育赛事、演出节目模块等。虽然我们现在不能马上认定哪些可纳入作品范畴，哪些不宜纳入作品范畴，但作品的种类与形态并不以人们意志为转移，也不会永远由某一部法律所限定。《著作权法》诞生时，只有书刊可被纳入作品，现在的变化有多大啊！究其原因，创新与技术进步是作品的种类与形态变化的根本力量。这一点，以前如此，今后也不会发生变化。

在著作权作品的品种、形态多种多样的同时，各种形态作品的数量更呈井喷式增长。比如摄影作品，随着数字技术的发展，特别是4G的普遍应用，普通公众使用高像素的相机乃至手机拍摄出来的作品，其质量不亚于二三十年前专业摄影师使用专业相机、用胶片拍摄出来的作品。如果公众拍摄出来的作品都被定义为著作权意义上的作品，而纳入著作权保护的范畴之内，那么摄影作品将是海量的。

再举一个例子，比如说文学作品，以前由专业作家和很少数的业余作家从事创作，由于移动互联网的发展，一般个人创作已经很普遍。根据中国作协的统计，在20世纪90年代初，我国每年创作的小说不到1000种；根据原新闻出版署的统计，每年出版的小说不到600种。仅仅过去二十几年，情况已发生了颠覆性的变化，纸质本的小说出版品种增长了近20倍；网络文学作品从无到有，爆发式增长，仅在阅文平台上入驻的写手就有800万，每年创作的网络小说高达600万部。如果我们把每一篇文章都纳入著作权的保护范畴，我国著作权作品的数量将是一个天文数字。当年移动互联网宣传的三大优势——移动终端用户在任何时间、任何地点，可获取任何内容，将出现一个新的悖论。因每一个生命个体，都不可能占有全部信息，正如庄子所说，"吾生也有涯，而知也无涯，以有涯随无涯，殆己"。穷其一生，每个人也只能获取其中的极小一部分，这一部分内容如果是没有经过优化选择的，其获取文化内容的质量肯定是低于二三十年前的。而每一个生命个体是不可能，也没有能力选择出他所需要的最优秀的作品的。以读书为例，纸质图书加上网络上的作品，总计几百万甚至上千万的品种，读者怎样去选择？

如果与30年前比较，作品的种类比较少，作品的数量也比较小，也都在物理空间，与人们的文化生活息息相关，无论书报刊、电影电视、戏剧舞蹈，人们都能够具体地感知到，其与社会整体需求是相适应的，作品与社会的供求关系基本是平衡的。现在这种平衡关系已经被打破了，作品的种类和数量远远大于社会需求。这是一个社会文化需求上的颠倒。以前听一次讲座、获赠一好书，内心喜悦且满足，现在几乎反过来了。当然，最杰出、最优秀的作品永远都是例外。这是为什么？根本原因在于，当文化供给大大超出需求，其价值必然大大稀释，甚至呈现出零价值、负价值。

进入新时代，面对作品种类和数量井喷式增长的现状，究竟怎样定义作品？这是一个非常重要而又现实的问题。

著名的《伯尔尼公约》是1886年在瑞士的伯尔尼缔结的，其全称是《保护文学和艺术作品伯尔尼公约》。《伯尔尼公约》对作品是这样界定的："'文学艺术作品'一词，包括科学和文学艺术领域内的一切成果，不论其表现方式或形式如何。"

我国现行的《著作权法》第三条对作品是这样界定的："本法所称的作品，包括以下列形式创作的文学、艺术和自然科学、社会科学、工程技术等作品。"在这个定义之下，列举了文字作品，口述作品，音乐、戏剧、曲艺、舞蹈、杂技艺术作品，美术、建筑作品，摄影作品等九类作品。在30年前的历史条件下，无论是对作品的定义，还是其涵盖的领域和归纳的种类，应该说这还是恰当的。但是现在看来，现行的著作权法没有对作品做出质的描述与规定，应该说是一个欠缺。

《著作权法》第三次修订稿，已于2020年4月面向社会公开征求意见。我国著作权法的第三次修订征求意见稿，对作品有了新的界定，即"本法所称的作品，是指文学、艺术和科学领域内具有独创性并能以某种有形形式复制的智力成果"，并将"电影作品和以类似摄制电影的方法创作的作品"，修订为"视听作品"，并增加了"前款规定的作品，可以向国家著作权主管部门认定的登记机构办理登记"。这是著作权法第三次修订中一个很大的亮点，其最重要的部分是对作品有了质的规定：作品要有独创性，作品是一种智力成果。

法律做出这样的界定，是符合当下由著作权所管辖的各类作品的实际情况的。由此有以下几个问题值得思考与研究：

一是需要厘清当下的各类作品，特别是文字作品、摄影作品和短小的音乐舞蹈戏剧等表演和表演者的作品，哪些具有独创性，属于智力成果，能够构成著作权法意义上的作品，哪些构不成著作权法意义上的作品。

作为著作权法意义上的作品，最核心的是其在同类内容的作品比较之中是否具有独到性，是否够得上智力成果，而不单独由作品的内容篇幅或规模而定。

做出这样的区分是十分重要的，这种区分既要从作品的独创性和作品是不是属于智力成果上做出质的界定，又要从满足社会需求以及此类作品的创作总量出发，做出符合现实需求并符合法律和逻辑的判断。对于公众对文化的需求，要有宏观把握与科学分析：首先是公众对作品的需求是有限的，而不是无限的，不能认为愈多愈好；其次是公众对作品的需求有质的要求，而且这种要求是不断进步、水涨船高的。这是一个复杂和专业要求很高的艰巨工作，而且是以前从来没有做过的。虽然难，但是必须做。这需要根据社会公众的需求和法律的精神与界定，在实践中不断探索推进。

二是关于作品的获酬权问题。除了合理使用（指使用不经许可，不支付报酬）和法定许可（指使用之前不须征得许可，但使用之后须支付报酬）之外，现行的著作权法，只要涉及作品的授权使用，都有"须获得许可，并且支付报酬"的条款。而我国当前作品使用与获酬的实际情况是，相当一部分作品，依照权利人的意愿，并不须使用方支付报酬便可使用，特别是一些文字作品、摄影作品、美术作品和一些短小的属于表演权和表演者权的作品。

总体来看，当前我国作品使用与付酬的情况，可以归为以下三种类型：（1）获得许可，支付报酬；（2）获得许可，不支付报酬；（3）使用方无偿获得许可，作品权利人向使用方支付编辑出版制作或推广宣传费用或某种形式的补贴。要说明的是，这三种情况在确保作品人格权的前提下，只要不违背权利人与使用者双方意愿，都是符合《民法典》和《著作权法》立法精神的，但是《著作权法》的条款只强调了获得许可、支付报酬这一种情形，立法精神体现得不完整。

三是作品的共享问题。本文中作品的共享这一概念，指的是保留作品的人格权不变，作品进入公有领域，不再享有财产权。

我国现行著作权法规定，公民的作品的保护期为作者终生及其死亡后50年；法人组织或者非法人组织的作品，以及电影作品和类似摄制电影方法创作的作品、摄影作品（第三次修订稿将其合并为视听作品），其保护期为作品首次发表后第50年的12月31日。对作品的权利做出这样的限制，其社会意义在于，作品在创作出来以后，在较长的时间内已经享有的财产权，过了这个保护期，不会对作者的生活产生影响，而作品在保留作者人格权的前提下进入了公有领域，将会更好地惠及社会和公众。

而随着技术的快速发展，作品的创作非常旺盛。创作者的群体极大，创作出来的作品是海量的，而且绝大多数作品的权利人创作作品，更多的是精神方面的诉求。也要看到，这其中大多数的作品没有稳定的市场需求，达不到获取财产权的条件。对于绝大多数的作品而言，财产权只是一句空话，没有实现的条件，特别是这些作品的创作者自身并没有要求必须同时保证作品的人格权和财产权。大多数作品的权利人希望的是，在作品人格权得到保证的前提下实现广泛传播。但是从现行的著作权法来看，大多数作者虽然没有这种诉求，但是法律前置性地假定他们的作品在被使用与传播时是有财产权的诉求的，没有留出一个接口。

可否在基于自愿的前提下，把作品分成两种类型：一种是需要得到许可，并且支付报酬的；一种是不需要得到许可，不需要支付报酬的，保留人格权，鼓励广泛传播。著作权法中应予以明确。这样做的好处，首先是符合权利人的诉求；其次是有利于广泛传播；再次是可以减少纠纷、诉讼，降低社会成本。

对于放弃财产权而保留人格权的作品，权利人仍然可以选择放弃哪一种财产权，比如说保留复制权而放弃信息网络传播权等。也可以由作者自主决定，在一定时期内放弃权利，过了一定时期收回权利。对于很多刚刚从事创作的人而言，由于其放弃了财产权，作品将更容易、更便捷地进入使用领域，将会得到更多受众的关注；于作品的使用者而言，由于作者放弃了财产权，其使用的成本更低，在同等条件下其更愿意首先选择使用这类作品。

在各个国家现行的著作权法律制度中，都没有这种条款。但是如果著作权立法精神也符合实际情况，而且又能够满足权利人和使用者双方意愿，我们修法为何要囿于国际与国内的法律条文呢？法律是为现实服务的，往往都是从没有到有的。技术发展和现实需要，会使其一个一个不断地被突破，这是社会进步之必然。著作权法一直处于不断的突破之中，比如，在摄影技术产生之前就没有摄影作品这个概念，在互联网产生之前就没有信息网络传播权。社会需求与数字技术发展催生了这种权利，而且今后也必然会催生其他的权利。既然如此，我们在满足作者和使用者意愿的前提下，鼓励更多的作品进入公有领域，这必将是《著作权法》的一次重大变革，也是一次重大进步。

四是作品登记问题。我国现行的《著作权法》与相关法规，除计算机软件作品外，没有涉及作品登记的。为了适应形势的需要，国家版权局以部门规章方式，对作品的登记机构和作品登记属性与办法做出规定。现行的作品登记机构包括中国版权保护中心和各省、自治区、直辖市版权管理部门；登记的属性是作品自愿登记；作品登记的费用，各地根据当地的情况，有的酌收作品登记的成本费，有的由当地财政支出费用，作为尊重知识、激励创作的政策措施。各地的情况虽然不太一样，但是都基于对著作权的保护和对创作的激励。

然而目前的情况是，由于作品的种类和数量过大，而且作品登记又属于自愿的性质，是否登记并不影响作品权利的实质行使。从登记的情况看，登记作品的数量在作品的总数量中，只占一个很小的比例；即使在这个很小的比例中，登记的作品的权重也很不够，一些有影响、有分量的优质版权作品，大多没有进入登记的范畴。

这个问题也是值得思考的。一是作品如果有价值，应当由权利人支付登记所必需的成本费用，而不宜由财政予以补贴；二是登记的作品应予以更为充分的保护，当出现纠纷且协调不了必须打官司时，作品登记证书应当作为法院必要的证据，而不是可有可无。

我国数字出版海外传播体系建设的意义及路径*

◎ 孙寿山**

摘要： 在新信息传播技术的推动下，全球范围内数字化生存和生活已经成为一种重要的趋势。在加强国际传播能力建设和中华文化"走出去"的总体蓝图中，出版"走出去"是核心组成部分。在传统出版"走出去"良好的基础支撑下，数字出版"走出去"已经取得了一定的成绩，下一步应更加关注全球数字化生活带来的知识生产和传播，特别是全球日常阅读形态的变化，加快数字出版"走出去"战略的研究和制定，并深入挖掘中国传统文化的优势资源，形成数字出版"走出去"的产品供给体系、传播体系以及相应的支撑体系。

关键词： 数字出版；国际传播；文化"走出去"；国家形象

一、出版是中华文化"走出去"的重要载体

2021年5月，习近平总书记在主持中央政治局第三十次集体学习时强调："要加快构建中国话语和中国叙事体系，用中国理论阐释中国实践，用中国实践升华中国理论，打造融通中外的新概念、新范畴、新表述，更加充分、更加鲜明地展现中国故事及其背后的思想力量和精神力量。……努力塑造可信、可爱、可敬的中国形象。"总书记的讲话为我国出版业服务中华优秀文化"走出去"战略指明了前进方向，明确了构建中华文化海外传播体系过程中出版业的工作任务和目标要求。

出版业作为中华文化传承者、传播者甚至在某种意义上的创造者，在推进中国

---

* 本文原载于《现代出版》2022年第2期，收入本书时有改动。
** 孙寿山，全国政协委员，中国音像与数字出版协会理事长。

故事和中国声音的全球化、分众化、区域化表达，塑造鲜活饱满的中国形象方面责无旁贷。如学者所言，中国出版"走出去"的动力既包含"参与全球文明对话的文化普遍主义的诉求愿望"，又包括"讲好中国故事、传递中国文化的特殊使命"[①]。而出版物作为具有连续性、秩序化特点的知识生产产品，能够在更为深远的意义上影响人的思想意识，并能够带来文明意义上的对话期待。

伴随着互联网和数字技术的快速发展，网络游戏、网络文学、网络动漫等新兴数字出版业态正在成为中国出版"走出去"的重要载体，成为新时代展现中国形象、提升中华文化影响力的一种重要符号和特殊现象。在数字出版技术背景下，产品形态多样化和版权形态多样化成为可能。在全球数字化生活日益成为现实的情况下，数字出版产品更加普及，广泛嵌入大众知识传播网络，发挥着越来越大的影响力。实际上，网络文学、网络游戏、电竞、数字文旅、在线教育、知识服务等形态均已经在"走出去"方面发力，并取得了一定的成果。同时，基于数字出版产品成本投入低、不同版本转化相对容易的特征，贴近不同区域、不同国家、不同语种、不同群体的数字文化产品的需求可能比传统出版产品更大。另外，出版企业探索新设、收购、合作等路径，在海外产业布局、完善海外运营机制等方面也出现了很多新的亮点，使得出版"走出去"呈现出很多新的特征。

二、数字出版"走出去"的成就与问题

中国音像与数字出版协会是中宣部管理的全国性数字出版行业组织，多年来致力于推动数字出版的"走出去"工作。该协会的相关研究表明，2021年中国自主研发游戏的海外市场实际销售收入达180.13亿美元，折合人民币约为1 140亿，同比增长16.59%，移动游戏增长迅速。在中国自主研发移动游戏的海外重点地区收入分布中，来自美国市场的收入占比为32.58%，来自日本、韩国的收入占比分别为18.54%和7.19%；此外，我国港澳台地区和东南亚地区也是重点。深入的研究还表明，与没有玩过中国游戏的外国民众相比，中国游戏的海外用户对于中国国家形象的评价整体高20%以上。从境外社交平台的反响看，68%的被调查国家游戏用户接受并喜爱游戏设计中加入的中国文化元素，认为它们真正起到了润物无声、潜移默化的以文化人的重要作用。可以说，网络游戏已成为深受海外消费者喜爱的文化产品，已成为中国文化出海中最具影响力的数字出版产品。

经过多年发展，网络文学已经成为展现中国形象的重要窗口。《2021年中国网

---

① 张丽燕，韩素梅. "全球场"：出版"走出去"的逻辑起点与路径层次［J］. 中北大学学报（社会科学版），2020, 36（4）：132.

络文学发展报告》显示，2018—2020年，中国网络文学海外输出量每年保持在万部以上，2020年作品翻译总量为11 073部，翻译语言达十几种，被调研企业的平台网站的日均UV（独立IP访客数量）超过975.8万。出海的覆盖区域从东南亚、东北亚、中东扩展到北美、欧洲、非洲；近年来，又向南美及相关西语、葡语地区推广，网络文学俨然成为中国文化的新名片。与此同时，网络文学的IP改编价值也在放大，一些热门IP转化为影视剧、游戏、动漫、文创周边产品等艺术样式和文化消费形式，特征突出的历史人物、中医药、中餐以及武术等中华文化符号通过网络文学作品在国外得到广泛传播，形成了持续广泛的文化扩散效应。

动漫作为深受青少年欢迎的早期数字出版产品，也是中华文化海外传播的重要数字出版产品形态。随着用户规模的逐年扩大，动漫已经从小众亚文化转变为主流娱乐方式。文旅部、国家广电总局、北京市政府联合发布的《成就新时代的中国文化符号：2018—2019年度文化IP评价报告》显示，中国IP海外评价TOP20榜单里有4个动漫原创IP在海外用户关注度中位居前列。另以我国头部动漫企业"快看"的海外传播为例。2020年，快看动漫累计向海外输出原创国漫作品101部，覆盖美国、巴西、日本、韩国等国家及东南亚、欧洲等地区，与全球70多个动漫平台建立了合作关系，涵盖日、韩、英、法、德、西、葡、俄等12个语种。我国数字动漫作品包含丰富的中华文化元素，在海外已有良好口碑和较强的感召力。

"十三五"时期我国相关数字出版产品和服务已在海外落地生根、开花结果，产业的引导力初步形成，文化的影响力逐步增强。以数字出版为形态的中华文化海外交流基础扎实，主体多元，成效初显。但我们也应该清醒地认识到，要使中华文化真正成为使世界人民心灵相通的纽带，还要推进大量的基础性工作。目前，中华文化的海外传播研究还显不足，从事数字出版产品和服务出海的多层次人才体系仍不完善，从业者专业技能不强，部分产品的特色不够鲜明、中华文化特征不够突出、叙事风格的创新性和语言表达的适应性都比较弱，对不同国家、地区和文化体系的影响力分布不均衡，欠缺叫得响、吃得开的国际品牌等。

三、数字出版海外传播体系建设的三个着力点

2021年公布的《中华人民共和国国民经济和社会发展第十四个五年规划和2035年远景目标纲要》以及《出版业"十四五"时期发展规划》在推动中华文化高水平"走出去"，构建可信、可爱、可敬的中国形象等方面进行了顶层设计和宏观规划。下一步应切实做好战略研究、强化精品意识、完善保障体系等具体事项。从数字出版的角度来看，可以在以下三个方面重点着力。

一是要加强以数字出版和网络传播为基础的中华文化海外传播战略研究。要在国家整体文化"走出去"战略的基础上，完善路线图和时间表，明晰产业布局和企业协同机制，加强中华文化海外传播体系构建研究。多年来，中国音像与数字出版协会积极开展数字出版、网络游戏、网络文学等行业的出海研究，发布了多种有影响力的研究报告。应进一步贴近行业，广泛联系，摸清行业需求，找准产业痛点，组织课题研究和标准研制。要积极参与国际交流活动，了解出海地区的政策、文化和用户需求，引导数字出版行业把握好国际传播基调，增强在国际数字出版业的传播话语权和标准制定权。

二是要建立健全中华优秀特色文化的内生联动机制和精品内容生产体系。随着网络文学、动漫、游戏、有声阅读等数字出版领域内主要板块联动效应的增强，为提升中国形象、满足海外用户的不同需求，产业链各相关主体要进一步增强合作，为 IP 改编预留空间和商机，形成强扩展性和序列化的产业模式，使中国文化在各领域的互融中得到充分体现。要推进海外传播产品的供给侧结构性改革，提升创作能力，突出中国元素、中国形象。要高度重视中国文化元素和当代中国文化符号研究，将汉语（汉字）、孔子、书法、长城、中医、故宫、兵马俑、黄河、《论语》、圆明园、文房四宝、敦煌莫高窟、《史记》、造纸术等中国传统文化符号以及五星红旗、人类命运共同体、天宫空间站等中国特征和中国理念，融入多形态产品的策划和设计过程，开发出更多富有中国文化内涵与当代特色的数字出版产品。要建立评估机制，提高我国数字出版产品的艺术感染力和表现创新力。通过运用数字技术，将网络文学作品、网络游戏产品等与人工智能、虚拟现实、增强现实、5G 等新技术手段相结合，打造可视化呈现、互动化传播、沉浸化体验的精品数字出版物，让我国的数字出版产品更立体、更鲜活地"走出去"，给海外读者带来更强的精神感召和更优的文化体验。

三是要推动构建健康有序、多元立体的中华文化海外传播体系和支撑保障体系。构建可信、可爱和可敬的中国形象不但是实现文化强国战略的重要基础，更是实现中华民族伟大复兴的关键环节。每一部作品、每一次活动以至每一个文化元素的打造都需要文化体系中的不同主体、不同业态、不同服务模式形成合力。要紧密跟踪海外用户需求，落实海外传播的本土化战略措施，构建灵活立体的数字内容精品海外供给体系，做好中国故事和中国声音的全球化、分众化、区域化表达。

当今世界正面临百年未有之大变局，文化软实力、引导力和传播力已成为一个国家竞争力的重要组成部分。提升数字出版产品和服务的国际传播影响力，可以有效助力塑造可信、可爱、可敬的中国形象，为建设文化强国作出应有贡献。

论作为国家战略的全民阅读*

◎聂震宁**

摘要： 党的十八大提出"开展全民阅读活动"，标志着全民阅读已经被提高到国家战略的高度。国家"十三五"发展规划纲要把全民阅读列为八大文化工程之一，国家先后有多项立法对全民阅读予以保障。我们可以从历史经验和现实需求的角度来讨论阅读在21世纪的今天成为我国一项国家战略并得到各级政府的高度重视和具体落实的规律和因果关系。

关键词： 全民阅读；国家战略；历史经验；现实需求

党的十八大提出"开展全民阅读活动"，标志着全民阅读已经被提高到国家战略的高度。这是我国阅读史上前所未有的重要事件。十八大后，政府工作报告连续六年倡导全民阅读，国家"十三五"发展规划纲要把全民阅读列为八大文化工程之一并做出规划安排，国家先后有多项立法（《中华人民共和国公共文化服务保障法》《中华人民共和国公共图书馆法》等）对全民阅读予以保障，标志着这项国家战略正在得到持续的实施和推进。

阅读，作为人类一种普遍的文化行为，为什么会在21世纪的今天成为我国一项国家战略并得到各级政府的高度重视和具体落实？我们可以从历史的经验和现实的需求来讨论其中的规律和因果关系。

一、人类社会从来就高度重视阅读的作用

早在2 500年前，中华民族处于先秦时期，欧洲文明处于古希腊时期，当时就不约而同地在崇尚阅读，涌现了许多人类文明的元典和代表性人物。许多那时尚读、

---

* 本文原载于《现代出版》2019年第6期，收入本书时有改动。
** 聂震宁，北京印刷学院特聘教授，南京大学出版研究院院长。

苦读的故事流传至今。孔子办学成为中华民族最重要的文化教育事件,柏拉图办学园也成为古希腊文明的标志性成果。中华民族文化最重要的元典之一《论语》开篇就发出"学而时习之,不亦说乎"的召唤,接着忠告人们"学而不思则罔,思而不学则殆","不学《诗》,无以言",明确主张"学而优则仕,仕而优则学",在《阳货篇》中更是强调人倘若"不学"则难以具有完美品德,等等,高度强调阅读的重要性。

我们不妨回想,数千年以来,人类社会只要正常发展,何曾对阅读有过懈怠!"书籍是人类进步的阶梯"(高尔基)、"书籍是全人类最好的营养品"(莎士比亚)、"万般皆下品,唯有读书高"(北宋·汪洙),这些名言很能表明人类推崇阅读的共识。回顾人类文明的发展,只要不带偏见,许多历史学家都会把中国发明的造纸术和印刷术列为人类文明史上最重大的事件加以推崇。中华民族的汉唐盛世与当时的文化传承和阅读密不可分。中华文明成为四大古代文明中唯一数千年不曾中断过的文明,中华民族的书籍出版、保存和阅读不曾中断则是其中重要原因之一。我国普通人家的对联常常是"忠厚传家久,诗书继世长",一些传统世家的对联就有"数百年旧家无非积德,第一等好事还是读书"。学者的治学警句发人深省:"立身以立学为先,立学以读书为本"(北宋·欧阳修),革命者的口号震撼人心:"为中华之崛起而读书"(周恩来)。中华民族的主流价值观一直是把读书作为具有极高价值的行为加以推崇的。

欧洲的社会阅读也曾经有力推动过整个欧洲的革命性变化。公元 10 世纪之后中国造纸术经阿拉伯国家传入欧洲,15 世纪德国古登堡发明了现代机器印刷术,整个欧洲社会的阅读发生了划时代的进步。其影响力之巨大、发展之迅速,为人们所始料不及。1450 年整个欧洲仅有一家印刷所,但到了 1500 年,就出现了 250 个印刷中心,1 700 余家印刷所,已知印刷的图书 27 000 余种,印量超过 1 000 万册。仅仅在两代人的时间里,欧洲读者数量由几万人骤增至几十万人。社会阅读的发展推动了欧洲的文艺复兴运动,进步的人文主义作品得到空前的传播。新印刷术还支持了德国的新教改革,马丁·路德的著作产生了无与伦比的影响,《新约》在马丁·路德的居住地维腾堡两年再版 4 次,之后在其他几个地方再版达到 66 次,使得教堂内的经书飞入寻常百姓家。法国大作家雨果在他的小说名篇里这样描述印刷和阅读对后世的影响:"人的思维随着思维方式的转变,也将改变其外在表现形式;每一代人的主流思想将会用一种新的材质以新的方式来体现;石刻书,何等坚固,何等持久,即将让位于纸书,相比之下这些纸却比石头更加坚固,更加持久。"

18 世纪以来,欧洲一些主要国家的阅读活动对于该国的经济、政治、社会、文化产生过相当重要的影响。其中最为突出的实例是 18 世纪法国发生的"阅读革命"。当时著名的启蒙主义代表人物伏尔泰、孟德斯鸠、卢梭等的著作得到当时读者的追随，启蒙剧作家博马舍的名剧《费加罗的婚礼》广泛传播，以狄德罗为首的百科全书派通过百科全书的编写出版，在知识和思想上为法国唯物主义和无神论的发展奠定基础。凡此种种，"阅读革命"对法国大革命产生了有力的推动。此后，19世纪法国大众阅读场所的改造和发展，既体现了政治精英引导甚至规训大众的倾向，也反映了工人大众自我发展的诉求，对法兰西社会的建设、变革和发展发挥了重要作用。

欧美学者早在20世纪60年代即对各个历史时期阅读与社会发展的关系做过比较深入的研究。其中对法国18世纪"阅读革命"的研究尤其深入。法国学者弗雷德里克·巴比耶的《书籍的历史》对各个历史时期的阅读特点进行了讨论，而且着重对18世纪的"阅读革命"提出了比较深刻的看法。法国学者罗杰·夏蒂埃所著《书籍的秩序：14至18世纪的书写文化与社会》中有两章专门讨论读者阅读和阅读史。美国著名阅读史领军者罗伯特·达恩顿的一些著述如《启蒙运动的生意——〈百科全书〉出版史（1775—1800）》对阅读与社会变迁的规律有过尤为深入的揭示。

事实上，自14、15世纪以来，世界印刷技术和社会阅读发生了不啻是天翻地覆的变化，对许多国家的社会发展、思想进步做出了史无前例的贡献。法国的"阅读革命"只是其中比较典型的实例。此外，19世纪德国发生的"阅读革命"推动了德国社会各阶级及阶层的文化融合，促成了现代德意志民族文化的形成，实现了19世纪德国社会的整体现代化。还有，19世纪英国大众科学读物的阅读全面兴起，从而确立了现代科学的基本体系。如此等等，都是阅读史上的重要事件，它们与人类文明进步、社会发展的关系在学术上值得深入研究。

二、社会阅读在我国近现代社会发展中发挥过重要作用

20世纪的中国社会是一个朝着现代化方向连续转型的社会。这一时期的社会阅读也在社会的连续转型中发挥着重要作用。我们从20世纪的辛亥革命、中国共产党成立、抗日战争、中华人民共和国成立和改革开放五个重要历史转折关头来看它们与社会阅读的关系。

19、20世纪之交，清朝晚期积弱积贫、内外交困，引发越来越多的仁人志士"睁眼看世界"，他们大量阅读从西方国家引进出版的政治、经济、文化、社会、科技、法律等方面的书籍，史称"西学东渐"。清末以"西学东渐"为主要内容的社会阅读，正是结束帝制前的一个重要现象。在洋务运动推动下，1905年中国最早的

大型公共图书馆在湖南、湖北相继成立，1909年京师图书馆的成立更做出了示范，其后许多省份也渐次创建图书馆，开启了中华民族过去不曾有过的公共阅读。与此同时，1905年梁启超提出"小说界革命"，推动我国新小说作品蜂拥而起，引发了国民阅读小说的热潮。历史学家认为，包括"西学东渐"和"小说界革命"在内的一大批具有改良精神的书刊出版和阅读，与不久后爆发的辛亥革命有着很明显的因果关系。

自19世纪晚期起，西方机器印刷技术被引进到我国，极大地促进了中国现代出版业的滥觞，培育并扩展了当时的阅读市场。著名文化学者李欧梵等将中国现代大众文化的产生追溯到上海的出版业，认为自1895年后，上海的杂志和小报把政治消息与新观念传播给了中国读者。此外，教科书、工具书、小说和科学书籍重塑了中国的国民素质。在世纪之交成立并发展起来的商务印书馆，与其说是一家民族资本印刷企业的诞生，不如说是新式文化的崛起。商务印书馆由张元济主政后，在20世纪初出版《最新初等小学国文教科书》《新字典》和包括《天演论》《原富》《茶花女遗事》等名著在内的"世界文库"，对于"昌明教育，开启民智"起到的作用在历史上早已有定评。可以说，20世纪之初出版业的发展和社会阅读的兴起，与1911年发生的辛亥革命是紧密相关联的。

中国共产党的创立是20世纪我国又一个重要的历史转折关头。在这一历史转折关头之前后，社会阅读也呈现了热烈景象。

1915年9月15日创刊的《新青年》杂志发起新文化运动，宣传倡导科学、民主和新文学，引起了社会阅读的热潮。1917年2月陈独秀的《文学革命论》发表在《新青年》，明确提出以"三大主义"作为新文学的征战目标：推倒雕琢的、阿谀的贵族文学，建设平易的、抒情的平民文学；推倒陈腐的、铺张的古典文学，建设新鲜的、立诚的写实文学；推倒迂晦的、艰涩的山林文学，建设明了的、通俗的社会文学。陈主张以革新文学作为革新政治、改造社会之途。以《新青年》为主要阵地的文学革命引动了社会大众特别是青年读者阅读新文学新文化读物的热潮。特别是1919年五四运动之后，先进的知识分子纷纷创办刊物，编辑书籍，组织进步团体传播马克思列宁主义。1920年一年全国就出现了400多种刊物。《新青年》等进步刊物在这期间刊载了许多宣传马克思主义的文章，成为进步青年最为追捧的杂志。社会阅读可谓风起云涌，尤其是马克思主义在中国得到广泛传播。其中李大钊《我的马克思主义观》一文，是我国第一篇全面介绍马克思主义的重要论文，引起很大反响。1920年《共产党宣言》的全译本在上海出版，许多读者争相阅读，为中国共产党的成立提供了非常重要的理论准备和社会基础。1921年7月中国共产党在上海成立，当即决定创办《向导》《共产党人》等杂志，兴办工人夜校、农民夜校、党校，广泛开展马克思主义宣传，积极培养革命骨干、壮大革命者队伍。中国共产党组织开展的革命书刊阅读，起到了引领和推动革命事业不断向前的重要作用。

20世纪我国第三个重要历史转折关头是抗日战争。在整个抗日战争14年期间，社会阅读却出人意料地一直得到广泛的开展。

1931年"九一八"事变发生，日本帝国主义发动侵华战争。著名出版家邹韬奋主编的《生活》周刊是最早强烈发声抗议的周刊，得到全国读者的热情支持，周刊发行量由原先的8万份陡增至15万份，成为全国发行量最大的杂志。1936年，邹韬奋主编的《大众生活》周刊态度鲜明地支持"一二·九"爱国学生运动，发行量超过25万份，刷新全国杂志发行纪录。可见因为处于民族存亡之际，当时的国民阅读热情高涨。进入全面抗战时期，广大读者急需阅读进步书刊。邹韬奋主持的生活书店出版品种数量和发行总量都在全国出版业内首屈一指。许多进步出版机构也都在为抗战发声呐喊。汉口大路书店、新知书店、战时读物编译社、商务印书馆、中华书局、世界书局等出版机构出版的书籍各式俱备，销路畅旺，给人们以强烈震撼。特别是复社翻译出版美国记者斯诺的《西行漫记》（原英文书名《红星照耀中国》）一书在广大读者中产生了巨大影响，许多爱国青年就是因为读了这部书，对中国共产党领导的抗日根据地十分向往，从四面八方奔赴延安等抗日根据地。这些实例，足以反映当时社会阅读的热烈景象。

在以延安为代表的各抗日根据地，更形成了一股文艺出版和阅读的热潮。延安出现了革命诗歌创作热潮和街头诗运动，并且开展了几次大型的集体创作活动，反映根据地生活的长篇小说如《新儿女英雄传》《高干大》《吕梁英雄传》《小二黑结婚》等受到广泛阅读和好评。抗日根据地的许多作品传播到重庆等国统区，深刻影响了广大爱国进步青年，促成许多爱国青年参加到革命队伍中来。

20世纪我国第四个重要历史转折关头是中华人民共和国成立。新中国成立之后不久，随即开展的扫除文盲运动（简称"扫盲运动"）在当代阅读史上留下了不可磨灭的一笔。

中华人民共和国成立之初，国家一穷二白，百废待兴，各项基础性建设迅速启动。1952年，我国发起了一项对于中华民族生存与发展关系极为重大的一项运动，即扫盲运动。当时全国5.5亿人口中有4亿多都是文盲，文盲率高达80%。在各级人民政府的组织领导下，一场轰轰烈烈的扫除文盲运动在全国范围内展开。扫盲班遍布工厂、农村、部队、街道，人们以前所未有的热情投入学习文化的热潮中。此后全国实行九年制义务教育，大大降低文盲发生率。经过近50年的努力，2000年我国文盲率下降至6.72%。历时50年的大规模并卓有成效的扫盲运动，逐步培养出越来越多的大众读者，创造了人类历史上的奇迹。当时许多优秀大众出版物一经出版就能引起轰动，几乎达到家喻户晓、有口皆碑的地步。从解放区带来的一批文学作品《暴风骤雨》《太阳照在桑干河上》《李有才板话》《王贵与李香香》《漳河水》《白毛女》等出版并在全国发行，特别适合新社会阅读的审美趣味。"五四"以来的鲁迅、郭沫若、茅盾、巴金、老舍、曹禺、艾青、冰心、叶圣陶等名家作品继续出版，受到读者的热捧。外国文学作品特别是普希金的诗歌和高尔基、尼古拉·奥斯特洛夫斯基等俄苏作家的小说，《莎士比亚戏剧选》和巴尔扎克、马克·吐温等欧美作家的小说，也成为社会阅读的热门书。其中最著名的有新创作的"三红一创，保林青山"，即《红岩》《红日》《红旗谱》《创业史》《保卫延安》《林海雪原》《青春之歌》《山乡巨变》八部具有代表性的长篇小说，每部书的印量一度达百万册甚至上千万册，当时大众阅读的热烈景象由此可见。

20世纪我国第五个重要历史转折关头是改革开放新时期。在实现这个伟大的历史性转折的过程中，一些重要的阅读给人们留下了难以磨灭的记忆。

在改革开放启动之际，有一篇文章的发表和阅读十分重要。那就是1978年5月11日的《光明日报》发表的《实践是检验真理的唯一标准》。第二天的《人民日报》《解放军报》全文转载。这篇文章的发表和阅读引起了一场轰轰烈烈的思想解放大讨论，为即将开始的改革开放提供了非常重要的思想准备。

几乎与此同时，1978年5月初，国家出版局决定专门调集纸张，重印一批中外文学名著，理由是为了满足广大读者"井喷式"的阅读要求。当时一口气确定了35种图书，其中中国古典文学名著10种，中国现代文学名著9种，外国文学名著16种。这些开放重印的中外文学名著一经面世，社会上顿时出现争相购买阅读的热烈景象，为即将开始的改革开放做了非常重要的精神准备。

改革开放正式启动之后，出版业顺应社会需求，大力改革创新，提高出版生产力，使得更多中外文学、文化、学术名著和知识读物像排炮一样地呈现在读者眼前。在我国40多年改革开放进程中，几乎每一个重要关头都与国民阅读有着紧密的关系。许多优秀出版物激发了广大读者特别是青年读者强烈的阅读兴趣，满足了广大群众思想解放、改革创新的精神需求，全社会呈现出前所未有的良好的国民阅读状况。"汉译世界学术名著丛书""走向未来丛书""走向世界丛书""获诺贝尔文学奖作家丛书""当代经济学系列丛书"等丛书成为许多中高端读者的必读书。许多优秀的当代文学作品如《青春万岁》《冬天里的春天》《哥德巴赫猜想》《许茂和他的女儿们》《平凡的世界》《白鹿原》《红高粱家族》《尘埃落定》《东藏记》《草房子》《朦胧诗选》《外国现代派作品选》等成为社会阅读的热门书。一些外国引进版图书成为标志性现象。如20世纪80年代的《大趋势》《第三次浪潮》等未来学著作，90年代的曼昆《经济学原理》等许多经济学名著，21世纪之初的《世界是平的》等讨论经济全球化趋势的书籍,标志着我国的社会阅读一直与改革开放同向而行,且为改革开放持续发展提供了深层次的支持。

三、国民阅读状况越来越受到当代社会的高度重视

联合国教科文组织从1972年起几乎每隔十年提出一次开展全民阅读的倡议,而且具有比较明确的针对性。1972年第一次倡议"走向阅读社会",主要是面向经济文化相对落后的第三世界国家提出的;1982年第二次倡议"八十年代的目标——走向阅读社会",则是面向全世界提出的,当时欧美发达国家因为遭到"电视病"的困扰,传统阅读受到挤压,引起众多有识之士的警觉;1995年第三次倡议"希望散居在世界每一个角落的人……都能享受阅读的乐趣",则是面对正在到来的信息时代,"电视病"加上"电脑病"的弥漫性到来,国民阅读状况越发出现颓势,引起了普遍的恐慌,因而需要进一步加大倡导阅读的力度。

我们还可以从一些国家在改善国民阅读状况上所做的努力,看到国民阅读问题正在受到国际社会的普遍重视。韩国颁布《图书馆与读书振兴法》(1994),目的是"为图书馆及文库的设立、运营以及读书振兴,创造必要的环境,建立健全图书馆及文库,促进读书活动,促进文化发展和终身教育的发展"。美国先后颁布了两部与阅读直接相关的法律,即《卓越阅读法》(1998)和《不让一个孩子掉队法》(2002)。日本出台了《关于推进儿童读书活动的法律》(2001)。俄罗斯颁布了《民族阅读大纲》。英、法、德等国也都为保障国民阅读设立了公益性基金。以色列的国民阅读状况在国际上是有良好口碑的,可为了进一步提高中小学生的阅读能力,从2000年起其仍进行了多次教育课程改革,其主要目标就是加大中小学教育的阅读含量。总之,重视国民阅读、重视终身学习能力和文化素质提升,已经成为国际社会的重要趋势。

在世纪之交,我国的国民阅读状况开始引起社会各界的关切。中国出版科学研究所(现为中国新闻出版研究院)自1998年起开展国民阅读状况调查,1999年正式向社会发布,可谓一石激起千层浪。调查数据显示,我国1998年国民图书阅读率为60.4%,即有约40%的成年人全年没有读过一本书。此后,我国国民阅读率逐年下降,到2006年首次跌破50%,只有48.1%,这就是说,有半数以上的成年人全年没有读过一本书。这一调查引起了社会各界的普遍关注,增强了改善国民阅读状况的紧迫感。

进入21世纪以来,我国高度重视文化在综合国力竞争中的作用和地位,高度重视满足人民群众日益增长的精神文化生活需求,高度重视提高全民族文明素质,促

进人的全面发展，因而对全民阅读做出了一系列的安排。党的十六大提出建设学习型社会的要求，十七大提出实现文化大发展大繁荣的目标，全民阅读作为学习型社会和文化强国建设必不可少的基础，越来越受到普遍重视。党的十八大对文化建设做出全面部署，其中提出"开展全民阅读活动"，在全国范围内进一步引发了全民阅读的热潮。十八大以来，在国家通过立法对全民阅读予以保障的同时，一些省区市也通过地方立法来保障和促进全民阅读的开展，全国各地在全民阅读活动中有着许多创新性安排，受到人民群众的普遍欢迎，其中亲子阅读、社区阅读、机关阅读、企业阅读、特殊人群阅读、图书馆阅读以及中小学校的校园阅读等，尤其受到社会各界的普遍欢迎和高度评价。

党的十九大召开，中国特色社会主义进入新时代。十九大明确提出要坚持中国特色社会主义文化发展道路，激发全民族文化创新创造活力，建设社会主义文化强国。习近平总书记明确提出要坚定文化自信，指出："没有高度的文化自信，没有文化的繁荣兴盛，就没有中华民族伟大复兴。"十九大以来，全民阅读受到更多重视。因为，开展全民阅读，将有利于提高我国的综合国力，增强社会精神力量，增强文化自信，对社会的全面发展产生深刻的影响；开展全民阅读，将能够增强全民族的文化素质，为实现中华民族的伟大复兴提供强大的精神动力、智力支持和思想保证；开展全民阅读，将有利于促进社会可持续发展，建设学习型社会；开展全民阅读，将有利于加强社会主义思想道德建设，为建设社会主义文化强国提供十分重要的基础。

总之，从历史的经验和现实的需要来看，社会各界已经对全民阅读形成共识，即国民阅读是关乎民族复兴、强国建设乃至人类进步的大事，因而要着力于改善国民阅读状况，把开展全民阅读作为国家战略落实好，持续进行下去。可以说，中华民族要实现伟大复兴，有待于国民阅读状况的极大改善；我国国民阅读状况极大改善之日，必将是中华民族实现伟大复兴之时！

从智慧阅读看智慧出版转型*

◎ 聂震宁**

摘要：智慧阅读运用智能技术为读者提供智慧服务，其核心价值是关注读者的阅读需求及其满足程度。智慧阅读正受到全民阅读和阅读推广工作的重视，成为出版业面临的又一次机遇和挑战。智慧阅读的推广工作在公共图书馆阅读、农家书屋阅读和中小学校园阅读方面都有成功案例。智慧阅读必然导致智慧出版，出版企业应在创新体制机制、装备智能技术、重视本版书刊的阅读大数据和市场长尾效应，以及建设人才队伍等方面着力，推动智慧出版转型。

关键词：智慧阅读；智慧出版；出版转型

一

自20世纪90年代起，我国传统出版企业一次次地讨论声光电技术与纸介质出版物，数字技术、网络技术与出版业的关系，一次次发出"既是挑战，也是机遇"的呼吁，然后一次次错过机遇，并且在一个个挑战面前损兵折将。

先是电子出版，光盘、电子阅读器、电子书、电子杂志、电子报纸等电子出版物逶迤而来，异彩纷呈。

接着便是数字网络技术支持下的网络出版，且不说多年来数字出版产业统计中分别占到1/3规模的数字游戏、网络广告、网络教育，就是网络小说、官方微博、微信公众号、网络听书、阅读App等这些拥有10亿以上用户的出版形式，也早已成为广大受众普遍的生活方式。

---

* 本文原载于《现代出版》2021年第6期，收入本书时有改动。
** 聂震宁，韬奋基金会理事长。

与数字技术和网络技术相伴而生的数据出版，以数据挖掘技术为驱动，通过互联网实现数据共享、数据开放、数据知识重组等公开发布信息形式，直接推动了学术出版的转型。

进入新世纪，数字技术、网络技术带来的种种新兴出版样态，已经成为规模日益扩张的出版产业的重要组成部分，使得我国出版业在新兴技术的运用上不曾掉队，甚至与国际同行相比，我国在一些新兴出版门类上大放异彩。可是，在迅猛发展的新兴出版产业中，传统出版企业在其中所占份额实在是微乎其微，各种所有制的新兴文化企业不断抢占出版业的市场份额，所谓内容产业的"内容为王"自信，并没有在产业转型和市场竞争中成为事实，个中道理值得业界学界讨论、总结。

二

现在，又一个挑战或者机遇摆在传统出版企业面前，那就是：智慧阅读。

进入21世纪，随着信息技术日新月异的发展，人类社会正在进入智慧发展时代。2007年，欧盟在《欧盟智慧城市报告》中首次提出了建设"智慧城市"的设想。2008年，IBM公司在《智慧地球：下一代领导议程》中首次提出"智慧地球"的理念，指借助信息技术，使地球上的东西被感知，实现互联化和智能化；这家公司又在2009年《智慧的城市在中国》的报告中描述了"智慧城市"的图景，指出充分运用信息和通信技术分析、整合城市运行的各项信息，对民生、环保、公共安全、城市服务等需求做出智能化应对，从而给城市居民带来美好生活。

自"智慧城市""智慧地球"这些理念被提出后，准确地说，随着智能技术的日益发展，"智慧生活""智慧校园""智慧交通""智慧医疗""智慧图书馆"等理念接连被提出，成为智慧发展时代一件件激动人心的创举。

"智慧阅读"这一概念正受到全民阅读和阅读推广工作的重视。

所谓智慧阅读，通常指的是运用智能技术为读者提供智慧服务，其核心价值是关注读者的阅读需求及其满足程度。具体说来，就是出版业和阅读服务者通过大数据、物联网、云服务、认知计算乃至人工智能等，努力提高阅读服务的精准性和自适应性。当前正在普遍开展的数字阅读、移动阅读、社交阅读、App阅读等，就是智慧阅读理念带来的新型阅读服务方式。由于是运用智能技术服务于阅读，智慧阅读的理念在阅读推广工作中尤其受到重视。因为运用智能技术进行阅读推广工作，阅读推广主体对于推广对象——读者——的阅读特征、阅读需求也就能够有全面感知和智能识别，从而可以对推广目标、推广方法进行智能化优选，以提供个性化推广服务，从而使得阅读资源供给侧作出更好的改革创新。

三

智慧阅读的理念应当最先是由我国图书馆界提出来的。我国图书馆界先是提出了"智慧图书馆",后又提出了智慧阅读。

我国《公共图书馆法》明确要求各级公共图书馆要为全民阅读提供服务,各公共图书馆正在大力提高服务水平,许多有条件的图书馆甚至已经开始通过大数据、云服务、认知计算乃至人工智能等智能技术提高智慧阅读的内涵和水准。在人工智能环境下,图书馆智慧阅读的传播范围进一步拓展,面对的读者群体更为多样,图书馆努力实现线上与线下的深度融合,互融互通成为常态,作者、出版者、图书馆、读者以及阅读指导专家的联系空前畅通,智慧阅读关注读者的阅读需求及其满足程度的核心价值更可能实现。

在书刊发行业内,一些有规模的实体书店和图书电商,也正朝着智慧阅读方向努力。实体书店加大了店堂书籍陈列的力度,使得书籍品种排放的逻辑关系和链接关系得到优化。图书电商则一直朝着提高服务阅读的精准化、大数据化方面努力。当读者网购图书时,只要他选购一种图书,电商后台就会立刻提供网购此书的其他读者的偏好信息。虽然电商提供的信息不免粗糙,但毕竟是一种主动服务,而读者毫不费力地获得一些选书信息,倒也形成了很好的交易环境。

党的十九大以来,农家书屋建设和完善工作加快了数字化升级的脚步,也就是朝着智慧阅读方向升级。2019年2月,中宣部等十部门联合印发《农家书屋深化改革创新 提升服务效能实施方案》,全面部署农家书屋提质增效有关工作,助力乡村振兴战略。其中要求优化内容供给,有效对接群众需求,探索"百姓点单"服务模式,加大农民群众自主选书比例,开展农家书屋数字化建设,增加数字化阅读产品和服务供给。

陕西省利用航天数字传媒有限公司的"卫星网络+地面网络的天地一体化"解决方案,建设"卫星数字农家书屋"。陕西省利用卫星平台的无障碍覆盖,把老百姓喜爱的图书、视频、报刊等内容投放到终端并每天更新,对传统农家书屋进行了有益的补充,使其传播能力得到大幅提高。为了使农民生活更加便利,"卫星数字农家书屋"还增加了便民服务系统,具有在线交易、便民驿站、网上书城、生活助手等多项功能。此外,与农翼网配套的移动阅听应用"农翼网App",为广大农村群众提供了移动阅听服务。[①]

---

① 孙玉玲. 智慧城市建设背景下的数字出版企业转型[J]. 出版发行研究,2016(3):5-9.

从我国农村实际出发,应当把数字农家书屋建设作为今后农家书屋建设和完善的主要方向。到 2019 年年初,全国行政村 4G 覆盖率已经超过 98%,农村互联网普及率明显提升,为数字农家书屋建设提供了较好的网络设施条件。中国新闻出版研究院第十五次和第十七次《全国国民阅读调查报告》显示,2017 年农村居民的数字化阅读率为 63.5%,2019 年则增长到 75.2%,在农村开展数字阅读已经初见成效。

数字农家书屋将建设成为以读书(包括电子书、有声书等)为主,兼有数字化报纸、期刊及音视频内容的读书平台、知识学习平台,着重发挥数字农家书屋在读书方面的引领作用。数字农家书屋可以把大量新鲜、有效的数字阅读服务送到偏僻的农村,为农村读者重点提供体现乡村产业发展、农业现代化、现代乡村治理、乡村文化振兴、美丽乡村建设等方面的读物,为乡村振兴战略的实施提供智力支持。

智慧阅读的推广工作将特别凸显智慧内涵,这是智慧阅读核心价值实现的重要保证。在中小学开展校园阅读时,这一要求尤其要得到落实。教育专家认为,中小学校园阅读特别是语文课外阅读能不能做好"导读""背景知识""独立阅读""即时提问""文化注释""阅读练习""思辨问题"和"迷你任务"等,是校园阅读能否成为智慧阅读的智慧内涵。

2021 年 3 月,笔者应邀到福建省莆田市就中小学校园阅读进行交流,了解到莆田市 2017 年起在全市中小学开展了"书香校园智慧阅读"活动,以素质教育为核心理念,以"五育并举"为原则,以全域阅读为载体,全面推进阅读活动。莆田市教育系统把优质均衡放在首位,提出并践行了"全员参与、全学段推进、全时段渗透"的"三全"覆盖模式,成为全国首个以设区市为单位整体推进校园阅读的地区。莆田市教育系统以科学态度探索"智慧阅读"的整体思路,开发建设"线上""线下"两套资源,以纸质阅读为主、线上管理和评价为辅,为城乡学生持续高效阅读提供保障。为了均衡安排全市阅读资源,莆田市教育局组织由百名教师组建的诵读团队,录制了一至九年级全部学段的每日经典诵读音视频,共享给全市所有城区和农村学校,学生每天共读经典,很大程度上解决了农村学校诵读条件不足的问题。现在,"爱读书、读好书、善读书"在莆田市 60 多万师生中蔚然成风,据不完全统计,2019 年、2020 年莆田市中小学生年人均阅读书籍分别为 18.3 册、18.9 册,达到国内先进地区的阅读水平。

四

智慧阅读的理念在阅读推广工作中正在受到重视,是不是也应当引起出版业的高度重视呢?答案是很明显的。出版业一直在坚持弘扬"竭诚为读者服务"的韬奋精神和"以读者为中心"的改革开放理念，关注读者的阅读需求及其满足程度的智慧阅读将使出版业为读者服务的追求真正落到实处，而在这一过程中，出版业也将获得"两个效益"和自身更大的发展。

智慧阅读必然导致智慧出版。

我国一些学者、专家已经提出智慧出版这一理念并开展了学术研究，一些专业出版社和学术期刊也正在尝试开展智慧出版。中国方正出版社2015年发表了"打造智慧出版，助力出版新生态发展"的观点，提出了全媒体结构化海量资源管理、内容动态重组、交互式数字出版物内容制作、数据检索和智能挖掘等智慧出版理念。上海出版界人士2015年5月开展了有关智慧出版新思潮的探讨。2018年，孙群将智慧出版的理念引入实体书店经营中，从网点布局、网络互联、融合经营等角度分析了智慧出版的实际应用。社会科学文献出版社早在2014年就提出了智慧型出版社建设战略，目前已进入智慧型出版社3.0构建阶段。该社积极探索新兴技术，推动"智慧七化"——互联网化、流程化、数据化、移动化、知识化、协同化、智能化——建设，构建赋能型的互联网知识服务平台和学习型出版平台，推动内容知识库、出版社知识仓库等基础知识库建设，探索垂直学术服务生态，使业务主体有能力及时响应市场环境和需求变化。

我国一些学术期刊正在运用智能技术，朝着智慧出版的目标转型。这些学术期刊社从设置咨询功能并及时给予回复，自动给作者发送稿件处理信息，提供作者自由查询稿件审阅进度服务，将最终处理结果和意见及时反馈作者等编辑日常工作智能化做起，继而朝着开辟学术沙龙，建立读者调查机制，举办专家网络讲坛，定期发布文章的引用、转载和获奖情况，介绍国内外同行主流期刊动态以及多渠道互动交流的智慧出版目标转型。

关于智慧出版的研究和实践，目前主要局限在学界以及少数专业出版社和学术期刊，而整个出版业界特别是大众类传统出版企业的反应并不强烈，而大众类出版物正是全民阅读中广受欢迎的读物，这也是我们急于从智慧阅读现状联想到出版业面临又一个挑战或机遇问题的主要原因。

人类社会进入智慧发展时代，各行各业都不能无视自身的智慧发展，作为出版业的主要服务对象——读者（包括专业读者、大众读者乃至所有的读者），正在形成智慧阅读的趋势，出版业不可能视而不见、无动于衷。问题在于出版业对由此将引起的智慧出版转型的认识尚未到位。

首先，出版业对智慧出版目的的认识不够准确。只要看看学界对智慧出版目的的阐释，就可以发现在认识上普遍存在的偏差。有专业人士给智慧出版下过定义，认为智慧出版主要是指出版企业通过大数据等新技术协调、组合其他各类资源，构建内外协同、共享、互通的知识服务平台，在专业化的学科领域内聚合专家学者资源，通过成果出版、信息服务、数据服务等形式，为政府、学界、用户提供权威、前沿、有效的知识、信息和解决方案。① 这一定义的表达是周严的，但所指出版业务显然主要是专业类出版，也许一定程度上也包括教育类出版，至于阅读对社会影响最直接、最广泛的大众类出版，似乎并未涵括，大概是为定义中"为政府、学界、用户提供权威、前沿、有效的知识、信息和解决方案"的结论表述所限。读者被表述成市场交易中的"用户"，全民阅读的乐趣也就荡然无存，于是数量众多的大众类出版也许会产生与己无关的错觉。其实，智慧出版不只是机构供应商的定制出版，不只是机构供应商的用户调查，甚至也不只是学术研究课题的申报和审定，更包括各种类型的出版和对海量读者服务的智能化运作。出版业应当针对智慧阅读的需要进行智慧出版转型，正如智慧城市要对民生、环保、公共安全、城市服务等需求做出智能化应对，从而给城市人民带来美好生活一样，出版业要对社会阅读的各种服务需求做出智能化应对，从而给广大读者带来美好的智慧阅读享受。

其次，出版业对自己的主要服务对象——读者（包括专业读者、大众读者乃至所有的读者）——正在形成智慧阅读的趋势的敏感度不高，重视不够。中宣部2019年10月印发的《关于促进全民阅读工作的意见》提出了全民阅读工作的九项重点任务，包括加大阅读内容引领、组织开展重点阅读活动、加强优质阅读内容供给、完善全民阅读基础设施和服务体系、积极推动青少年阅读和家庭亲子阅读、保障特殊群体基本阅读权益、提高数字化阅读质量和水平、组织引导社会各方力量共同参与和加强全民阅读宣传推广，等等，大多数任务都与出版业密切相关。出版业要在新时代、新征程中出色完成这些重点任务，势必要提高各项工作的智能化水准。作为全民阅读的主要供应商和服务商，出版企业如果没有注意到这是又一个发展机遇，就有可能成为新形势、新任务面前的缺席者，也就是在智慧发展时代应对挑战失败。

五

如果说，过去近30年，在信息化浪潮面前，传统出版企业一次次地错过机遇，在一个个挑战面前损兵折将，那么，在智慧发展时代，在智慧阅读的倒逼之下，又一次面临着挑战或机遇，容不得我们一败再败了。我们惯于说的一句话是"机遇大于挑战"，可重点是要真正抓住机遇。抓住机遇就意味着成功应对挑战。抓住什么机遇？那就是做好服务智慧阅读的智慧出版。出版企业要实现服务于智慧阅读的智

---

① 谢炜. 智慧出版：数字时代的学术出版转型之路 [J]. 文献与数据学报，2019（4）：97-103.

慧出版转型，至少要做到以下几点：

第一，针对智慧出版的需求，出版企业要在体制机制创新上进行应对。出版企业在业务结构中要尽快建立智能化发展的业务机构，坚持按照"专门的人做专门的事"的原则对待新业务，出版企业领导中要有人管理智慧出版。出版企业要安排专门力量负责积累和分析数据，负责通过系统后台的大数据分析功能将每个时期产生的海量数据提取转化为有价值的信息，为出版社提供精确化、科学化的生产决策参考。

第二，针对智慧出版的需求，出版企业要尽快装备必要的智能技术。出版企业具有内容生产的传统优势，但不能拘泥于内容生产，而要形成数字内容集成运营能力和内容集约提供能力。要提高阅读资源的有效供给能力、阅读平台的智能程度和阅读活动的组织水平。更好地满足读者的智慧阅读需求，是出版企业智慧出版面临的重要任务。一是从出版选题到内容生产、营销传播都要努力实现技术智能化管理，尤其要加强内容大数据智能管理和读者大数据智能化服务；二是从传统出版业单一化、静态化的超稳定内容运营管理向多样化、个性化的动态化大数据内容运营管理转型，建立"智能分析+产品开发+互动连通"决策机制；三是建立出版企业大数据智能、跨媒体智能、自主智能、人机混合增强智能和群体智能，运用智能技术增强出版企业特别是大众类出版企业中需要把握的感知、理解、辨识、记忆、推理、联想、预期、策划等智能化能力。

第三，针对智慧出版的需求，出版企业要高度重视本版书刊阅读的大数据。智慧发展时代"万物互联"，出版业必须下最大的功夫与阅读推广机构乃至海量读者实现互联，从而做到知己知彼。出版企业要形成多维度的大数据报告，实时掌握数据变化动态，反馈图书阅读推广效果，及时发现读者行为偏好和个性化需求，通过智能技术建立起多层级、立体化的智慧出版体系。实现智慧出版转型后的出版企业，要做到以大数据为基础，用算法支撑决策，让智能技术服务内容，实现人机有效结合，积极与各种阅读服务机构智慧深度链接乃至融合，努力实现从产品、传播、营销、供应链到经营管理、组织构架等的全方面互联驱动，通过智能化管理手段，做到快速反应、主动牵引，并将数字集成与融合作为未来智慧发展的重要方向。出版企业应通过流程仿真、在线数据分析处理和典型数据挖掘等智能技术，不断改善出版流程组织结构、优化资源使用，从而实现出版流程智能化管理，获取来自智慧阅读服务的开放、动态、系统大数据，形成数据加工、数字阅读、知识服务、个性化服务的算法推介。

第四，针对智慧出版的需求，出版企业要重视本版书刊的市场"长尾效应"。要重视本版长销书的各种市场数据，关注自有旧版书的各种阅读数据，随时通过本版长销书的市场数据分析可持续开发的可行性，随时通过旧版书的某些阅读数据做出"旧瓶装新酒"或者"新瓶装旧酒"乃至版本升级、再度开发的决策。本版书刊的市场"长尾效应"和自有旧书新读，往往反映出读者的阅读之需、阅读之美、阅读之乐，由此可以导引出出版企业的品牌自信和价值自信，走上可持续发展之路。

第五，针对智慧出版的需求，出版企业要进一步挖掘人才。智慧出版需要多种新型人才，不仅是数字技术人才，还包括智能化服务人才、大数据研究人才、智库设计人才、学术支撑服务人才、国际化服务人才等。出版企业还要培养和使用一种人才，即阅读推广人才。目前我国出版企业在阅读推广业务上的人才配置随意性比较大，以为只要是读过书、有相当学历的人就可以担此重任。智慧阅读要求阅读推广人不仅能把握阅读内容，掌握智慧推广的理论与知识，还要对阅读推广富有情感，能较好地理解读者，与读者建立联系，分析读者需求，为读者提供个性化、多元化的服务。出版企业要通过智慧出版实现为智慧阅读有效服务，就应当重视阅读推广业务，重视阅读推广人才的专业性培养。智慧出版不能局限于发掘数字技术人才，要对出版企业全流程进行融合与重构，注意围绕出版业以内容生产为核心的特点，在人才结构上体现出版的社会属性、文化属性和内容产业属性，最终形成各种人才的合力。唯有形成智慧合力的出版企业，才可能真正实现智慧出版。

工业文明造就了大众传媒，数字化文明造就了融合传媒，智能化文明必将造就智慧传媒。包含在传媒业中的出版业，只有努力提高自身的智能化水平，才可能应对智慧时代的发展需要，满足智慧阅读的需求，成为名副其实的智慧出版。

参考文献

[1]张新新，刘华东.出版+人工智能：未来出版的新模式与新形态——以《新一代人工智能发展规划》为视角[J].科技与出版，2017（12）：38-43.

[2]汤雪梅.人工智能与数字出版的创新应用[J].编辑之友，2015（3）：15-18.

[3]杨志辉.学术期刊数字化出版到智慧出版的变革[J].编辑之友，2019（1）：36-41.

[4]衣彩天.数字出版的成熟阶段：智慧出版[N].中国新闻出版广电报，2020-06-10.

[5]卓金贤.让书香弥漫校园，让智慧点亮未来：莆田市全域推进"书香校园智慧阅读"的过去、现在和未来[J].福建教育，2021（19）：30-32.

关于出版新业态的回顾与思考*

◎ 魏玉山**

摘要：对出版新业态的历史性考察发现，早期的新业态主要依靠分工细化，后期的新业态则主要依靠融合的力量。从这些发展历程可以清晰地看出其背后的技术背景，可以说，不同的新技术在出版领域的应用造就了出版新业态。由于新业态与新技术紧密捆绑在一起，出版新业态必然与新技术同兴衰、共进退。从业态创新的趋势来看，未来出版新业态主要来自技术创新和服务创新。出版新业态的不断涌现，增强了出版业的时代感、生命力，使得这一古老的行业不断焕发出勃勃生机。

关键词：出版；新业态；技术创新

尽管"新业态"一词经常出现在各种媒体上，但是权威的工具书如《中国大百科全书》《辞海》等并未收录该词。有的文献说，"业态"一词来源于日本零售业，通俗理解，业态就是指零售店卖给谁、卖什么和如何卖的具体经营形式。一般来说，"新业态的出现主要依靠分工细化和融合两个路径"[①]。目前在我国，"业态"一词已经从零售业走向更广阔的领域，走入出版行业，出版学界、业界频繁使用业态、新业态来比喻出版业的新变化。对出版新业态的历史性考察发现，早期的新业态主要依靠分工细化，后期的新业态则主要依靠融合的力量。

一、出版业态的历史演进

尽管学术界对出版始于何时的认识不尽一致，但是谁也不否认，早期的出版史

---

* 本文原载于《现代出版》2022年第6期，收入本书时有改动。
** 魏玉山，中国新闻出版研究院院长。
① 张成龙. "设计+"艺术类大学生创新创业人才培养模式及路径[M]. 长春：东北师范大学出版社，2018：16.

就是图书编辑、复制、传播的历史,图书出版就是出版的最早业态。这种出版业态至今已有三四千年之久,并且依然充满活力,仍然是出版业的主要产品。

尽管在古罗马和中国唐朝已经有类似于报纸的"官报"出现,但那个时代的报纸还不能被称为新业态。直到15世纪以后,特别是18世纪以后,报纸出版才慢慢成熟起来。相对于图书出版来说,报纸的功能更加细化,由此也形成了一种新的出版业态,这种业态至今已有四五百年的历史。

17世纪中后期,以德国《每月评论启示》(1663—1668)的创办为标志,杂志出版开始出现,至今已有三百多年的历史。此后,杂志出版规模不断扩大。与图书出版、报纸出版相比,期刊出版也是新业态。

20世纪初期,随着技术的发展,广播和电视媒体诞生,它们与书报刊的形态并不相关,从媒体的形态来看,是两种全新的媒体,但其功能与书报刊确有相近或相似之处,因此曾给出版界带来不安与骚动。

以今天的眼光来看,无论是图书出版,还是报纸出版、期刊出版,都是传统出版业态,即使是广播、电视这类具有很强技术属性的媒体,与基于互联网特别是移动互联网的媒体相比来说也属于传统媒体。

20世纪下半叶以来,技术在出版领域的应用越来越深入、越来越快速,因此,新的出版业态越来越多。虽然仅有几十年的光景,但有的新媒体已呈现颓势,前途未卜。

音像出版是录音带、录像带出版的总称,是迥异于书报刊出版的新形态。音像出版技术出现于20世纪30年代,其产品则在20世纪60年代以后逐渐盛行,在2000年前后更是如日中天。2005年,全国出版录音制品(录音带、激光唱盘、高密度激光唱片)1.5万余种,2亿多盒(张),录像制品近1.9万种,3.6亿盒(张)。① 但是近些年来,其市场规模被大大压缩。2020年,录音制品出版仅有3 500余种,1.2亿余盒(张),录像制品近3 300余种,5 300余盒(张),② 与高峰时期相去甚远。录音制品之所以还保持一定的规模,与其同中小学教科书配套有关。

20世纪90年代以来,随着数字技术的发展,以数字代码方式,将有知识性、思想性内容的信息编辑加工后存储在固定物理形态的磁、光、电等介质上,通过电子阅读、显示、播放设备读取使用的电子出版形态快速发展。电子出版的核心是以数字代码方式记录内容,与以模拟方式记录内容的录音带、录像带具有本质的不同。今天,有形的电子出版物,如CD/VCD/DVD等,虽然每年还出版一定的数量,但只是在特定场合、特定人群中使用。电子出版物基本退出了大众市场,因为新型电

---

① 中华人民共和国国家统计局. 中国统计年鉴—2005 [EB/OL]. [2022-09-28]. http://www.stats.gov.cn/tjsj/ndsj/2005/indexch.htm.
② 国家新闻出版署. 2021中国新闻出版统计资料汇编[M]. 北京:中国书籍出版社,2021.

脑不再有光驱，无法读取电子出版物，DVD等播放设备亦难寻。

过往的出版业态，已然成为历史。新的出版业态能否创造新的历史，还需要时间的检验。

二、学术界、出版界等谈及的其他出版新业态

进入21世纪以来，随着互联网技术、数字技术、信息技术等的高速发展，与技术融合而生的出版新业态如雨后春笋般破土而出。近些年来，学术界、出版界关于出版新业态的提法很多，有的从出版的角度，有的从发行的角度，还有的从印刷的角度，无论哪个角度都与新技术有关，比如：

多媒体出版。多媒体出版的概念出现于20世纪90年代初期，多用于对国外出版业的介绍，后来用于国内出版融合发展。具有代表性的定义是指以图、文、声、像等多种形式，并且由计算机及其网络对这些信息以内在的统一方式进行存储、传送、处理及再利用的电子出版。[①]

跨媒体出版。跨媒体出版2000年左右开始出现，开始时指同一内容的纸质图书与电子书同时出版，多与文件格式如XML/PDF/DAM等一同介绍，后则不仅指纸书与电子书，还包括报刊及电子出版物同步出版。具有代表性的定义如：跨媒体指同时传输相同的内容到两种或两种以上的媒体。[②]

云出版。云出版的概念与云计算的流行有关，2010年出版界据此提出了"云出版"，即聚合出版内容云，借助出版技术云，面向出版渠道云，提供出版服务云——形成完整的"云出版"[③]。云出版的说法曾经流行一时，有的人甚至提出"出版业将迎来云出版时代"。

语义出版。语义出版是2011年左右从国外引进的概念，指一种可以提高期刊上文章的语义，促进它们自动化获取，使其能够链接至语义相关的文章，并提供获取文章内数据的可行性途径，使论文之间的数据整合变得更加容易的出版形式。[④] 语义出版开始主要用于科技期刊出版，后延伸至图书出版。

大数据出版。与大数据一词的流行同步，2013年有人提出了"大数据出版"的概念。[⑤] 后有许多文章对此进行阐释，比较有代表性的定义是：大数据出版指在传

---

① 孙艳华，钱俊，周山. 电子出版及其与音像出版、多媒体出版、图书出版间的关系 [J]. 印刷质量与标准化，2005（5）：20-23.
② 刘茂林. 跨媒体出版：概念、流程、特征 [J]. 出版发行研究，2005（5）：61-64.
③ 刘成勇. 关注"云出版" [J]. 出版参考，2010（21）：1.
④ 王晓光，陈孝禹. 语义出版的概念与形式 [J]. 出版发行研究，2011（11）：54-58.
⑤ 王明亮. 关于"大数据出版"的一些体会和猜想 [N]. 中国新闻出版报，2013-08-29（5）.

统出版数字化升级推进过程中，通过创新运用、分析、挖掘、预测海量数据，视数据为资产，实现出版资源优化整合和出版流程再造，形成线上线下（O2O）的整合出版模式。①

融合出版。融合出版概念是随着出版融合发展不断深入被提出的，到目前为止，研究出版融合的文章还多于研究融合出版的文章。早在2014年就有研究者提出：融合出版本质上是文化和科技融合，是建构在数字化技术和互联网平台基础上的新兴出版范式。②但融合出版的说法并未受到重视，以致全国科学技术名词审定委员会2021年11月颁布的《编辑与出版学名词》并未收录此术语，引发了出版界的关注。为此，2022年1月，国家名词委举办专门研讨会，大家一致认为融合出版是"将出版业务与新兴技术和管理创新融为一体的新型出版形态"③，并将其纳入《编辑与出版学名词》。

众筹出版。2014年前后，在众筹流行环境下，出版人开始尝试众筹出版，有的出版社取得了较好的效果。众筹出版与其他行业的众筹差别不大，其基本运行机制是出版项目发起人在众筹网站平台上宣传自己已完成或拟创作的作品，设定期限和金额向投资者（潜在的读者）筹集资金。④众筹出版看似和技术关系不大，但它的核心是互联网金融和互联网技术。

智慧出版。2015年左右，有数字出版技术提供商推出了智慧出版的概念，以宣传企业的数字化解决方案。几年以后，出版界开始关注智慧出版，并提出智慧出版是学术出版融合发展的新阶段，是出版企业通过大数据等新技术协调、组合其他各类资源，构建内外协同、共享、互通的知识服务平台，在专业化的学科领域内聚合专家学者资源，通过成果出版、信息服务、数据服务等形式，为政府、学界、用户提供权威、前沿、有效的知识、信息和解决方案。⑤

智能出版。2017年国务院发布《新一代人工智能发展规划》以后，出版界、学术界有人提出了智能出版的概念，意指"人工智能+数字出版"这一基于数字出版流程再造的新业态。⑥近几年，探讨人工智能出版及应用的论文增多，人工智能不仅被融入编印发环节，而且从上游的内容创作生产到下游的阅读消费也有成功案例。

元宇宙出版。2021年是元宇宙概念爆发之年，关于元宇宙的图书出版了几十

---

① 李德团，雷晓艳. 大数据出版：内涵及其实践运用［J］. 编辑之友，2016（4）：22-26.
② 曹继东. 融媒体时代"人"和出版媒介之间的互动融合发展研究［J］. 出版广角，2014（10）：61-63.
③ 官宣！"融合出版"概念及定义明确啦［EB/OL］.（2022-01-27）［2022-09-28］. http://field.10jqka.com.cn/20220127/c636417981.shtml.
④ 张书勤. 众筹出版运营机制探析［J］. 科技与出版，2014（5）：22-25.
⑤ 谢炜. 智慧出版：数字时代的学术出版转型之路［J］. 文献与数据学报，2019，1（4）：97-103.
⑥ 刘华东，马维娜，张新新. 出版+人工智能：智能出版流程再造［J］. 出版广角，2018（1）：14-16；宋伟，刘禹希，王金金. 智能出版：开启后数字出版新业态［J］. 传媒观察，2018（8）：24-29.

种，与元宇宙有关的论坛、会议遍及各行业各地方，元宇宙出版的概念也新鲜出炉。有研究者提出：由数字孪生人、虚拟出版业、虚实融合出版、脑机知识服务等构成的数字世界的出版，即元宇宙出版。① 也有研究者认为：元宇宙出版（Metaverse for publishing）是在虚实融合一体化理念的基础上，面向出版者和阅听者所营造的、多技术集成的沉浸式出版模式。②

关于新业态的提法还有很多，这里不能一一列举。除了出版环节的新业态外，发行环节、印刷环节也因技术的应用而诞生了许多新业态，比如网络书店、直播售书、数字印刷、按需印刷等。最近有业界专家提出，数字化平台、数字藏品、智能教育是数字出版的新形态。③

从这些新业态的发展历程我们可以清晰地看出其背后的技术背景，也可以说是不同的新技术在出版领域的应用造就了出版新业态。由于新业态与新技术紧密捆绑在一起，出版新业态必然与新技术同兴衰、共进退。有的出版新业态如昙花一现，没有成为真正的业态，只有少数的新业态稳定了下来。

三、我国出版政策法规认可的出版新业态

面对层出不穷的出版新业态，政府管理部门的态度是慎重的，得到政策法规认可的新业态是有限的。比如，电子出版概念的提出是1985年，写入政府的政策法规是1996年，数字出版概念的提出是2000年，写入政府的规范性文件是2006年。还有一些新概念，如自助出版、桌面出版等则没有被写入政策法规。

目前被写入政策法规的出版新业态包括：图书出版、报纸出版、期刊出版、音像出版、电子出版物出版、网络出版。④ 这些出版新业态均出现在2000年之前。

被写入规范性文件的出版新业态包括：数字出版、移动（手机）出版、数据库出版、网络游戏出版、网络动漫出版、有声读物出版、网络文学出版、移动阅读、在线教育、知识服务、按需印刷、电子商务新业态等。⑤ 这些新业态基本上都是21世纪以来出现的，即使像有声读物出版，也与之前的音像出版不同，都是基于互联网、移动互联网的出版新业态。未来随着出版融合发展的深入，必将有更多新业态

---

① 张新新，丁靖佳，韦青. 元宇宙与出版（上）：元宇宙本体论与出版远景展望［J］. 科技与出版，2022（5）：47-59.
② 郭栋. 深度共融：元宇宙出版的创新与挑战［J］. 出版发行研究，2022（6）：33-37.
③ 刘九如. 新技术赋能，数字出版呈现新业态［J］. 出版广角，2022（9）：44-49.
④ 见中华人民共和国国务院《出版管理条例》等。
⑤ 新闻出版总署《关于加快我国数字出版产业发展的若干意见》《关于发展电子书产业的意见》；国家新闻出版广电总局《关于推动网络文学健康发展的指导意见》；国家新闻出版广电总局、财政部《关于推动传统出版和新兴出版融合发展的指导意见》；等等。

被纳入政策法规体系，出版新业态的族群会不断壮大。

四、关于出版新业态的思考

从出版业态发展的历程我们可以看出，新业态的出现呈现出加速增长的趋势，这与技术融合的进程是一致的。未来，随着技术进步，出版新业态必将不断诞生。这其实就面临一个问题：对新业态如何命名？之前新业态的命名基本上有四种方式：一是以产品形态命名，如图书、报纸、期刊，它们都是文字载体，但是开本、出版周期等不同，形成了不同业态；二是以内容表现形态命名，如录音制品、录像制品、融图文声像于一体的电子出版物等，它们因内容表现形式不同形成了不同的出版业态；三是以技术形式命名，如网络出版、数字出版等，是因不同技术应用出现的新业态；四是以服务方式命名，比如知识服务、移动阅读等。

从业态创新的趋势来看，未来出版新业态主要来自技术创新和服务创新。继续沿着过去的命名方式赋予每一种新业态一个新名称，这种方式的好处是能够比较清楚地体现新业态的特征，麻烦之处是许多新技术也是融合的产物，一种新业态融合了多种技术，新业态之间也有交叉，且越来越多，不能一一列举。或者以一二种高度概括的命名方式，开始时网络出版概念的出现曾经有这种可能，但是后来有关法规把网络出版限定在了一个较小的范围内，因此，网络出版不具有统领性了。当下，数字出版的界定是比较宽泛的，可以统领绝大多数出版新业态。但是，随着出版融合发展的深入，有的出版新业态可能会超出数字出版的范畴，也许融合出版的包容性更强。

新业态有一个从新到旧的转换过程，技术发展越快新旧转换过程也越快。一些新业态转瞬即逝，一些新业态则逐渐稳定成熟。

出版新业态的不断涌现，增强了出版业的时代感、生命力，使得这一古老的行业不断焕发出勃勃生机。

从文化强国的远景目标看"十四五"时期出版业的发展指向*

◎ 郝振省　宋嘉庚**

摘要：党的十九届五中全会明确把推进社会主义文化强国建设作为"十四五"时期的主要目标，把建成文化强国作为 2035 年远景目标。出版是文化的源头和依托，出版强国建设是推动文化强国建设的前提和基础。为加速建设出版强国，"十四五"时期出版业需在主题出版、全民阅读和出版产业数字化等方面进行长远筹划，在推动产学研合作、培养编辑出版人才队伍、建立现代出版企业制度等方面集中发力，以夯实建设出版强国的基础。

关键词：出版业；"十四五"；文化强国；远景目标

党的十九届五中全会明确把建成文化强国、国民素质和社会文明程度达到新高度、国家文化软实力显著增强作为 2035 年的远景目标。锚定远景目标的同时，需要准确把握中华民族伟大复兴战略全局和世界百年未有之大变局的发展特征。从国内看，我国发展不平衡不充分问题仍然突出，重点领域关键环节改革任务仍然艰巨。从国际看，新一轮科技革命和产业变革深入发展，不稳定性不确定性明显增强，新冠肺炎疫情影响广泛深远，经济全球化遭遇逆流。在此背景之下，建成文化强国意味着什么？意味着与我国作为世界第二大经济体的实力相匹配，我们的文化建设必须有相应的跟进，文化建设虽有若干硬指标，但总体上属于软实力，软实力与硬实力互为依存；意味着文化强国对于教育强国、人才强国、体育强国、健康中国的支撑作用、辐射作用、覆盖作用与服务作用，文化强国目标与其他强国目标相融存在、相促发展；意味着出版强国的加速建设，因为在文化强国建设进程中，出版强国建设具有前提性和基础性的作用，尤其在现代社会，出版是文化的依托、文化的源头，

---

* 本文原载于《现代出版》2021 年第 5 期，收入本书时有改动。
** 郝振省，中国编辑学会会长；宋嘉庚，北京印刷学院新闻出版学院副教授。

出版业在文化产业总产值中占到70%的份额，出版使文化得以保存和传播，使文明得以延续和传承。出版强国也必须有相应的硬指标和软指标。

在"十四五"期间，出版强国建设会涉及多方面内容的调整和改革，出版业供给方的出版内容、需求方的阅读权益、连接供需两者的改革创新路径，这三者将是支撑出版业新一轮发展的三个重要支点。从出版内容看，主题出版对优质内容的吸引、拉动、集聚效果正在不断显现，起到了基础性和引领性作用；从读者群体看，全民阅读对公共文化服务体系的完善、读者阅读习惯的形成和深化，发挥了保障性和推动性的功能；从改革路径看，产业数字化战略对于两制改革的推进、人才队伍的建设、数字出版的结构性变革，肩负着历史性和时代性的使命。所以，要讨论出版业的"十四五"，就不能不研究主题出版、全民阅读、产业数字化战略，梳理三者的发展规律，也就能了解出版业"十四五"的发展脉络。

一、做优做强主题出版

出版强国的根本标准就是一个国家整体出版所呈现出来的政治导向强、出版内容强、生产能力强、传播效果强，其中政治导向具有决定性的意义。[①] 从认识社会主义文化强国、出版强国的重大意义看，从坚持社会主义文化强国、出版强国的正确方向看，从夯实社会主义文化强国、出版强国的文化基础看，从提高社会文明的程度看，继续做优做强主题出版都是编辑出版人"十四五"期间首先面临的任务。

主题出版是全面建设社会主义现代化国家的思想保证和精神力量。主题出版首先承担一高举、两巩固、三建设的重要任务：一高举是高举中国特色社会主义伟大旗帜；两巩固是巩固意识形态领域马克思主义的指导地位、巩固全国人民团结奋斗的共同思想基础；三建设是建设具有强大凝聚力和影响力的社会主义意识形态，建设具有强大生命力和创造力的社会主义精神文明，建设具有强大感召力和影响力的中国文化软实力。

从国家出版基金的资助情况看，"十三五"期间我国已经出版了一大批优秀主题出版作品。围绕纪念改革开放40周年、庆祝中华人民共和国成立70周年等党和国家重大活动，国家出版基金规划管理办公室共组织专项主题评审5次，资助了500多个优秀主题出版项目。从《2020年度国家出版基金项目申报指南》来看，中国特色社会主义理论体系、社会主义核心价值观、经济社会发展等8个方面成为资助重点，这种导向性明显的指南设置，凸显了主题出版的重要性。

---

① 贺耀敏."十四五"出版高质量发展的几点建议［N］.中国新闻出版广电报，2021-04-19（6）.

从出版单位的发展规划看，大部分表现优秀的出版社都针对主题出版板块进行了前瞻性谋划和长期性谋划，围绕一些重大选题深度投入、集约化运作，多数出版社还成立了"出版社重点项目办公室"或类似机构，以确保重点主题出版工程的高水平实施，还有部分出版社建立了主题出版物实物、版权输出机制。回顾"十三五"时期，出版单位对主题出版的日益重视可见一斑：从对一本主题出版作品的打造，到一套（或者一个）主题出版书系的形成，再到主题出版产品线概念的出现，再到主题出版板块的相对固定，再到主题出版重点项目办公室等机构的常态化设设置。

主题出版已成为出版社实现双效统一的示范和路径。这些年来，主题出版越来越成为我国基本出版制度的重要组成部分，甚至可以说是出版领域一项十分重要、不可或缺的基本制度安排。主题出版的内涵在不断深化，已不再局限于"围绕党和国家工作大局，就一些重大会议、重大活动、重大事件、重大节庆日而进行的选题策划和出版活动"；其外延在不断扩展，已经从单一的政治理论读物发展到经济、文化、历史、科技等多个领域，从重大节庆活动转向更广阔的空间；主题出版物的社会效益、经济效益不再是相悖命题，主题出版物也往往能够成为两个效益有机统一的案例。

从生产力的视角看，主题出版更像是一种优质出版资源释放先进生产力的新渠道。要保证生产力的释放效果，就必须调整相应的生产关系，在制度层面做出相应安排的基础上，才能够产生双效统一的理想效果。例如：中国编辑学会主持策划的"中国科技之路"丛书，包括总览卷、信息卷、交通卷、建筑卷、卫生卷等15卷300余万字内容，全面反映我国科技事业发展历程、主要成就、关键节点和重大意义，系统总结我国科技发展的历史经验。"中国科技之路"丛书从选题策划到出版发行，从中宣部出版局的支持与指导到中国编辑学会的全程组织，再到高层次的作者队伍建设，各个环节的精诚配合，使得优质科技内容通过主题出版的渠道释放出巨大的知识效能、组织效能、创新驱动效能。

从双效收益看，部分出版单位在主题出版板块超前谋划、精益求精，表现抢眼。根据《2019年新闻出版产业分析报告》的数据，在当年单品种累计印数排名前十位的一般图书中，主题图书为6种；在年度单品种累计印数达到或超过100万册的图书中，主题图书共20种，占比24.4%，《红岩》《红星照耀中国（青少版）》等经典主题图书均在其中，《习近平新时代中国特色社会主义思想学习纲要》发行超过7 800万册，出版单位在主题出版板块正在实现双效益同步丰收。

主题出版现存三大典型问题。一是主题出版"题材泛化"。一些出版单位在策划选题时为增加项目获出版基金资助或重大奖项的概率，主动向主题出版"靠拢"，把一些不应该纳入主题出版的选题和内容都认定为主题出版,这就造成了"主题出版是个筐,什么都可以往里装"的尴尬现实。二是主题出版物内容质量存在"两极分化"。经过严格质量把控的主题出版物,确实可以称得上"内容精练、思想精深、艺术精湛",但同时也有出版单位为了追赶社会的热点,压缩出版周期、减少质检环节,生产出一些内容、编校质量存在问题的主题出版物。三是表达方式和传播手段"单一化"。由于主题出版题材的严肃性,大部分出版单位将主题出版和纸质书紧密联系起来,似乎主题出版物天生只能是纸质书形式。在主题出版领域中,新载体、新技术、新平台运用有限,缺乏个性化、精准化、移动化的设计创新,对具有强烈数字阅读偏好的读者影响力有限。

二、持续推进全民阅读

在亟待完善的公共文化服务体系中,全民阅读是拉动整个体系健康持续运转的重要链条之一。从提升公共服务水平看,从建立起完善的公共文化服务体系看,从出版物的性质看,从国民的基本生活方式与基本生产方式看,全民阅读都向编辑出版人提出了持续提供精品出版物的任务,在此,主题出版与全民阅读有了有机地联结在一起的节点。主题出版应成为服务全民阅读的最重要板块之一,而全民阅读亦应成为拉动主题出版的重要力量。

全民阅读在整个公共文化服务体系中的位置更加凸显。这些年党和政府对于全民阅读工作的大力推动,人民群众对于全民阅读的积极响应,习近平总书记视察读者出版集团时"提倡多读书,建设书香社会,不断提升人民思想境界、增强人民的精神力量"的重要讲话,还有中宣部发布的《关于促进全民阅读工作的意见》等,都使全民阅读在整个公共文化服务体系中的地位不断凸显。这些对于编辑业务和编辑队伍来讲,至少有两层含义:一层含义是,编辑出版人作为全体国民的一部分,当然要响应号召,多读书、读好书、善读书;另一层含义是,编辑出版人得负责向全民提供精深、精湛、精良的出版物,这是其社会分工所要求的。中宣部印发的《关于促进全民阅读工作的意见》中提到,2025年基本形成覆盖城乡的全民阅读推广服务体系,要显著增强优质内容的供给。笔者在其他场合讲道,这是由全民阅读追溯到编辑出版人的责任与担当。与全体国民中的其他群体相较而言,如果其他群体还没有把出版物作为必需的生活资料与生产资料,把读书作为基本的生活方式和生产方式,编辑出版人则绝对应该把出版物作为两种资料、把读书作为两种方式。如果其他群体已经把出版物作为两种资料、把读书作为两种方式,编辑出版人则应该是这两种资料的生产者和消费者,是这两种方式的示范者和引领者。作为生产者和消费者、示范者和引领者，编辑出版人读书，应该是读不一般的书和不一般地读书，主要是读好经典的书。编辑出版人应该学会思考性、分析性、批判性阅读，学会在被动阅读中采取主动策略，学会把编辑加工文稿的过程作为得天独厚的阅读鉴赏，并且通过三种写作，即选题报告、审读报告与理论文章，来拉动这种深阅读。这是全民阅读对编辑出版人个体提出的持续性要求，"十四五"期间，应该倡导争为学习型编辑的行业风气。

全民阅读对民众阅读的促进作用更加明显。党和国家高度重视全民阅读，已连续8年将全民阅读写入政府工作报告。截止到2018年年底，我国共开设65万个农家书屋和10万个职工书屋，各类读书活动遍及全国，对全民阅读事业纵深发展起到了重要的促进作用。根据中国新闻出版研究院发布的《第十八次全国国民阅读调查报告》，2020年我国成年国民对包括书报刊和数字出版物在内的各种媒介的综合阅读率为81.3%，较2019年的81.1%提升了0.2个百分点。手机阅读和网络在线阅读已成为成年国民数字化阅读的主要方式，数字化阅读习惯正在向中老年群体渗透。2020年，有43.4%的成年国民倾向于"拿一本纸质图书阅读"，比2019年的36.7%上升了6.7个百分点。成年国民对全民阅读品牌活动的知晓率超七成，活动参与度和满意度均较高。

全民阅读的问题值得持续关注。一是全民阅读的规制、习惯和氛围尚未完全形成。全民阅读在城市发展规划、阅读场所运营服务等方面都存在较大的提升空间；在公共文化服务场所中，书籍品类结构有待完善，版本有待更新；面向特定读者群体打造的阅读场所缺乏针对性和特色，例如对工人书屋、农家书屋、士兵书屋、未成年人阅览室的管理还不够精细，对读者阅读需求的研究还不够深入。二是对读者阅读偏好的引导作用有待提升，对数字阅读的引导力度还有待增强。举办传统阅读的活动较多，针对数字阅读的活动较少，或者说同样适合数字阅读和纸质阅读的主题读书活动还较少。三是对特殊人群的阅读服务有待改进。例如外来务工人员、留守儿童、残障人士等群体对阅读活动的参与度较低，这些群体受到的社会关注也明显不够。另外，还有常说的阅读碎片化、娱乐化、低浅化等问题，不再一一赘述。

编辑队伍的发展后劲将影响全民阅读的长期效果。随着物质生活与精神生活水平的提升，人们不再满足于一般性、应景性的阅读活动，而是要求有更高水平、更精品化内容的阅读活动，从形式到内容、从视觉到体验，阅读活动都需要更有科技含量、更有文化含量、更有内在吸引力。[①] 为满足读者需求，全民阅读活动在"十

---

① 韩建民，熊小明. 向上向善的主题出版［N］. 光明日报，2018-04-25.

四五"期间必须进行全面升级，向着精品化方向不断发展，这离不开高质量编辑出版人才队伍的建设。现在，编辑出版行业遇到的突出困难是新编辑大量涌入，而其业务能力却难以与现实需求对接，出版业高质量发展面临严重瓶颈。此外，更根本的问题在于，新的编辑出版人上接"天线"不够，下接"地气"不足。所谓上接"天线"不够，是说在目前的学校教学中，理论教学分量不够，以致编辑出版人学养底蕴不够，从而导致内容质量每每不尽如人意；所谓下接"地气"不足，是说到了工作岗位后，缺少师徒式的"传、帮、带"培训，缺少师父的言传身教，新人带着经济指标与满腹的狐疑就进入责编环节，导致他们负责的出版物往往先天性地存在内容质量和编校质量方面的软肋。

在"十四五"时期，国家将重点加强创新型、应用型、技能型人才培养，重点培育优秀骨干编辑、全媒体运营人才和项目创新团队。具有强烈创新意识、熟练操作本领、深耕某一领域的专家型编辑人才，将极大推进出版业的进步。要让编辑的队伍产生吸引力，能留住站位高、做得好的编辑，就需要新的出版人才评价和激励机制，需要一种以创新能力、产品质量、工作实效、社会贡献为导向的人才评价体系，使得专业编辑的厚实理论功底、熟练操作技术、良好师徒传承等创新要素，都能在此体系中得以展现，形成促进创新型、应用型、技能型出版人才脱颖而出的良好环境。

三、深化体制改革，推动出版产业数字化

党的十九届五中全会文件在谈到健全现代文化产业体系时，明确提出要实施文化产业数字化战略，加快发展新型文化企业、文化业态、文化消费模式。从着力健全现代文化产业体系讲，从国际社会出版业发展趋势讲，从激发出版人创造活力讲，从出版企业长期运转的良性循环讲，深化出版业体制改革，实施出版产业数字化战略都是编辑出版人必须履行的职责与必须实现的目标。其实，做强做优主题出版、持续推进全民阅读的发展方向，完全可以逻辑地引发深化体制改革，推动出版产业的数字化发展。因为只有解决好体制问题，才能把主题出版的主体、服务全民阅读的主体的主动性、积极性、创造性充分地激发出来，而产业数字化则可以为主体提供最先进的融合发展工具。

两制改革是出版改革的核心问题。从出版强国的角度看，就是实施出版产业的数字化战略。文件还明确提出深化文化体制改革，完善文化产业规划和政策，加强文化市场体系建设，扩大优质文化产品供给。从出版强国的角度看，就是要深化出版体制改革，调整出版生产关系，继续激活和释放出版生产力的供给。两个"明确

提出"抓住了出版改革发展的"牛鼻子",编辑出版人应该认真作答。在两制改革释放生产力的基础上,数字化战略才能够实现转换发展动能的目的。国家"十四五"规划和 2035 年远景目标中提到,要加快数字化发展,建设数字中国,迎接数字时代,激活数据要素潜能,推进网络强国建设,加快建设数字经济、数字社会、数字政府,以数字化转型整体驱动生产方式、生活方式和治理变革。在此背景下,面向"十四五"的出版业迫切需要深化改革创新,转变发展方式,转化增长动能,激发生机活力。出版业进行数字化、智能化转型,提升数字赋能水平,势在必行。

数字出版和数字阅读成绩亮眼。就出版产业的数字化战略而言,融合发展、数字出版的业绩已经连续实现两位数增长,2018 年达到 8 330 亿元,比上年增长 17.8%;2019 年达到 9 800 亿元,比上年增长约 16.7%。从阅读市场看,数字阅读的市场规模稳定增长,2019 年全国数字阅读市场规模达 288.8 亿元,同比增长 13.5%,数字阅读用户总量为 4.7 亿人,人均数字阅读量达 14.6 本,数字阅读用户黏性增强。2019 年和 2020 年,分别有 95 个和 46 个项目入围当年的数字出版精品遴选推荐计划,从入围作品的质量看,导向正确、内容优质、创新突出、双效俱佳的数字出版产品和服务的规模效应与引导效果正在形成。

编辑队伍数字化是数字化战略的瓶颈所在。从产业结构看,严格与传统出版相对接的数字出版产品包括互联网期刊、电子书和报纸三项。2019 年互联网期刊收入是 21.38 亿元,电子书收入达 56 亿元,数字报纸(不含手机报)达 8.3 亿元,这三项相加是 85.68 亿元,占当年数字出版总产值的 0.87%,说明在实施数字化战略方面基本上还没有破题,编辑出版人还面临着严峻的挑战。通过和不少出版社的负责同志的交谈,笔者发现多数人认为出版产业的数字化仍处在炒概念的阶段,处在没有或很少产出"真金白银"的阶段,没有形成相应的盈利模式和良性循环的路径。很多数字化产品、数字出版部门、数字出版工程都是橱窗式的展示成果,甚至有很多出版单位借助外包技术公司的力量,量身打造用于展示的"数字出版成果"。出现此类问题的根本原因,是作为传统出版单位核心群体的编辑队伍在整体上没有用数字技术进行自我武装,因此没有进入新业态。然而,没有购置相应设备、没有培训人员、没有打造数字出版环境、没有用数字技术武装的原因,在于出版企业的领导人、领导班子及职工群众没有和出版企业结成命运共同体,也没有解决投资的政策保障问题。

四、"十四五"时期出版业发展建议

一是鼓励主题出版领域的创新创造,从产学研方面稳步推进主题出版工作。创新创造集中表现在创新主题出版物的表达方式和传播手段上，目的就是增强其吸引力、感染力、影响力。这种发展趋势会更为明显，转型的类别会更加丰富，转型的成效会更加突出。主题出版图书与影视、动漫、新媒体平台的融合会更加紧密。例如，反映扶贫工作的长篇报告文学《诗在远方——"闽宁经验"纪事》，在改编成为一部热播电视剧后收获了一大批年轻粉丝，使扶贫工作获得了年轻群体的关注。面对主题出版的趋势，编辑出版人应审时度势、顺势而为，推动产学研合作。从产的方面看，出版单位应把普遍性要求与重点性攻关结合起来，形成针对主题出版生产经营的专门团队和其他团队的鼓励性政策，同时把有关主题出版的近期计划与中长期规划结合起来。从一些出版单位主题出版连获成功的经验看，专业性与专注性是成功的法宝之一。从学的方面看，要考虑编写主题出版的系列教材、教案及案例汇集。既然已经成为一种出版制度，或者基本出版制度的一部分，就应该有相应的教学制度安排，高校可考虑设立有关主题出版的教研室甚至专业，将主题出版的规范示例和严谨流程展示给编辑队伍的后继力量。同时，主办单位也要通过主题出版工程锻炼出优质的编辑团队。从研的方面看，要借助科研机构和大专院校的力量，充分总结主题出版有史以来、主题出版概念提出以来，以及主题出版开展以来的历史和实践。针对主题出版物的现实性与历史性、必然性与规定性、普及性与规律性，以案例为依托进行深度梳理和研究，为整个出版业的主题出版能够尽快从必然王国走向自由王国做出努力。

二是培养具有学术创新能力、技能娴熟、既接"天线"又接"地气"的编辑出版队伍。"十四五"期间，高校应在总体上加大编辑出版相关专业学生学术理论课的教学分量，以书本知识为主，以使学生系统性把握知识、深刻把握理论作为目标。为达成此目标可允许部分教条的存在，要求师生充分研读大量原著、原理和原史著作，同时学校应该强调学生书卷气的养成，鼓励学生追求书卷气。实践课也应该以服务理论教学课为追求。就出版学相关专业而言，最好硬性规定学生开展读书活动，比如本科生以博读、泛读为主，硕士生以博加专阅读为主，博士生则以专读和窄读为主。进入出版业后，则强调业务的实践性、熟练性和工匠精神，借此把学生的书卷气更好地表现出来。这时候要强调的是，读书要为业务实践服务，如商务印书馆当年要求编纂"汉译世界学术名著"丛书的编辑必须学习"洋四史"图书，即世界史、西方政治思想史、西方经济学史、西方文化史。

需要继续完善出版学学科体系，积极争取增设出版学为一级学科。促进出版学学科的发展，有助于出版学形成新理论、新观点、新方法，并及时将这些新理论、新观点、新方法充实到教材、课程教学中去，使出版专业获得新的活力，保障出版编辑队伍的人才供给。多年来，出版专业建设的瓶颈之一就是缺少作为一级学科的出版学学科的有力支持，本科的编辑出版学、数字出版等专业建设根基不牢，发展后劲不足。其实，当前我国学术领域的学术命题、学术思想、学术观点、学术标准、学术话语发展与经济社会发展还不同步，这与我国出版学学科层次和发展速度有一定的关联。出版学的人才培养、理论研究、成果转化不仅服务于其他学科，还有利于展示"学术中的中国""理论中的中国""哲学社会科学中的中国"。

三是打造数字出版新业态，建立现代出版企业制度。出版产业数字化战略主要包含两个方向：数字出版和融合发展。[①] 为竭力打造数字出版新业态，出版社要形成综合效益高、用户黏性强、可持续发展的融合出版品牌；打造精品聚集、定位明确、模式清晰、传播力强的数字内容出版传播平台；探索建设多要素融合的知识服务生态循环。推动传统出版产业融合发展高端化，打造数字化、网络化、智能化等新兴出版产业链，发展出版新业态、新形态和面向未来的现代出版服务业。[②] 梳理、挖掘、整理出版 IP 资源，推进出版与旅游、影视、体育、艺术、设计、教育的深度融合发展。建设数字出版标准规范，参与国际数字出版规则和标准制定。借助数字文化贸易，推进网络文学、网络游戏、数字教育、数字阅读、专业数据库等数字出版资源的多方合作。

更重要的是，要把早就开始的出版体制改革，又经过党的十八届三中全会确认的公司制、股份制改革进行到底，建立起现代出版企业制度，形成足够的内生动力和持久活力。笔者参加了一些出版企业的"十四五"规划论证会、咨询会，发现部分企业已经把实行混合所有制的深度改革作为"十四五"期间的核心任务，这个方向是对的。其实从某种意义上说，坚持把社会效益放在首位、争取两个效益的有机统一，呼唤着现代出版企业制度的完全建立。只有完全建立现代出版企业制度，才能通过坚持把社会效益放在首位，使企业获得一种稳固的存在感；只有实现两个效益的统一，才能使企业持续拥有一种真实的获得感。可以设想，随着上述两个问题的解决、两项任务的完成，我国文化强国、出版强国的建设又会向 2035 年的远景目标迈出关键、坚实的一步。

[①] 徐升国，汤雪梅. 全民阅读走向体系化新时代："十四五"时期全民阅读发展思考 [J]. 科技与出版，2021（5）：6-11.
[②] 韩梅，张新新. 出版业数字化战略内涵解读与路径思考 [J]. 科技与出版，2021（5）：53-59.

出版专业硕士培养：问题与进路*

◎吴 平　高兆强**

摘要： 新版学科专业目录中，"出版"位列其中，出版专业人才培养被提升到可授予出版博士专业学位的层次，为出版教育提供了新的机遇。但是，作为出版专业博士前一层次的出版专业硕士的培养，在课程设置、培养方向、实习环节、师资结构等方面仍问题重重。观念认识未能及时转变、学习情境未能及时更新、培养机制尚不健全、培养体系不够完善是造成这些问题的根本原因。创造实践情境，营造突出实践的学习环境；校企合议培养方向，针对性满足行业人才需要；个性化定制培养方案，满足不同背景学生成长成才需求；构建特色课程体系，着重加强实践课程的设立；扩充出版博士招生规模，吸收业界专家填补师资缺口等是五个优化出版专业硕士培养的主要路径。

关键词： 出版教育；实践导向；出版专业硕士

2022年9月，国务院学位委员会、教育部印发《研究生教育学科专业目录（2022年）》。新版学科专业目录中，"出版"位列其中，出版专业人才培养被提升到可授予出版博士专业学位的层次。学科目录的修订牵动着出版学界和业界的心弦，一方面意味着使出版学增列为一级学科的工作有了阶段性的成果，另一方面再次提出了出版专业学位点的建设该往何处去的命题。少数悲观的人对未能增列一级学科而感到失望，而大多数乐观的人则重新审视出版学学科建设和出版专业硕士学位点建设的成绩与不足，调整教学模式，优化培养方案，在出版博士专业学位点建设的道路上继续建功。一些院校摩拳擦掌，积极筹备出版专业博士点的申请工作。作为

---

* 本文原载于《现代出版》2023年第1期，收入本书时有改动。
** 吴平，武汉大学信息管理学院教授、博士生导师；高兆强，武汉大学信息管理学院2022级出版发行学博士研究生。

出版专业硕士学位的升级和提档,在申请和建设出版博士专业学位前,我们十分有必要回过头来省思十二年来出版专业硕士学位点建设取得的成就和存在的问题,分析问题的症结,并给出对应的解决方案。

两年前我曾提出我们的编辑出版学教育要保持教育定力,增强教育活力,永续改革动力。[①] 今天看还有一定的适用性。然而,面对新冠疫情对国家发展、社会转型、教育改革的冲击,我们在以往出版专业硕士培养中存在的问题比较全面地暴露了出来,一些原本口碑很好的办学单位和教师在社会转型、出版转型以及出版教育转型中失去了定力,或退出或停招,不禁让人扼腕。同时,专业硕士生因为种种阻碍也缺乏长时段、持续性在出版单位实践的机会,使实践教育在出版专硕培养体系中严重缺失,提升了学生的就业难度,降低了出版专业教育的活力。困难是一方面,但是这样的现实境遇也迫使出版教育从业者推动出版专硕教育改革以适应时代和社会之需,这是积极的一方面。

一、出版专业硕士培养的问题清单

出版专业学位是学科目录中设置得层次最高的出版学相关学位,无论是专业硕士学位的设立还是专业博士学位的设立,都体现了党和人民对出版专业建设的意志和期待。自出版硕士专业学位设立以来,东西南北中各院校积极申办,全国出版硕士专业学位研究生培养单位已有三十三家,覆盖面广,既有武汉大学、南京大学等综合型双一流大学,又有北京印刷学院、上海理工大学等行业型高校,也有云南民族大学等面向民族地区的特色高校。但出版专硕培养过程中存在的主要问题却一直没有得到很好的解决。问题是实践和创新的起点,抓住问题就能抓住出版专业建设发展的"牛鼻子"。对出版硕士专业学位建设中存在的问题,已经有诸多学者进行了广泛而深入的探讨。总的来说,问题主要体现在以下层面。

(一)课程设置大而无当、博而不精

当前针对出版专业硕士设置的课程包括必修课和选修课。必修课包括出版学概论、出版物编辑与制作、出版营销学、出版企业经营与管理等,选修课包括各类出版物编辑、出版相关技术、出版法规、版权贸易等课程。这些课程在现实开设中产生了矛盾。一是授课深度与不同学生学科基础的矛盾。对于跨专业的学生(特别是接收跨专业调剂的院系)来说,由于之前对出版学和出版实践接触较少,需要通过

---

① 吴平. 我们需要什么样的编辑出版学教育 [J]. 现代出版,2020(5):66-70.

这些课程建立对出版学和出版工作的初步认识，形成基本的出版学知识框架和对出版工作的认知框架。因此，讲授这些基础性、概论型的课程时不宜过深，一旦深入，学生就如坠云雾。但是还有一大部分学生是编辑出版学本科升入出版专硕的，他们在本科阶段已经学习过这些基础性课程，如果再重复，难免使学生产生心理落差，不利于学生对学科知识和行业现实进行深度思考。另外还有从业界再次进入学校深造的学生，他们期待的是了解出版前沿、更新出版思维、提升出版能力，这些课程难以满足他们的期待。二是知识传授与出版实操能力培养的矛盾。由于出版工作涉及多个领域和学科的知识，出版学涵盖的内容也十分丰富，尤其是随着出版业务的数字化转型，学科知识进一步拓宽，要使学生在短短一年内全面掌握出版学各分支学科的知识本身就是一件十分困难的事情，更别说还要兼修其他学科。同时，实务课又大多由缺乏实践经验的校内导师任教，导致课程体系与出版专硕要培养实践型高级出版人才的目标相冲突，给学生和教师都带来了巨大挑战。

（二）培养方向混乱，缺乏实践性

当前各院校在出版专业硕士招生时大多注明了不区分研究方向，似乎跟要求的"全能型"人才培养相契合。然而在实际培养过程中，学生的学习重点和研究方向依然跟校内导师的研究方向紧密相连。校内导师的研究方向遵从的是学科逻辑和学术逻辑，与出版专硕培养强调实践性和实用性不同，侧重抽象的理论研究，导致出版专硕对现实出版产业发展环境缺乏了解，不利于培养其职业志向。个别学校以实践为导向设立培养方向，虽然以图书出版、期刊出版等出版载体形式划分方向，但过于宏观，不能从根本上解决毕业生创意能力和内容选择、加工能力不足的问题，难以满足出版业的现实招聘需求。[①]

（三）实习环节落地效果差，学生实践能力提升有限

实习环节是出版专硕培养极其重要的一环，出版专硕学生通过参与真实出版工作环境的实践实习，以提升出版专业技能与职业发展能力，并为毕业设计的完成奠定基础，还决定着学生职业心理的构建、职业角色的认知、职业志向的确立。各学校培养方案普遍采取不少于六个月的实习安排，完成实习后才能获得相应学分。这种安排理论上为学生毕业后进入出版业奠定了实践基础，反观落实情况却并不尽如人意。一般来说，实习环节有两种模式，分别是校内实训基地实习和校外出版企业实习。由于校内实训基地较少，校外出版企业实习是主要选择。校外实习通常是由

---

① 王勇安. 编辑出版学专业课程建设的逻辑误区［J］. 河南大学学报（社会科学版），2012，52（1）：148-151.

学生自主寻找实习单位与出版专硕培养单位统一推荐相结合的方式。对统一组织的实习，培养单位通常只负责联系出版企业，为学生谋得一个实习岗位以便完成实习任务，而学生与岗位的匹配度评估、理论知识与出版实践的结合路径指导、实习过程和实习质量的监督等工作则失之于弱。学生自主寻找实习单位模式除了上述的问题外，还存在实习单位与出版业关系不大、学生实习与就业方向无甚关联、学生的人身安全和劳务付出正当收益得不到保障等诸方面的问题。同样不容忽视的问题是，学生需要在实习过程中强化自己的职业能力、明晰自身就业方向，但是大多院校仅给学生留六个月实习时间，学生连一个稍具规模的出版项目都跟不完，轮岗锻炼时间也较为不足，实践能力到底提升了多少令人存疑。

（四）师资结构不完善，双导师制落实不力

有学者将我国出版专业硕士人才培养模式分为综合型、实践业务型及特色型三种类型。[①] 可以发现，采取综合型培养模式的院校多为综合性研究型高校（其中的师范类院校也多定位为综合性研究型师范大学），而采取实践业务型和特色型的院校则主要是专业型高校。不同的培养模式不仅仅是培养单位办学定位的不同，实质上反映了不同院校培养学生的"惯习"，落到更具体的地方就是师资结构。一是师资队伍不足。出版专硕招生规模越来越大，导师数量却没有跟上。以某高校为例，根据其2021年出版硕士导师互选结果，二十九名学生仅有八位导师供其选择，其中有三位导师每人指导六名出版专硕，达到了教指委《出版硕士专业学位授权审核申请基本条件》中指出的"骨干教师每年指导的出版硕士专业学位研究生不超过六人"的上限。二是师资业界背景不足。综合性研究型高校在教师招聘和考核时更注重其科研能力和学术成果，教师多为经历过严格学术训练的博士，他们的志业本就在于学术研究而非出版实践，然而为了满足学生学习需求，完成教师上课任务量及响应教指委的课程设置指导意见，常常是"因人设课"，从理论到理论，缺乏出版实践观照。我们发现，一些学校邀请业界专家入校讲课或聘请业界资深专家转为教学岗一定程度上缓解了问题。可惜的是，授课只是让学生更加贴近出版实际，不能真正提升学生实际动手能力；可以适应研究型高校考核方式且全职从事出版实践教学的业界专家也属少数，都不能从根本上解决问题。上述学校中，虽然导师队伍中有四位导师有业界工作经验，但是指导的学生均不超过两个，且在该院系官网课表中未见业界导师开课记录。窥一斑可知整体师资结构问题的严重性。事实上，结合学界对出版专硕的培养目标和业界对出版专硕的期待，我们真正需要的出版专硕培

---

① 刘玲武，曹念童. 高校出版专业硕士人才培养模式研究：以北京印刷学院等18所高校为例[J]. 中国编辑，2022（8）：75-81，91.

养模式应该有且只有一种，那就是特色的实践业务型培养模式，高校的师资队伍构成不足以支撑起这样的模式。双导师制是另一种破局方案，业界导师可以连接学生和出版业界，为学生进行出版实务和就业指导。遗憾的是，该项制度建设流于形式，业界导师挂名的多，参与学生培养的少。在调研中我们发现，一些学生从入学到毕业竟然都不清楚自己的业界导师是谁。可见，学生的实践能力获取途径相当狭窄，就业渠道亦未畅通，又怎么获得出版业界的认可呢？

二、出版专业硕士培养问题产生的原因

前文论述了当下出版专硕培养的现实情况和一些不良倾向。我们要以问题为导向，以整体观念梳理问题的症结，以突出实践、产学结合培养高素质出版人才为原则，以系统思维重新思考人才培养环节，从认识—环境—机制—教育实践等多个维度系统分析其背后的原因，为提出对应的解决策略理清思路。

（一）观念认识未能及时转变

观念认识是开展行动的指南。出版专业硕士学位的设置是国家对出版研究生人才培养的战略性转移，但多所高校对专硕人才的培养观没有从学硕中走出来，不理解战略性转移的意义。这种观念直接反映在课程设置和培养方向的设定上，体现为对学术学位硕士课程和方向的简单修改和套用，使出版专硕培养成为学硕培养的"简化版"，进一步造成了人们对出版专硕培养重理论轻实践的认知。除此之外，这背后还反映出相比于学术学位对专业学位的轻视，专业学位成为学术学位的延伸和补充，忽略了两者截然不同的定位和平等的学历地位。培养目标是人才培养工作的指针，一切教学活动都是为了实现人才培养目标。改变陈旧观念，充分认识到制定更务实和具体的培养目标的重要性和紧迫性是转变认识的另一个重点。教指委下发的指导性培养方案中的培养目标为：培养德才兼备，掌握出版专业知识和技能，具有较宽的知识面，能够综合运用多学科专业知识解决出版业实际问题，适应社会主义市场经济发展和出版业需要的高层次、应用型、复合型专门人才。不妨代入指导性方案制订者的视角，之所以是指导性方案，一是适用性要广，即广泛适用于各高校出版专硕人才培养现状；二是适应性要强，各高校在制定各自培养目标时均能够从中得到启发和借鉴；三是指导性要足，即为各高校具体目标的制定提供方向性的指导，避免使其脱离总的培养方向。然而到具体培养院系，认识不到指导性方案的宏观特征和方向性意义，直接拿来套用，指导性方案变成了替代性方案，教指委的指导性方案被当作教条，在培养目标设置上不与自身办学实际和培养方向相结合。

过于宽泛的培养目标会导致后续的所有培养环节缺少针对性和实用性，还会消解办学特色，弱化出版人才培养的实践导向。

（二）学习情境未能及时更新

情境理论认为，脱离真实环境来谈论学习或能力是毫无意义的，个体与环境的相互作用是形成能力以及社会化的必经途径。① 出版专硕理应在出版实践的情境中学习和成长，才能形成出版实践能力，但是实际上依然未能脱离符合学术硕士成长的学习情境，既没有真实或者接近真实的出版环境，也没有能够提供出版实践示范的专业从业者，更罕有可供学生锻炼的出版实践任务，同时还缺乏出版实践行为的评估者。造成的后果是，学生真正接触出版业界后充满了不适感和陌生感，感受到的是学到的出版知识和出版现实的远距离。

（三）培养机制尚不健全

机制通过制度系统内部组成要素按照一定方式的相互作用实现其特定的功能。② 从培养机制入手能更清楚地洞察出版人才培养存在的问题症结。出版专硕培养涉及"政产学研"等多方主体，"政产学研"结合是一个复杂的系统工程，其中产学结合是重中之重，产学结合机制的建立是改革出版专硕培养机制的主要抓手。然则，双导师制、人才培养基地共建、实习基地共建等制度安排流于表面体现出培养机制仍有诸多漏洞。人才需求与就业状况的动态反馈机制、出版专业教育与职业资格衔接机制、资源投入机制、产教融合育人机制、实习实践全流程监督机制、实践成果评价机制等都有较多的待完善空间。

（四）培养体系不够完善

培养体系关涉学科知识的积累、理论的创新和人才培养层次。越完善的学科培养体系越能为学科发展和人才培养蓄能。博士培养是培养体系中的最高层次，出版学博士是出版学学科发展和出版理论创新的生力军，出版专业博士的定位是服务国家重大战略、关键领域、社会重大需求的应用型未来领军人才。出版专业博士已经被纳入研究生培养学科目录，但还未正式开始招生，且缺乏办学经验，要经历摸索的过程，什么时候能真正见成效犹未可知；从出版学科学位的博士培养层面来看，全国仅有武汉大学、南京大学、中国人民大学等17所高校开设了出版学博士点和研究方向，授权点数量过少。还存在方向设置单一、培养规模偏小的问题，相关调研

---

① 贾义敏，詹春青. 情境学习：一种新的学习范式［J］. 开放教育研究，2011，17（5）：29-39.
② 孔伟艳. 制度、体制、机制辨析［J］. 重庆社会科学，2010（2）：96-98.

显示,全国每年仅招生出版学博士生六十人左右①,如中国人民大学、华中师范大学、复旦大学等诸多学校均只有一个出版学博士培养方向,仅有一两位博导培养出版学博士,难以保证博士培养方向的多样化。还有一些在出版学领域下招生,但自身研究转向新闻传播学或者信息资源管理等其他学科谋求"多栖发展"的博导,更加加剧了出版学博士培养的困难,使出版教育领域形成了较大的出版专业师资缺口。总的来看,目前的学科培养体系尚不能适应学界和业界对博士层次专门人才的需求,出版专硕培养受到负面影响。

三、出版专业硕士培养的改革路径

总而言之,评价当前出版专硕教育,最大的问题是缺乏实践,最主要的原因是产学协同流于形式。要改变现状,必须以系统观念统摄学习情境营造、培养方向确立、培养方案制订、课程体系建设、师资队伍扩充等出版专硕培养各个环节,将突出实践作为教育改革的总要求,促进产学协同作为总抓手,培养具有发现、研究和解决现代出版业发展实际问题能力的出版人为总目标,打开思路,勇于创新,使出版专硕教育改革取得实效。

(一)创造实践情境,营造突出实践的学习环境

将实践学习贯穿于整个培养体系是出版专硕区别于学硕的重要特征。提高出版专硕的职场胜任力要使学生在校期间就融入出版实践情境,掌握做好出版工作的窍门,感受出版工作的魅力。在校内,要加强实践教学考核,教师为学生学习经典出版案例、开展出版实验、参与校内出版实践项目提供条件。校外实践情境是更加重要的学习环境,应将更多学时和学分分配给校外实践任务,使校外实践基地成为主要的学习环境。培养院校大多制定了学生毕业前必须完成不少于六个月的实习实践,没有取得预期效果的根本原因在于同时割裂了出版知识学习情境和实践锻炼情境、学界导师管理和业界专家指导。为创造突出实践的学习场景,可以将学生学习时长的三分之二安排在出版单位。在真实的出版界进行长时段、深度融入的出版实习实践,有助于学生了解出版前沿,融入出版企业,培养学习兴趣,引发深度思考。另外要充分发挥毕业考核方式对学生学习的指挥棒作用,鼓励甚至要求学生以案例分析、调研报告、项目设计、产品研发、技术革新等形式作为毕业论文,使学生求职有优势,入职能上手,成长后劲足。

---

① 陈丹,徐露. 全国高校出版专业教育现状调研与发展路径分析[J]. 出版发行研究,2021(2):19-27.

（二）校企合议培养方向，针对性满足行业人才需要

培养方向的确立是研究生成长成才的起点。仅由高校一方来确立培养方向会造成学生学习与出版业务严重脱节。出版业界常常抱怨出版专硕毕业生不能满足业务需求，在学生培养过程中又时常缺位，自然会造成出版人才供求不对路。大多拥有出版专业硕士点的高校都跟出版业界有合作关系，在培养之初甚至更早，高校就可以邀请合作出版企业前来宣讲自身的业务布局和人才需求，校企双方共同就出版企业业务类型、岗位空缺情况、未来发展计划和在校研究生知识背景及初步就业意向进行匹配，以需定向，实现学生学习任务与学习目标和出版企业招聘要求的高精度匹配。以这种方式可以较大程度消除校内导师缺乏实践经验以学硕培养方向制定专硕培养方向的弊端，也使学生的学习和就业更具针对性。以南京大学为例，南京大学出版研究院与凤凰出版传媒集团联合举办"南大—凤凰出版菁英训练营"，依托南京大学出版研究院与凤凰出版传媒集团优秀的师资力量和优质资源，以贴近岗位需要的培养方式，充分引入业界专家进行授课和指导出版实践学习，帮助在校生更高效、专业、系统地进行出版岗位的知识、能力和素养储备。按计划，该训练营持续时间一般为一年，有效保证了与业界的接触时长。获得优秀营员称号的学员，应聘凤凰出版传媒集团时，还享受免除笔试直接进入面试环节的待遇，这为校企建立深层次的沟通渠道和定向培养模式提供了便利。[①]

（三）个性化定制培养方案，满足不同背景学生成长成才需求

培养方案是研究生成长成才的路线图。不同院校应该根据其办学特点制订具有特色的培养方案，但当前全国高校出版硕士的培养方案共性大于个性，多数高校都是在教指委的指导性培养方案的基础上稍加修改，与院校自身的办学资源和实际情况关联性不强。[②] 前文已经提到出版专硕新生有编辑出版学本科应届生、本科为其他专业的应届生，还有已有出版工作经验又返校读书的出版从业者，多元的学生知识背景决定了不能以同种培养方案要求所有学生。目前，我们还未发现有哪所学校为不同学生制订了个性化、精细化的培养方案，不能不说是一个遗憾。为充分利用院校的特色办学资源和当地出版企业资源，理应为不同学生定制个性化培养方案，以学生意愿为主，导师指导为辅，结合生源背景和就业意向制定培养方式、课程组

---

① 南大-凤凰出版菁英训练营方案［EB/OL］.（2022-03-28）［2023-01-05］. https：//im. nju. edu. cn/9e/4a/c13510a564810/page. htm.

② 余来辉. 新业态下出版硕士专业学位人才培养现状与对策研究：基于26所高校培养方案的内容分析［J］. 出版发行研究，2022（3）：13-19.

成。同样，这个过程也应该邀请出版业界参与，特别是要扩大业界导师的话语权，使其充分参与学生培养方案制订。如此，可充分发挥学生的才能，释放其发展潜力。武汉大学出版专硕学位点设立在信息管理学院，依托图情学科的优势地位，近年来在数字出版人才培养领域取得了优势，结合专业实际和学生兴趣，在数字学术出版与知识服务、数字人文、文化遗产开发、数字叙事等方向与长江出版传媒集团、磨铁数盟合作开展了独具特色的人才培养探索，在个性化出版人才培养方面做出了探索。

（四）构建特色课程体系，着重加强实践课程的设立

课程体系是培养目标的具体化和依托，是由相互关联的课程组成的系统。课程体系构建应该围绕特色出版人才培养展开，紧紧扣住培养方向，针对相近的培养方向采用跨院系的模块化课程结构，使学生获得系统化知识和技能。如古籍编辑方向，就可以在了解编辑出版基础知识后，再学习"古籍数字化""古籍版本鉴定""古籍校勘""古籍编纂"等古籍相关课程。尽量减少内容重复、知识陈旧、与实际无甚联系的课程；提高课程的针对性，开设以实际应用为导向、体现社会和企业需求、满足职业发展需要的课程。同时，破除思想束缚，让课堂走出教室、走出校园，设置在出版企业，将学生推荐至业界导师单位进行实习，一来可以从实践中学习，二来可以增进学生与业界导师的交流，三来可以倒逼业界导师担负育人职责。同样以古籍编辑方向为例，上述古籍相关课程均可直接交由出版企业，以古籍出版项目为依托，在实习岗位上完成各个课程，以实践成果的质量作为评价其上课效果的指针。学界导师可以以月为单位定期前往出版企业交流探访，了解学生的实践情况和学习情况，指导学生完成课程任务和对其工作方向进行纠偏，同时使校内教师及时了解业界前沿。用课程灵活地把学界和业界联合起来，实现了产学协同，有利于学生解决实际问题能力的提升和未来的就业。

（五）扩充出版博士招生规模，吸收业界专家填补师资缺口

师资是决定一个学科和专业发展水平、提高教学质量的关键因素。随着出版专硕招生规模的不断扩大，师资短缺的问题将越来越严重，必须提早应对，早做准备。一方面，原本就设有出版博士点的院校要积极培养和引进出版高层次人才，提高博士生导师数量，以扩大出版博士招生规模，扩大师资力量的蓄水池；另一方面，鼓励有条件的院校踊跃申报出版专业博士点，完善出版专业教育的学历体系，以培养更多出版领军人才来增强专业的社会影响力，为产学互动奠定更坚实的基础。此外，要广泛吸纳出版业界专家兼职或全职从事出版教学工作，为出版教育添加业界力量，减小出版专硕培养偏理论轻实践的风险。比如，陕西师范大学在出版专硕师资队伍

建设时就充分考虑了业界专家在导师队伍中的构成比例问题，充分利用学校和区域资源，既吸收多年在出版社从事编辑出版工作并有较强出版科研能力的专家担任全职专任老师，又吸纳陕西师范大学学报编辑部和陕西师范大学出版总社的编审担任硕士生导师，切实实现了学用结合，保证了人才质量和就业成绩。2022年，二十九名出版专业专硕毕业生中，超过一半人进入出版社工作，除了升学和考公务员，绝大多数学生进入了传统媒体和新兴媒体从事编辑出版工作。

结　语

党的二十大报告强调，必须坚持人民至上，必须坚持自信自立，必须坚持守正创新，必须坚持问题导向，必须坚持系统观念，必须坚持胸怀天下。这"六个必须坚持"是习近平新时代中国特色社会主义思想的世界观和方法论的集中反映。面对服务于实现中国式现代化，构建文化强国、出版强国的出版人才培养，"六个必须坚持"对于出版专硕培养具有强烈的指导意义。"一切为了学生，为了一切学生，为了学生的一切"是我们教育工作的出发点和落脚点，"培养什么人、怎样培养人、为谁培养人"是我们教育工作者要解决的根本问题。我们已经有四十年的出版学科办学经验，也有了十二年的出版专硕培养经验，要有充分的自信能独立自主地办好出版专业，能培养出优秀的出版人才，自信自立是我们应秉持的基本办学态度。从1980年初，新华书店总店有希望高校创办有关图书发行专业的强烈需求，进而由武汉大学创办了图书发行学专业开始[①]，我们出版专业就形成了坚持社会主义办学方向、坚持以实践为导向培养能够适应并引导中国特色社会主义出版业发展的高级人才的办学传统，必须要守住。中国社会转型、出版转型叠加背景下，出版专硕教育创新改革势在必行，此为守正创新。出版专硕培养涉及维护国家文化安全，促进出版产业发展，必须要源源不断地培养出具有深厚家国情怀、远大职业理想、良好职业素质、过硬实践本领的优秀出版专硕毕业生，这要求教师和学生都必须有天下情怀和历史担当。回望过去，出版专硕培养已经取得许多可喜的成就，对出版专硕毕业生的社会认可度逐步提高，出版专硕毕业生在一些发达城市落户买房还可享受加分政策。这些成绩既增强了我们教育者的信心，也鼓励我们系统审视人才培养过程中的不足，勇于破除积弊，大胆创新，深化改革，将优秀出版人才培养进程驶入快车道，致力于培养全面掌握出版专业基本知识和技能，拥有先进出版理念和多元文化视角，融家国情怀与出版文化、编辑素养与创新精神为一体的应用型现代出版人才。

---

① 李频. 出版专业教育转型分析框架略述：问题单及其结构的试清理 [J]. 出版科学，2011，19（2）：14-17.

新时代大学出版的实践逻辑与转型思路*

◎ 宗俊峰**

摘要： 2020年是全面建成小康社会和"十三五"规划的收官之年，2021年是"十四五"规划的开局之年和建党100周年。大学出版社在普遍经历30到40年的发展转折点上，又遭遇席卷全球的新冠肺炎疫情冲击。在这特殊的历史时刻，大学出版社要立足行业大局，回归服务本位，走"专精特新"发展之路；要聚焦精品内容，发挥专业特色，走品牌化发展之路；要提高运营水平，加强精细管理，走高效能发展之路；要创新培养模式，完善激励机制，走可持续发展之路；要挖掘内生动力，强化技术赋能，走数字融合发展之路；要提高开放效能，推进多元经营，走国际化发展之路。

关键词： 大学出版；发展；转型

大学是人类思想的摇篮，是科技创新的重要发源地。大学精神是大学的灵魂，大学精神的重要特点是爱国奉献、科学务实、与时俱进。大学出版社学术为务、真知为根的品质与大学精神一脉相承。大学出版社自成立以来，始终坚持传播先进文化、服务教学科研、服务人才培养的办社理念，始终坚持立足主业、深化改革、开拓创新的办社原则。当前，大学出版社普遍经过30到40年的发展历程，站在新的历史起点上，只有客观总结历史经验，充分把握发展机遇，理性面对现实困境，以超越时代的眼光和魄力，寻求大学出版转型发展新思路，才能继续涵育大学精神，打造文化精品，为出版产业高质量发展、出版强国建设做出更大贡献。

---

* 本文原载于《现代出版》2020年第5期，收入本书时有改动。
** 宗俊峰，中国大学出版社协会理事长，清华大学出版社社长、研究员。

一、纵观大学出版的发展历程，爱国奉献、科学务实的大学精神贯穿始终

我国大学出版社基本上自 20 世纪 80 年代开始建立，其诞生顺应了中国高等教育迅速发展的需要。到目前为止，全国共有 114 家大学出版社，约占全国出版社总数的 19.5%，已成为我国出版业中颇具影响力的重要组成部分。

（一）大学出版社的初创和大学出版业体系的形成（1978—1995 年）

1978 年，顺应改革开放浪潮，中国人民大学出版社恢复建制，大学出版社逐步成长起来。1986 年，在中宣部指导下，第一次全国高等学校出版社工作会议召开，并制定了《高等学校出版社工作若干问题的暂行规定》，明确指出我国大学出版社的地位、性质、任务和发展方针，是我国大学出版业的纲领性文件，标志着我国大学出版社初创期基本结束。1995 年，国家制定《高等学校出版社社长负责制暂行办法》，对大学出版社社长的任职条件、行使职责等做出明确规定，是大学出版业体系形成的标志性文件。1978—1995 年，我国大学出版社处在一个边创立、边建设、边发展的初创和初步形成高校出版体系的阶段。

（二）大学出版业快速发展阶段（1996—2007 年）

1996 年以来的十年间是大学出版业快速发展的新阶段。在社会效益方面，大学出版社图书获奖数量、承担国家重点出版工程数量均有较大幅度提升，逐渐形成了一批有特色优势和品牌优势的大学出版社。在经济效益方面，大学出版社的出版生产力实现较大增长，出书品种、生产总产值、销售总产值等重要指标在整个出版行业中都占有较大比重。截至 2007 年，我国共有大学出版社 102 家，共出书 66 227 种，出版总产值 140.93 亿元，销售码洋 121.06 亿元，占全国 579 家出版社的 17.2%。[①] 此外，国家加强对大学出版社的指导和政策扶持力度，制定《关于高等院校出版社加强管理、深化改革的若干意见》等一系列文件，推动大学出版业整体业绩的提升和影响力的扩大。

（三）大学出版社新转型阶段（2007 年至今）

1. 大学出版社初步转型期

2007—2012 年，大学出版社步入新转型阶段。2007 年，教育部和新闻出版总署

---

① 中国大学出版社协会. 高校出版社改革开放三十年 [M]. 北京：北京大学出版社，2008.

制定《关于高等学校出版体制改革工作实施方案》。到 2012 年，大学出版社基本完成了转企改制工作。2012—2019 年，特别是 2017 年习近平总书记在十九大报告中提出中国特色社会主义进入了新时代，给大学出版社指明了新的方向、注入了更大动力，大学出版业进入了一个新的持续稳定高质量发展时期。在此期间，数字传播技术与出版发行各环节逐渐结合，要求出版从业人员尽快了解和学习数字化传播技术，推动大学出版社从传统出版向数字化出版业态转型。

2. 后疫情时代转型加速期

2020 年，新冠疫情忽然暴发。一方面，疫情对人们的传统生活方式产生冲击，新闻资讯、教育学习等都通过互联网技术、移动终端获取，倒逼大学出版社重构数字出版发展思路。另一方面，大学出版社积极助力打赢疫情防控阻击战，提供各类线上内容资源，既彰显了近些年大学出版社数字出版、融合发展及编辑转型的成绩，也是对传统出版业数字出版发展的直接检视。线上"战疫"考验，推动大学出版社从内容、用户、平台等多角度思考数字出版产业可持续发展的新模式。

我国大学出版社经过多年发展，从摸着石头过河到逐渐成熟，经历了出版市场竞争的洗礼，感受到时代浪潮的冲击，努力探索出一条不同于海外大学出版社商业模式的中国特色大学出版社发展之路。

二、步入新时代，大学出版肩负着新的历史使命，面临着新的历史机遇

（一）高等教育快速发展的时代红利

改革开放以来，中国高等教育迅速发展，一方面得益于高考恢复、科教兴国战略等一系列教改举措的实施，另一方面得益于社会对高级专门人才需求的迅速增长。高等教育的迅速发展直接促进了以出版高校教材、服务教学科研为主要任务的大学出版市场的发展。大学出版社通过出版物向社会辐射大学精神和创新理念，在中国高等教育由精英化向大众化的转型过程中发挥了重要推动作用。2015 年，国务院印发《统筹推进世界一流大学和一流学科建设总体方案》，着力推动我国从高等教育大国向高等教育强国跨越。2019 年，中共中央、国务院印发《中国教育现代化 2035》，提出到 2035 年总体实现教育现代化，迈入教育强国行列。2020 年，国家召开自新中国成立以来的首次全国研究生教育会议、全国职业教育大会，推动中国高等教育全面进入以人才培养为根本的提质新时代。大学出版社只有跟踪高等教育改革步伐，牢记自身使命与担当，把服务学校教学科研作为出版重点，整合学科成果

和出版资源,才能提升选题品质、优化出版结构,增强大学出版社的核心竞争力。

(二) 国家支持文创产业的政策契机

国家多项文化产业支持政策为大学出版发展提供了重要动力。第一,在公共服务政策方面,全民阅读、农家书屋、书香社会、传统文化普及、老龄化社会阅读、青少年阅读推广等一系列举措为大学出版提供了更多的发展机遇和空间。大学出版社只有坚定文化自信、坚持服务人民,充分发挥能动性和创造性,做好各类文化题材图书的普及和推广工作,才能在文化发展的大潮中发挥自己的独特优势。第二,在出版扶持政策方面,国家出版基金、中央文化产业发展专项资金、丝路书香出版工程、经典中国国际出版工程、中国图书对外推广计划、"十二五""十三五"国家重点图书出版规划项目等政策的实施,推动了学术研究成果的大量出版。大学出版社只有挖掘原创精品,紧盯世界前沿,把握出版趋势,才能打造出各自领域的专业品牌,实现稳定、高效、可持续的发展目标。

(三) 大学出版业态创新的技术环境

伴随经济社会的高速发展,文化与科技深度融合的态势越发明显,依靠科技创新的力量推动大学出版业构建全媒体出版格局是促进我国文化产业发展的重要手段。在移动互联日益普及和 5G 应用上升为国家战略的背景下,人工智能、大数据、区块链、物联网、AR/VR 等技术进一步向出版产业应用倾斜,为富媒体内容生产和服务模式创新提供了有力支撑。特别是 2020 年突发疫情带来的考验,促使先进技术与出版业进一步融合,推动大学出版社跨越数字化鸿沟,完成"出版+科技"的商业模式创新。技术环境从全流程、多角度对大学出版产生影响,对大学出版新业态的形成起到促进作用。第一,编辑出版流程运转效率提升。基于数字技术的 ERP 系统将图书出版流程中的数据串联在一起,推动传统的编辑出版工作流程嵌入 ERP 系统的审批流程中,有效提升编辑出版效率和经营管理的精细化水平。第二,印制流程更加现代化和完善。POD 印刷是数字技术应用于出版的重要实践,是加强资源整合、降低库存、减少浪费的新兴出版印制模式。第三,逐步形成视频营销新生态。技术加持使高频、高质、多元化的视频直播得以出现,实现了以用户互动为主体的营销理念,更加凸显出版单位的品牌和内容优势。第四,渠道格局朝多元化方向发展。互联网技术加速出版业线上线下渠道格局的重塑,线上渠道由过去的三大电商逐步发展为抖音、快手、微信、头条、小红书等跨界平台、社交电商的多元渠道,渠道建设成为出版单位必须考虑的重要工作。

三、时代发展,要求大学出版社突破瓶颈,走出困境,与时俱进

(一)管理体制机制不完善限制大学出版战略性发展

第一,大学出版社在高校内部处于被边缘化的尴尬地位。国家建立大学出版社的初心是传播先进学术成果,服务学校教学科研。但在大学出版社发展过程中,似乎只有自己在强调本身的地位和使命,整个高校管理系统对出版社的认同度不高。尤其在改制后,大学出版社划归高校资产经营公司管理,部分大学出版社负责人由于无权参加校内干部会议、学科规划发展会议,无法掌握学校发展方向和工作重点。出版社在缺乏高校支持、教学科研资源匮乏的情况下,转而深入参与市场竞争,但高水平的学术著作无法按照商业逻辑考量,导致服务学科建设效果弱化,与母体大学发展目标契合度不够,出版社在高校管理体系中被进一步边缘化。只有在顶层设计层面把大学出版社涵盖到高等教育发展的大格局中,在理念和制度上明确大学出版社的定位,才能实现大学出版社的良性发展。

第二,大学出版社现代企业管理制度不健全。改制后,大部分大学出版社成立有限公司,作为企业运行,取得了较好的成绩。但改制后大学出版社产权清晰、权责分明的公司法人治理结构处于发展的初级阶段。大学出版社普遍存在母体大学双重管理的问题,既受分管资产的校领导管理,也受主管宣传的校领导管理,造成大学出版社权责归属不清,不利于大学出版社增强企业活力、获得独立市场地位。而受校办产业瘦身、校企"脱钩"的影响,大学出版社以资本为纽带的兼并重组工作基本停滞,对大学出版社进一步发展壮大产生很大的影响。现代化的企业管理制度不健全,一方面对大学出版社内部的发展战略、经营管理造成冲击,另一方面大学出版社无法形成完善的市场竞争机制,在面对经产业兼并整合的大型出版传媒集团和教育出版集团时,几乎失去抵抗能力。此外,过度强调大学出版社以市场主体角色参与社会竞争,又是对大学出版社成立初心的背离。处理好学术性和商业化的关系,成为大学出版社发展过程中必须面对的命题。

(二)选题原创性不足与结构失衡影响大学出版高质量发展

第一,选题结构不平衡,大学出版社选题主要集中在教育板块。大学出版涉及的领域一般被概括为教育出版、学术出版和大众出版。从2015—2017年的数据看,大学出版社教育类选题共100 571种,主要包括中小学、中高职、大学教材教辅类,

占大学出版社选题总量的48.16%。① 一些规模较大的大学出版社，其教材教辅品种占比超过70%，经济收入占比甚至超过90%。为了适应激烈的市场竞争，大学出版社在大众出版方面加大投入，比例甚至超过学术出版，三大出版领域结构失衡，教育出版与学术出版两极分化。教育类选题比例过高，一方面容易造成过度依赖，降低大学出版社抗击市场波动的能力；另一方面也容易出现行业内过度竞争，影响出版物质量并造成资源浪费。大学出版社选题的多样性和特色性需进一步平衡，图书出版应从依靠规模数量向依靠质量迈进。

第二，选题原创性有待提升，大学出版社精品出版有"高原"缺"高峰"。目前，我国大学出版社年出书接近7万种，占全国出版总品种数的30%以上。选题数量多、出书品种多，出现重复出版、无效出版、低质出版的现象，整体发展效益有待提升。从最能代表图书出版质量的各大出版奖项看，2006—2019年，大学出版社获得中华优秀出版物奖共207项，占总数1150项的18%；2007—2017年，大学出版社获得中国出版政府奖共111项，占总数703项的15.79%；在历届"五个一工程"奖中，仅13家大学出版社的14本图书获奖，占总数289家出版社的4.5%。② 在重大奖项获奖方面，大学出版社的表现与其在出版行业中的占比以及出书品种数占比还存在一定差距。从源头上加强内容创新、提升选题特色成为大学出版社发展的必由之路。

（三）现代化人力资源运行机制缺失制约大学出版可持续发展

第一，职业化的负责人队伍建设滞后。大学出版社转企改制后，在主要负责人的人事任免方面仍然带有浓厚的行政命令色彩。大学出版社的主要负责人基本是从学校的中层干部中选聘的，选择面狭窄且大多缺乏对出版行业的深入了解，需要较长时间来熟悉工作才能具备履行职责的能力。学校选聘的主要负责人大多任期不定，甚至更换频繁，不利于开展大学出版社的长期发展规划。大学出版人在各类优秀出版人才评选中获奖比例偏低，集中体现出高管队伍建设的不健全。如在第四届中国出版政府奖优秀出版人物评选中，大学出版社仅3人入选，占总人数的6.67%；在第十三届韬奋出版奖评选中，大学出版社5人入选，占总人数的16.66%，已达历届获奖人数的最高值。此外，如韬奋出版奖和全国新闻出版行业领军人才评选，均要求被评选人具有10年以上从业经验。大学出版社主要负责人更换频繁，难以在业内造就有影响力的出版家。

---

① 出版大数据课题组. 我国大学出版图书选题结构研究报告：基于2015—2017年CIP数据的分析 [J]. 现代出版，2019（2）：5-15.
② 周蔚华，杨石华. 大学出版社在出版业的地位及当前面临的主要问题 [J]. 现代出版，2018（1）：31-42.

第二，专业化的出版人才短缺。专业出版人才招不进、留不住已成为限制大学出版社发展的核心问题之一。一方面，在激烈的市场竞争中，大学出版社招聘人才不仅要和行业内大社、出版集团竞争，还要与行业外科技公司、传媒巨头角逐，大学出版社薪资待遇缺乏优势，岗位吸引力不足，造成人才储备不足。另一方面，由于缺乏科学、长远的队伍建设规划，大学出版社在晋升渠道、激励机制、系统培训、考核机制等方面存在一定问题，造成人才频繁流动，尤其是关键岗位人才的流失影响出版社核心竞争力。当前，大学出版社新增人员以刚毕业的硕士研究生为主，专家型、学者型出版人才配备增速缓慢，难以满足当前市场飞速发展的需要。①

四、踏上新征程，大学出版社牢记使命，加快转型，谋定而动

（一）立足行业大局，回归服务本位，走"专精特新"发展之路

党的十九大报告指出："文化是一个国家、一个民族的灵魂。文化兴国运兴，文化强民族强。"大学出版社作为我国出版业的重要组成部分，在传播先进文化、推动社会进步方面努力发挥自身的独特优势。大学出版社要增强围绕中心、服务大局的意识，贯彻党的出版方针，坚持正确出版方向；坚持以人民为中心，聚焦于满足人民群众日益增长的精神文化需求；聚焦时代大势，增强政治担当，做好主题出版。大学出版社要坚守初心和使命，以服务学校教学科研为根本任务。在发展目标上，进一步梳理与母体大学关系，增强发展目标上的契合度，提升服务科研的意识和水平；在制度上，要完善市场机制，进一步增强内部发展战略和管理机制建设。大学出版社要走专业化、精品化、特色化、创新化发展之路。华东师范大学出版社提出要打造国内一流、国际知名的教育出版社；清华大学出版社提出要建设世界一流的大学出版集团；中国人民大学出版社提出要立足本校、面向全国，建设世界一流的大学出版社。以上发展目标的确立是对大学出版社走"专精特新"发展之路的战略性构想，大学出版社只有找准定位、发挥特色、与时俱进，积极参与文化复兴事业，才能在文化潮流中发挥自身的独特优势。

（二）聚焦精品内容，发挥专业特色，走品牌化发展之路

国家高度重视出版高质量发展，近年来先后印发《关于加强和改进出版工作的意见》《图书出版单位社会效益评价考核试行办法》《中宣部关于进一步做好新形势

---

① 冷桥勋，胡蓓琳. 后改制时代大学出版社人才队伍建设的问题及对策 [J]. 现代出版，2017（2）：44-46.

下出版物重大选题备案工作的意见》等政策文件。高质量发展要求大学出版社坚持"双效"统一，以"内容为王"的理念实现出版供给侧结构性改革，从源头抓起，提升选题策划水平，以有思想、有创意、有价值的优质内容构建良性的出版生态系统。高质量发展要求大学出版社基于自身特色优势，在各自专业领域精耕细作，坚持有所为有所不为的战略智慧，打造差异化的产业品牌新格局，大学出版社要立足长远，构建优质出版品牌，必须优化出版结构，将学术出版作为核心竞争力。例如，北京大学出版社的人文社科类图书《中国儒学史》（九卷本）、《南画十六观》获得多项奖励，中国人民大学出版社的政治学丛书"马克思主义研究论库"（第二辑）、"20世纪马克思主义发展史"入选多个重点项目，清华大学出版社的《计算机科学技术百科全书》奠定了其在计算机学术出版领域的优势地位，四川大学出版社的古籍类图书，云南大学出版社的民族类图书也均在业内形成了良好的学术出版口碑。大学出版社要坚守出版本源，紧紧依托母体大学学术科研成果优势，借鉴同行业发展经验，建立科学完善的出版体系，打造品效合一的出版品牌，推动大学出版高质量发展。

（三）提高运营水平，加强精细管理，走高效能发展之路

习近平总书记在中央财经领导小组第十一次会议上提出："在适度扩大总需求的同时，着力加强供给侧结构性改革，着力提高供给体系质量和效率。"大学出版社要推行精细化管理。向管理要效益，调结构、控印量、降费用，深化出版供给侧结构性改革，提升运营管理水平。在品种总量控制方面，注重对新书品种数的控制。打磨精品图书，在出版结构优化方面集中发力，大幅度压缩无效品种，提高单品种效益；在印量管理方面，对首印量、重印量、报废、周转等进行深入的统计分析，持续优化首印和重印逻辑，推进按需印刷，有效提升图书周转率，减少报废率，通过印次增长促使单品种图书印量得到合理调控，减少首印量过多给质量、经营等带来的风险；在营销费用管理方面，制定年度营销费用预算，营销费用向重点图书倾斜，有效控制促销费用，提升营销活动的工作效率和经济效益。

（四）创新培养模式，完善激励机制，走可持续发展之路

大学出版社要加强顶层设计，做好队伍建设规划，建立人才储备和激励机制，优化出版人才队伍结构。在人才培养方面，大学出版社为加强对青年员工的培养工作，实施导师制培养办法，以"老带新""传帮带"的个性化、定制化培养方式，帮助新入职的员工快速成长为出版事业发展的中坚力量。例如，中国人民大学出版社实行新员工导师制，意在思想上培养政治素质过硬的优质队伍，在业务指导层面

实现新老员工的教学相长。在考核激励方面，大学出版社可以加强精神激励，培育积极健康的企业文化氛围。调控薪酬的分配方式，增加社保性、生活性福利激励，调动员工干事创业的激情，优化晋升激励制度，在绩效考核的基础上实行综合考评机制，构建管理与编印发的专门化考核指标体系。例如，清华大学出版社创新实施《事业部主任、编辑室主任配备执行编辑的规定》《首席策划编辑实施办法》，组织开展"最具创新力团队""最具创新意识编辑""十佳图书""新星奖"的评选，在行业内第一家实行企业年金制度，激发员工积极性，构建人才与出版社共同发展的双赢局面。

（五）挖掘内生驱动，强化技术赋能，走数字融合发展之路

2020年6月，中央深改委审议通过《关于加快推进媒体深度融合发展的指导意见》，强调要"推动媒体融合向纵深发展，要深化体制机制改革，建立以内容建设为根本、先进技术为支撑、创新管理为保障的全媒体传播体系"。随着后疫情时代的到来，文化与科技发展深度融合，加速读者的阅读习惯和消费场景的变化，推动新兴业态重塑市场格局。大学出版社要以内容创新为驱动，整合"出版+"产业资源，构建多元开放的出版融合生态体系。一是要实现大学出版社数字出版模块公司化管理，在业务架构、运营方式、考核机制等方面实行现代化企业管理制度，与传统出版业务管理相分离，实现思维观念与管理体制的双重转变。二是要大力推动出版流程再造，实现出版全流程数字化管理，包括编辑出版流程数字化（ERP管理系统）、生产印制数字化（POD印刷）、发行数字化（发行管理系统），以及线上立体化营销宣传管理。三是要建设高素质复合型的出版人才队伍，培养既能深刻理解出版功能与本质，又高度认同互联网思维和数字化战略的高层管理者，推动掌握前沿技术的专业人员与传统编辑营销人员的深度融合。四是要打造"内容+用户+平台"的数字出版业务核心动能，实现品牌产品的数字化内容销售，以数字化内容带动纸书销售，寻求成熟的商业模式和可持续的盈利模式。例如，清华大学出版社利用多年积累的内容、用户、品牌优质资源，面向高等教育图书馆建立了"文泉学堂"线上知识库平台，重点覆盖以计算机为主的泛理工学科和以经管为主的泛社科学科，紧抓数字教材与精准内容建设，以用户为导向，通过技术赋能增强多元服务能力。

（六）提高开放效能，推进多元经营，走国际化发展之路

习近平总书记在全国宣传思想工作会议上强调："要推进国际传播能力建设，讲好中国故事、传播好中国声音，向全世界展现真实、立体、全面的中国，提高国家文化软实力和中华文化影响力。"文化"走出去"要在品质和内涵上下功夫，实

现品牌化发展、系统化运作。大学出版社要依托自身优势，寻求多元化经营模式，用市场的方法实现跨国运作，加快从"借船出海"到"买船出海"和"造船出海"的转化；要加大力度策划外向型图书选题，提升编辑的国际化水平，挖掘和开拓更多的世界性作者；要加大对精品图书的推荐力度，多语种拓展重点选题，并以高品质的制作推动中国文化在海外的落地和传播。近年来，大学出版社加快了"走出去"的步伐，积极开展版权贸易，设立海外分支机构，建立全媒体传播与直销渠道，对外深度合作，进一步增强了开拓市场、品牌落地的力度。北京大学出版社根据自身的出版特点和优势，将对外汉语教材和人文社科类图书作为版权输出的重点，建立版权贸易健康发展的长效机制；中国人民大学出版社通过建立"一带一路"学术出版联盟、设立海外分社、共建图书出版中心、合建人文交流机制平台，探索中国学术出版国际化的多样形式；北京语言大学出版社以汉语国际推广为主题，在专业上做深做透做强，建立了立体化的渠道资源格局；清华大学出版社以《纳米研究（英文版）》等旗舰期刊为先导，研发国际化数字出版与刊媒融合的传播服务平台，实现期刊出版数字化与专业化、集群化、国际化发展的深入融合。

　　大学出版社作为规模最大、实力最强的出版专业群体，站在时代发展的重要转折点上，要更加自觉地以习近平新时代中国特色社会主义思想为指导，守正创新，准确把握文化产业高质量发展的新要求与着力点，秉持大学精神，科学理性规划，融合创新发展，努力在教育与学术出版领域做出新成绩，推动出版业更好地"走出去"，以更好的姿态拥抱新时代、担当新使命、开启新征程！

新时代大学出版社高校教材出版的思考与展望*

◎宗俊峰　刘志彬**

摘要：我国大学出版社在高校教材建设中占有重要地位，取得了一系列成就，这些成就的取得得益于政策引导、高等教育发展、转企改制以及市场化反应。大学出版社教材建设的主体地位不可动摇。当前，大学出版社教材建设中存在特色不鲜明、质量不高以及"走出去"不足等问题，为此要做好分类规划，重视特色与融合出版，加强行业协会指导与"走出去"工作。

关键词：新时代；大学出版社；高校教材建设；展望

改革开放以来，我国高校教材建设取得了巨大的成就，教材建设在党和国家事业全局中的地位凸显，党中央和国务院明确教材建设是国家事权。至目前为止，高校教材建设呈现出百花齐放的态势，市场上可选的教材种类繁多，涌现出了一大批人们耳熟能详的优秀教材。教材在满足高校教学需要的同时，极大地促进了高等教育的发展。大学出版社（以下简称"大学社"）作为高校教材出版的中坚力量，在高校教材建设方面做出了突出贡献，发挥了不可替代的作用。

进入新时代，习近平总书记做出一系列重要指示批示，强调要从维护国家意识形态安全、培养社会主义建设者和接班人的高度来抓好教材建设。2021年4月19日，习近平总书记在清华大学视察时强调："我国高等教育要立足中华民族伟大复兴战略全局和世界百年未有之大变局，心怀'国之大者'，把握大势，敢于担当，善于作为，为服务国家富强、民族复兴、人民幸福贡献力量。"大学社应牢牢把握正确方向，紧密围绕习近平新时代中国特色社会主义思想铸魂育人这一重大主题，

---

*　本文原载于《现代出版》2021年第3期，收入本书时有改动。
**　宗俊峰，清华大学出版社社长，中国大学出版社协会理事长，研究员；刘志彬，清华大学出版社经管与人文社科分社经管事业部主任，副编审。

全面落实立德树人根本任务，统筹推进教材建设高质量发展，创新教材出版工作机制与方法，推动教材建设取得重大突破。

一、大学社是我国高校教材出版的中坚力量

（一）大学社的办社宗旨

大学社的办社宗旨是为高校教育、教学和科研服务，努力出版学校教学、科研需要的高质量、高水平的各级各类教材、学术专著及相关图书。从该宗旨可以看出，大学社应在本校及相关教育领域专心耕耘，教材出版是其中最重要的工作。

2015年2月，《教育部 国家新闻出版广电总局关于进一步加强和改进高校出版工作的意见》（以下简称《出版工作意见》）中提出："高校出版是我国教育事业和出版事业的重要组成部分，是传播社会主义先进文化的重要阵地。"教育部于2002年印发的《高等学校出版社"十五"发展规划要点》中提出"教材、学术专著的比例要保持在图书品种的60%"，现在看，这一要求仍不过时。各大学社要进一步发挥高校的优势，立足学校，面向社会，主动为经济建设、文化发展和社会进步服务，不断满足人民群众对优秀精神产品和文化产品不断增长和日益多样化的需求。通过出版不同类型、不同层次的教育用书，在社会上树立起大学社的良好形象。

（二）大学社在高校教材建设中取得巨大成就

大学社成立时间不一，有些社与共和国同龄，如中国人民大学出版社，大多数大学社则成立于20世纪八九十年代，发展的阶段也有不同。多年来，大学社积极参与高校学科建设、支持学术研究、创新教材出版，实现了社会效益和经济效益的双丰收，更有一大批大学社荣获了国家各级各类奖项，大批版权输出到海外。

首先，教材建设成果显著。截至2020年，我国出版社共有585家，其中大学社108家，占全国出版社总数的近20%，年销售码洋过亿元的大学社有30余家。截至2021年3月底，在首届全国优秀教材建设奖申报中，各省市共向教育部推荐候选教材1 423种，其中大学社307种，占比约22%；拟推荐教材建设先进集体中出版社共8家，其中大学社5家。

其次，特色鲜明的学科优势。各家大学社充分植根于自己所在高校的优势学科，深入挖掘，积极开拓，为我国高等教育事业的发展做出了重要贡献，出版了一大批优秀教材，影响了一代又一代的学子，在高校师生中形成了良好的口碑。例如清华大学出版社的信息技术类教材、北京大学出版社的人文社科类教材、中国人民大学

出版社的经济学和会计学类教材、北京师范大学出版社的心理学和教育学类教材、上海外语教育出版社的外语教材、中国农业大学出版社的高职高专教材、国家开放大学出版社的继续教育教材等。这些优秀教材的出版，引领了社会和高等教育的发展，推动了我国改革开放的进程，推进了产业转型升级，为我国社会主义建设培育了大批合格人才甚至领军人才。

（三）大学社教材出版快速发展的原因

大学社的快速发展，得益于教育行政部门的正确引导、高等教育的快速发展、转企改制带来的活力和面对新趋势的快速反应能力。

一是政策引导得力。为了繁荣大学教材市场，提高高等教育水平，鼓励出版优秀教材，教育部多次发文鼓励优秀教师编写教材，并且在考核和评奖等方面予以倾斜。《普通高等学校教材管理办法》（以下简称《教材管理办法》）明确规定："承担国家规划专业核心课程教材编写修订任务，主编和核心编者视同承担省部级科研课题，享受相应政策待遇，作为参评'长江学者奖励计划''万人计划'等国家重大人才工程的重要成果。审核专家根据工作实际贡献和发挥的作用参照以上标准执行。教材编审工作纳入所在单位工作量考核，作为职务评聘、评优评先、岗位晋升的重要指标。"这些政策的实施，让更多的优秀教师投入教材建设中去，保证了教材的新颖和活力。

二是高等教育快速发展。我国高等教育已经从精英化过渡到普及化阶段，数量和质量都有了大幅度的提升，这是大学社教材销售增长的重要基础。数量提升方面，1998年，我国高校年招生人数为108万人，到2019年，高校招生人数已经突破了820万人，高考录取率接近80%；全国共有普通高等学校2 688所（本科院校1 265所，高职院校1 423所），各类高等教育在校学生总规模3 779万人，规模居世界第一。质量提升方面，改革开放以来，我国共进行了四次大规模的学科目录和专业设置调整工作，高校学科目录与专业设置更加科学，逐步建立了动态调整机制，扩大学位授予单位办学自主权，适应经济、社会发展的新兴和交叉学科快速涌现。高校教育教学改革不断深化，水平不断提高，涌现了一大批教学名师和精品课程。

三是完成转制，活力增强。按照教育部要求，从2003年开始，大学社开始由事业单位转变为企业单位。《出版工作意见》进一步要求："高校要推动已完成转企改制的出版单位建立有文化特色的现代企业制度、完善法人治理结构、健全经营管理机制，使其成为合格的市场主体。"转制盘活了大学社，各社纷纷按照市场化的机制调整经营思路，改革考核机制，在教材市场中焕发生机和活力，出版了大量符合新时代特色的优秀教材。以清华社为例，作为全国大学社中首批转企改制的试点单位之一,清华社在2009年即完成转企改制的全部工作。事实证明,改制成果显著,责权分明,员工积极性得到大幅提升;出版社进入发展的快车道,实现了出版规模和经营业绩的快速增长。

四是紧跟趋势,快速反应。改革开放以来,我国科技、社会和教育发展日新月异,新学科、交叉学科层出不穷,新的变化带来新的教材需求。大学社纷纷依托所在大学的优势学科,及时推出反映学科建设成果的教材。有些教材需要大量的投入和长期的培育,大学社从服务学科建设角度出发,耐得住寂寞,努力耕耘,虽然有些尝试未能取得长期效果,但最终各大学社还是留下来一批精品教材,成为自己的品牌产品。例如外语教学与研究出版社就依托身处外语院校的优势,在改革开放特别是"入世"以来我国与国外交往日益密切的背景下,加大投入,开发了一系列优秀的公共外语和专业外语教材,并与教育部相关教指委等机构密切合作开展师资培训,与央视等媒体合作举办"外研社杯"外语大赛,让外研社版教材深入人心,牢牢占据了外语类市场。清华社的信息技术教材、创业类教材以及影印版教材的成功,也采取了类似的发展策略。同高校密切联系与合作是大学社的天然优势,大学社能够快速洞悉高校教学与科研中的变化,并迅速做出反应,推出适销对路、内容权威、质量过硬的优质教材,这是非大学社不能比拟的。

二、大学社加强高校教材建设的必然性与必要性

(一) 国家对高校建材建设的日益重视

习近平总书记在全国教育大会上提出了教材建设的"五个体现":即充分体现马克思主义中国化要求、充分体现中国和中华民族风格、充分体现党和国家对教育的基本要求、充分体现国家和民族基本价值观、充分体现人类文化知识积累和创新成果。2019年,教育部印发了《教材管理办法》。从中不难看出,教材建设规划体现国家意志,重在政策引导,告诉人们教材建设应该"做什么""怎么做""做到什么程度",具有鲜明的导向性。

作为高校教材建设的主体单位之一,大学社更应该认真研究上级文件精神,吃透和引领教材市场变革情况,利用技术手段实现高水平、立体化、新形态教材的开发,在新一轮教材建设中发挥更大的作用。面向新时代,大学社要充分发挥自身优势,组织符合要求的专家尽快编写反映新时代特色、促进高校教育教学发展的优秀教材。

（二）大学社的教材建设主体地位不可动摇

第一，大学社是我国高校教材建设的活力源泉。大学社具有市场化程度高、与高校结合紧密、编辑专业性强等优势，多年来一直是我国高校教材出版领域的引领者和开创者。教材编写是国家事权，需要更加谨慎和认真规划。而教材选用和推广是监管下的市场行为，需要提供更好的服务。各大学社在师资培训、教辅资源开发以及教师样书赠送等方面大力投入，将卖方市场转变为买方市场，用竞争推动大学教材优胜劣汰。特别是2020年新冠疫情以来，各家大学社纷纷提供免费线上阅读版本的教材，帮助各高校顺利实现线上教学，更加巩固了大学社在教师心目中的良好形象。

第二，大学社是我国高校教材建设的创新先锋。大学社向来勇于创新，在新兴学科、交叉学科教材开发方面投入巨大；在新形态教材技术支持平台建设、数字化教学平台建设等方面提前布局、重点投入，如清华社"文泉课堂"系列产品具有一定程度的技术领先，获得了用户的广泛好评。新冠疫情以来，各大学社利用自己的优势资源，组织相关领域的专家学者开展了大量的免费直播活动，提升了疫情期间的教学质量。例如清华社"工商管理抗疫直播""市场营销抗疫直播"等，实现了超过600万人次的观看；人大社"人大芸窗"平台系列直播也取得了良好的社会效益。

（三）大学社的教材出版工作仍存在不足之处

一是教材缺乏专业出版特色。整体而言，大部分大学社已经形成与本校优势专业学科相对应的专业出版特色，并在这些专业学科领域深耕细作，取得了不可替代的出版地位，在树立专业出版品牌的同时更好地服务了高校的教学科研和人才培养。但同时也应该看到，部分大学社所涉及的出版领域过泛，过分追逐所谓的热点，没有形成自己的专业特色和品牌。例如，仅2015—2017年，就有56家大学社出版《大学语文》教材160种，有39家大学社出版《应用文写作》教材89种，资源投入浪费严重。①

二是教材质量仍需提高。个别大学社过分关注经济利益，在教材内容审校过程中投入不足甚至迁就作者，造成部分教材质量不高。个别教材作者未能坚持为社会主义建设服务和坚持党的领导的宗旨，少数出版社在审稿时缺乏政治敏锐性和出版专业性，致使教材出现了一些问题，在高校师生中和社会上造成了不良影响。在一

---

① 范占英. 大学出版图书选题结构分析报告［N］. 中国新闻出版广电报，2018-11-13.

些发展日新月异的领域，如先进制造、人工智能、医疗生物、能源、金融与消费、电子商务等，有些教材使用的还是七八年前的数据或案例，严重滞后于现实。在教材形式上，相当一部分教材还没能采用"新形态"模式，不能适应当下大规模线上/线下授课的需要。

三是教材"走出去"严重不足。作为经济和教育大国，我国在某些领域的科研和教育水平已处于世界领先地位，受到海外的广泛关注。而且，近年来来华留学生人数暴增，新冠疫情影响下很多留学生不能来华上课，教材的"走出去"就至关重要，这也是我国国际影响力的一个重要体现。这方面所需投入很大，需要国家政策的大力扶持。

三、全面推进新时代大学社高校教材建设

大学社在教材建设中要"反映时代变革，服务国家需求"，扎实推进高校课程教材思政建设，全面落实立德树人根本任务，深化高等学校教材与专业、课程一体化建设与改革，与"新工科""新医科""新农科""新文科"建设相适应，瞄准国家重大战略和学科前沿发展方向，建设反映新学科、新知识、新方法的新兴交叉学科相关教材及资源，服务高质量本科教育和跨学科人才培养。抓住新技术带来的历史机遇，推动"纸质+数字化资源"教材，以及融合互联网、人工智能等信息技术的虚拟现实、增强现实、配套移动软件等表现丰富的多介质教材的建设。

（一）分类做好教材规划

《中华人民共和国国民经济和社会发展第十四个五年规划和2035年远景目标纲要》（以下简称《纲要》）中提出要发展战略新兴产业，加快发展现代服务业，加快数字化发展，强化国家战略科技力量，健全现代文化产业体系。这些重大战略的落实，需要人才队伍支撑，需要高等教育配合，需要高校教材引导。

一要结合国家战略，规划本科教材。抓好教材质量，要依托课程思政，对常规教材进行常态化开发和升级。各大学社应该响应国家战略，结合所在院校的强势学科，在基础学科和交叉学科领域重点突破。基础学科是我国高等教育的薄弱环节，中美"贸易战"中芯片频频被"卡脖子"正是我国之前不重视基础研究的后果。教育部和各高校已经充分认识到这些问题，逐步加大对基础学科教育的投入，扩大招生的规模，清华、北大等国内一流高校纷纷推出具有各校培养特色的"强基计划"。对于大学社来说，虽然强基计划对应的教材大多属于人数少、规模小、难度大、投入高的类型，但是各大学社还是应该重点投入，为所在高校"强基计划"的顺利开

展保驾护航，真正落实"为高校教学服务"的宗旨。大学社还应该充分重视前沿科技和交叉学科教材的开发，推动具有综合素质的跨学科人才培养。《纲要》指出，要发展类脑智能、量子信息、基因技术、未来网络、深海空天开发、氢能与储能等前沿科技和产业变革领域。这类投入大、要求高的高端产业对人才要求更高，对应的教材编写难度更大，甚至要结合 AR、VR 等技术才能更好地满足教学需要。各大学社应该与高校紧密配合，共同投入，打造一批高端新形态教材，更好地服务于经济和社会发展。习近平总书记在清华大学视察时强调："要用好学科交叉融合的'催化剂'，加强基础学科培养能力，打破学科专业壁垒，对现有学科专业体系进行调整升级，瞄准科技前沿和关键领域，推进新工科、新医科、新农科、新文科建设，加快培养紧缺人才。"随着 5G 技术的成熟，各学科之间的交叉和融合更加普遍，这些交叉学科的教材也需要大学社提前做好规划和布局。

二要紧抓产教融合，布局高等职业教材。《纲要》提出，要"深入实施制造强国战略"，这必将提高对高技术产业工人的需求。为此，教育部还将推动职普融通，并通过设立"1+X"证书等手段，引导企业参与高等职业教育。华为、阿里、腾讯、京东、用友等知名企业都积极参与，在各自的优势产业领域与高等职业教育深度融合。2021 年 4 月 13 日，李克强总理在对全国职业教育大会的批示中提出，要"加强职业学校师资队伍和办学条件建设，优化完善教材和教学方式"。相应地，大学社在高等职业教材开发方面应该联合高校、走进企业，推进产教融合，推出一大批贴近企业实际岗位操作实践的教材，使培养出来的学生能够快速适应企业用人需求。如清华社与用友联合推出了工业互联网丛书，与京东联合打造了智能物流丛书等，将这两家企业的优势产品和实操界面融合到教材中，使学生进入企业后可以迅速开展工作。

三要以专硕为主开发研究生教材。李克强总理在对研究生教育工作作出的批示中提出，要"着力增强研究生实践能力、创新能力"，即加强对专业硕士的培养，大幅扩大专业硕士的招生规模。与学术硕士相比，专业硕士时限短、实操性强、培养模式统一，需要教材提供有力支撑。《专业学位研究生核心课程指南（试行）》对各门专硕课程的大纲进行了规范，各大学社可按照新大纲要求，在各专硕教指委指导下，组织编写出版符合自身特色的专硕教材。这些专硕教材的出版，将有利于专硕培育规范化，强化大学社在该领域的优势地位，有些教材也会有相当的经济效益。

四要深度开发继续教育教材。继续教育包括同等学力、职业培训以及高管培训等，具有学科跨度大、实践性强、内容深入浅出等特点。大学社在规划继续教育教材时要充分考虑在职学习的特点，紧密结合课程思政要求，对现有教材进行升级换代。对于非学历教育的高端培训等，要以国家战略需求、企业管理变革以及个人修为提升为重点，清华社与清华继续教育学院联合打造的"清华终身学习丛书"系列教材便属此类。对于同等学力教材，要充分考虑其与学历教材的区别，结合网络远程教学的特点，利用新的技术手段，既帮助学生掌握学习内容，也帮助学校提升远程学习的教学管理能力。近年来，国家开放大学出版社出版了大量此类新形态的教材。

五要积极参与"马工程"教材建设。2020年6月，教育部印发《高等学校课程思政建设指导纲要》，指导各高校开展课程思政建设。这是课程思政建设的纲领性文件，各大学社应该深入学习，将政治方向、政治标准有机融入教材，不能简单贴标签。党的十九大以来，越来越多的高校建立了马克思主义学院，各大学社要充分利用好这些资源，让马克思主义学院的教师指导专业教材开发，让思政内容灵活融入专业教学，起到润物细无声的效果，让青年学生真正爱党、爱国、爱中华优秀传统文化。大学社应该充分理解和掌握国家政策，把握方向，积极参与，更好地推进"马工程"，要深刻意识到"马工程"的目的是更好地保障教材国家事权的落实。教育部对于"马工程"教材的出版单位并无要求，只是明确了教材编写和内容方面的要求，其目的是推出更好内容、更好形式的教材，使教材既入脑又入心。大学社从为高等教育服务的角度出发，应该努力参与"马工程"教材的建设。同时，因为是新生事物，相关政策在执行过程中也会逐渐完善，大学社应该主动参与政策的完善过程。对于非思政类课程教材，采取审核制或许是一个既能保证内容质量，又能提高教材受欢迎程度的好办法。应以出版社和高校作为教材开发的主体，开发高水平、立体化并符合《教材管理办法》规定的教材。

(二) 重视学术、特色与融合出版

一要主动挖掘优秀学术著作。大学社的办社宗旨里提到要为教学科研服务，出版高水平学术著作是该宗旨的具体体现。《出版工作意见》提出"要出版研究和解决我国经济建设、政治建设、文化建设、社会建设、生态文明建设和党的建设中重大问题的学术著作，促进我国哲学社会科学及自然科学研究的繁荣和发展，努力形成高校出版既有'高原'又有'高峰'的良好局面"。大学社要认真研究所在高校的优势学科，密切跟踪学科带头人的科研成果，择优将前沿学科和交叉学科的成果做成学术著作推出。这些学术著作是塑造大学社学术品牌的重要手段，让高校师生认可大学社在该领域的贡献，有些学术著作还可能转化为教材。例如，北大社在出版《博弈与社会》的时候，国内还没有院校开设相关课程，这本书是作为学术著作出版的，但随着其在国内的认可度快速提升，越来越多的高校将这本书选作教材。清华社于2016年推出学术著作《机器学习》，当时国内还没有学校开设这门课程，随着人工智能的普及，开设机器学习课程的高校越来越多，这本书逐渐成为广受欢迎的教材，销量也很可观。

二要明确定位，发展特色教材。大学社应该结合自身特点，有所为有所不为。规模较大的大学社可全面布局所在学校的强势学科，对于其他学科领域则要谨慎投入。中小型大学社应找准自己的定位和特色，结合教育发展趋势，发展特色学科教材。以重庆大学出版社为例，其在2010年左右抓住了新兴的电子商务和旅游管理板块，推出了一系列教材，集中精力快速占领市场，取得了较大的成功。同时，他们认识到研究方法是我国教育和教材的薄弱环节，精心打造了"万卷方法"丛书，成为社会科学领域研究人员以及社会调查、市场调查实务工作者的"研究方法工具箱"。大学社中还有一批民族地区院校出版社，虽然《全国大中小学教材建设规划（2019—2022年）》中提到"省级教育部门可根据本地实际，组织制定体现区域学科优势与特色的教材规划"，但此类出版社一般身处经济发展相对滞后地区，学校学科偏弱、经费不足，而民族特色教材市场又较小，编写和加工难度大，实现盈利的可能性很低。而民族地区教育又极为重要，其教材中的民族、宗教和政治问题更加隐蔽，需要争取政府和所在高校的支持，以更好地服务于民族地区教育事业。

三要增强技术优势，做好融合出版。《教材管理办法》中提到，要"组织建设信息技术与教育教学深度融合、多种介质综合运用、表现力丰富的新形态教材"。大学社在"十三五"期间发展出行业领先的教材配套技术平台，也开发了大量的新形态教材。"十四五"期间，更应该强化这一优势地位，通过技术支撑将纸质教材与多形态的富媒体资源相融合，为广大高校师生提供现代化的整体教学解决方案。新形态教材的技术已经非常成熟，下一步的重点是对线上资源的建设，要着力开发界面友好、检索便利、内容先进、形式新颖、业态丰富、资源海量的优质内容，吸引"00后"甚至未来"10后"大学生的学习兴趣。

（三）加强行业协会指导、队伍建设和"走出去"工作

一要发挥中国大学出版社协会的指导作用。中国大学出版社协会作为中国大学出版界的全国性、专业性、行业性、群众性的社会团体，应该在整体上协助教育行政管理机构、高校等统筹和布局大学教材建设，鼓励同类型、同地区的出版单位开展合作，共享内容资源和渠道资源，形成富有活力和竞争力的优势出版群。推动大学社之间的良性合作、资源共享，规避恶意竞争，并且推动各大学社联合投入开发一些国家和社会急需、市场规模偏小、投入大的高精尖学科的教材。

二要强化编辑和作者队伍建设。大学社要着力打造一支政治强、业务精、纪律严、作风正的编辑队伍和作者队伍。一方面，不断完善编辑培训考核和激励机制，

充分发挥大学社编辑在相关学科领域的专长和特殊优势；另一方面，加大对高校相关学科带头人和学术团队的支持力度，博采各校之所长，聚集政治素质过硬、学术和业务水平高的优秀作者资源，通过重点教材建设锤炼编辑团队的工匠精神，严格出版要求，提升教材质量。

三要大力鼓励优秀教材"走出去"。为响应习近平总书记关于构建"人类命运共同体"的号召，大学社应该着力打造国际领先的大学教材，而不只是引进国外教材。大学社要精心策划对外文化出版项目，把中国内容与国际表达结合起来，向世界市场推出具有中国特色和国际视野的优秀教材。优秀教材"走出去"，有助于讲好中国故事，传播好中国声音，进一步加强中国与世界的交流，不断扩大中华文化的国际影响力，提升国家文化软实力。

正如教育部郑富芝副部长所言，"尺寸教材，悠悠国事"。大学社要不忘为高校教学与科研服务的初心，牢记出版高质量大学教材的使命，为提高我国高等教育水平砥砺前行，为中国大学教材走入世界舞台努力奋斗。

中国式现代化视域下大学社高质量发展的内在要求与实现路径*

◎ 宗俊峰**

摘要：党的二十大报告指出，高质量发展是中国式现代化的本质要求之一，是全面建设社会主义现代化国家的首要任务。通过探讨中国式现代化视域下大学社高质量发展的内涵、战略机遇，总结大学社十年建设取得的成绩，提出大学社高质量发展的内在要求和实施建议。大学社作为社会主义文化、教育、出版事业的重要组成部分，要全面贯彻落实党的二十大精神，正确认识新时代赋予的新使命，以高质量发展的实际行动出版更多精品力作，为推进中国式现代化作出独特贡献。

关键词：中国式现代化；大学出版；高质量发展

党的二十大报告指出，高质量发展是中国式现代化的本质要求之一，是全面建设社会主义现代化国家的首要任务。本文通过探讨中国式现代化视域下大学社高质量发展的内涵、战略机遇，总结大学社十年建设取得的成绩，提出大学社高质量发展的内在要求和实施建议。大学社作为社会主义文化、教育、出版事业的重要组成部分，要全面贯彻落实党的二十大精神，正确认识新时代赋予的新使命，以高质量发展的实际行动出版更多精品力作，为推进中国式现代化作出独特贡献。

党的二十大报告提到，中国共产党的中心任务就是团结带领全国各族人民全面建成社会主义现代化强国、实现第二个百年奋斗目标，以中国式现代化全面推进中华民族伟大复兴。报告对中国式现代化作出了全面深入的阐述，明确指出中国式现代化的本质要求是实现高质量发展，特色是物质文明和精神文明相协调。中国式现代化离不开文化的精神支撑，报告中提到"文化"近30次，并将"推进文化自信自强，铸就社会主义文化新辉煌"作为单独模块，对文化建设做了重要部署。大学

---

* 本文原载于《现代出版》2022年第6期，收入本书时有改动。
** 宗俊峰，清华大学出版社党委书记、董事长。

社作为社会主义文化、教育、出版事业的重要组成部分,要全面贯彻落实党的二十大精神,正确认识新时代赋予的新使命,统一思想,群策群力,奋勇创新,走出大学社自己的发展道路,以高质量发展的实际行动出版更多文化精品,为推进中国式现代化作出独特贡献。

一、以高质量发展为依托的大学出版内涵

自党的十九大报告首次提出以来,"高质量发展"已经成为我国社会发展的关键词。党的二十大报告更是赋予了高质量发展极端重要的地位,指出高质量发展是中国式现代化的本质要求之一,是全面建设社会主义现代化国家的首要任务。突出强调高质量发展,一方面因为发展是党执政兴国的第一要务,另一方面也表明中国特色社会主义进入新时代,我国社会主要矛盾已经转化为人民日益增长的美好生活需要和不平衡不充分的发展之间的矛盾,需要以高质量发展解决现有矛盾和问题。高质量发展的本质是一种新的发展理念,是实现创新成为第一动力、协调成为内生特点、绿色成为普遍形态、开放成为必由之路、共享成为根本目的的发展,是推动质量变革、效率变革、动力变革的发展。全面贯彻新发展理念,始终坚持高质量发展这个根本要求,是当前和今后一个时期全党全国需抓紧抓好的工作,也是大学社今后的发展方向。

《出版业"十四五"时期发展规划》指出,要围绕立足新发展阶段、贯彻新发展理念、构建新发展格局,推动出版业实现质量更好、效益更高、竞争力更强、影响力更大的发展。大学社在"十四五"时期,将围绕高质量发展这一主题,在实现自身高质量发展的同时更高质量地服务党和国家的重大战略部署。党的二十大报告首次将教育、科技、人才作为独立章节,放在"加快构建新发展格局,着力推动高质量发展"之后,赋予其基础性、战略性支撑作用,明确提出坚持教育优先发展、科技自立自强、人才引领驱动。习近平总书记考察清华大学时也强调,"把发展科技第一生产力、培养人才第一资源、增强创新第一动力更好结合起来,更好为改革开放和社会主义现代化建设服务"。这为大学社更高质量地服务教育科技文化事业提供了根本遵循,为大学社对重点领域和重要工程提供知识服务支持增强了动力。

大学是承载高等教育的载体,是人类思想的摇篮,是科技创新的重要发源地。大学精神是大学的灵魂,大学精神的重要特点是爱国奉献、科学务实、与时俱进。大学社根植于母体大学,其学术为务、真知为根的品质与大学精神一脉相承。大学出版的深刻内涵是大学精神的文化内化,是理念与原则的有机统一,其本质是始终坚持传播先进文化、服务教学科研、服务人才培养的基本理念,始终坚持立足主业、

深化改革、开拓创新的基本原则,以高质量的党建、服务、管理、产品、人才队伍为文化强国、教育强国、科技强国、人才强国建设贡献出版力量。

二、大学社高质量发展的战略机遇

面对中华民族伟大复兴战略全局和世界百年未有之大变局,党和国家始终坚持"五个文明"协调发展,成功推进和拓展了中国式现代化。二十大报告阐述了新时代十年的伟大变革,党和国家各项事业取得历史性成就,实现了历史性跨越,这为大学社高质量发展带来了重大机遇。

(一)经济发展新常态,为大学社发展提供强大动力和广阔平台

十年来,我国国内生产总值从54万亿元增长到114万亿元,我国经济总量占世界经济的比重达18.5%,提高7.2个百分点,稳居世界第二位;人均国内生产总值从39 800元增加到81 000元。随着经济社会全面发展和物质生活不断改善,人民群众精神文化需求快速增长,为促进文化消费、推动大学出版业发展提供了巨大空间。

(二)教育事业的快速发展,为大学社发展提供充足的作者和读者资源

我国已建成世界上规模最大的教育体系,截至2021年,全国共有各级各类学校52.93万所,在校生2.91亿人,各级教育普及程度均达到或超过中高收入国家平均水平。教育的发展推动我国人才队伍快速壮大,全国人才资源总量从2010年的1.2亿人增长到2019年的2.2亿人,其中专业技术人才从5 550.4万人增长到7 839.8万人,我国已经拥有一支规模宏大、素质优良、结构不断优化、作用日益突出的人才队伍。这既为大学社发展提供了高水平的作者队伍,同时也培养了丰富的读者群体。

(三)科研投入的大幅增长,为大学社发展提供高水平的原创内容成果

十年来,我国加快推进科技自立自强,全社会研发经费支出从1万亿元增加到2.8万亿元,居世界第二位,研发人员总量居世界首位。基础研究和原始创新不断加强,2021年,我国全社会研发投入达2.79万亿元,占国内生产总值比重达2.44%;基础研究经费比上年增长15.6%,占全社会研发投入的比重为6.09%,国家创新能力综合排名上升至世界第12位。一些关键核心技术实现突破,战略性新兴产业发展壮大,进入创新型国家行列。这些都为大学社高质量发展需要的内容资源奠定了基础。

(四)出版业整体实力的提升,为大学社发展提供丰富经验和坚实基础

《2020年新闻出版产业分析报告》显示,2020年,全国出版、印刷和发行服务

营业收入超过 1.6 万亿元、资产总额超过 2.2 万亿元、净资产超过 1.1 万亿元，出版业整体实力不断提升；数字出版产业规模持续壮大，实现收入 11 781.7 亿元，同比增长 19.2%，出版业转型创新能力显著增强；共输出图书、音像制品和电子出版物版权近 1.4 万项，出版业版权贸易整体十分活跃。我国逐步健全的出版体系是大学社高质量发展的基础力量和先导力量。

三、大学社十年建设取得的发展成绩

党的十九大报告中提出中国特色社会主义进入了新时代，十年来，大学社适应新时代、新形势、新要求，服务党和国家工作大局，在改善出版结构、增强出版实力、提高出版质量方面做出了努力。一是出版结构进一步改善，不再一味追求图书出版品种的快速增长，而是在提质增效、优化结构和寻找新的增长点方面下功夫；二是总体经济实力显著增强，在新书出版增速下降的情况下，生产码洋、销售码洋均实现了快速增长；三是服务大局的意识和能力不断提高，重大主题出版显著增强；四是精品出版能力稳步提升，国家级奖项获得和重点项目入选方面实现重要突破。

仅以 2021 年为例，全国大学社（含教育系统有关出版社）在第五届中国出版政府奖评选中，有 33 家荣获 57 个奖项，占获奖总数的 23.55%；在首届全国教材建设奖评选中，有 55 家获得 618 个奖项，占比 47.61%，其中 607 种教材获全国优秀教材奖，占比 60.76%；在年度主题出版重点出版物选题项目中，有 10 家 13 种选题入选，占比 7.65%；在年度国家出版基金资助项目里，有 66 家 107 个项目入选，占比 26.42%；在年度全国有声读物精品出版工程上，有 6 家 8 个项目入选，占比 21.62%；在中国图书海外馆藏影响力百强榜单上，有 29 家 1 779 种中文图书入选，占比 10.28%。大学出版业进入了一个新的持续稳定发展时期。

目前，作为大学版协会员单位的大学社，数量达到 113 家，包括大学综合类、文科类、理工类、师范类以及教育系统有关出版社。大学出版业已逐步发展为以出版多层次、高水平、高质量的人文科学、社会科学、自然科学、技术科学及管理科学等方面的教材、学术著作和社会读物的学科门类齐全，图书和音像电子、数字网络各种出版形式并举的大学出版完整成熟体系，闯出了一条具有中国特色的大学社发展道路。作为出版业中数量最多的类型单体社，大学社在教育出版、专业出版，乃至大众出版中都发挥着举足轻重的作用。

一是通过创新教材出版服务学校"双一流"建设。大学社深化高等学校教材与专业、课程一体化建设与改革，与"新工科""新医科""新农科""新文科"建设相适应，放眼先进制造、人工智能、医疗生物等领域，汲取课程教学、人才培养、科学研究、案例开发等成果，及时更新产品内容。大学社基于当前媒体融合环境，加快推进内容资源转化，在教材立体化建设、教辅资源开发、数据库搭建、师资培训等方面加大投入，优化数字化整体布局，从数字出版、融合出版到知识付费均有所突破。大学社已经成为高校教材出版领域的引领者和开创者。

二是不断推出具有时代高度、代表当代中国哲学社会科学发展水平的学术著作，促进中国特色哲学社会科学学科体系、学术体系和话语体系建设；搭建前沿科技著作孵化平台，助力科技创新发展。大学社紧密关注党中央的一系列重大部署，努力讲好、传播好中国故事，不断推出阐释习近平新时代中国特色社会主义理论、"供给侧改革"、新经济改革等人们急需了解和学习的理论著作，很好地宣传了国家的大政方针。大学社始终将出版前沿科研著作作为重要职责，往往会长时间跟踪科学家的科研进程，与科学家一同成长，不断将其科研成果打磨成精品著作。

三是对打造精品力作提出了新要求，为人们提供滋润美好心灵的优秀出版物。大学社敏锐地寻找社会热点，准确地把握人们的阅读需求，在出版科普读物、人文社科读物、专业普及读物、文学读物等方面不断推出畅销书，很好地满足了人们全民阅读和终身学习的需要。新时代，尤其是在宣扬社会主义核心价值观入脑、入心的出版物上，大学社责无旁贷，勇于开拓，急国家之所急，急人民之所需。

四是实施"走出去"战略、向海外输出版权、开展国际出版合作方面都走在了全国的前列，不少大学社成为国家"中国图书对外推广计划"重要成员单位、国家文化出口重点企业。"一带一路"倡议被提出后，大学社乘"走出去"的新机遇，成为"丝路书香工程"的重要参与者，每年都有不少大学社的优秀学术图书和主题图书赫然在目。一些大学社还通过建立海外分社、并购海外机构，发起成立"一带一路"学术出版联盟，推出中国艺术与设计国际传播共享平台"艺术之桥"。大学社已成为国家文化"走出去"战略的一支主力军。

四、大学社高质量发展的内在要求

（一）加强党的全面领导

大学社作为国家意识形态的重要阵地、文化强国建设的重要力量，需要提高政治站位，把握正确出版方向，自觉站在全局和战略的高度，旗帜鲜明抓党建，坚定不移促发展，把党建工作的政治优势转化为业务发展的优势，以制度化、体系化思维构建改革发展和党建一体化推进的工作格局，使党建工作有效融入改革发展，在引领大学社高质量发展上不断取得新成效，实现社会效益和经济效益的双丰收。

（二）走内涵式发展道路

内涵式发展是大学社进入新发展阶段实现高质量发展的必然选择。大学社的发展是有边界的，必然受到各方资源的约束，必须处理好规模和质量的关系，坚持有所为、有所不为的战略智慧，走内涵式专业化发展道路。一家出版社不可能提供所有类型的出版产品，只有立足优势资源，针对少数目标市场、细分市场，开发出专业化的出版产品、提供专业化的出版服务，才能取得成功。这种出版的专业化需要大学社不断提升资源整合能力，简化管理职能，提升管理效能，进而强化品牌的竞争力。

（三）以创新为引领

创新是推动高质量发展的重要力量。大学社要将创新放在事业发展全局的核心位置，推进理念创新、实践创新、制度创新，充分激发知识、人才、技术等创新要素的活力，形成强大的创新合力。大学社要坚持以先进技术为支撑、以内容建设为根本，推动传统出版与新兴出版的深度融合，积极培育体验性更好、交互性更强、跨界融合更顺畅的新型出版业态；要坚持以人才资源为支撑，不断完善充分体现创新成果和社会效益的人才评价体系，夯实创新驱动发展的人才基础，促进大学出版事业进一步发展。

（四）以改革激发内在活力

改革是推动发展的持久动力，是应对发展环境变化、把握发展自主权、提高核心竞争力的必然选择。大学社的高质量发展必须依靠改革来破解深层次矛盾，应变局、育新机、开新局。改革是以问题为导向的，要坚持以使命驱动的精神推动改革，保持清醒、正视差距，主动跳出舒适区、直面新挑战。大学社的高质量发展应该以供给侧结构改革为主线，直面重复出版、无效出版、低质出版的问题，坚持质量第一，调整出版结构，优化出版流程，全面提升大学社运营管理和治理能力水平。

（五）聚焦立德树人主责主业

大学社的高质量发展要体现在立德树人的成效上。大学社的业务板块不断拓展，但立德树人这个根本不能变。大学社要自觉将自身定位为教育事业的组成部分，把提高人才培养质量作为各项工作的出发点和落脚点。要将促进学校人才培养、助力学科建设的高等教育教材作为重点出版方向，加强立体化教材、学科资源库、在线教学平台建设，把立德树人融入教育出版的全过程，更好地为学校"双一流"建设服务，着力培养德智体美劳全面发展的社会主义建设者和接班人。

(六) 服务国家重大战略需求

大学社的高质量发展必须体现在服务国家能力的有效提升上。当前科技创新成为国际战略博弈的主战场，围绕科技制高点的竞争空前激烈。大学社也需要保持忧患意识，把服务国家高水平科技自立自强作为义不容辞的责任。基础学科是我国高等教育的薄弱环节，中美"贸易战"中芯片频频被"卡脖子"正是我国之前不重视基础研究的后果。大学社要敢于在一些出版难度大、投入高、受众面小的基础研究领域重点布局，同时加强与高校前沿学科领域的联系，紧密配合、共同投入，出版总结科研成果、推进科技进步的学术著作和学术期刊，服务基础理论创新和前沿科学创新。

(七) 始终保持开放合作的姿态

开放与合作是发展的必由之路。构建以国内大循环为主体、国内国际双循环相互促进的新发展格局，是高质量发展的有效路径。一方面，大学社要以"走出去"和国际化为抓手，当好我国教育改革和发展成果的传播者，当好中国故事和中华文化的讲述者，实现更高效益的"走出去"。另一方面，大学社要坚持国内合作的两个维度，在横向上维护好作者、出版者、读者的合作，在纵向上保持好编辑、印刷、发行上下游的合作。只有坚持开放合作，大学社才能真正掌握高质量发展的主动权。

(八) 坚持以人民为中心的发展思想

坚持以人民为中心的创作导向，推出更多增强人民精神力量的优秀作品，是大学社高质量发展的根本目的。大学社要坚持以社会主义核心价值观为引领，紧跟人民日益增长的美好生活需要，抓住国家重大文化工程实施的契机，推进大众图书板块建设，从满足"审美的需求、艺术的享受、心灵的陶冶、精神的富有"四个方面策划出版更多攀高原、登高峰的优秀作品，丰富文化产品和文化服务的有效供给，推动社会主义文化繁荣兴盛，为推进全民阅读、建设书香社会作出贡献。

五、大学社高质量发展的实践路径

(一) 高质量的站位：以党建为引领，以企业文化为抓手

党的二十大指出，要牢牢掌握党对意识形态工作领导权，全面落实意识形态工作责任制，弘扬以伟大建党精神为源头的中国共产党人精神谱系。出版工作是党的

宣传思想文化工作的重要组成部分，具有鲜明的意识形态属性，建设具有强大凝聚力和引领力的社会主义意识形态，始终坚持党管宣传、党管意识形态、党管出版，提高党建工作质量和水平，以高质量党建工作推动出版工作高质量发展，是大学社必须担负好的重要责任。一方面，大学社要坚持党的领导和完善公司治理相统一，坚持党建工作与经营管理深度融合，将党建工作贯穿出版业务的全过程，以党建促业务，以业务促党建，实现党建与业务两手抓、两促进、两提高，充分发挥党组织把方向、管大局、保落实的领导作用；另一方面，要发挥党的政治核心作用，守好意识形态阵地，从"为党育人，为国育才"的政治高度去理解认识"出书育人"的深刻含义，主动参与图书选题论证环节，从源头上把好意识形态关，重视出版物质量问题，确保出版物内容的可管可控，真正做到把社会效益放在首位，实现社会效益与经济效益相统一。此外，大学社要把打造高质量的企业文化作为一项重要任务，将企业文化工作与党建工作、思想政治工作、出版业务工作相结合，营造积极向上的企业文化，做到用事业吸引人才、用环境凝聚人才、用机制激励人才、用感情留住人才。通过塑造优秀的企业文化，激发员工的工作热情，提升团队的战斗力和创新力，增强企业的凝聚力和向心力，从而提升大学社在作者和读者心目中的品牌影响力，使大学社在产出经济效益的同时，更加有效地发挥社会效益，更好地履行传播知识、传承文明、弘扬社会主义先进文化的崇高使命。

（二）高质量的服务：服务国家大局，服务母体大学

二十大报告指出，围绕举旗帜、聚民心、育新人、兴文化、展形象建设社会主义文化强国，发展面向现代化、面向世界、面向未来的，民族的科学的大众的社会主义文化，激发全民族文化创新创造活力，增强实现中华民族伟大复兴的精神力量。新征程上，大学社要心怀国之大者，增强围绕中心、服务大局的意识，服务党和国家的重大战略部署，服务社会经济文化建设需要；贯彻党的出版方针，坚持正确出版方向，满足人民群众日益增长的精神文化需求；聚焦时代大势，增强政治担当，做好主题出版。大学社要坚守初心和使命，主动服务学校教学科研，在发展目标上，进一步梳理与母体大学的关系，增强发展目标上的契合度，提升服务科研的意识和水平；在制度上，要完善市场机制，进一步增强内部发展战略和管理机制建设，以更好的姿态服务学校"双一流"建设。大学社要走"专精特新"发展之路，找准定位、发挥特色、与时俱进，积极参与到中华民族伟大复兴事业中，才能在时代发展潮流中发挥自身的独特优势。

（三）高质量的管理：有效的公司治理，高效的运营管理

二十大报告指出，繁荣发展文化事业和文化产业，深化文化体制改革，完善文化经济政策。大学社在经历转企改制后,兼具文化事业属性和产业属性,在出版业务上受学校宣传部门管理,在资产管理上受学校资产经营公司管理,并且逐步形成了社会效益和经济效益相协调的独特发展逻辑。这种特殊性要求大学社不断提升管理效能,用有效的公司治理和高效的运营管理推动自身高质量发展。一方面,大学社要建立完善的企业法人治理结构,明晰股东、董事会、监事会和社务会之间的职权责任,形成权责清晰、运转协调、制衡有效的治理结构,形成权力机构、决策机构、监督机构和经营管理者之间的有效制衡机制,形成各司其职、各负其责的制度。另一方面,大学社要推行精细化管理,向管理要效益,调结构、控印量、降费用,深化出版供给侧结构性改革,提升运营管理水平。在品种总量控制方面,注重新书品种数的控制,打磨精品图书,在出版结构优化方面集中发力,大幅度压缩无效品种,提高单品种效益;在印量管理方面,对首印量、重印量、报废、周转等进行深入的统计分析,持续优化首印和重印逻辑,推进按需印刷(POD 印刷),有效提升图书周转率,减少报废率,通过印次增长促使单品种图书印量得到合理调控,减少首印量过大给质量、经营等带来的风险;在营销费用管理方面,制定年度营销费用预算,营销费用向重点图书品种倾斜,有效控制促销费用,提升营销活动的工作效率和经济效益。

(四)高质量的产品:深耕教育出版,做强学术出版

二十大报告指出,必须坚持科技是第一生产力、人才是第一资源、创新是第一动力,深入实施科教兴国战略、人才强国战略、创新驱动发展战略。大学社要以高质量的产品供给推动教育事业发展和前沿科学创新。打造高质量的产品要求大学社坚持"双效"统一,坚持"内容为王",从源头抓起,提升选题策划水平,基于自身特色优势,在各自专业领域精耕细作,打造差异化的产业品牌格局,以有思想、有创意、有价值的优质内容构建良性的出版生态系统。一方面,大学社要把打造精品教材放在首位,深入推进习近平新时代中国特色社会主义思想进教材,配合推进高校思政课教材建设,进一步落实教育部提出的"高等学校教学质量与教学改革工程"的要求,努力做到紧跟形势、配合教改、优化选题、研究先行、继承优势、完善配套,出版更多培根铸魂、启智增慧的精品教材。同时要抓住新技术带来的历史机遇,大胆创新出版题材和载体形式,推动"纸质+数字化资源"教材,以及融合互联网、人工智能等信息技术的虚拟现实、增强现实、配套移动软件等表现丰富的多介质教材的建设。另一方面,大学社要立足长远,构建优质出版品牌,必须优化出版结构,将学术出版作为核心竞争力。大学社要坚持"学术为魂",提升选题学术水平,围绕优势特色学科做好选题规划,紧紧依托母体大学学术科研成果,关注国家各领域基础性、战略性、前沿性的重点问题，推动高水平科技文化成果的出版转化，打造聚焦聚能、品效合一的出版品牌，助力创新型国家建设目标的实现。

（五）高质量的融合：强化技术赋能，加快业态转型

二十大报告指出，要实施国家文化数字化战略，推进教育数字化。中宣部首次就出版融合发展专门发布的文件《关于推动出版深度融合发展的实施意见》，对新时代深入推进出版深度融合发展作出全面部署。随着后疫情时代的到来，文化与科技发展深度融合，加速读者的阅读习惯和场景消费环境的变化，推动新兴业态重塑市场格局。大学社要以内容创新为驱动，整合"出版+"产业资源，构建多元开放的出版融合生态体系。一是要实现大学社数字出版模块公司化管理，在业务架构、运营方式、考核用人机制等方面实现现代化企业管理制度，与传统出版业务管理相分离，实现思维观念与管理体制的双重转变。二是要大力推动出版流程再造，实现出版全流程数字化管理，包括编辑出版流程数字化（ERP管理系统）、生产印制数字化（POD印刷）、发行数字化（发行管理系统）以及线上立体化营销宣传管理。三是要建设高素质复合型的出版人才队伍，培养既能深刻理解出版功能与本质又高度认同互联网思维和数字化战略的高层管理者，推动掌握前沿技术的专业人员与传统编辑营销人员进行深度"融合"。四是要打造"内容+用户+平台"的数字出版业务核心动能，实现品牌产品的数字化内容销售，以数字化内容带动纸书销售，寻求成熟的商业模式和持续的盈利模式。

（六）高质量的"走出去"：提高开放效能，推进多元经营

二十大报告指出，要增强中华文明传播力影响力，讲好中国故事、传播好中国声音，推动中华文化更好走向世界。文化"走出去"要在品质和内涵上下功夫，实现品牌化发展、系统化运作。大学社要依托自身优势，寻求多元化经营模式，用市场的方法实现跨国运作，加快从"借船出海"到"买船出海"和"造船出海"的方式转化；要加大力度策划外向型图书选题，提升编辑的国际化水平，挖掘和开拓更多的世界性作者；要加大对精品图书的推荐力度，多语种拓展重点选题，并以高品质的制作推动中国文化在海外的落地和传播。近年来，大学社加快了"走出去"的步伐，积极开展版权贸易，设立海外分支机构，建立全媒体传播与直销渠道，对外深度合作，增强了开拓市场、品牌落地的力度，未来将逐步构建图书版权输出、期刊国际化传播、数字产品国际性融入、实物出口及其海外渠道建设等多元、立体的"走出去"格局。

（七）高质量的队伍：创新培养模式，完善激励机制

党的二十大报告指出，功以才成，业以才广，培养造就大批德才兼备的高素质人才，是国家和民族长远发展大计。大学社的可持续发展离不开高质量人才资源的杠杆效应，积累优秀的作者是出版物内容高质量的前提条件，培育优质的读者群是出版物价值实现的重要保证，打造具有工匠精神、适应新时代要求的专业出版队伍是作者、读者队伍建设的必然要求。大学社要加强顶层设计，做好出版队伍建设规划，建立人才引进、培养、考核激励机制，优化出版人才队伍结构。在人才引进方面，大学社要重视高层次人才和优秀编辑的引进。社外人才可以带来可借鉴的工作方式、方法和文化等，有利于培育竞争共荣的工作生态。在人才培养方面，大学社要逐步建立起全方位分级分层的员工培训课程体系，提高员工新业态下的综合能力；加强对青年员工的培养，探索建立"导师制"培养模式，以"老带新""传、帮、带"的个性化、定制化培养方式，帮助新员工快速成长。在考核激励方面，大学社应加强精神激励，完善评奖评优机制；调控薪酬分配方式，搭建科学有效的薪酬激励体系，调动员工干事创业的激情；优化晋升激励制度，在绩效考核的基础上实行综合考评机制，构建管理与编印发的专门化考核指标体系。

新时代新征程，大学社要更加自觉地以习近平新时代中国特色社会主义思想为指导，以党的二十大精神为指引，永葆家国情怀，守正创新，凝心聚力，准确把握高质量发展的新要求与着力点，科学理性规划，融合创新发展，努力在教育与学术出版领域做出新成绩，推动出版业更好地"走出去"，为全面建成社会主义现代化强国、全面推进中华民族伟大复兴贡献力量。

参考文献

［1］习近平.高举中国特色社会主义伟大旗帜为全面建设社会主义现代化国家而团结奋斗：在中国共产党第二十次全国代表大会上的报告［EB/OL］.（2022-10-25）［2022-11-10］.http://www.gov.cn/xinwen/2022/10/25/content__5721685.htm.

［2］宗俊峰.新时代大学出版的实践逻辑与转型思路［J］.现代出版，2020（5）：5-10.

［3］宗俊峰.搭建好大学社之家的共同平台［N］.中国出版传媒商报，2021-12-24（3）.

中国式现代化与中国学术出版高质量发展*

◎ 谢寿光**

摘要： 现代出版三大业态（大众出版、教育出版、专业出版）中，学术出版是专业出版的主体，处于整个出版产业链顶端位置，学术出版质量和水平始终是衡量出版行业质量和水平的标志，甚至是反映一国科学文化发展程度的重要指标。在党的二十大确立的以中国式现代化推动中华民族伟大复兴的历史进程中，中国学术出版面临新的机遇与挑战，出版人应主动适应国家文化强国、出版强国的战略需求，把学术出版作为推动中国出版行业高质量发展的主攻方向和主要抓手，加速推进学术出版数字化转型和融合发展，实现由成果出版商向知识服务商的转变。

关键词： 学术出版；学术出版能力；学术共同体；出版人才"旋转门"

当下中国正处于世界百年未有之大变局和中华民族实现第二个百年伟大复兴的历史交汇点，党的二十大明确提出以中国式现代化全面推进中华民族伟大复兴；以互联网、大数据、云计算、人工智能和区块链为基本特征的数字技术把人类社会带入数字时代，高质量发展已成为举国上下的共识。中国出版如何适应时代大势，实现百年高质量发展？这是整个行业、企业和每位从业者必须面对和回答的问题。对于这一问题，业界各方可从不同维度做出自己的判断、给出答案，但从行业总体上说，关键突破点在于学术出版！这是由出版的本质特性决定的。

---

* 本文原载于《现代出版》2023年第2期，收入本书时有改动。
   课题：国家社会科学基金重点项目"知识服务升级背景下的学术出版能力评价研究"（项目编号：19AXW003）。

** 谢寿光，中国出版协会副理事长，云南大学特聘教授。

一、学术出版在出版行业中的地位

按照传统的出版定义，出版是指编辑、复制作品并向公众发行，以传播科学文化、信息和进行思想交流的一种社会活动。最初的出版活动是包含在知识生产活动中的，学术出版在很大程度上等同于出版。随着印刷技术的发展，出版逐渐成为一种产业门类，出版产业的发展又逐渐形成专业出版、大众出版和教育出版三大类型。在发达国家，这三大类型各自约占三分之一的产业比重，学术出版则是专业出版的主体。

学术出版，按照我下的定义，是指学术出版者依据自身学科专业能力发掘、整合学术成果，并依照学术共同体认同的原则、规范对学术成果文本进行编辑加工从而制作成学术出版物，进而按特定商业模式发行传播的专业出版行为。[1] 它服务于每个时代的社会精英，承载了知识创新、思想传播、文化传承的功能，满足人们对原创性、前瞻性知识消费的需求，处于整个出版产业链的顶端位置。学术出版质量和水平始终是衡量整个出版行业质量和水平的标志，甚至是衡量一国科学文化发展程度的重要指标。[2]

二、世界发达国家学术出版新态势

西方发达国家从事学术出版的机构主要有两类，一类是非营利性的大学出版社，另一类是商业性学术出版公司。传统学术出版的主要功能是学术成果发表和传播，产品形态是纸质学术期刊和学术图书。随着数字技术的发展，数字经济、数字社会的到来，发达国家的学术出版功能、态势乃至商业模式均发生了巨大的变化。

首先，学术出版的功能从传统学术成果发表和传播拓展到知识溯源、构建知识图谱乃至提供全方位专业知识服务解决方案，学术出版的空间、领域和技术手段不断放大，纷繁迭出，实时印刷（POD）、开放获取（OA）、智能写作、多语种同步发表乃至当下大火的 ChatGPT，其本质意义就是一种学术出版行为。学术出版成为科学研究乃至国家创新体系不可或缺的组成部分。

其次，学术出版在整个出版行业的占比持续上升，不仅非营利性大学出版社

---

[1] 谢曙光，等. 学术出版研究：中国学术图书质量与学术出版能力评价［M］. 北京：社会科学文献出版社，2018：1，288.
[2] 谢曙光. 繁荣发展中国学术：学术出版人的责任与担当［M］//谢寿光. 中国学术出版十年（2011~2020）［M］. 北京：社会科学文献出版社，2022：前言.

和商业性学术出版机构发展态势持续良好，综合性出版集团也纷纷加大学术出版投入或并购（如施普林格并购麦克米伦），大众和教育类出版机构纷纷进入学术出版。

最后，以早些年谷歌、微软、彭博、维基百科等巨型大数据公司为代表的势力全方位介入学术出版，使得世界学术出版图景开始被重构。2020年11月30日，美国OpenAI的ChatGPT登场并迅速火爆全球，全面拉开人类学术出版的全新场景。

三、中国学术出版现状、机遇和挑战

（一）现状

中国学术有着悠久的传统和辉煌，《史记》《诸子集成》《四库全书》等，都是中国古代学术出版乃至人类出版史上的丰碑。20世纪前半叶，以商务印书馆、中华书局等为代表的中国学术出版独领亚洲并在世界出版中占有重要的地位。中华人民共和国成立以后建立了具有中国特色的社会主义出版体系，改革开放四十多年伴随经济社会的全面发展，中国成为名列世界前列的出版大国。但在很长一段时间内，学术出版并未成为一种独立的出版业态，真正以学术出版为主业的出版社不过十数家。真正把学术出版作为一种业态运作并成为行业共识的标志性时间，是2012年原新闻出版总署发布《关于进一步加强学术著作出版规范的通知》（新出政发〔2012〕11号），这是国家出版主管部门首次对学术出版明确提出规范性要求，因此我把2012年称为中国现代学术出版元年！

2021—2022年这十多年，中国学术进入业态化、专业化和规模化发展时代。根据我所主持的先后两次国家社科基金关于中国学术出版的研究课题"中国学术图书质量分析与学术出版能力建设研究"（批准号：14AXW006）、"知识服务升级背景下的学术出版能力评价研究"（批准号：19AXW003），从2014年起，中国人文社会科学学术出版图书种数连年增长，2014年16 799种，2015年24 530种，2016年28 093种，2017年35 789种。2018年国家出版主管部门开始对新书出版品种数量增长实行调控，当年出版人文社科学术类图书32 531种，出版品种数量开始下降。2020—2022年叠加新冠疫情影响，人文社科类图书每年出版品种数量保持在3万种左右，加上每年比较稳定的3万种左右自然科学、工程技术类学术图书，全国最近三四年每年出版的学术图书在6万种左右，约占全部新书年出版总数的四分之一，造货码洋和销售收入约占20%。从出版质量上看，这十年学术图书总体质量逐年提升,学术出版单位综合出版能力(按笔者提出的学术资源整合、学术产品生产、学术产品营销、数字学术出版、国际学术出版五大指标测评)①明显提升,进入前100名的出版单位相对稳定。

研究也发现,中国学术出版目前仍存在诸多困难和不足。概括起来主要有:

第一,无论是出版业界、科技和人文社科界,还是国家层面,对学术出版功能地位的认知尚未达到其应有的高度,在国家科创体系和哲学社会科学学术、学科、话语体系和评价体系当中尚无学术出版的身影,学术出版人在学术共同体中往往缺席、缺位。

第二,学术出版尚未成为中国出版的主要业态之一,在整个出版行业规模与收入的占比低(不到20%),业内外影响力不高,导致国家对学术出版的制度性、政策性供给不足。比如,最近几年国家出版主管部门为实现出版高质量发展,对书号过快增长实行调整。但在具体配置书号时并未考虑数字技术所带来的学术内容生产持续快速增长、学术出版需求强劲,但学术图书受众面小、再版重印率远低于大众类、教育类图书的客观实际,只按统一比例控制配置书号,严重制约学术出版的增长和发展。

第三,中国学术出版数字化转型、融合出版落后于发达国家和国内其他行业、产业门类,甚至远低于最相近的新闻传播业发展水平,纸质学术出版产品仍是每家出版企业最主要的收入来源,即便是数字出版能力最强的头部优秀出版机构,其数字产品和服务收入占比仍不到20%,而发达国家学术出版公司大多在70%以上。数据服务、知识溯源、知识图谱大多停留在概念讨论上,尚未成为业界的实际行动。

第四,学术出版的科技投入严重不足,甚至整个中国出版界尚未确立研发投入的 R&D 概念,更谈不上将之列入财务核算体系。这势必会影响学术出版乃至整个出版行业对科技研发特别是数字技术和人才的引进和使用。

第五,学术出版人才匮乏,现有国内普通高校教育体系和职业培训体系所提供的人力资源与学术出版人才需求严重不匹配,我在近十年前就倡导的"研而优则编,编而优则研"的学术出版人才"旋转门"机制②至今仍未见落地。

(二) 机遇与挑战

中国特色社会主义进入新时代,建设中国特色社会主义现代化强国的时代要求,

---

① 谢曙光,等. 学术出版研究:中国学术图书质量与学术出版能力评价 [M]. 北京:社会科学文献出版社,2018:133-138.

② 谢寿光. 中国学术出版十年(2011~2020)[M]. 北京:社会科学文献出版社,2022:39.

赋予中国学术出版新的机遇和使命。

创新推动的国家高质量发展战略，对创新性、前沿性知识具有巨大的需求，政府和企业的研发投入必然会外溢至学术出版。研究者大致估算，人文社会科学研究经费中有5%—8%、科学技术研究经费中有1%—3%会外溢至学术出版。随着国家和社会对科研创新不断加大投入，学术出版份额必然会逐渐增大。学术出版人必须自觉对标国家创新战略，主动融入国家创新体系。

数字时代带来全球学术出版产业持续增长的趋势，而文化中国和中国特色哲学社会科学学术体系、学科体系、话语体系和评价体系建设，同时又为学术出版提供了巨大的想象空间。中国学术出版人应积极顺应世界与中国的大趋势，做强做大学术出版业态，进而带动整个中国出版业高质量发展。

中国"一带一路"倡议和人类命运共同体的深度推进，需要世界更深、更准确、更实际地了解中国发展和中国经验。学术出版人有责任努力提升自身的国际学术出版能力，扩大与国际学术出版界的合作，成为新时代中国国家传播能力建设的主力军，更好地担当起沟通中国与世界的重任。同时，学术出版机构也要改变对外学术出版主要依靠国家投入的状况，通过国际市场做大中国学术出版的份额。

四、推动中国学术出版高质量发展的六大着力点

第一，着力提升学术出版对国家科技创新、文化强国战略意义的认知，努力争取把学术出版纳入国家科技创新、哲学社会科学三大体系和国家对外传播能力建设体系。

第二，把学术出版作为推动中国出版行业高质量发展的主攻方向和主要抓手，加大政策支持力度，包括书号配置适当向学术图书方向倾斜等。

第三，加速推进学术出版数字化转型和融合发展，着力拓展学术出版价值链，实现由成果出版商向知识服务商的转变，做强做大学术出版业态。

第四，学术出版机构和学术出版人要自觉把自己置身于学术共同体之中，积极推动并率先践行学术出版规范，在国家科技伦理和学术诚信建设中发挥学术出版者不可替代的作用。

第五，加大学术出版的研发投入，加快互联网、大数据、云计算、区块链、人工智能尤其是ChatGPT等前沿技术在学术出版中的运用，着力搭建智能编辑平台和以机器翻译为底层技术的多语发表及阅读平台。中国学术出版如果能聚国家和企业之力，整合并训练学术语言数据大模型，必将改写中国知识生产的现有格局，极大

提升中国学术出版在国家和行业中的地位,助力国家在当下人工智能国际竞争格局中处于有利位置。

第六,重塑学术出版人力资源和人才教育、培训体系,采取切实有效措施鼓励大型出版集团与高校合作设立学术出版创业职业学院,打通学术研究和学术出版人才区隔,形成"研而优则编,编而优则研"的"旋转门"机制。

党的十八大以来的学术出版：
回顾与展望*

◎ 周蔚华　熊小明**

摘要： 党的十八大以来，我国的学术出版取得了显著成绩，诞生了一批标志性出版物并形成了助推自身快速发展的动力机制，但也存在整体创新能力不足，难以对构建中国科技创新体系、自主知识体系和对外话语传播体系形成有效支撑，学术出版领域的评价体系、知识产权保护体系和规范体系建设仍不健全等问题。在新阶段新征程上，学术出版担负着以创新驱动发展战略推进中国式现代化的重要使命，应当进一步从理念上高度重视学术出版的重要价值，通过改革创新形成支撑学术出版高质量发展的内在动力和制度体系。

关键词： 学术出版；学术创新；自主知识体系；学术评价；学术规范

党的十八大以来，打造精品力作和追求高质量发展成为我国出版业的重要目标，作为支撑板块的学术出版得到了主管部门和出版单位的高度重视，取得了突出成绩。但与国际著名学术出版商相比，我国的学术出版在产品、结构、运营和管理等方面都还存在差距。为此，认真总结党的十八大以来的经验，找出存在的问题，对于今后做好学术出版工作具有极其重要的现实意义。

一、党的十八大以来学术出版取得的巨大成就

党的十八大以来，我国学术出版在政策、技术和市场的多重因素影响下，规模

---

* 本文原载于《现代出版》2023年第5期，收入本书时有改动。
　课题：国家社科基金重大项目"当代中国图书出版史"（项目批准号：19ZDA335）。
** 周蔚华，中国人民大学新闻与社会发展研究中心研究员，中国人民大学新闻学院教授、博士生导师；熊小明，中国人民大学新闻学院2022级博士研究生。

和质量获得了显著提升，产生了一批标志性出版物，有力地支撑了科学研究、社会进步和文化传承。

（一）马克思主义与党的创新理论研究类学术著作

对马克思主义及党的创新理论进行学理性阐述、学术化表达和体系化构建一直是学术出版最重要的工作。党的十八大以来，以习近平同志为核心的党中央高度重视意识形态工作，强调必须牢牢掌握意识形态领导权，巩固和壮大主流思想舆论。学术出版界以习近平新时代中国特色社会主义思想为指导，做强做优主题出版，出版了《马藏》《马克思主义经典文献传播通考》等大型经典文献汇编，《习近平新时代中国特色社会主义思想学习丛书》《习近平新时代中国特色社会主义思想学习论丛》《学思践悟习近平经济思想丛书》等学习阐释马克思主义创新理论的系列图书，《马克思主义大辞典》等工具参考书，《马克思主义法律思想通史》等通史类著作以及《当代马克思主义基础理论研究丛书》《中国特色社会主义研究论丛》等研究性著作。

（二）哲学社会科学类学术著作

在国家社科基金和国家出版基金等的支持下，一批反映当代中国哲学、历史、文化、政治、经济和社会等领域最新研究动态的学术精品问世，为中国自主知识体系建设奠定基础。其中有《最大公约数——社会主义核心价值观研究》《共同富裕论纲》等重要政治理论类著作，《儒藏》《杜甫全集校注》等传统文化基础典籍，《中国民法典释评》等学科基础性图书，《中国共产党的一百年》《中国考古学百年史（1921—2021）》《中国人民解放军战史丛书》等学术通史著作，《殷墟甲骨学大辞典》《简帛学大辞典》等冷门绝学工具参考书以及《复兴文库》《中国历代绘画大系》等重大文化出版工程。

（三）自然科学与工程技术类学术著作

加强关键核心技术的自主创新，建设科技强国，实现科技自立自强是党的十八大以来党中央对科技工作的重大部署。出版界围绕上述战略在基础研究、自然科学、医药卫生和工程技术等领域策划出版了一批科技精品。其中既有《超级杂交水稻育种栽培学》等已故著名学者的经典代表作，也有《竺可桢全集》《段一士手稿》等科学家的重要著作，还有《中华影像医学丛书》等屡次修订的学术经典，以及《量子科学出版工程》《大飞机出版工程》《载人航天出版工程》《北斗系统与应用出版工程》等反映我国科技领域重大原创成就的系列丛书。

（四）学术期刊与论文

国家社科基金自 2012 年起启动学术期刊资助项目并进行定期考核，一大批期刊考核屡获优秀，奠定哲学社会科学领域名刊地位。中国科技期刊卓越行动计划的实施则进一步增强了我国科技期刊的竞争力，其中 Cell Research 等期刊逐渐迈入世界一流科技期刊行列。相关统计数据也反映了我国学术期刊建设的巨大成就，根据中国科学技术信息研究所的统计，2022 年我国共有 371 种国际科技期刊入选世界各学科代表性科技期刊，各学科最具影响力期刊论文数量首次升至世界第一位，高水平国际期刊论文数量及被引用次数均排在世界第一位。[①]

（五）学术数据库和知识服务平台

在出版融合政策推动下，学术出版单位从单纯做书到经营产品和服务，注重内容资源的多元开发和变现，一批数字化学术产品实现社会效益与经济效益的双丰收。人民邮电出版社运营的人邮融智知识服务平台和人民法院电子音像出版社开发的"法信"（中国法律应用数字网络服务平台）为相关领域用户提供了一站式专业知识解决方案。中国大百科全书数据库、商务印书馆精品工具书数据库、上海辞书出版社聚典数据开放平台则代表了工具书在出版深度融合时代的最新发展趋势。

二、党的十八大以来学术出版发展的动力机制

党的十八大以来，中国学术出版取得的成就离不开主管机关、行业组织、科研机构和出版单位等各方行动者的共同努力，政策、技术、产品和市场等多重因素的有效衔接共同构成了学术出版快速发展的动力机制。这种机制加上党和国家近些年积极推动的出版国际化、出版深度融合，综合形成了助推学术出版繁荣发展的动力系统。

（一）党和政府高度重视

新时代我国经济社会的主要矛盾和发展方式的转变，为学术出版提供了良好的历史机遇。为应对新时代的变化，党中央提出要加快构建中国哲学社会科学自主知识体系，坚持马克思主义基本原理同中国具体实际相结合、同中华优秀传统文化相结合。在科技领域则将实现关键核心技术自主创新、推动高水平科技自立自强、建

[①] 相关数据来自中国科学技术信息研究所 2023 年 9 月 20 日发布的 2023 年中国科技论文统计报告"中国科技论文的整体表现（新闻稿）"部分。

设科技强国作为重要目标。这些顶层设计的调整对知识的生产和传播产生决定性影响。

党和政府还通过制定具体的规划文件和调整财政资金（基金）的资助方向对学术出版直接施加影响。2018年，习近平总书记主持召开了中央深改委第五次会议，会议审议通过的《关于深化改革培育世界一流科技期刊的意见》《关于加强和改进出版工作的意见》两个文件都对学术出版产生重大的推动作用。《关于深化改革培育世界一流科技期刊的意见》致力于解决制约学术期刊健康发展的核心问题。《关于加强和改进出版工作的意见》指明了学术出版的正确政治方向。国家自然科学基金加大对基础性学术研究成果的支持力度。国家社科基金新增冷门"绝学"等研究专项，后期资助项目加大了对学术著作的支持力度，中华学术外译项目重点支持有关中华文化和中国精神学术著作的对外传播。国家出版基金更加注重高水平原创类学术成果的入选，国家科学技术学术著作出版基金则进一步向基础性、前瞻性和战略性科技学术著作出版倾斜。

（二）行业组织积极推动

作为由出版工作者或相关单位自愿结成的行业性社会组织，中国出版协会等在学术出版发展中发挥了重要引导作用。中国出版协会通过调整中华优秀出版物奖、图书奖和音像电子游戏出版物奖的获奖名额不断加大对学术精品的支持力度。中国出版协会专门成立学术出版工作委员会，旨在推进学术出版规范和学术评价机制制定工作，进一步实现学术出版专业化和规范化，提高学术出版质量，积极推动中国文化走出去、增强国际话语权。中国出版协会科技出版工作委员会编写了《科技学术著作出版规范》，中国出版协会古籍出版工作委员会响应《关于推进新时代古籍工作的意见》的要求加强古籍整理研究学术成果的出版。中国音像和数字出版协会通过评选年度数字阅读推荐作品和项目促进学术出版的融合发展。中国期刊协会在推动学术期刊的融合发展和"走出去"等方面持续发力。

中国科学技术协会是全国科学技术工作者组成的群众组织，其职责之一是开展学术交流，促进学科发展，推进国家创新体系建设。在推进世界一流科技期刊培育建设过程中，它承担了中国科技期刊卓越行动计划的实施工作，为优秀科技期刊冲击世界一流提供了重要保障。

（三）科研机构大力支持

科研机构承担了学术内容的组织和生产工作，构成了学术出版的动力源。2017年起开始的"双一流"评估与建设让各高校在各类资源上向特定优势学科倾斜。在

2018年开始的新文科建设趋势影响下，大量高校纷纷启动文科振兴计划，带动了哲学社会科学的专业设置和师资建设。高等教育政策的变动加快了科研成果的集聚和增长，当这些成果通过发表进入出版市场时，就直接促进了学术出版的繁荣。

科研机构对学术出版的直接支持力度也有强化之势，其中较为明显的转变是愈加重视哲学社会科学学术成果的出版与传播，例如清华大学和浙江大学分别在2012年和2013年设立清华大学文科出版基金和浙江大学文科高水平学术著作出版基金。

（四）出版单位主动自觉

在我国出版业版图中，学术出版不仅是我国出版单位坚持社会效益优先、社会效益与经济效益相统一的重要抓手，也构成了很多出版单位稳定的营收来源。在利好政策不断加码和市场竞争日益激烈的态势下，各出版单位主动对接科研机构和优秀作者，靠前服务，积极通过国家出版基金、国家社科基金后期资助项目和中华学术外译项目等渠道为优质学术内容的公开传播创造条件。

高端学术和普及学术是学术出版的"两翼"，其中高端学术重原创和引领，普及学术则以通俗与大众传播为主。人民群众对优质知识产品的旺盛需求推动了出版单位积极探索普及学术出版物的运营方式，其中围绕主题和产品线进行品牌化运作成为重要选择。典型代表如社会科学文献出版社从2013年起就先后孵化了甲骨文、索·恩、启微和九色鹿等多个大众学术品牌，形成了良好的市场口碑。这些系列品牌介于出版企业品牌和具体产品品牌之间，一般以工作室或首席编辑组建团队的方式运作，拥有较为灵活的机制和一定的经营自主权，推动了学术出版的模式创新和人才培养。

（五）融合出版走向深入

《关于推动传统出版和新兴出版融合发展的指导意见》和《关于推动出版深度融合发展的实施意见》两份重要文件为学术出版的融合转型指明了重要方向，即加强重要领域专业数据库建设，建立一体化内容生产平台。学术出版的优势在于前沿、优质和专业的内容资源，以及读者和作者之间的角色"旋转门"，因此搭建平台完成用户的集聚并提供专业服务成为学术出版的必然选择。

专业内容服务平台的核心逻辑是利用底层的内容资源和用户数据的支撑打造产品矩阵，进而通过多样化的模式为用户提供多形态的知识服务，实现线下图书销售到线上知识服务的转变。用户数据的持续增长又能够反哺内容资源的建设和技术的进步，并带动组织管理上理念的创新，形成良性的循环。目前国内出版单位如人民邮电出版社的人邮融智知识服务平台、中华书局的"籍合网"等都将增加专业服务的广度和深度作为发展重点。人工智能和区块链等前沿技术的应用则进一步深化了学术出版的全媒体发展,诞生了诸如"数字藏书"和智能服务等新的业务形态。

(六)国际市场持续开拓

党的十八大报告将中华文化国际影响力不断增强作为社会主义文化强国建设的一项重要任务。在政府和行业组织等的引导和支持下,出版单位借助各种平台、渠道和资源,从产品、服务、组织等多个角度将学术出版"走出去"工作持续推向深入。

国家社科基金中华学术外译项目、经典中国国际出版工程和丝路书香出版工程等政府项目近年来加大了对中国主题类学术图书对外传播的资助力度。有关部门和行业组织在参加国际书展、举办学术性活动方面给予出版机构一定资助,并通过相关评选活动鼓励项目输出和对国际出版人才的培养。部分出版机构与国外学术出版商建立稳定合作关系,共同组建编辑部或成立合资公司,另有部分有条件的出版机构则直接在海外建立分支机构,实现组稿和出版的本地化。学术期刊的国际合作出版较学术图书则更为深入,已经形成了从创刊到传播的一体化合作模式。部分学术数据库产品也在海外实现了有效销售,打开了相应的市场,如社会科学文献出版社的皮书数据库、中华书局的中华经典古籍库等。

三、党的十八大以来学术出版存在的主要问题

党的十八大以来,我国学术出版在数量和质量、内容和形式以及传播的广度与深度等方面都有了显著进步,但仍然存在部分待解决的深层次问题,影响了学术出版的高质量发展。

(一)整体创新能力不足,对构建我国科技创新体系、自主知识体系及对外话语传播体系难以形成有效支撑

学术出版的主要职责是提供专业领域的信息和知识,而信息和知识的增加离不开学术生产的创新。创新既是一个理性过程,也是一个非理性过程。[①]

当前国内的学术生产普遍围绕课题和项目等高度理性化的组织形式开展,并被严格量化考核。这种学术生产模式给学术出版带来的主要后果是"项目书"和"注水论文"盛行,难有精品力作,无法有效推动产业的转型升级和思想文化的真正繁

---

① 周蔚华,邹韵婕. 非理性思维在出版活动中的创新价值 [J]. 现代出版,2023 (3):1-11.

荣。在科技出版领域，根据教育部的统计，2021年我国高校共出版科技著作 15 148 部，发表科技类学术论文 1 203 369 篇，获得专利授权数共 308 548 项，但合同形式转让数却仅为 16 015 件，转化率为 5.2%。① 这一数据表明科技出版成果并未成为产业创新的源泉。

当前我国哲学社会科学领域的学术研究仍然主要仰仗西方各学科理论和研究方法的供给，引进和翻译构成了学科经典丛书出版的主流形式。对于具有中国特色的重大问题，我国学术出版尚未形成理论总结，也尚未培养起体系化的能力，难以输出有说服力和普适性的学说。中国学术的国际话语是中国对外话语体系最重要的部分，因为学术话语是人类话语体系的核心部分，通过一定的传播链条可以转化为大众话语和官方话语。在中国话语的对外传播过程中，我国哲学社会科学学术出版成果难以进入主流学术传播渠道，阻碍了中国学术界与国际主流学术界的交流与对话，造成了"有理说不出，说了传不开"的境况。

（二）学术出版成果的评价体系亟待完善

在开放科学兴起的背景下，学术评价逐渐成为学术出版产业链和价值链上的重要组成部分，并且对学术生产形成了反向的推动作用，在此基础上学术评价也日益成为学术话语权争夺的重要领域。当前我国学术出版评价体系主要存在评价主体、评价客体和评价方式等三个方面的问题。

第一，评价主体行政导向明显。与国外学术评价工作主要由学术出版商完成不同的是，在我国学术出版评价体系中，政府依然是最重要的评价主体，出版单位长期处于缺位状态。虽然部分出版单位通过颁发图书奖或发布好书榜等方式对学术图书进行同行专家、媒体或读者评价，但难以产生广泛影响力。英国社会学家约翰·B. 汤普森（John B. Tompson）将传播（dissemination）和证明（certification）视为学术研究成果的两大主要功能，② 而这两大功能的发挥都离不开出版单位的发行能力和评审遴选能力，因此出版单位理应成为学术出版成果最重要的评价主体之一。

第二，评价客体侧重学术期刊和论文。在当前学术出版评价对象中，学术期刊和学术论文处于中心位置，针对学术图书、学术出版单位、科研机构、学科和学者的评价则相对边缘，导致学术出版评价体系的不均衡。学术图书（包括学术专著、学术译著和学术教科书等）具有学术论文不具备的对知识进行体系化、深刻化并使其面向大众传播的重要功能，对于丰富文化多样性、增强对外传播效能等方面意义

---

① 中华人民共和国教育部科学技术与信息化司. 2022 年高等学校科技统计资料汇编 [M]. 北京：高等教育出版社，2023：74-75.
② TOMPSON J B. Books in the digital age [M]. Cambridge：Polity Press，2005：82-83.

重大。学术出版单位则是学术内容的把关者和出版规范的执行者，代表了学术出版的专业化水平。学术出版成果还是衡量科研机构和学者的学术影响力以及学科建设成效最重要的指标之一。

第三，评价方式过于单一。当前对学术出版成果的评价依然以收录和引用情况等定量指标为主，但对学术出版是否具有原创性、创新性、前沿性和突破性，以及是否对国家、区域重大战略需求和经济社会发展具有实际贡献（其中哲学社会科学成果应更加强调发挥文化传承创新、对经济政治社会文化生态等的建设指导意义以及对政府决策咨询的智库作用，自然科学成果应更加强调科技成果转化应用与解决关键核心技术问题）等角度的评价权重偏低，没有将高水平成果定量评价与代表性成果专家评价相结合，对学术成果的原创性、创新性、前沿性、突破性以及应用性重视不够。对哲学社会科学领域学术出版成果的评价过分倚重自然科学领域的量化指标评价体系也会破坏知识系统的多元化。①

（三）知识产权保护机制有待健全

随着数字化转型的深入，网络时代的知识产权保护问题在学术出版领域也日渐凸显，目前主要表现为两个方面：一是随着专业知识服务平台规模的扩大和市场占有率的提升，其与作者、学术出版单位等著作权拥有者之间的知识产权纠纷有升级态势；二是人工智能等新兴技术在学术出版领域的应用带来了一系列待解决的知识产权保护难题。

在国内中文学术文献网络数据库服务市场，中国知网经过二十余年的发展已经形成了不可撼动的优势地位，但这种优势地位是以牺牲作者和学术期刊正当权益为代价的。作者、期刊出版商和中国知网三者之间的著作权授权与转授权的关系长期以来处于模糊地带。以中国知网为被告的大量案件往往以合法著作权人胜诉并获得相应赔偿告终，但这种"草草了事"遮蔽了平台经济环境下学术出版知识产权保护的核心困境，即著作权主体、出版主体与传播主体之间的利益分配如何更趋合理以维持良好的学术出版生态。

目前以 ChatGPT 为代表的人工智能技术已经深度参与学术出版的生产流程，包括文献搜集与整理、数据分析和研究推理与内容续写等，② 由此引发了 AIGC（Artificial Intelligence Generated Content，人工智能生成内容）著作权的权利归属、侵权责任认定和权益保护等知识产权问题，但目前就这些新型问题的解决方案，学术界和

---

① 王汎森. 天才为何成群地来 [M]. 北京：社会科学文献出版社，2019：7-8.
② 王鹏涛，徐润婕. AIGC 介入知识生产下学术出版信任机制的重构研究 [J]. 图书情报知识，2023，40（5）：87-96.

司法实践远未达成共识，这为 AI 技术在学术出版领域的产业应用增加了巨大不确定性。

（四）具有普遍效力的规范体系尚未建立

学术出版的内容与形式相辅相成，其中形式要件就包括学术出版规范体系，具体又可以细分为政治法律规范、技术规范和伦理道德规范等三方面的内容。[①] 近年来有关部门和出版单位已在学术出版具体的技术规范体系建设上开展了大量工作，包括 2012 年原新闻出版总署印发的《关于进一步加强学术著作出版规范的通知》，对学术出版规范首次作出明确要求；社会科学文献出版社公开出版了《作者手册》《皮书手册》等指南，试图建立中国版的"芝加哥手册"；全国新闻出版标准化技术委员会在 2013 年年初启动了学术著作出版规范系列标准的编制工作，并已先后制定十二项行业标准。学术出版伦理规范是与学术出版有关的各方在道德行为方面的标准。[②] 它是较学术出版具体技术规范更为抽象和全面的内在约束机制，约束对象包括学术出版流程中的所有主体。

从应然层面而言，学术出版的技术规范具有强制性，伦理道德规范则更多依靠行动者的内在自省。但目前已有学术出版技术性规范存在位阶低，限于少数出版单位的自觉行为，没有成为行业共识，规范内容模糊且缺乏应有的奖惩措施等问题，导致拘束力和执行力的不足。伦理道德规范则长期以来未得到足够重视，更遑论行之有效的制度性规定，目前仅存的是 2019 年中国科协组织编写的《科技期刊出版伦理规范》。[③]

四、以高质量学术出版促进中国式现代化

学术出版是出版业中最前沿、最深刻和最专业的板块，为其他出版板块提供了基本养分。在新阶段新征程中，学术出版在服务党和国家重大战略部署特别是在促进中国式现代化建设中责任更为重大，因此有必要针对当前学术出版存在的问题寻找解决之道，推动其实现高质量发展。

[①] 谢寿光. 论学术出版在学术诚信建设中的责任与担当 [J]. 现代出版，2021（3）：5-10.
[②] 中国科学技术协会，国际科学、技术与医学出版商协会. 中国开放获取出版发展报告 2022 [M]. 北京：科学出版社，2023：62，30.
[③] 贺晨，许洁. 学术出版伦理建设现状、趋势、挑战及启示：以五大国际学术出版商相关做法为例 [J]. 中国科技期刊研究，2021，32（12）：1527-1534.

（一）强化学术出版在创新驱动发展战略实施中的突出作用

习近平总书记在党的二十大报告中指出，必须深入实施创新驱动发展战略，开辟发展新领域新赛道，不断塑造发展新动能新优势。这一战略具有两层含义：一是发展需要依靠创新驱动，而不是土地、劳动和资本等传统生产要素，为此需要完善国家创新体系，增强自主创新能力；二是创新的目的是驱动发展，而不只是增加学术出版的产量和规模，这也意味着创新必须能够有效推动产业的高质量发展。学术出版与创新驱动发展战略在本质上是一致的，能够相互促进，一方面学术出版是以出版物的形式对创新成果进行固化，通过有效的评审和遴选，能够对创新的质量进行鉴别，将质量不高的创新排除在公开传播的范围之外；另一方面通过对高质量创新形成的知识进行社会化传播，能够通过知识螺旋不断形成新的知识，催生新的创新。

在科技创新体系中，基础研究承担了基础理论支撑和技术源头供给的任务，决定了科技创新的深度与高度。出版单位应当聚焦前沿的学术热点，紧跟国家发展战略需求，鼓励学术编辑参与学术共同体活动，积极介入前瞻性、战略性和原创性的重大成果的研发过程，进行集群化运作，及时将创新成果转化为社会知识，为应用研究贡献理论资源。

为推动哲学社会科学领域的创新，构建中国自主知识体系，出版单位除了及时发现并选择有助于构建中国自主知识体系的学术内容进行社会化传播，更应当瞄准经济社会发展中的重大理论与现实问题，围绕最优秀的学者开发重点选题，进行高端、原创学术的有组织出版，直接参与甚至引领中国自主知识体系的建设。在对外话语传播体系创新上，出版单位应当充分了解和掌握国际社会感兴趣的有关中国的话题，策划的内容应主动对接国际主流学术话语，遵守国际主流学术出版规范，并积极搭建中国学术走向世界的优质平台，鼓励中外学者进行有效的学术对话。

（二）构建具有中国特色的学术出版评价体系

针对近年来部分高校过分强调 SCI 论文数量而忽视科研成果对产业发展的实际贡献这一扭曲现象，有关部门发布《关于规范高等学校 SCI 论文相关指标使用 树立正确评价导向的若干意见》，强调了科研评价必须兼顾科学精神、创新质量和服务贡献，并提倡建立健全分类评价体系。这一转变体现了党对科技工作的最新要求，有利于科技出版真正为中国经济社会发展服务。

习近平总书记在哲学社会科学工作座谈会上明确指出当前的"学术评价体系不

够科学",提出"要建立科学权威、公开透明的哲学社会科学成果评价体系"①。为此,哲学社会科学成果的评价体系应当在形式、内容和效用三位一体的评价理念下采取分类评价方法,②并且根据时代变化进行适时调整。例如,为满足提高国际传播能力的需要,可提高学术译著在评价体系中的地位。作为智库建设成果的各类资政和调研报告亦可纳入学术评价体系。在评价主体方面,"双一流"建设过程中学术出版单位应当通过积极开展学术评价主动参与甚至引领学科建设。

(三) 深化学术出版领域的知识产权保护

党的十八大以来,开放科学在我国取得迅猛发展。据 Web of Science 统计,2011—2021 年中国开放获取论文从 25 235 篇增长到 238 771 篇,2021 年开放获取论文占论文总数比例达到 37.8%。开放获取提高了出版物的可获得性,促进了信息和知识的自由流通,但也增加了不同开放获取出版模式下资源使用者的知识产权侵权风险,为此开放资源平台在收集互联网海量开放获取资源并免费为用户提供服务时应当尽到合理审慎的审查义务。

出版融合影响了学术出版的产品形态、传播渠道和参与主体。传统图文形式的学术论文和图书拥有了更多可视化的呈现方式和流媒体的传播渠道,大型传播平台的垄断属性也逐渐增强,各方主体在进行著作权交易时应当明确授权或转让的具体权利类型和使用范围。针对人工智能技术在学术出版中应用引发的著作权争议,出版单位和行业组织可通过发布操作指南的方式对相关问题进行符合知识产权保护精神和目的的临时约定。

(四) 完善学术出版规范体系

作为学术规范的组成部分,学术出版规范应当和学术研究规范、学术发表规范分工配合,共同维护学术研究的专业性和纯洁性。学术出版的政治法律规范、技术规范和伦理道德规范也应当在内容上相互补充,并形成"伦理道德规范—技术规范—政治法律规范"升级关系。在条件成熟时,及时将学术出版伦理道德规范确定为技术规范和政治法律规范。

"徒法不足以自行",为解决学术出版实践中规范执行意识不强、力度不够等问题,本研究认为可以采取如下改进措施:一是提高学术出版规范的位阶,由行业标准提升至强制性的国家标准;二是主管部门和行业组织可将学术出版规范纳入重要

---

① 习近平. 在哲学社会科学工作座谈会上的讲话 [N]. 人民日报,2016-05-19 (2-3).
② 叶继元. 人文社会科学评价体系探讨 [J]. 南京大学学报 (哲学·人文科学·社会科学版),2010 (1):97-110.

奖项和基金的评选条件，实行一票否决制；三是明确学术图书出版质量包括学术出版规范的遵守情况，并在日常出版物质量监督检查和出版单位社会效益评价考核中实际执行；四是发动媒体和读者等社会监督力量，通过组织书评等形式对学术出版规范遵守状况进行评价；五是学术出版单位应当主动参与学术共同体活动，推动学术出版规范成为学术共同体内部的共识。

结　语

党的十八大以来，我国学术出版在专业化、数字化和国际化方面都取得了巨大进步，但也存在一系列长期积累的问题，涉及对构建科技创新体系和自主知识体系的支撑与引领、自身制度规范建设等多个方面。要攻克这些难题需要出版界、学术界及全社会达成广泛共识，重视学术出版的价值，重塑学术出版的理念，推动学术出版实现高质量发展，使其真正成为推动产业发展、建设创新型国家的强大驱动力和实现思想文化进步与繁荣、建设中华民族现代文明的重要源泉。

图书在版编目(CIP)数据

名家论出版/李频主编;唐颖副主编. --北京:中国传媒大学出版社,2024.7.
ISBN 978-7-5657-3639-1
Ⅰ.G239.2
中国国家版本馆CIP数据核字第2024FX5780号

名家论出版

MINGJIA LUN CHUBAN

主　　编	李　频
副主编	唐　颖
责任编辑	于水莲
特约编辑	郑　鸣
封面设计	拓美设计
责任印制	李志鹏

出版发行	中国传媒大学出版社		
社　　址	北京市朝阳区定福庄东街1号	邮　　编	100024
电　　话	86-10-65450528　65450532	传　　真	65779405
网　　址	http://cucp.cuc.edu.cn		
经　　销	全国新华书店		
印　　刷	唐山玺诚印务有限公司		
开　　本	787mm×1092mm　1/16		
印　　张	20.5		
字　　数	413千字		
版　　次	2024年12月第1版		
印　　次	2024年12月第1次印刷		
书　　号	ISBN 978-7-5657-3639-1/G·3639	定　　价	89.00元

本社法律顾问:北京嘉润律师事务所　郭建平